北交所IPO上市100问

姚以林　阮思乔　宋怡　著

法律出版社
LAW PRESS·CHINA
北京

图书在版编目(CIP)数据

北交所IPO上市100问 / 姚以林，阮思乔，宋怡著
. -- 北京：法律出版社，2022
ISBN 978-7-5197-6321-3

Ⅰ. ①北… Ⅱ. ①姚… ②阮… ③宋… Ⅲ. ①上市公司—股票上市—中国—问题解答 Ⅳ. ①F279.246-44

中国版本图书馆CIP数据核字(2022)第003796号

北交所IPO上市100问
BEIJIAOSUO IPO SHANGSHI 100 WEN

姚以林 阮思乔 宋 怡 著

策划编辑 冯雨春 蒋 橙
责任编辑 蒋 橙
装帧设计 李 瞻

出版发行 法律出版社
编辑统筹 法律应用出版分社
责任校对 朱海波
责任印制 吕亚莉
经 销 新华书店

开本 710毫米×1000毫米 1/16
印张 31.75 字数 496千
版本 2022年1月第1版
印次 2022年1月第1次印刷
印刷 北京金康利印刷有限公司

地址：北京市丰台区莲花池西里7号(100073)
网址：www.lawpress.com.cn
投稿邮箱：info@lawpress.com.cn
举报盗版邮箱：jbwq@lawpress.com.cn
销售电话：010-83938349
客服电话：010-83938350
咨询电话：010-63939796

书号：ISBN 978-7-5197-6321-3
定价：118.00元

序　言

2021 年 9 月 2 日，习近平总书记在 2021 年中国国际服务贸易交易会全球服务贸易峰会上发表视频致辞，宣布"将继续支持中小企业创新发展，深化全国股转系统改革，设立北京证券交易所，打造服务创新型中小企业主阵地"。这是一个值得铭记的日子，代表着中国特色社会主义经济体制下，一场更加聚焦解决创新型中小企业发展需求的资本市场之旅即将开启。2021 年 11 月 15 日，在社会各界人士的集体见证下，北京证券交易所（全称为北京证券交易所有限责任公司，以下简称北交所）隆重揭牌开市，这是我国资本市场改革发展的又一重要标志性事件，标志着我国经济社会发展走到了扎实推进共同富裕的历史阶段。

与沪深交易所不同，北交所有着自己显著的特色，它主要服务创新型中小企业，并为此构建出对中小企业更加友好的交易规则安排。同时，北交所将继续与全国股转系统基础层、创新层协同发展，必将呈现出北交所上市之路的创新性、整体性、科学性和生态性。《北交所 IPO 上市 100 问》在这样的背景下应运而生。

为便于读者阅读、增强本书的实用性，本书内容将分为北交所概述、上市程序、审核要点、规范运营、退市与风险五篇，将北交所上市制度、交易制度、持续监管、市场连接等社会关注点拆解为 105 个具体问题进行阐释，从理论基础到实践操作，涵盖创新型中小企业上市前在股转系统挂牌，以及在北交所发行上市、交易、信息披露、退市等全流程的内容。同时，本书将"退市与风险"单独成篇，意在提示公司上市不是目的，上市只是公司更好发展的手段，上市过程中或上市后存在任何证券违规行为，均可能承担民事责任、行政责任，甚至引发刑事风险，企业及企业家们要认真对待公司上市这件事，要对法律、对资本市场存有敬畏之心。

本书没有撰写上市公司再融资、上市公司并购重组等内容，一方面，北交所刚设立，从交易所本身来讲做好开市工作、让更多的公司在交易所上市是首要任务，只有先上市才能谈上市公司的再融资和并购重组等问题，有关这方面的制度体系也尚在建立、完善的过程中；另一方面，从本书的体例来讲，笔者更关注的是公司如何完成北交所上市，如何成为上市公司俱乐部成员，如何插上“资本翅膀”腾飞。故，上市公司再发展的相关问题没有作为本书的内容。

本书希望通过解答公司在北交所IPO[①]上市过程中的主要问题。帮助创新型中小企业以及相关中介机构全方位了解企业在北交所上市的上市选择、企业要求、审核要点，以及上市后的交易制度、信息披露、公司治理等问题，协助优质创新型中小企业先行一步，抢先得到资本市场的助力，聚焦业务、创新发展，为我国经济的高质量发展带来更多活力。同时，本书也是券商、律师、会计师，以及广大法律爱好者可以适用的参考用书。

本书援引的北交所业务规则及操作指引部分尚在征求意见或试行阶段，且编纂时间仓促，衷心期盼各界老师、企业家朋友以及专业人士在使用过程中对本书内容提出宝贵的意见或建议！

---

① 首次公开募股（Initial Public Offerings，IPO），是指一家企业（发行人）第一次将它的股份向公众出售（首次公开发行，指股份公司首次向社会公众公开招股的发行方式），本书所称IPO上市主要指公司申请首次向不特定合格投资者公开发行股票并在北京证券交易所上市。

缩略语表

中国证券监督管理委员会	中国证监会
北京证券交易所	北交所
全国中小企业股份转让系统有限责任公司	全国股转公司
全国中小企业股份转让系统	全国股转系统
上海证券交易所	上交所
深圳证券交易所	深交所
中国证券登记结算有限责任公司	中登公司
中华人民共和国工业和信息化部	工信部
中华人民共和国国家发展和改革委员会	国家发改委
上市委员会	上市委
《中华人民共和国公司法》	《公司法》
《中华人民共和国证券法》	《证券法》
《中华人民共和国土地管理法》	《土地管理法》
《首次公开发行股票并上市管理办法》	《首发管理办法》
《上市公司信息披露管理办法》	《信息披露管理办法》
《首发业务若干问题解答》	《首发问答》

续表

《首次公开发行股票并上市辅导监管规定》	《上市辅导监管规定》
《证券发行上市保荐业务管理办法》	《保荐管理办法》
《中国证监会发行监管部首次公开发行股票注册工作流程》	《注册工作流程》
《上市公司监管指引第2号——上市公司募集资金管理和使用的监管要求》	《指引第2号——募集资金管理和使用》
《北京证券交易所会员管理规则(试行)》	《会员管理规则》
《北京证券交易所股票上市规则(试行)》	《上市规则》
《北京证券交易所向不特定合格投资者公开发行股票并上市审核规则(试行)》	《审核规则》
《北京证券交易所交易规则(试行)》	《交易规则》
《北京证券交易所上市公司持续监管办法(试行)》	《持续监管办法》
《北京证券交易所上市委员会管理细则》	《上市委管理细则》
《北京证券交易所证券发行与承销管理细则》	《发行承销管理细则》
《北京证券交易所股票向不特定合格投资者公开发行与承销业务实施细则》	《发行承销实施细则》
《关于北京证券交易所上市公司转板的指导意见》(征求意见稿)	《转板指导意见》
《北京证券交易所自律监管措施和纪律处分实施细则》	《自律监管措施和纪律处分实施细则》
《北京证券交易所向不特定合格投资者公开发行股票注册管理办法(试行)》	《发行注册办法》
《北京证券交易所投资者适当性管理办法(试行)》	《投资者管理办法》
《北京证券交易所投资者适当性管理业务指南》	《投资者管理指南》
《公开发行证券的公司信息披露内容与格式准则第46号——北京证券交易所公司招股说明书》	《准则第46号——招股说明书》
《公开发行证券的公司信息披露内容与格式准则第47号——向不特定合格投资者公开发行股票并在北京证券交易所上市申请文件》	《准则第47号——上市申请文件》

续表

《北京证券交易所向不特定合格投资者公开发行股票并上市业务规则适用指引第 1 号》	《上市规则指引第 1 号》
《北京证券交易所向不特定合格投资者公开发行股票并上市业务办理指南第 1 号——申报与审核》	《上市指南第 1 号——申报与审核》
《北京证券交易所向不特定合格投资者公开发行股票并上市业务办理指南第 2 号——发行与上市》	《上市指南第 2 号——发行与上市》
《北京证券交易所上市公司持续监管指引第 1 号——独立董事》	《指引第 1 号——独立董事》
《公开发行证券的公司信息披露内容与格式准则第 53 号——北京证券交易所上市公司年度报告》	《准则第 53 号——年度报告》
《公开发行证券的公司信息披露内容与格式准则第 54 号——北京证券交易所上市公司中期报告》	《准则第 54 号——中期报告》
《公开发行证券的公司信息披露内容与格式准则第 55 号——北京证券交易所上市公司权益变动报告书、上市公司收购报告书、要约收购报告书、被收购公司董事会报告书》	《内容与格式准则第 55 号》
《全国中小企业股份转让系统分层管理办法》	《分层管理办法》
《全国中小企业股份转让系统股票定向发行规则》	《定向发行规则》
《全国中小企业股份转让系统股票挂牌条件适用基本标准指引(2020)》	《股转系统挂牌指引》
《全国中小企业股份转让系统股票挂牌审查工作指引(试行)》	《股转系统挂牌审查指引》
《全国中小企业股份转让系统股票挂牌业务操作指南》	《挂牌业务操作指南》
《全国中小企业股份转让系统业务规则(试行)》(2013 修订)	《股转系统业务规则》
全国股转系统业务支持平台	BPM 系统
《全国中小企业股份转让系统股票定向发行指南》	《股转系统定向发行指南》
《全国中小企业股份转让系统挂牌公司分层调整业务指南》	《分层调整业务指南》

续表

《全国中小企业股份转让系统挂牌公司向上海证券交易所科创板转板上市办法(试行)》	《科创板转板上市办法》
《深圳证券交易所关于全国中小企业股份转让系统挂牌公司向创业板转板上市办法(试行)》	《创业板转板上市办法》
《科创板首次公开发行股票注册管理办法(试行)》	《科创板注册办法》
《创业板首次公开发行股票注册管理办法(试行)》	《创业板注册办法》
《上海证券交易所上市公司股东及董事、监事、高级管理人员减持股份实施细则》	《上交所减持细则》
《上海证券交易所科创板股票上市规则》	《科创板上市规则》
《深圳证券交易所创业板股票上市规则》	《创业板上市规则》
《非上市公众公司监管指引第X号——股权激励和员工持股计划的监管要求(试行)》(征求意见稿)	《监管指引》

目 录

CONTENTS

第一篇 IPO上市100问 概述 Part One

第二篇 IPO 上市 100 问

上市程序

Part Two

第三篇 IPO 上市 100 问 Part Three 审核要点

第五篇 退市与风险

IPO 上市 100 问

Part Five

第一篇 概述

IPO上市100问

Part One

第一章
Chapter One
关于北交所

问1 北交所的设立意味着什么？

2021年9月2日，中华人民共和国主席习近平在2021年中国国际服务贸易交易会全球服务贸易峰会宣布中国将设立北京证券交易所，即中国第三家证券交易所（未包含港澳台地区，下同）。

北交所的设立，标志着以服务中小企业为己任的全国股转系统站上改革新起点，自此中国资本市场三足鼎立的格局正式形成：上交所重点覆盖长三角、江浙沪，定位服务硬科技；深交所重点覆盖珠三角、大湾区，定位服务新经济；北交所重点覆盖京津冀和中国北方地区，定位服务创新型“专精特新”民营企业。北交所的设立有其特有的驱动因素，北交所的功能定位对中国中小企业的发展意义深远。

一、北交所成立的驱动因素

（一）中小企业是实现我国经济发展、人民共同富裕的重要力量

北交所的定位为服务创新型中小企业，中小企业能办大事[①]在国家持续发展、

① 《证监会负责人就深化新三板改革设立北京证券交易所答记者问》，载北京证券交易所网2021年9月2日，http://bse.cn/important_news/2000/0668.html。

实现共同富裕中的作用重大，对稳就业、稳金融、稳投资、稳外资、稳外贸、稳预期，增强经济长期竞争力具有重要意义。比如，中小企业提供了绝大部分的就业岗位，而充分就业是让人们过上有尊严的富足生活的前提，实现了充分就业，才能够有效地维护社会的稳定，从而确保国民经济发展的秩序性，早日实现共同富裕的目标。

（二）我国资本市场服务实体经济的能力仍需提高

服务中小企业一直是我国多层次资本市场建设的重要使命。然而，无论是上交所还是深交所，上市门槛均比较高，能够从资本市场得到资金支持的企业数量少之又少，服务实体经济的能力显然还不够强。虽然科创板以及注册制的改革一定程度上降低了准入门槛，但是对很多创新型中小企业来说，常常面临着因资金问题而造成的研发“瓶颈”。“专精特新”小巨人的进一步发展，需要一定的资金保证和能够更有针对性地服务于中小企业的资本市场。

（三）全国股转系统制度体系存在无法解决的痛点

新三板自2013年正式运营以来，通过不断的改革探索，已发展为资本市场服务中小企业的重要平台，但同时也显露出三大核心问题：第一，在资产端，挂牌公司质量参差不齐，无法保证可交易资产的质量；第二，在资金端，市场整体流动性较差，部分全国股转系统挂牌公司在挂牌后并没有收获很好的融资效果，加之挂牌需要一定的维护成本，不少挂牌公司选择主动摘牌；第三，在转板方面，全国股转系统挂牌公司都是非上市公众公司，与原有的以上市公司为主的法律体系存在一定程度的衔接不畅问题。因此，迫切需要建立互联互通制度，真正打通全国股转系统挂牌公司的上市路径。精选层经过一年多的探索，在激发市场活力方面取得了积极成效，吸引了一批“小而美”的优质中小企业挂牌交易，也为进一步深化改革、设立北交所打下了坚实的企业基础、市场基础和制度基础。[①]

① 参见《坚持错位发展、突出特色建设北京证券交易所 更好服务创新型中小企业高质量发展》，载北京证券交易所网2021年9月2日，http://www.bse.cn/important_news/200010669.html。

(四)我国南北地区金融资源配置失衡

金融资源是经济发展的前置条件,有了金融资源,经济才能更好发展。此前有坊间传闻,天津、重庆等多个城市都希望设立证券交易所,最终选择了北京,背后的一个重要原因是要改变资源配置机制失衡,尤其是金融资源配置失衡的现状。蔡奇书记在 2021 年 9 月 14 日到北交所调研时就曾指出,就北京而言,设立北交所是支撑国际科技创新中心建设、完善国家金融管理中心功能、促进经济高质量发展的重大战略机遇 。[①] 目前,国内南方地区的资源配置机制比较完备,存在交易所和大型的金融机构,民间资本亦较为丰富,而北方地区金融资源的配置能力主要体现在银行信贷资源的配置上,而非体现在市场化的配置上。这种情况下,在北京设立证券交易所,在一定程度上能够改变北方"跛脚"金融资源配置中心的局面,缩小金融资源配置上的南北差距。

二、北交所的功能定位和法律地位

(一)北交所的功能定位

北交所定位于服务创新型中小企业发展,特别是支持"专精特新"(专业化、精细化、特色化、新颖化)、隐形冠军企业上市融资,提高科技发展及创新水平,打造服务创新型中小企业主阵地。

本次设立北交所,将精选层现有挂牌公司全部转为北交所上市公司,新增上市公司则由符合条件的创新层挂牌公司产生。通过精选层直接转为北交所上市公司的示范效应,可拉动创新层挂牌公司积极申请成为北交所上市公司,带动基础层挂牌公司快速成长并跻身创新层,让全国股转系统内部的递进效应更加明显,最终达到创新型中小企业不断突破自身壁垒,做大做强中小企业的目的。

---

① 参见《蔡奇、易会满、陈吉宁到北京证券交易所调研》,载北京证券交易所网 2021 年 9 月 15 日,http://www.bse.cn/important_news/200010759.html。

(二)北交所的法律地位

组织形式上,与会员制的沪深交易所不同,北交所采用公司制,全称是北京证券交易所有限责任公司,是全国股转公司的全资子公司,受中国证监会监督管理。北交所的经营范围[①]为:“依法为证券集中交易提供场所和设施、组织和监督证券交易以及证券市场管理服务等业务。”

管理模式上,北交所作为公司制交易所实行会员管理,会员是证券公司开展业务的资格载体。根据《会员管理规则》,符合条件的证券经营机构可申请成为北交所的会员。一方面,这是落实上位法《证券法》中证券交易所应当制定会员管理规则的要求。与此同时,《证券交易所管理办法》也就证券交易所对会员的监管职责予以规范,授权证券交易所规定会员种类、资格及权利义务。另一方面,在公司制下,北交所对参与市场业务的证券经营机构的监管要求与会员制交易所对会员的监管要求总体一致。

监管职能上,北交所既是证券交易的场所,也是对上市公司及会员单位等进行监管的一线监管者。作为证券市场的组织者,北交所为众多证券经营机构提供集中交易场所,组织证券交易,实行自律管理,是市场的管理者,具有法定的监管权限;同时其作为特殊的市场主体,也要接受政府证券监管机构的监管。

隶属关系上,北交所、创新层、基础层仍然都在全国股转公司旗下,但精选层同时还配套政治和法律地位的提高,精选层的公司是非上市公众公司,平移到北交所后即成为上市公司、公众公司。北交所的交易规则整体延续精选层以连续竞价为核心的交易制度,涨跌幅限制、申报规则、价格稳定机制等其他主要规定均保持不变,不改变投资者的交易习惯,保持中小企业股票交易特点,确保市场交易的稳定性和连续性。

---

① 参见国家企业信用信息公示系统(http://www.gsxt.gov.cn)。

三、北交所的成立对中国中小企业和资本市场的发展意义深远

北交所的成立是中国新形势下全面深化资本市场改革的重要举措，将有力推动中国深化金融供给侧结构性改革，增强资本市场服务实体经济功能。

（一）拓宽创新型中小企业上市渠道、解决金融支持难题

此前，上交所建立了科创板，深交所进行了创业板改革，并将中小板合并为主板，两个交易所分别建立了服务于科创型企业或创业型企业的板块。然而，无论是发行条件还是上市条件，北交所均低于科创板和创业板的标准和要求，所以从定位上来讲，它进一步畅通了中小企业直接融资的渠道。未来在各类基金、保险公司、银行理财等机构投资者积极参与，以及创投、私募股权投资等风险资本支持下，科技与资本能够更好、更快地融合，“专精特新”和“小巨人”企业也将有突破性的发展和成长，为我国科技、经济发展全方位赋能。

（二）有助于开辟我国“专精特新”主阵地

截至2021年9月，工信部培育了三批共计4762家“专精特新”小巨人企业。[①] 北交所精准定位“专精特新”中小企业，在产业升级的大背景下，“专精特新”中小企业不仅符合时代的步伐，也不断得到政策大力扶持，尤其是机械设备、化工、医药生物、电子等“专精特新”企业较为密集的行业。北交所的设立将进一步破除全国股转系统建设的政策障碍，围绕“专精特新”中小企业发展需求，夯实市场服务功能，完善政策支持体系，形成科技、创新和资本的聚集效应，逐步发展成为服务创新型中小企业的主阵地。

---

① “专精特新”一词最早源于2011年7月，由时任工信部总工程师朱宏任在《中国产业发展和产业政策报告（2011）》新闻发布会上首次提出。2018年，政府首次提出要开展“专精特新小巨人”培育工作。此后，工信部在2019～2021年公布了三批“专精特新小巨人”名单，合计4762家。

同时,北交所源于2013年就设立的全国股转系统,对中小企业的融资需求、风险情况、交易制度等有更多差异化的经验,这是北交所专注于帮助“专精特新”中小企业发展的优势。除此之外,北京是我国研究机构、各类科研院所的聚集地,拥有非常强大的研发力量,更需要通过北交所打通科研成果向市场转化的路径,从而服务于科研创新企业。

(三)开启我国多层次资本市场共同服务实体经济、服务科技创新的新格局

一方面,北交所遵循上市公司监管的一般规律,充分吸收上市公司监管的成熟经验,接轨现行上市公司主要监管安排,与上交所、深交所在信息披露和公司治理标准方面保持总体一致性;另一方面,北交所充分吸收精选层前期实践经验,承袭契合创新型中小企业特点的监管制度,形成了体现其特有市场定位的差异化制度安排,有效平衡了中小企业在资本市场的规范成本与收益。

北交所作为全国股转系统的组成部分,与基础层、创新层共同构成全国股转系统的多个层次。在全国股转系统的大框架下,北交所为上市公司提供服务,全国股转系统基础层、创新层则继续为非上市公众公司提供服务。在一个交易场所、一个法人框架下,同时存在两类市场,这是中国的创新。再加上北交所将加强与上交所、深交所、区域性股权市场的互联互通,形成服务中小企业的全链条制度体系,有助于我国促进形成层层递进的中小企业成长路径和良好的多层次市场生态,不断提升资本市场服务实体经济高质量发展的能力。

徐明董事长在北交所揭牌暨开市仪式上致辞时提到,北交所的生命力在于特色。形成特色的关键,便是在多层次资本市场框架下,准确把握市场定位,不断提升市场与创新型中小企业的契合度和适配性。相较于沪深交易所,北交所的制度体系更加包容、更加精准、更加创新、更具活力。① 同时,未来,随着越来越多的优质企业登陆北交所,北交所将与沪深交易所形成良好的竞争关系,进一步激发我国资本市场活力。未来,中国A股市场将呈现京、沪、深三大证券交易所错位发展、功

① 参见《徐明董事长在北京证券交易所揭牌暨开市仪式上的致辞》,载北京证券交易所网2021年11月15日,http://www.bse.cn/important_news/200011202.html。

能互补而又能互联互通的局面，三者均将成为我国多层次资本市场体系（见图1－1）的有机组成部分，使我国资本市场的功能更加完善，补齐资本市场在支持创新型中小企业方面力度不足的短板。

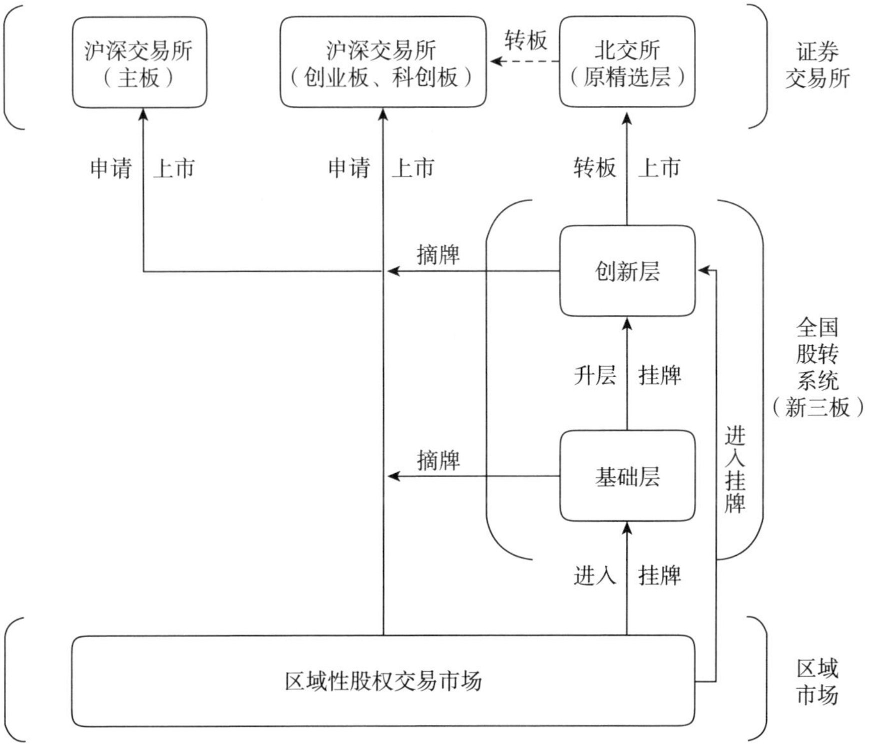

图1－1 我国多层次资本市场体系

问 2 北交所与全国股转系统是什么关系？

北交所设立之初，很多人都分不清北交所与全国股转系统之间，以及北交所与精选层之间的关系。随着北交所的正式开市，相关规则的逐渐出台，北交所与全国股转系统及精选层的关系也逐渐清晰。

一、北交所与全国股转系统的股权关系

北交所不同于上交所、深交所的一个重要特征即北交所是我国第一家公司制运作的证券交易所,既然是公司制,则受到《公司法》及相关配套法律法规的规范和管理。北交所的注册资本为人民币 100,000 万元,认缴期限为 2021 年 12 月 31 日。

北交所是全国股转公司持股比例 100% 的全资子公司。作为北交所母公司的全国股转公司有 7 个股东,分别是中登公司(持股比例 20%)、深交所(持股比例 20%)、上交所(持股比例 20%)、上海期货交易所(持股比例 16.67%)、中国金融期货交易所(持股比例 16.67%)、大连商品交易所(持股比例 3.33%)、郑州商品交易所(持股比例 3.33%)。因此,从北交所的性质和股权结构来看,北交所为全国股转公司的子公司,按照公司化治理规则设立董事会、监事会和高级管理人员,并由股东委派相关人员。

同时,根据《公司法》规定,母公司与子公司各自为独立法人实体,各自独立开展业务和履行职能,并对外独立承担责任。因此,北交所又独立于全国股转公司,两者并非直属关系或上下级关系。

二、北交所与全国股转系统的转板关系

根据现有的制度安排,北交所首批上市公司由全国股转系统的精选层挂牌公司演变而来。

2020 年 7 月 27 日,全国股转系统精选层正式设立,中国证监会副主席阎庆民曾在精选层设立暨首批企业晋升仪式上表示,设立精选层既是全国股转系统发展的里程碑,也是进一步深化全国股转系统改革的起点。2021 年 11 月 12 日,精选层完成最后一天交易收市后,便退出历史舞台。精选层为全国股转系统和中国资本市场注入了新的活力,也提高了资本市场的运行效率。2021 年 11 月 15 日,北交所正式开市,已经存在的 71 家精选层挂牌公司全部平移至北交所,除了这 71 家外,

另外 10 家已经完成发行的股票也在北交所正式交易，至此构成北交所第一批 81 家上市公司。

除了承接主体外，从规则上看，北交所也基本传承了精选层的制度安排。如北交所上市和精选层挂牌的市值及财务指标要求相同，均需满足以下条件之一：(1) 市值不低于 2 亿元，最近两年净利润均不低于 1500 万元且加权平均净资产收益率平均不低于 8%，或者最近一年净利润不低于 2500 万元且加权平均净资产收益率不低于 8%；(2) 市值不低于 4 亿元，最近两年营业收入平均不低于 1 亿元，且最近一年营业收入增长率不低于 30%，最近一年经营活动产生的现金流量净额为正；(3) 市值不低于 8 亿元，最近一年营业收入不低于 2 亿元，最近两年研发投入合计占最近两年营业收入合计比例不低于 8%；(4) 市值不低于 15 亿元，最近两年研发投入合计不低于 5000 万元。两者的审核精神也一脉相承，均采取以信息披露为核心的注册制。关于交易制度，北交所亦整体延续精选层以连续竞价为核心的交易制度，涨跌幅限制、申报规则、价格稳定机制等其他主要规定均保持不变。可以看出，北交所与精选层薪火相传，除了一些优化和小范围的调整外，整体承接精选层的各项制度和相关主体。

此外，全国股转系统还为北交所"输血造血"，共同服务创新型中小企业。根据北交所的上市要求，想要在北交所上市，必须是在全国股转系统连续挂牌满 12 个月的创新层挂牌公司。企业可以选择先进入股转系统基础层，再申请进入创新层，然后进入北交所；也可以选择直接挂牌创新层，再进入北交所。但无论哪种途径，均需要先进入全国股转系统，经过全国股转系统的培育和孵化，才有望实现在北交所上市。因此，全国股转系统与北交所是直接的转板关系，全国股转系统的创新层企业转板到北交所上市，未来北交所的退市企业还可以转板回到全国股转系统挂牌交易。

三、北交所与全国股转系统的生态关系

如前所述，北交所作为全国股转系统的组成部分，取代精选层，和基础层、创新层共同构成全国股转系统的多个层次。从功能和定位角度来看，一方面，北交所与

全国股转系统一样聚焦中小企业，为创新型中小企业更好更快发展营造良好市场环境；另一方面，北交所和全国股转系统与沪深交易所、区域性股权市场互联互通、层层递进、协调发展，共同构成我国生态良好的多层次资本市场。

未来，这个多层次资本市场将呈现出互联互通的生态模式：各地方区域性的股权交易市场的企业可以申请在全国股转系统挂牌，股转系统基础层的企业可以升级到创新层，创新层的企业可以申请直接转板到北交所上市，也可以摘牌后申请转板到深交所创业板或主板上市，还可以申请转板到上交所科创板或主板上市。同时，深交所、上交所、北交所的退市公司可以退到全国股转系统挂牌，该等退市公司在满足条件时又可以申请转板到深交所、上交所、北交所上市，如此生态循环。

问 3 北交所有哪些特点和优势？

北交所在服务中小企业方面可谓煞费苦心，其公司制的组织形式、会员制的管理制度，以及精准定位中小企业的差异化制度安排无一不体现着北交所显著的特点和明显的优势。

一、北交所公司制的组织形式

自20世纪90年代后，证券交易所的治理结构开始由非营利的会员制向以营利为目的的公司制转变，并最终形成了一股全球范围内的证券交易所“公司化”的浪潮，使公司制成为当前全球证券交易所的主导治理模式。目前很多全球股票成交金额排名靠前的证券交易所都采取了公司制的组织形式，并且部分属于“自我上市”公司，如纳斯达克证券交易所、纽约证券交易所等，本身就属于上市公司。

(一)公司制保障交易公正

公司制交易所通常以营利为目的,对场内的交易收取一定的费用。北交所的管理权不归属于在北交所开展交易活动的会员,因此证券经营机构不对北交所享有管理权,有助于北交所保持中立和超脱地位、维护证券交易的公平性。同时,由于北交所以营利为目的,其有更强的动力参与优质企业的上市竞争,在提供更便捷的交易系统、提升上市公司质量、参与跨区域交易所并购等方面也更有积极性。

(二)公司制有利于完善交易所内部治理结构

采取公司制的组织形式,意味着北交所需要按照《公司法》的相关规定完善其内部治理机制,建立股东会、董事会、监事会,形成高效透明的治理架构,落实交易所主体责任,明确主要管理制度,促进交易所自律管理职能的有效发挥。

依据《证券法》和中国证监会的有关规定,北交所制定章程、上市规则、交易规则和其他有关业务规则,将报中国证监会批准。北交所同时受到来自监管层和市场的双重监督,其内部治理还涉及定期披露信息、聘请外部独立董事、接受公众投资者和媒体的监督等问题。另外,公司制还有利于对北交所管理层形成新的激励和约束机制,从而提高管理效率。例如,北交所可以采用常规公司治理中以股权激励为代表的管理层激励措施。

(三)公司制使决策机制优化

北交所定位于打造服务创新型中小企业的主阵地,中小企业的特点为数量多、业务模式新、创新能力强,而公司制证券交易所的大多数经营性事务直接由董事会决策,这有利于减少决策环节,增强决策的灵活性,从而提高北交所对市场和客户需求变化的反应速度。

(四)公司制有利于解锁交易所价值

由于单纯实行会员制的交易所不以营利为目的,即使收取费用且有财产积累也不得进行盈余分配,所以对于证券交易所会员来说,虽然名义上享有对交易所的"所有权",但这种权益价值处于被锁定的状态,无法变现。除此之外,采用公司制的交易所在融资能力上也明显优于单纯采用会员制的交易所,不仅可以发行股票并上市,还可以通过引进股东进行融资,融资成本较低。对于北交所而言,公司制不仅能够引入做市机制,还能够为其实行混合交易预留制度空间,未来更可以通过上市将股东利益最大化。

二、北交所实行会员管理制度

会员是证券公司开展业务的资格载体,北交所作为公司制交易所,同时也实行会员管理。这一方面是落实《证券法》等上位法的要求,另一方面也便于证券交易活动的参与主体理解证券交易所的监管方式。在公司制下,交易所对参与市场业务的证券经营机构的监管要求,与会员制交易所对会员的监管要求总体一致。从市场参与者的角度来看,公司制交易所对参与业务的证券经营机构使用"会员"的表述,便于接受和理解。此外,会员管理也符合境内外公司制交易所的实践。境内外公司制交易所对参与市场业务的证券经营机构实施会员管理已有成熟经验,北交所《会员管理规则》对此予以了充分借鉴。

北交所会员管理制度的主要内容,一是建立会员资格与日常管理制度,明确会员资格取得、灭失的条件和程序,并对会员日常业务管理机制提出要求;二是明确会员合规管理与风险控制要求,重点加强交易风险防控,健全信息隔离制度;三是强化会员客户管理职责,要求会员对客户与产品进行适当性匹配,引导投资者理性参与证券交易,充分保护投资者合法权益;四是规范信息使用和技术系统管理,要求会员有效管理客户使用交易信息的行为,不得滥用证券交易信息,保障交易及相关系统的持续稳定运行;五是加强会员监督管理,明确交易所可对会员进行现场和非现场检查,对违反业务规则的情形采取自律监管措施或纪律处分。

三、精准定位中小企业的差异化制度安排

北交所的监管标准与上交所、深交所总体一致,但同时精准定位中小企业的发展规律及需求,作出了差异化的安排,有效平衡了中小企业在资本市场的规范成本与收益。

(一)包容精准的发行上市审核制度

第一,北交所发行方式多元化。北交所实施向不特定投资者、向特定对象发行等多元融资方式,灵活发行机制,进一步降低融资成本。

第二,北交所申请文件大幅减少。北交所发行上市的申请文件只有29项,相对上交所、深交所各板块,北交所减少了行业定位、纳税及原始财务报表相关财务资料、产权和特许经营权证书、重要合同、设立相关的文件等多项内容。

第三,北交所审核时限明显缩短。相较于科创板的审核时限(交易所审核和中国证监会注册的时间总计不超过3个月),在北交所注册上市的时限有所缩短。保荐人向北交所提交注册申报材料后,北交所应于5日内回复是否受理。北交所的审核时限不超过2个月,中国证监会的注册回复时限不超过15个工作日,有利于缩短企业申报上市的时间。

第四,审核主体与机构设置清晰。注册制的审核主体是北交所,北交所设立上市委、行业资讯委员会和独立的审核部门,其中审核部门负责审核发行人申请,上市委负责对审核部门出具的审核报告和发行人的申请文件提出审核意见,行业资讯委员会负责提供专业咨询意见。北交所认为符合发行条件和信息披露要求的,将相关资料报送至中国证监会注册。中国证监会主要关注北交所审核内容的完整性、程序的合规性、重大事项披露的合规与完整性。

第五,北交所试点注册制,以信息披露为中心。北交所设置了更加简便、包容、精准的发行条件,其主要安排与上交所的科创板、深交所的创业板总体保持一致,

但更为突出北交所服务创新型中小企业的市场定位。中国证监会在新闻发布会回答记者提问时谈到,未来将建立北交所审核与中国证监会注册各有侧重的审核流程,同时强化全链条全过程监管,明确中介机构①的责任。

(二)灵活多元的交易机制

首先,交易方式灵活多元。北交所上市公司可以采用竞价交易、大宗交易、盘后固定交易等交易方式。经中国证监会批准,竞价交易可以引入做市商机制。

其次,涨跌幅限制空间大。企业在北交所上市首日不设涨跌幅限制,次日起竞价交易涨跌幅限制比例为前收盘价的±30%,给予市场充分的价格博弈空间。

最后,定价机制市场化。北交所坚持市场化导向,促进充分博弈,以竞价为原则,对发行价格、规模不做行政干预,强化投资者权益保护,规范发行秩序。

(三)宽严适度的持续监管制度

首先,北交所对现金分红比例不作硬性要求,鼓励公司根据自身实际“量力而为”。

其次,在股权激励方面,北交所允许在充分披露并履行相应程序的前提下,合理设置低于股票市价的期权行权价格,以增强激励功效。

再次,在减持方面,北交所放宽对主要股东、实际控制人和董事、监事、高级管理人员减持时间和数量的限制,改为预先披露要求,同时适当延长未盈利企业股份锁定期。重要股东的预披露期为首次卖出的15个交易日(挂牌期间的交易股份除外)。重要股东竞价减持3个月内可超总股本的1%限制,但需在首次卖出的30个交易日预披露。

最后,在退市机制方面,考虑到中小企业业绩波动大、易受外部环境影响,北交所建立了多元化的退市指标,明确了主动退市与强制退市安排,其中,强制退市分

---

① 本书所称中介机构又称证券服务机构,是会计师事务所、律师事务所以及从事资产评估、资信评级、财务顾问、信息技术系统服务的证券服务机构的合称。

为交易类、财务类、规范类和重大违法类四类情形。公司被强制退市后,符合全国股转系统基础层挂牌条件或创新层条件的,可以转入相应层级挂牌交易;不符合全国股转系统挂牌条件,且股东人数超过200人的,转入退市公司板块。

问4 选择北交所有哪些新机遇?

公司上市可以有多种选择,在境外可以选择美国纽约证券交易所(NYSE)或纳斯达克证券交易所(NASDAQ),也可以选择新加坡证券交易所(SGX)、香港联合交易所(SEHK),在境内则可以选择上交所、深交所。对于“专精特新”的中小型企业来说,选择在北交所上市,意味着新的机遇和更加丰富的选择机会。

一、中小企业获得更多政策支持

对于中小企业而言,融资难始终是制约其发展的一大难题。为解决这一难题,促进企业竞争、激发市场活力,北交所为具备优势的中小企业提供了发展的新契机。选择在北交所上市,创新型中小企业将获得更多的政策支持。

总体来说,北交所的基础政策和制度安排有三大关键要点:一是降低中小企业融资门槛,实行灵活、多元的持续融资制度。在融资准入制度方面,北交所总体平移全国股转系统精选层的发行条件,完善公开发行、定向发行融资机制,丰富融资工具,提供多种定价方式,体现多元化需求。二是构建包容、精准的发行上市制度。北交所新增上市公司来源于在全国股转系统连续挂牌满12个月的创新层挂牌公司,体现“层层递进”的市场格局。三是建立宽严适中的持续监管制度。以往监管部门对于上市企业的监督十分严苛,关联交易、股权代持等企业治理不规范问题可能都会被排除在资本市场的大门之外。虽然北交所是否会放宽条件,还有待于监管部门对各项制度的细化。但是可以推测监管部门在强化监管执法、压实各方责任、着力提升北交所上市公司质量的同时,也会考虑创新型中小企业的市场特色,在股份减持、股权激励、公司规范治理等方面,会构建更贴合中小企业特点的基础制度,并适当降低和平衡中小企业规范成本。

二、更有利于中小企业融资

创新型中小企业的发展,需要大量的资金支持。上交所、深交所的主板、创业板、科创板的上市门槛较高,使很多创新型优质企业难以得到资金支持,从而让服务于中小企业证券化市场的全国股转系统吸引了一大批优质中小企业进行挂牌交易。但由于原全国股转系统对投资者要求较高、投资者数量少、公众化程度低等原因,导致其资金流动性相对不足,无法充分发挥融资作用。北交所尊重创新型中小企业的发展规律和成长阶段,通过与全国股转系统统筹协调搭建原精选层挂牌公司,创新层挂牌公司和基础层挂牌公司的"层层递进"市场结构,可以为更多创新型中小企业提供融资渠道。选择在北交所上市,门槛没那么高,企业可以选择不同层级板块,在不同的"俱乐部"发展,从而获得更多的研发投入和业务拓展资本。在国家持续出台政策大力推进"专精特新"企业发展的新契机下,在北交所上市可以为中小企业提供发展良机。

三、北交所上市时间更短

从北交所上市制度设计上看,现有在全国股转系统挂牌的精选层公司直接平移至北交所成为上市公司,全国股转系统创新层挂牌公司连续挂牌满 12 个月且在满足条件的情况下,可直接申请在北交所上市。同时,北交所的上市审核时间也较创业板、科创板进一步压缩,根据《审核规则》,北交所上市在会审核时间为 2 个月,比其他板块的审核时间缩短 1 个月。企业从申报完成到北交所上市成功,整个时间大致需要 6 个月。因此,选择在北交所上市更节省时间且更有制度保障。

四、合格投资者准入门槛低

2021 年 11 月 12 日，北交所发布了《投资者管理办法》，该办法降低了合格投资者的准入条件，对机构投资者准入不设置资金门槛，个人投资者只需在开通交易权限前 20 个交易日日均证券资产为 50 万元，同时具备 2 年以上证券投资经验，这一门槛远低于作为北交所“预备前身”的全国股转系统精选层合格投资者门槛，即 20 个交易日日均资产为 100 万元。合格投资者准入门槛的降低有利于充分调动闲置资本涌入资本市场，引领更多默默无闻的高科技成长型中小企业焕发新的生机，既利好创新型中小企业，又利好广大投资者。

不仅如此，中登公司于同日下发了《关于启用北京市场账户标识的通知》，将全国股转系统账户标识变更为北京市场账户标识，这一举措也将促进北交所甚至全国股转系统证券交易系统的操作更加便捷。北交所各项基础制度正在加速落地，着力构建和完善投小、投早、投创新的市场生态。

问 5 北交所制度体系有哪些特点和亮点？

北交所适用的制度主要包括全国人大及其常委会颁布的《公司法》《证券法》等法律，中国证监会颁布的《证券交易所管理办法》《发行注册办法》《持续监管办法》等部门规章，以及北交所发布的涉及发行融资、持续监管、交易管理及市场管理的系列业务规则，相关法律法规、部门规章、业务规则共同构成北交所的制度体系。

一、北交所业务规则体系

北交所在北交所上市公司发行融资、持续监管、交易管理、市场管理四个方面建立了以下业务规则体系(见图1－2)。

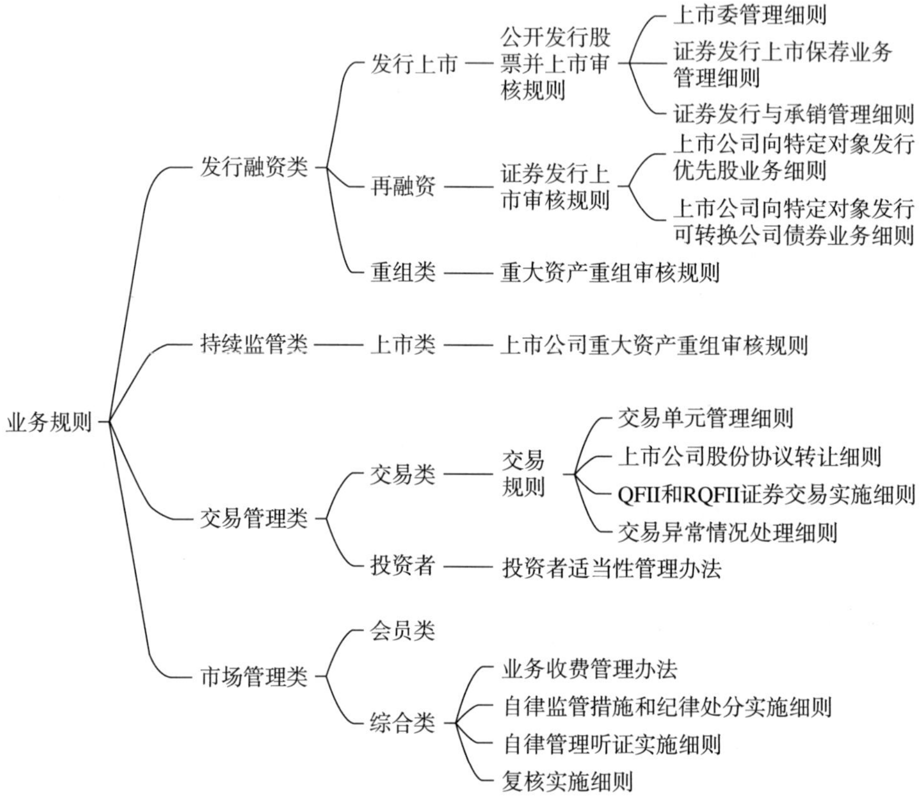

图1－2　北交所业务规则体系

同时,中国证监会还专门制定了配套的信息披露内容与格式准则,协助上市公司制作信息披露文件。

二、公司制交易所的有益探索

2021年中国证监会对《证券交易所管理办法》进行了最新一次修订,对公司制证券交易所的规范管理进行了完善,不仅为北交所的运行提供了上位法依据,而且也明确了北交所有关监管安排,将全国股转系统原精选层挂牌公司全部转为北交所上市公司,全国股转系统基础层挂牌公司、创新层挂牌公司仍然是依据《证券法》设立的非上市公众公司。这样的制度安排,既是持续深化全国股转系统改革的重要举措,也是建设公司制证券交易所的有益探索。

(一)按照公司治理的要求设立组织结构及主要职能

北交所遵循《公司法》的基本要求,建立股东会、董事会、总经理和监事会运行机制,形成高效透明的公司治理结构。依照《证券交易所管理办法》的规定,公司制证券交易所为一人有限责任公司的,不设股东会,由股东行使股东会的职权,包括以下职责:(1)修改证券交易所章程;(2)选举和更换非由职工代表担任的董事、监事;(3)审议和通过董事会、监事会的工作报告;(4)审议和通过证券交易所的财务预算、决算报告;(5)法律、行政法规、部门规章和证券交易所章程规定的其他职权。

《证券交易所管理办法》也对公司制证券交易所的董事会、监事会、总经理的产生及职能作了进一步的规定。根据《证券交易所管理办法》,北交所的决策机构是董事会,《证券交易所管理办法》赋予董事会以下职责:(1)负责审定总经理提出的工作计划;(2)审定对会员的接纳和退出;(3)审定取消会员资格的纪律处分;(4)审定证券交易所业务规则;(5)审定证券交易所上市新的证券交易品种或者对现有上市证券交易品种作出较大调整;(6)审定证券交易所收费项目、收费标准及收费管理办法;(7)审定证券交易所重大财务管理事项;(8)审定证券交易所重大风险管理和处置事项,管理证券交易所风险基金;(9)审定重大投资者教育和保护工作事项;(10)决定高级管理人员的聘任、解聘及薪酬事项,但中国证监会任免的除外。

在公司制证券交易所监事会的产生与职能方面,新修订的《证券交易所管理办法》沿用了原规定条件。

新修订的《证券交易所管理办法》对总经理的职能内容有以下规定:(1)主持证券交易所的日常工作;(2)拟订并组织实施证券交易所工作计划;(3)拟订证券交易所年度财务预算、决算方案;(4)审定业务细则及其他制度性规定;(5)审定除取消会员资格以外的其他纪律处分。

(二)明确与完善了公司制证券交易所的监管安排

为适应北交所的公司制组织框架,《证券交易所管理办法》在监管内容方面作了增设,规定证券交易所制定或者修改有关业务规则时,应当由证券交易所理事会或者董事会通过,并报中国证监会批准。同时,新增一项规定:对于非会员理事或者非执行董事的反对或者弃权表决意见,证券交易所应当在向中国证监会报送的请示或者报告中作出说明。

三、北交所注册管理制度亮点

北交所颁布的《发行注册办法》于 2021 年 11 月 15 日起正式实施。《发行注册办法》是借鉴创业板、科创板注册制改革的成熟经验,为契合创新型中小企业特点而拟定的注册制度,旨在为中小企业融资提供更为高效、便捷、多样的途径。

(一)北交所 IPO 条件

北交所《上市规则》中上市条件所规定的市值和财务指标与《分层管理办法》规定的创新层公司进入精选层的市值和财务指标完全一致,即应当符合下列条件之一:(1)市值不低于 2 亿元,最近两年净利润均不低于 1500 万元且加权平均净资产收益率平均不低于 8%,或者最近一年净利润不低于 2500 万元且加权平均净资产收益率不低于 8%;(2)市值不低于 4 亿元,最近两年营业收入平均不低于 1 亿元,且最近一年营业收入增长率不低于 30%,最近一年经营活动产生的现金流量净额为正;(3)市值不低于 8 亿元,最近一年营业收入不低于 2 亿元,最近两年研发投入合计占最近两年营业收入合计比例不低于 8%;(4)市值不低于 15 亿元,最近两年研发投入合计不低于 5000 万元。

根据《上市规则》《发行注册办法》,除满足上述财务条件外,拟上市公司还需满足以下条件:(1)发行人为在全国股转系统连续挂牌满 12 个月的创新层挂牌公司;(2)中国证监会规定的发行条件;(3)最近一年期末净资产不低于 5000 万元;(4)向不特定合格投资者公开发行的股份不少于 100 万股,发行对象不少于 100 人;(5)公开发行后,公司股本总额不少于 3000 万元;(6)公开发行后,公司股东人数不少于 200 人,公众股东持股比例不低于公司股本总额的 25%;公司股本总额超过 4 亿元的,公众股东持股比例不低于公司股本总额的 10%;(7)市值及财务指标符合本规则规定的标准;(8)北交所规定的其他上市条件。

从精选层的进入标准看,北交所《上市规则》没有增加另外的发行上市条件,以实现企业从精选层到北交所的平稳过渡,北交所开市后,全国股转公司精选层在审项目平移至北交所,按照注册制要求继续履行交易所审核、中国证监会注册的程序。

(二)北交所 IPO 注册流程及特点

根据《发行注册办法》,北交所 IPO 实行注册制,分为北交所审核及中国证监会注册两个环节,其中北交所自受理发行上市申请文件之日起 2 个月内形成审核意见,中国证监会在 15 个工作日内对上市公司的注册申请作出同意注册或不予注册的决定(不含发行人及其保荐机构、证券服务机构回复审核问询的时间)。根据科创板、创业板的相关审核规定,发行人申请在科创板、创业板首发上市的,交易所自受理注册申请文件之日起 3 个月内作出同意或不同意其首发上市的审核意见,发行人及其保荐人、证券服务机构回复审核问询另计并且不超过 3 个月。

由此可以看出,在北交所上市的审核和注册的时间短,而且全部公司上市均采用注册制,而在上交所上市的公司只有科创板采用注册制,主板仍然采用核准制,在深交所上市的公司只有创业板采用注册制,主板也采用的是核准制,这是公司在北交所上市的另一显著特点。

北交所上述制度体系涵盖了从创新层公司到北交所上市、上市后再融资、并购重组及持续监管全流程的内容,是创新型中小企业融资发展的有力保证,也是企业、投资者、资本市场健康发展和利益保护的法律基础。

问6 “专精特新”指什么?

北交所定位于服务创新型中小企业发展,特别是支持“专精特新”(专业化、精细化、特色化、新颖化)、隐形冠军企业上市融资,提高科技发展及创新水平,打造服务创新型中小企业主阵地。那么,“专精特新”具体指的是什么?

一、“专精特新”的概念由来

早在2011年9月23日,工信部在《“十二五”中小企业规划》中提出的“十二五”时期促进中小企业成长的基本原则之一便是坚持“专精特新”,“将‘专精特新’发展方向作为中小企业转型升级、转变发展方式的重要途径,引导中小企业优化生产要素配置,促进中小企业集聚发展,形成一批‘小而优’、‘小而强’的企业,推动中小企业和大企业协调发展”。《“十二五”中小企业规划》还提出进一步提高“专精特新”,“坚持把走‘专精特新’之路作为促进中小企业成长的重要途径,把集聚发展作为促进中小企业成长的着力点,建立起企业间紧密的分工协作关系,努力形成中小企业‘专精特新’竞相发展的新格局”。这是首次提出“专精特新”概念。

“专精特新”中小企业是指具有专业化、精细化、特色化、新颖化四大特征的中小企业,即专注于产业链上某个环节的中小企业。而专精特新“小巨人”企业则是“专精特新”中小企业中的佼佼者,是专注于细分市场、创新能力强、市场占有率高、掌握关键核心技术、质量效益优的“排头兵”企业。

“专”是指采用专项技术或工艺通过专业化生产制造的专用性强、专业特点明显、市场专业性强的产品;其主要特征是产品用途的专门性、生产工艺的专业性、技术的专有性和产品在细分市场中具有专业化的发展优势。“精”是指采用先进适用技术或工艺,按照精益求精的理念,建立精细高效的管理制度和流程,通过精细化管理,精心设计生产的精良产品;其主要特征是产品的精致性、工艺技术的精深性和企业的精细化管理。“特”是指采用独特的工艺、技术、配方或特殊原料研制生产的,具有地域特点或具有特殊功能的产品;其主要特征是产品或服务的特色化。“新”是指依靠自主创新、转化科技成果、联合创新或引进消化吸收再创新方式研制生产的,具有自主知识产权的高新技术产品;其主要特征是产品(技术)的创新性、先进性,具有较高的技术含量,较高的附加值和显著的经济、社会效益。[①]

目前,我国的制造业正从“三低一弱”(低附加值、低技术含量、低质量、弱品牌),逐步走向“三高一强”(高附加值、高技术含量、高质量、强品牌)。在这个背景下提出培育“专精特新”中小企业,本质上是引导中小企业向创新领域发展。

二、发展“专精特新”中小企业的国家战略

2019 年至 2021 年,工信部先后公布了三批专精特新“小巨人”企业,这类企业的主导产品应优先聚焦制造业短板弱项,符合《工业“四基”发展目录》所列重点领域,从事细分产品市场,属于制造业核心基础零部件、先进基础工艺和关键基础材料;或符合制造强国战略十大重点产业领域,属于重点领域技术路线图中有关产品;或属于产业链供应链关键环节及关键领域“补短板”“锻长板”“填空白”产品;或围绕重点产业链开展关键基础技术和产品的产业化攻关;或属于新一代信息技术与实体经济深度融合的创新产品;或属于国家和各省(区、市)重点鼓励发展的支柱和优势特色产业等领域。

2020 年 5 月 15 日,美国商务部产业安全局发布公告,要求采用美国技术和设备生产出的芯片,必须经美方批准才能出售给华为。2020 年 7 月 14 日,在美国政府霸凌政策的施压下,英国政府宣布将从次年起禁止英国移动运营商购买新的华为产品,2027 年前在英国网络中撤除所有华为产品。这些针对中国企业在高科技

---

① 参见《什么是“专精特新”?》,载深圳市中小企业服务局网站业务知识库 2021 年 6 月 21 日,http://zxqyj.sz.gov.cn/ywzsk/content/post_8876240.html。

领域的制裁和打压，造成了我国经济发展的阻碍。中国经济正处于结构升级的关键时刻，而行业的升级，离不开科技原动力。但是，目前我国在研发能力上仍与世界先进水平有较大的差距，基础研究投入不足，原始创新能力薄弱，发展“卡脖子”技术刻不容缓。

2021 年 7 月 30 日，中共中央政治局会议提出，“要强化科技创新和产业链供应链韧性，加强基础研究，推动应用研究，开展补链强链专项行动，加快解决‘卡脖子’难题，发展专精特新中小企业，将专精特新企业、单项冠军企业和领航企业作为政策支持发展的重点之一”。我国首次将“发展专精特新中小企业”上升至国家层面。为了分类促进企业做精、做强、做大，加快完善优质企业梯度培育体系，工信部提出了五大方面的培育政策，包括强化梯度培育、加强政策支持、开展精准服务、优化发展环境、加强动态管理等。

三、专精特新“小巨人”企业的认定标准

“专精特新”企业由工信部组织、指导认定，有相应的基本条件、专项指标和认定程序。目前，“专精特新”中小企业按申报级别分为市级“专精特新”、省级“专精特新”、国家级“专精特新”以及专精特新“小巨人”四大类，其认定标准逐级提高。2021 年，工信部发布的《关于开展第三批专精特新“小巨人”企业培育工作的通知》公布了专精特新“小巨人”企业认定的相应要求。

（一）基本条件

1. 在中华人民共和国境内工商注册登记、连续经营 3 年以上、具有独立法人资格、符合《中小企业划型标准规定》（工信部联企业〔2011〕300 号）的中小企业，且属于省级中小企业主管部门认定或重点培育的“专精特新”中小企业或其他创新能力强、市场竞争优势突出的中小企业。

2. 坚持专业化发展战略，长期专注并深耕于产业链某一环节或某一产品，能为大企业、大项目提供关键零部件、元器件和配套产品，或直接面向市场并具有竞争

优势的自有品牌产品。

3. 具有持续创新能力和研发投入，在研发设计、生产制造、市场营销、内部管理等方面不断创新并取得比较显著的效益，具有一定的示范推广价值。

4. 重视并实施长期发展战略，公司治理规范、信誉良好、社会责任感强，生产技术、工艺及产品质量性能国内领先，注重绿色发展，加强人才队伍建设，有较好的品牌影响力，具备发展成为相关领域国际知名企业的潜力。

有下列情况之一的企业，不得被推荐：(1)申请过程中提供虚假信息的；(2)近三年发生过重大安全、质量、环境污染事故的；(3)有偷漏税或其他违法违规、严重失信行为的。

（二）专项指标

1. 经济效益。截至上年末的近两年主营业务收入或净利润的平均增长率达到5%以上，企业资产负债率不高于70%。

2. 专业化程度。截至上年末，企业从事特定细分市场时间达到3年及以上；主营业务收入占营业收入达70%以上；主导产品在细分市场占有率位于全省前3位，且在国内细分行业中享有较高知名度和影响力。

3. 创新能力。企业拥有有效发明专利(含集成电路布图设计专有权，下同)2项或实用新型专利、外观设计专利、软件著作权5项及以上；自建或与高等院校、科研机构联合建立研发机构，设立技术研究院、企业技术中心、企业工程中心、院士专家工作站、博士后工作站等；企业在研发设计、生产制造、供应链管理等环节，至少1项核心业务采用信息系统支撑。

4. 经营管理。企业拥有自主品牌；取得相关管理体系认证，或产品生产执行国际、国内、行业标准，或是产品通过发达国家和地区产品认证(国际标准协会行业认证)。

（三）分类条件

1. 上年度营业收入在 1 亿元及以上，且近两年研发经费支出占营业收入比重不低于 3%。

2. 上年度营业收入 5000 万（含）~1 亿元（不含），且近两年研发经费支出占营业收入比重不低于 6%。

3. 上年度营业收入不足 5000 万元，同时满足近两年内新增股权融资额（实缴）8000 万元（含）以上，且研发投入经费 3000 万元（含）以上，研发人员占企业职工总数比例 50%（含）以上，创新成果属于“重点领域”细分行业关键技术，并有重大突破。

（四）认定程序

1. 推荐和初核程序。各省、自治区、直辖市及计划单列市、新疆生产建设兵团中小企业主管部门负责组织推荐和初核工作，推荐报送总数不超过 200 家，其中上年度营业收入不足 5000 万元的企业数不超过 10 家。已列为工信部制造业单项冠军企业或产品的企业，不再推荐。重点从省级认定的“专精特新”中小企业中择优组织填写“第三批专精特新‘小巨人’企业申请书”，并参考“佐证材料”进行初审核实，提出推荐意见。

2. 审核公布程序。工信部组织对各地上报的推荐材料进行审核。根据审核结果，确定并发布专精特新“小巨人”企业名单。

四、北交所优先上市的“专精特新”企业

北交所目前并未提出自己的“专精特新”企业的概念和标准，应适用工信部的相关规定和要求。目前，工信部认定的各级“专精特新”企业全部数量近几万家，国家级专精特新“小巨人”企业有 4762 家，显然不是全部的“专精特新”企业都可

以在北交所上市,我们认为在北交所上市的“专精特新”中小企业的认定标准,不应低于专精特新“小巨人”企业标准,且应符合以下条件。

(一)基本条件

1. 满足工信部关于专精特新“小巨人”企业的基本要求。截至目前,工信部共开展了三批专精特新“小巨人”企业培育工作,分别为工信厅企业函〔2018〕381号、工信厅企业函〔2020〕159号、工信厅企业函〔2021〕79号。三批企业审核的基本条件大致相同(如前文所述),仅在专项指标上存在稍许差别,如第一批和第二批对近2年主营业务收入或净利润的平均增长率要求达到10%以上,但企业营收的稳步增长,较高的专业化程度,具有自主知识产权的核心技术和科技成果,具备良好的科技成果转化能力,规范、完整的精细化管理仍然是共性,同样这将也是北交所对“专精特新”上市企业的基本要求。

2. 满足北交所拟上市企业的市值及财务指标要求。《上市规则》已于2021年11月15日正式生效,其中明确规定了北交所上市企业的发行和上市的市值及财务指标和其他要求,因此拟上市企业应当满足该要求。

3. 满足北交所《上市规则》和其他监管办法的其他要求。

(二)重点领域

结合上述要求,我们认为较为符合北交所上市定位的企业主要有节能与新能源汽车、电力装备、新材料、农机装备、生物医药及高性能医疗器械、属于重点领域技术路线图中有关产品,以及属于国家和省份重点鼓励发展的支柱和优势产业。

问 7 哪些企业适合在北交所上市?

在全国股转系统精选层挂牌的公司全部平移北交所上市后,现有能够对标全国股转系统原精选层挂牌标准的创新层公司是最适合也是最有可能在北交所上市的公司,此外满足专精特新“小巨人”要求的未挂牌企业,以及已经在全国股转系统挂牌的其他公司也适合在北交所上市。

一、与原精选层对标的挂牌公司

根据国家现有制度安排,全国股转系统原精选层挂牌公司将全部平移至北交所,这为拟在北交所上市的中小企业提供了极为重要的模板和示范作用。

目前在全国股转系统挂牌的精选层公司多集中于创新型行业。从市值分布看,精选层挂牌公司以中小市值为主,30 亿元以下市值企业占比超过 80%;从行业分布看,精选层挂牌公司多集中于工业设备、信息技术、生物制品、高端制造等创新型行业,属于新兴行业且未来发展前景良好;从盈利规模看,精选层挂牌公司归母净利润基本为正,企业盈利状况良好。综合而言,精选层挂牌公司具有盈利能力较强、成长性突出、聚焦主业、深耕细分领域等显著特征。

但是,并非只有科技领域的企业才能在北交所上市。从已经登录全国股转系统原精选层的企业名单中,也可见到家具行业如美之高(834765 NQ),农林牧渔中的动物保健和果蔬加工行业如永顺生物(839729 NQ)、盖世食品(836826 NQ),以及食品饮料行业如朱老六(831726 NQ)。可见,除了科技型企业外,有地方特色、具有显著市场竞争力的行业领跑企业同样受到北交所的欢迎。

二、“专精特新”的未挂牌企业

“专精特新”企业是北交所的重点服务对象。目前“专精特新”中小企业按申报级别分为市级“专精特新”、省级“专精特新”、国家级“专精特新”以及专精特新“小巨人”四大类,其认定标准逐级提高。但要满足在北交所上市的“专精特新”中小企业的认定标准,至少不应低于专精特新“小巨人”企业标准。截至目前,工信部已经审核通过了三批共计 4762 家专精特新“小巨人”企业。[①]

企业可以从市级、省级、国家级“专精特新”至专精特新“小巨人”逐级申报。达到市级、省级“专精特新”条件时,企业就可以根据自身情况选择在全国股转系统基础层或创新层挂牌。符合挂牌条件及创新层条件的企业可以直接进入创新层,在 12 个月后申请北交所上市。而符合挂牌条件但暂不符合创新层条件的企业可以先进入基础层,无须等待符合创新层条件后再申请在全国股转系统挂牌,这样可以缩短企业在北交所上市的整体时间。同时与上交所科创板、深交所创业板相比,申请北交所上市时间更短,有助企业抢占资本市场先机。拟在北交所上市企业应注意在主营业务收入或净利润的平均增长率、科研人员占比、研发经费占比、知识产权数量等专项指标等方面提前布局,以符合北交所上市标准。

三、全国股转系统已经挂牌的基础层公司

除大家都关注的北交所“专精特新”小巨人、股转系统创新层的公司外,股转系统基础层还有超过 7000 家的企业,这些企业很多不是“专精特新”,也不是“小巨人”,但是一样可以通过自己的努力,从基础层转到创新层,当在创新层达到了北交所的上市条件的时候,北交所当然不会拒绝这样的公司的上市要求,这样的公司当然可以在北交所上市,这也符合国家设立北交所的初衷,更是符合北交所自身的利益,不仅能够起到示范效应,也能够给北交所带来一定的经济效应,所以,这样的

---

① 三批专精特新“小巨人”企业名单分别为工信厅企业函〔2018〕381 号、工信厅企业函〔2020〕159 号、工信厅企业函〔2021〕79 号。

企业也适合在北交所上市。

问8 传统企业可否在北交所上市？

2021年11月15日北交所正式开市，10家已完成公开发行的企业，加上71家存量精选层公司，总共81家公司在北交所首批上市，涵盖25个国民经济大类行业，其中先进制造业、现代服务业、高技术制造业、高技术服务业、战略新兴产业等占比87%，“专精特新”属性较为明显。那么传统企业可否在北交所上市呢？

一、北交所对于拟上市企业的创新要求

根据自2021年11月15日实施的《上市规则指引第1号》“1－9行业相关要求”中明确，发行人应当结合行业特点、经营特点、产品用途、业务模式、市场竞争力、技术创新或模式创新、研发投入与科技成果转化等情况，在招股说明书中充分披露发行人自身的创新特征。保荐机构应当对发行人的创新发展能力进行充分核查，在发行保荐书中说明核查过程、依据和结论意见。

北交所审核的创新性主要包括模式创新、产品创新、服务创新、领域创新等各方面。中小企业覆盖国民经济各行业各领域，其创新不仅体现在新兴产业，也会体现在传统产业中，创新主体不仅包括以制造业为主的“专精特新”中小企业，也包括战略新兴产业中创新能力突出的中小企业、向专业化和价值链高端延伸的生产性服务业企业、向高品质和多样化升级的生活性服务业企业。

二、传统行业仍有望在北交所上市

从首批81家企业所属行业来看，大部分为计算机应用、环保行业、电力设备、

化学制品、机车零部件、自动化设备等科技含量较高的行业，但仍可见家具行业、动物保健行业、果蔬加工行业、食品饮料行业等传统行业企业，如中设咨询（833873）、广咨国际（836892）、华维设计（833427）属于建筑装饰行业的工程咨询服务领域；永顺生物（839729）属于农林牧渔行业中的动物保健领域；生物谷（833266）、大唐药业（836433）属于医药生物行业的中药领域；朱老六（831726）属于食品饮料行业的调味发酵品领域；国义招标（831039）属于社会服务行业中的专业服务领域；润农节水（830964）属于农林牧渔行业中的农业综合领域；凯添燃气（831010）属于公用事业中的燃气领域；盖世食品（836826）属于农林牧渔行业的果蔬加工领域；驱动力（838275）属于农林牧渔行业的饲料领域；美之高（834765）属于轻工制造行业的家居领域。此外，还有其他类似橡胶制品——利通科技（832225）、包装领域——方大股份（838163）、线缆部件——球冠电缆（834682）等均属于传统行业，但已成功进入全国股转系统精选层并成为北交所的"长子"。

可见即便不是科技类企业，如果能够专攻于某一细分行业，具有明显优势，或传统行业中具有创新业务模式的中小企业，也能抓住北交所上市的巨大机遇。

三、不能在北交所上市的行业

根据《上市规则指引第 1 号》"1 -9 行业相关要求"明确规定，发行人属于金融业、房地产业企业的，不支持其申报在北交所发行上市。发行人的生产经营应当符合国家产业政策。发行人不得属于产能过剩行业（产能过剩行业的认定以国务院主管部门的规定为准）、《产业结构调整指导目录》中规定的淘汰类行业，以及从事学前教育、学科类培训等业务的企业。

（一）金融业

金融企业是指执行金融业务需要取得金融监管部门授予的金融业务许可证的企业。根据《金融业企业划型标准规定》（银发〔2015〕309 号）第 3 条的规定，采用复合分类方法对金融业企业进行分类。

首先，按《国民经济行业分类》将金融业企业分为货币金融服务、资本市场服务、保险业、其他金融业四大类。其次，将货币金融服务分为货币银行服务和非货币银行服务两类，将其他金融业分为金融信托与管理服务、控股公司服务和其他未包括的金融业三类。最后，按经济性质将货币银行服务类金融业企业划为银行业存款类金融机构；将非货币银行服务类金融业企业分为银行业非存款类金融机构，贷款公司、小额贷款公司及典当行；将资本市场服务类金融业企业划为证券业金融机构；将保险业金融企业划为保险业金融机构；将其他金融业企业分为信托公司、金融控股公司和除贷款公司、小额贷款公司、典当行以外的其他金融机构。

(二)产能过剩行业

近年来，国务院按照定期更新的《产业结构调整指导目录》的鼓励类、限制类和淘汰类的产业结构进行政策引导管理。同时产能过剩行业还体现在国务院于2006年发布的《国务院关于加快推进产能过剩行业结构调整的通知》(该通知于2015年11月废止)，其中提到，“从总体上看，过度投资导致部分行业产能过剩的问题仍然没有得到根本解决。钢铁、电解铝、电石、铁合金、焦炭、汽车等行业产能已经出现明显过剩；水泥、煤炭、电力、纺织等行业目前虽然产需基本平衡，但在建规模很大，也潜在着产能过剩问题”。

(三)《产业结构调整指导目录》中规定的淘汰类行业

国家发改委发布的《产业结构调整指导目录(2019年本)》将相关行业分为鼓励类、限制类和淘汰类。其中淘汰类分为“落后生产工艺装备”和“落后产品”两大部分，涉及农林业、煤炭业、电力、石化化工、钢铁等18类生产工艺设备和石化化工、铁路、有色金属、建材等12类落后产品。按照《上市规则指引第1号》的要求，主要从事和生产该类技术和产品的企业同样无法在北交所上市。

(四)其他负面清单行业

其他负面清单企业包括房地产企业和受“双减政策”影响的学前教育、学科类培训企业。在国家宏观政策调整之前,前述企业需拓展其他渠道以满足融资需求。

可见,行业的传统与非传统性并非是衡量企业能否在北交所上市的“分水岭”,而新兴行业则受政策影响的因素较大,企业应随时关注政策的风向标,才能准确把握北交所的审核要求。

第二章
Chapter Two
上市准备

问 9 北交所上市需要做哪些准备工作?

俗话说得好:“不打无准备之仗。”创新型中小企业选择在北交所上市也需要做好各项准备工作。那么,这些准备工作都包含哪些内容?

一、搭建内部团队、选择中介机构

当一家企业决定要走上市之路时,首要的准备工作是在内部搭建稳定的领导班子和工作团队,在外部聘请专业的中介服务机构,内部人员和外部中介共同组成上市工作团队。

首先,决策层研判上市的可能性。决策层需建立上市的决心和信心,对企业未来发展有清晰的认识并建立长远的规划目标,此外要有充分的风险认知能力和承受能力。必要时企业应当通过董事会、股东会/股东大会审议和决定,以作出有效决策,保障企业上市工作得以顺利进行。

其次,搭建企业内部工作团队。公司上市是企业的“头号工程”,工作团队必须由董事长牵头,成员包括总经理、董事会秘书以及 1 ~ 2 名财务、行政人员等。企业应以上市公司董秘的工作标准和要求确定董秘人选,如果临时没有合适人选,可先由财务总监兼任。工作团队人员需充分了解企业的历史沿革和现状,最好具备一定的上市经验、了解上市法规及政策,能够对上市过程中遇到的所有重大问题进行及时、有效沟通处理,并配合中介机构相关工作。

最后,聘请外部专业中介机构提供服务。为企业提供上市服务的中介机构主要包括券商(有保荐机构和股票承销机构两种,通常为同一家证券机构)、会计师事务所、律师事务所、资产评估机构(如需)。

选择中介机构时,专业比知名更重要。企业应根据自身特点和发展状况选择适合的中介机构。不仅要核查其从业资格、关注信誉和成功业绩,还要充分了解外部机构委派成员的经历和行业经验,综合判断机构的能力。此外,服务费也是企业需要斟酌考量的因素之一。

确定中介机构后,企业与其签订服务协议,中介机构进场提供服务。中介机构进场后的首要工作是尽职调查,以发现企业弊病,进而帮助企业规范经营、解决问题,使其符合上市条件,最终中介机构根据尽职调查结果出具专业意见。全面、深入的尽职调查工作将对企业顺利通过上市审核起到保障作用。

二、准备公司改制

若拟上市企业是有限责任公司,则将“有限责任公司”整体变更为“股份有限公司”(以下简称股改)将是企业必须完成的工作。通过股改,可以将人合性较强、私密性较高、对外进行股权转让限制较多的有限责任公司,转为更具资合性、开放性、股份可以自由转让的股份有限公司,这样不仅可以借此实现资本证券化,还可以提升企业内控和治理水平。

股改并非公司组织形式的简单变更,而是一项复杂的系统工程,涉及公司股权结构、财务状况、税务问题、业务方向、内部管理架构等诸多内容,主要包括以下几方面工作:一是聘任中介机构。二是尽职调查。各中介机构尽职调查的侧重点均有不同,通常包括:(1)收集整理企业的历史沿革资料,分析企业设立、变更程序的合规性,审查公司董事、监事、高级管理人员的任职资格;(2)梳理企业的关联关系、关联交易、同业竞争情况以及对企业持续经营能力的影响;(3)整理企业报告期内的全部财务资料,进行账实核对,清产核资,梳理公司对外投资情况;(4)梳理企业的业务类型、业务流程等以及核查是否存在重大违法违规行为；(5)整理企业内部各项规章制度，分析制度的合理性和有效性等工作。各中介机构在分工合作下各自出具专业意见，共同协助企业进行股改。三是召开股份有限公司创立大会暨第一次股东大会，第一届董事会会议、监事会会议，审议《审计报告》《评估报告》，审议发起人关于公司筹办情况的报告、公司章程，选举董事会、监事会成员，审议通过各项公司制度，并选举公司的董事、监事、高级管理人员。四是到市场监督管理部门办理变更登记手续，变更公司相关证照、账户名称等。五是完善公司治理和内控制度，修改公司内部规则制度等。

三、在股转系统挂牌

企业要在北交所上市，还要做好成为全国股转系统创新层挂牌公司的准备。因为根据2021年11月15日正式生效的《上市规则》第2.1.2条第1款规定，“发行人申请公开发行并上市，应当符合下列条件：(一)发行人为在全国股转系统连续挂牌满12个月的创新层挂牌公司”，由此可知，企业登陆北交所前需在全国股转系统连续挂牌满12个月。

(一)全国股转系统的挂牌条件

全国股转系统挂牌的条件比较简单。财务指标差的企业可以先申请在全国股转系统基础层挂牌；财务指标不错的企业可以直接申请到创新层挂牌。

公司可以直接申请到基础层挂牌。《股转系统业务规则》第2.1条规定：“股份有限公司申请股票在全国股份转让系统挂牌，不受股东所有制性质的限制，不限于高新技术企业，应当符合下列条件：(一)依法设立且存续满两年。有限责任公司按原账面净资产值折股整体变更为股份有限公司的，存续时间可以从有限责任公司成立之日起计算；(二)业务明确，具有持续经营能力；(三)公司治理机制健全，合法规范经营；(四)股权明晰，股票发行和转让行为合法合规；(五)主办券商推荐并持续督导；(六)全国中小企业股份转让系统有限责任公司要求的其他条件。”满足上述条件的企业可以申请在全国股转系统挂牌。

公司申请在全国股转系统挂牌时直接进入创新层，应该同时符合挂牌条件和《分层管理办法》第14条规定的下列条件：(1)最近两年净利润均不低于1000万元，最近两年加权平均净资产收益率平均不低于8%，股本总额不少于2000万元；或者最近两年营业收入平均不低于6000万元，且持续增长，年均复合增长率不低于50%，股本总额不少于2000万元；或者在挂牌时即采取做市交易方式，完成挂牌同时定向发行股票后，公司股票市值不低于6亿元，股本总额不少于5000万元，做市商家数不少于6家，且做市商做市库存股均通过本次定向发行取得。(2)完成挂牌同时定向发行股票，且融资金额不低于1000万元。(3)完成挂牌同时定向发行股票后，符合全国股转系统基础层投资者适当性条件的合格投资者人数不少于50人。(4)最近一年期末净资产不为负值，公司治理健全，制定并披露股东大会、董事会和监事会制度、对外投资管理制度、对外担保管理制度、关联交易管理制度、投资者关系管理制度、利润分配管理制度和承诺管理制度，设立董事会秘书。(5)中国证监会和全国股转系统规定的其他条件。(6)申请挂牌公司不得存在下列情形：①挂牌公司或其控股股东、实际控制人存在贪污、贿赂、侵占财产、挪用财产或者破坏社会主义市场经济秩序的刑事犯罪；存在欺诈发行、重大信息披露违法或者其他涉及国家安全、公共安全、生态安全、生产安全、公众健康安全等领域的重大违法行为；②挂牌公司或其控股股东、实际控制人、董事、监事、高级管理人员被中国证监会及其派出机构采取行政处罚；或因证券市场违法违规行为受到全国股转系统等自律监管机构公开谴责；③挂牌公司或其控股股东、实际控制人、董事、监事、高级管理人员因涉嫌犯罪正被司法机关立案侦查或涉嫌违法违规正被中国证监会及其派出机构立案调查，尚未有明确结论意见；④挂牌公司或其控股股东、实际控制人被列入失信被执行人名单且情形尚未消除；⑤最近两年财务会计报告被会计师事务所出具非标准审计意见的审计报告；仅根据《分层管理办法》第11条第2项规定标准进入创新层，最近三年财务会计报告被会计师事务所出具非标准审计意见的审计报告。

公司申请挂牌同时定向发行股票进入创新层，需要经过如下程序：(1)申请与受理。申请公司、主办券商和其他相关中介机构应当按照《定向发行规则》等要求制作发行申请文件,并在提交挂牌申请文件时一并提交全国股转公司;全国股转公司在收到符合受理条件的申请文件后,两个交易日内完成受理程序。(2)审查程序。全国股转公司审查职能部门依据相关规则对申请公司进行审查,并在自受理之日起10个交易日内出具首轮反馈意见;无须出具反馈意见的,提请召开审查职能部门质控会进行审议;申请公司、主办券商和其他中介机构应当逐一落实反馈意见,并按要求时间提交书面回复文件。(3)经质控会审议,全国股转公司出具自律审查意见。(4)公司申请挂牌同时定向发行股票,且发行后股东累计不超过200人,全国股转公司经审查同意的,出具同意挂牌及发行的函;累计超过200人,全国股转公司经审查同意的,出具同意挂牌公开转让及发行的自律监管意见,并报送中国证监会,中国证监会作出核准决定后,全国股转公司出具同意挂牌的函。(5)同意挂牌及发行的函自出具之日起12个月内有效,申请公司应在有效期内完成股票定向发行及股票挂牌。(6)全国股转公司出具同意挂牌及发行的函后,申请公司按照《定向发行规则》等规定安排认购、缴款、验资等事项。(7)主办券商应当及时协助申请公司完成项目归档和首次信息披露;申请公司应当按照相关规定,编制股票初始登记申请表,完成股票登记及挂牌手续。

(二)全国股转系统基础层挂牌公司转创新层

已在全国股转系统基础层挂牌的企业申请进入创新层,应当符合《分层管理办法》第11条规定的条件之一,具体为:(1)最近两年净利润均不低于1000万元,最近两年加权平均净资产收益率平均不低于8%,股本总额不少于2000万元;(2)最近两年营业收入平均不低于6000万元,且持续增长,年均复合增长率不低于50%,股本总额不少于2000万元;(3)最近有成交的60个做市或者集合竞价交易日的平均市值不低于6亿元,股本总额不少于5000万元;采取做市交易方式的,做市商家数不少于6家。同时,还应当符合《分层管理办法》第12条规定的所有条件,具体包括:(1)公司挂牌以来完成过定向发行股票(含优先股),且发行融资金额累计不低于1000万元;(2)符合全国股转系统基础层投资者适当性条件的合格投资者人数不少于50人;(3)最近一年期末净资产不为负值;(4)公司治理健全,制定并披露股东大会、董事会和监事会制度、对外投资管理制度、对外担保管理制度、关联交易管理制度、投资者关系管理制度、利润分配管理制度和承诺管理制度；设立董事会秘书；(5)中国证监会和全国股转系统规定的其他条件。

符合创新层条件的基础层挂牌公司申请转入创新层需要经过如下程序：(1)全国股转系统于每年4月30日启动市场层级定期调整工作，并向主办券商发送经初步判断符合《分层管理办法》规定条件的基础层公司名单及相关信息。主办券商收到公司名单后，对拟申请进入创新层的公司进行核查，判断是否符合进入条件。(2)经核查确认符合条件的公司，应通过主办券商提交进入创新层的申请。主办券商应按照全国股转公司通知的时间，填报进入创新层所需相关信息和数据，有遗漏或有误信息，可申请补充或更正，并提交相关证明材料。(3)全国股转公司根据相关申请及核查情况，确定拟调入创新层的挂牌公司初筛名单，并在全国股转系统官网公示。申请公司对初筛名单存在异议的，可在名单公示后的5个交易日内按照全国股转公司规定的方式提交书面说明及相关证明材料。(4)全国股转公司根据异议核实情况调整初筛名单，提交挂牌委员会审议后，作出市场层级调整决定，并将调入创新层的挂牌公司正式名单在全国股转系统官网公布，同时按照市场层级调整决定载明的日期，将正式名单中的基础层挂牌公司调至创新层。

问 10 北交所上市的程序和标准是什么？

已经在全国股转系统挂牌的公司登陆北交所，需按照《上市规则》等规定的要求启动上市程序，还没有在全国股转系统挂牌的公司首先要完成挂牌程序，有限责任公司则需要首先进行股份制改造，在股份公司设立后申请在全国股转系统挂牌。

一、北交所上市从全国股转系统挂牌开始

根据《上市规则》的有关规定，在北交所上市之前必须满足在全国股转系统挂

牌满12个月并进入创新层的条件，因此北交所的上市程序应当是从全国股转系统启动挂牌程序开始。

根据《股转系统业务规则》《股转系统挂牌指引》的有关规定，拟上市的有限责任公司需在券商、律师事务所、会计师事务所等中介机构的帮助下，完成股权结构调整、财务梳理，经过审计后将净资产折股，最后变成股份制公司。有限责任公司按原账面净资产折股整体变更为股份有限公司的，持续经营时间可以从有限责任公司成立之日起计算。

（一）申请与审核

企业在满足持续经营条件后，首先应当聘请中介机构制作申请挂牌所需材料，然后向全国股转公司提交申请文件，最后等待全国股转公司的审核反馈意见（股东超过200人的公司还需要中国证监会核准）。全国股转公司在收到符合受理条件的申请文件后2个交易日内完成受理程序。全国股转公司审查职能部门依据相关规则对申请公司进行审查，并在自受理之日起10个交易日内出具首轮反馈意见；无须出具反馈意见的，提请召开审查职能部门质控会进行审议。

拟申请挂牌企业、主办券商和其他中介机构收到反馈意见后，应当逐一落实反馈意见，并在反馈意见要求的时间内（不超过10个交易日）提交书面回复文件。如需延期回复的，应在回复截止日前提交延期申请，说明延期原因并明确回复时间，延长的期限最长不得超过30日。

拟申请挂牌企业、主办券商和其他中介机构提交书面回复文件后，全国股转公司审查职能部门召集质控会审议项目，经质控会审议认为仍需继续反馈的，在收到反馈回复之日起10个交易日内发出。经质控会审议认为无须继续反馈的，在履行全国股转公司内部程序后出具自律审查意见。

全国股转公司经过上述审查和反馈对挂牌无异议的，对于股东人数不超过200人的公司，全国股转公司直接出具同意挂牌的函。对股东人数超过200人的公司，全国股转公司审查无异议后，还需将自律审查意见、相关申请文件、审查文件报送中国证监会核准。中国证监会在核准过程中对申请公司、主办券商和其他中介机构提出反馈意见的,由全国股转公司发出,相关主体应当自收到反馈意见5个交易日内提交书面回复文件。

(二)有效期内及时申请挂牌

全国股转公司出具同意挂牌的函后,主办券商应当及时协助拟申请挂牌公司完成项目归档和首次信息披露。全国股转公司出具的同意挂牌的函或同意挂牌及发行的函自出具之日起12个月内有效。全国股转公司已同意挂牌的公司,应在有效期内完成股票定向发行(如有)及股票挂牌。

(三)全国股转系统挂牌满12个月之后才能申请北交所上市

企业在全国股转系统挂牌满12个月之后才能申请北交所上市。可见在全国股转系统挂牌,是中小企业登陆北交所之前必须具备的身份条件。但是,在全国股转系统挂牌满12个月并不是单指在创新层待满12个月,而是可以合并计算企业在全国股转系统创新层和基础层的累计挂牌时间,企业在申请北交所上市时只要已进入创新层即可。这对拟上市公司来说难度降低很多,因为基础层对于企业的财务经营等各项指标的要求比创新层低。

二、北交所上市还应当具备的其他条件

根据2021年9月3日中国证监会新闻发布会答记者问的内容及《上市规则》《发行注册办法》等的规定,北交所上市发行条件也整体平移了全国股转系统原精选层的四套准入标准。具体条件如表1-1所示。

表1-1 北交所上市所需条件

北交所上市所需条件	
市值和业绩条件（只需满足其中之一即可）	(1)市值+净利润+加权平均净资产收益率 预计市值不低于2亿元，最近一年净利润不低于2500万元且加权平均净资产收益率不低于8%，或者最近两年净利润均不低于1500万元且加权平均净资产收益率平均不低于8%； (2)市值+营业收入+经营活动现金流 预计市值不低于4亿元，最近两年营业收入平均不低于1亿元，且最近一年营业收入增长率不低于30%，最近一年经营活动产生的现金流量净额为正； (3)市值+营业收入+研发强度 预计市值不低于8亿元，最近一年营业收入不低于2亿元，最近两年研发投入合计占最近两年营业收入合计比例不低于8%； (4)市值+研发投入 预计市值不低于15亿元，最近两年研发投入合计不低于5000万元
股权分散等要求	(1)最近一年期末净资产不低于5000万元； (2)公开发行的股份不少于100万股，发行对象不少于100人； (3)公开发行后，公司股本总额不少于3000万元； (4)公开发行后，公司股东人数不少于200人，公众股东持股比例不低于公司股本总额的25%；公司股本总额超过4亿元的，公众股东持股比例不低于公司股本总额的10%
规范治理要求	一般来说需要拟上市企业具备健全且运行良好的组织机构，具有持续经营能力，财务状况良好，最近三年财务会计报告无虚假记载，被出具无保留意见审计报告，依法规范经营
北交所规定的其他上市条件	这个是兜底条款，因为北交所的设立虽然基于现在的全国股转系统，但毕竟属于新生事物，随着市场的波动变化，以及各方利益平衡的需求，监管层可能会公布新的发行上市条件

三、禁止在北交所上市的情形

根据相关规定，拟上市公司及其控股股东、实际控制人、董事、监事、高级管理人员存在下列情形时，不能在北交所上市。

第一，最近36个月内，拟上市公司及其控股股东、实际控制人，存在以下违法犯罪行为：(1)贪污、贿赂、侵占财产、挪用财产或者破坏社会主义市场经济秩序的刑事犯罪;(2)欺诈发行、重大信息披露违法或者其他涉及国家安全、公共安全、生态安全、生产安全、公众健康安全等领域的重大违法行为。

第二,最近 12 个月内,拟上市公司及其控股股东、实际控制人、董事、监事、高级管理人员受到中国证监会及其派出机构行政处罚,或因证券市场违法违规行为受到全国股份转让系统有限责任公司、交易所等自律监管机构公开谴责。

第三,拟上市公司及其控股股东、实际控制人、董事、监事、高级管理人员因涉嫌犯罪正被司法机关立案侦查或涉嫌违法违规正被中国证监会及其派出机构立案调查,尚未有明确结论意见。

第四,拟上市公司及其控股股东、实际控制人被列入失信被执行人名单且情形尚未消除。

第五,拟上市公司未按照《证券法》规定在每个会计年度结束之日起 4 个月内编制并披露年度报告,或者未在每个会计年度的上半年结束之日起 2 个月内编制并披露中期报告。

第六,拟上市公司存在中国证监会和北交所相关规则所规定的,对经营稳定性、直接面向市场独立持续经营的能力具有重大不利影响,或者存在利益受到损害等其他情形。

拟上市企业需要在中介机构的协助下,认真进行自查,最好在启动上市程序之前将以上情形消除。

问 11 如何选择中介机构?

拟上市的公司必须聘请的中介机构主要有三类,即证券公司(包括保荐人和承销商两种,通常为同一家机构)、会计师事务所和律师事务所。另外,公司可根据实际需要聘请资产评估机构、咨询机构等其他第三方机构。

公司成功上市不仅需要自身条件过硬,还要选择靠谱的中介机构。中介机构能给拟上市公司提供必要、充分的辅佐，帮助公司进行股份制改造、规范经营行为、引进资源、提交申报材料。如果中介机构选择不当，必将影响公司上市进程。以深交所为例，2021 年 8 月，4 家中介机构被中国证监会立案调查，聘请涉事机构辅助其上市的公司的上市审核被中止，涉及创业板 30 家，科创板 7 家。由此可见，选择中介机构十分重要。

一、如何选择保荐机构

2020 年全年，新上市企业共 396 家，其中上交所主板 90 家、科创板 145 家，深交所中小板 54 家、创业板 107 家，共募集资金 4616. 84 亿元，募资净额为 4318. 82 亿元。有 57 家保荐机构承担了这 396 家新上市公司的 IPO 上市业务。排名靠前的依次为中信建投证券股份有限公司(37 单)、中信证券股份有限公司(32 单)、海通证券股份有限公司(23 单)、民生证券股份有限公司(23 单)、中国国际金融股份有限公司(23 单)。[①] 拟上市的公司在选择保荐机构时，应结合企业规模、发展状况等自身的特点重点关注以下方面。

1. 保荐机构的项目经验和行业经验。拟上市公司可通过了解保荐机构对本企业自身所处的行业的了解程度，以及保荐机构帮助本行内企业成功上市的经典案例，来判断保荐机构能否胜任本企业的上市工作。

2. 保荐机构的信誉。拟上市公司应重点关注保荐机构有无被中国证监会处罚的记录、有无行政处罚、有无涉诉等，以免因保荐机构本身的处罚对项目产生影响。

3. 保荐机构的综合实力。拟上市公司可重点考量保荐机构人员构成、资产规模等方面，尤其关注质控和内核程序是否严格和完善。中介机构的质控和内核程序存在缺陷和企业本身存在问题一样，都有可能导致项目失败。

4. 保荐机构的重视程度。拟上市公司还可关注保荐机构对本公司的重视程度，如是否可以派出有经验的保荐机构负责人长期在场主持工作，帮助中介机构准确地理解企业管理层的意图，以便优质高效地完成工作。

---

① 参见梧桐数据中心：《上市 396 家！中国 A 股 2020 年度 IPO 中介机构排名（保荐/律所/审计）》，载微信公众号“投资家”2021 年 1 月 4 日，https://mp. weixin. qq. com/s/6t4ZCZMZ8z8mEERq7m5Khw。

5. 保荐机构的协调能力。保荐机构除了本身承担的尽职调查和保荐工作外，还是中介机构中的“小甲方”和“领头羊”，承担协调其他中介机构共同推进项目进展的职能。因此保荐机构负责人的沟通协调作用尤为重要。保荐机构负责人协调到位，可以避免中介机构之间因意见不一致导致内部矛盾而影响上市进程。

6. 保荐团队的实力。当然除了保荐机构的综合实力外，拟上市公司还应深入了解保荐机构的保荐团队实力。保荐团队的重要性不亚于保荐机构自身。在考量保荐团队的实力时，应重点考察团队带头人的资历及资源、团队骨干人员的经验和能力、团队的行事风格及过往经验等。

7. 费用。一般而言，规模越大，架构越复杂的公司，需支付的费用也越高。综合实力强的保荐机构的报价也会相应提高，具体视保荐机构的知名度、工作量、上市难度、公司信息对称程度及谈判技巧等而定。保荐费用可分阶段支付，承销费用则从实际募集到的资金中扣取，无须拟上市公司动用自有资金提前支付。

二、如何选择律师事务所

律师在公司上市中的主要作用是协助公司制定改制上市方案、解决上市过程中出现的所有法律问题、负责完成公司需要的全部法律文书、并最终出具《法律意见书》和《律师工作报告》等文件。

在选择律师事务所时，拟上市公司不仅需要考察律所的品牌与平台，更应该重视提供服务律师团队的实力。除了知名的大牌律师事务所外，专注于公司业务乃至上市公司业务、经验丰富的精品律所和律师团队也是不错的选择。

在选择律师团队时，建议考量以下因素。

1. 团队经验与案例。专注于 IPO 业务的团队，往往拥有稳定、高水平的律师队伍，还有可能同其他中介机构以及投资人保持有良好的关系，可以同时为企业提供增值服务，这是拟上市公司需要重点考量的因素。

2. 团队对拟上市公司行业的了解程度。拟上市公司应关注律师团队对于本公司所处的行业的了解程度，这样律师在协助审查招股说明书的时候，如果能够准确把握公司所在行业的特点，则能减少审核中的反馈次数。

3. 团队与拟上市企业交流的契合度。拟上市公司还应考察律师团队与公司交流、沟通的契合度,因为在公司上市过程中会遇到各种各样的法律问题,甚至还会遇到董事长的私人问题,所有问题的处理都是建立在良好沟通的基础之上,所以律师团队与公司交流、沟通的契合度很重要。

4. 承办律师的能力和态度。承办律师的能力非常重要,派驻有经验的律师全程参与项目的全过程,可以及时提供准确意见;同时承办律师的态度更为重要,能力略有不足都没有太大问题,因为还有券商、会计师等中介团队的其他成员配合协商。当然,能力强态度又好的承办律师能够最大限度避免公司上市进程的“卡顿”或“埋雷”。

5. 团队所在律师事务所的内部审核流程。律师团队为企业提供服务时,同样受律师事务所内部审核流程管理。及时、灵活的律师事务所内核管理模式可以辅助律师团队更高效地完成工作。相较之规模较大、松散管理的律师事务所,注重流程管理和内部审核机制的小型律所也能凸显优势。

三、如何选择会计师事务所

会计师的工作主要是财务审计,作用相对独立。从有关统计数据中可以看出,排名前四的会计师事务所(天健会计师事务所、立信会计师事务所、容诚会计师事务所、大华会计师事务所)包揽了全部在审项目50%以上的业务。经验丰富、过往成功案例多的事务所自然会优先进入企业的选择范围,但同时这些事务所的报价也会水涨船高,对于中小型企业来说,大型会计师事务所并非是唯一的选择,不妨脱离会计师事务所的规模,转而寻找优良的团队来帮助自己完成上市工作。

选择会计师事务所时,拟上市公司需注意考量下列事项:第一,审查会计师事务所的证券期货从业资格,确保其能够以总所的名义出具审计报告,即使是分所团队负责项目的具体审计工作,依然需要总所进行复核并签字盖章。第二,关注会计师团队的审计手段,以及团队对会计准则等相关准则的理解和把握。公司财务指标与上市成功与否关系重大,在保证财务数据真实性的前提下,不同的账务处理方法和审计尺度会直接影响公司的纳税金额和税后利润,利润越高对公司的上市越有好处。第三,参考过往业绩及团队人员组成,特别是现场的项目负责人,过往业绩一定程度上能够体现团队的能力与水平。

总结而言,在选择中介机构时,团队的经验及过往成功案例是重要的选择维度,但更重要的是选择适合公司的实际情况、与公司规模匹配的机构。企业不必一味地选择大投行、好会所、名律师,他们不仅费用高,还不一定给企业安排最好的承办人员。一般情况下,三家机构中如果有一家机构经验丰富,三家机构合作顺畅就能保证项目的顺利推进。同时,建议律师要由公司董事长自己亲选亲定信得过的人,因为在公司上市过程中不仅涉及公司的事情,还可能要处理董事长的家事,选择一个信得过的律师处理公事、私事全部法律问题当然会更好。

问 12 中介机构各自扮演哪些角色?

中国证监会颁布的《准则第 47 号——上市申请文件》对券商、律师事务所、会计师事务所出具文件种类和开展尽职调查的工作内容作出了具体规定,是中介机构角色和分工的重要依据之一。

一、申报过程中各个机构出具的文件

根据《准则第 47 号——上市申请文件》附件一“北交所上市公司向不特定合格投资者公开发行股票申请文件目录”的要求,企业在北交所上市申报过程中各中介机构提交的主要文件如下。

券商作为保荐人出具:(1)发行保荐书;(2)上市保荐书;(3)保荐工作报告。律师事务所出具:(1)法律意见书;(2)律师工作报告;(3)发行人律师关于发行人董事、监事、高级管理人员、发行人控股股东和实际控制人在相关文件上签名盖章的真实性的鉴证意见;(4)关于申请电子文件与预留原件一致的鉴证意见。会计

师事务所出具:(1)最近三年及一期的财务报告和审计报告;(2)盈利预测报告及审核报告(如有);(3)内部控制鉴证报告;(4)经注册会计师鉴证的非经常性损益明细表;(5)会计师事务所关于发行人前次募集资金使用情况的报告(如有)。资产评估机构出具资产评估报告等。

总体来说,北交所上市申报文件与沪深交易所上市过程中,各个中介机构提交的文件种类大致相同。

二、各类中介机构的角色

企业上市过程中,各类中介机构通过专业人员互相分工协同,共同为企业及投资者保驾护航。

(一)江湖大哥——保荐人

中国的IPO实行保荐人制度,因此保荐人在公司上市过程中居首要位置,需熟知公司的全部情况并全盘负责。保荐人的工作通常贯穿辅导、保荐、承销、持续督导,将拟上市公司从"人合制"有限责任公司转变为"资合制"公众公司。保荐人的工作主要包括:(1)协助公司拟定改制重组方案和设立股份有限公司,负责改制方案的整体设计;(2)根据《保荐人尽职调查工作准则》的要求对公司进行尽职调查;(3)对公司管理层进行上市辅导与专业培训;(4)帮助拟上市公司完善组织架构和内部管理;(5)组织拟上市公司和中介机构制作发行申请文件,出具保荐报告;(6)组织拟上市公司和中介机构回复交易所(中国证监会)的审核反馈意见;(7)负责承销工作,与拟上市公司共同组织路演、询价和定价工作;(8)拟上市公司证券上市后,持续督导上市公司履行规范运作、信守承诺、信息披露等持续督导义务。

(二)主治医生——律师

律师主要负责公司上市过程中的法律事务,需对拟上市公司的历史沿革及现状,以及股权架构、经营业务等各个方面事项的合法合规性进行“诊断”,并提出“治疗方案”,其中包括:(1)指导改制重组及股份有限公司的设立及变更;(2)对拟上市公司上市过程中的法律事项进行审查并协助规范、调整和完善;(3)对拟上市公司的历史沿革、股权结构、资产、独立性、税务等事项的合法性进行判断;(4)协助和指导拟上市公司起草公司章程等公司法律文件;(5)出具法律意见书、律师工作报告;(6)对有关申请文件提供鉴证意见。

(三)透视眼——会计师

财务是影响公司上市成败的关键问题,鉴于证券交易所对拟上市公司的业绩要求,不排除急于上市的公司会在“粉饰业绩”上“下苦功”,比如伪造流水、虚增利润、转移成本等。会计师需要具备一双“火眼金睛”以辨别真伪。一般而言,会计师承担的审计工作的主要内容有:(1)负责企业财务报表审计,根据确定的资产边界,出具审计报告;(2)负责拟上市公司的资本验资,并出具有关验资报告;(3)负责拟上市公司的内部控制鉴证,并出具内部控制鉴证报告;(4)对拟上市公司主要税种纳税以及与上市有关的财务会计事项提供专项意见;(5)对拟上市公司原始财务报表与申报报表的差异情况出具专项意见;(6)提供与拟上市公司上市有关的财务会计咨询服务。

(四)试金石——评估师

评估师通常在会计师审计完成的财务报表的基础上,运用各种法定准则将需要评估的资产评估出相应价值。在非货币出资和公司股份制改革的过程中,评估师的作用尤为突出,起到判断公司报表及资产是否真实、准确的重要作用,与会计师的工作相辅相成。评估师在上市过程中的主要工作内容有:(1)对公司发行上市过程中非货币资产出资进行评估;(2)公司上市过程中,对非货币资产出资由非证券资质的评估机构出具的评估报告进行复核;(3)公司发行上市过程中,对成立拟上市公司股改成为股份制公司的资产进行评估;(4)其他需要配合完成的反馈工作等。

三、各家中介机构的工作重点

中介机构凭借其在各自领域的专业知识,分别对公司的各项情况及提供的信息开展调查和审核,发表专业意见,为公司向审核者和投资者背书。

在尽职调查过程中,即使同一调查内容,各家机构侧重的角度也大不相同。以企业固定资产、无形资产尽职调查为例,律师侧重于审核资产的权属是否清晰、取得权属的合法性及有效使用期限;会计师审核侧重于审核资产的原值、折旧和净值等账面价值;保荐人除审查上述法律和财务事项外,还需要重点从行业的角度关注资产的技术状况、性能情况、资产所具备的生产能力,以及未来能否给上市的公司带来持续稳定的经济效益等。

同时,各家中介机构尽职调查的侧重点以及资产、业务等方面深入调查的程度,也会因拟上市公司的公司类型、所属行业、自身特性、监管层关注点的不同而有所差别,而不是"千篇一律"。比如,高科技企业等轻资产类企业,知识产权的权属及技术的创新型、新颖性和核心技术人员的稳定性是尽职调查的重点;化工企业等生产型企业,是否进行过环境测评、环保措施是否到位,以及是否因污染被提起民事诉讼或者受到过行政处罚等是尽职调查的重点;需要行政许可类才能准入的某些特殊行业,是否取得相应牌照合法经营,以及牌照是否在有效期内、延期是否存在重大障碍则是该类企业的尽职调查重点。

虽然各中介机构的角色和分工不同,但是各中介机构需要群策群力,协同作战,才有可能协助公司完成上市这一重要飞跃。况且,自从拟上市公司同各中介机构签订聘请协议的那天起,各中介机构就是一条船上的同伴,相互之间是命运共同体,是一损俱损、一荣俱荣的关系,如果出现差错任何一方均难独善其身。

问 13 北交所上市要花多少费用？

在北交所上市至少需要经过全国股转系统挂牌、从创新层到北交所上市两个步骤，这其中涉及的第三方费用包括保荐机构、律师事务所、会计师事务所、评估机构等中介费用，以及全国股转公司收取的挂牌费用、北交所收取的上市费用等。

以截至2021年9月3日在全国股转系统精选层挂牌的66家企业发布的《发行结果公告》《挂牌公告书》《超额配售选择权实施结果的公告》等文件中披露的精选层发行上市所支出的发行费用为参考和依据，北交所上市产生的费用由以下部分和测算金额构成。

一、券商的费用

（一）全国股转系统挂牌阶段

企业在全国股转系统挂牌，需要券商对公司提供改制财务顾问、推荐挂牌等服务。对此，券商普遍收费标准为50万～120万元，该费用与企业所在地区、企业治理规范化程度、规模及券商声誉有关。该费用主要有一次性收费、分阶段收费两种收费方式，如果企业已经完成股份制改革，则该费用可以酌减。

（二）北交所上市阶段

企业在全国股转系统挂牌后申请在北交所上市，券商主要提供保荐与承销服务。保荐与承销的费率与募资规模具有强关联性并且成反比，募资规模越大，保荐承销的费率就越低，同时，保荐承销收费费率也与保荐机构的声誉规模、项目发行的难度、保荐承销的工作量有关。

截至2021年9月共有66家精选层企业,这些企业最终募集资金总额的平均数为23,218.65万元,保荐与承销费用的平均数为1535.20万元,平均占募集资金总额的7.54%,占总发行费用的78.42%。其中,保荐与承销费用最高的贝特瑞为6309.43万元,募集资金总额为167,200.00万元,费率为3.77%;最低的永顺生物为243.42万元,募集资金总额为3585.60万元,费率为6.79%。费率最高的为辅股份为16.4%,保荐与承销费用为726.42万元,募集资金总额为4428.30万元;费率最低的为虹能源3.62%,保荐与承销费用为976.60元,募集资金总额为27,005.68万元。[①]

虽然保荐与承销费是全部发行费用的主要部分,但是80%~90%的费用一般是在发行成功后再收取的,公司股票成功发行前并无太大的现金流压力。

二、会计师的费用

(一)全国股转系统挂牌阶段

企业在全国股转系统挂牌,需要会计师事务所对企业提供审计与验资服务。对此会计师事务所普遍收费标准为20万~30万元,一般收费方式为一次性收费。

(二)北交所上市阶段

企业在全国股转系统挂牌后申请在北交所上市,会计师事务所主要提供审计与验资服务。审计与验资费用一般与发行企业的经营规模、募资规模、审计次数和工作量成正比,但是其与募资规模的关联性并不如保荐承销费用与募资规模的关联性强。

66家精选层企业平均审计与验资费用为239.60万元,平均占募集资金总额的

① 参见勤劳的谷主:《到底需要多少费用,才能在北交所IPO上市?》,载微信公众号“硅谷投行”2021年9月11日,https://mp.weixin.qq.com/s/dXct-RZqUNI6pZlz5p1f4A。

1.03%，平均占总发行费用的 12.24%。审计与验资费用最高的球冠电缆为 625.47 万元，募集资金总额为 36,400.00 万元，费率为 1.72%；最低的诺思兰德为 56.60 万元，募集资金总额为 24,758.30 万元，费率为 0.23%。[①]

审计与验资的收费模式一般有两种，第一种是根据审计工作阶段收费，多数情况下在出具审计报告前就需要支付全部费用。第二种是根据发行阶段收费，前期支付一定费用，发行成功后根据募集资金总额按一定比例收取，审计与验资的前期收费比例相较于保荐与承销费用来说要高一些。此外，若在发行过程中需要补充审计的，一般需要额外支付费用。

三、律师的费用

（一）全国股转系统挂牌阶段

公司在全国股转系统挂牌，需要律师事务所对公司提供尽职调查、规范治理、出具法律意见等服务。对此，律师事务所普遍收费标准为 20 万～30 万元，该费用主要有一次性收费、分阶段收费两种收费方式。

（二）北交所上市阶段

公司在全国股转系统挂牌后申请在北交所上市，律师主要提供尽职调查、规范治理、出具法律意见和律师工作报告等服务。律师费用一般与拟上市公司的经营规模、募资规模和工作量成正比。

66 家精选层公司平均律师费用为 129.33 万元，平均占募集资金总额的 0.56%，平均占总发行费用的 6.61%。律师费用最高的拾比佰为 352.83 万元，募集资金总金额为 28,000.00 万元，费率为 1.26%；最低的大唐药业为 37.74 万元，

① 参见勤劳的谷主：《到底需要多少费用，才能在北交所 IPO 上市?》，载微信公众号“硅谷投行”2021 年 9 月 11 日，https://mp.weixin.qq.com/s/dXct-RZqUNI6pZlz5p1f4A。

募集资金总额为28,959.84万元,费率为0.13%。[①]

律师费用收费模式一般有两种,第一种是根据律师工作阶段收费,多数情况下是在律师介入工作前就需要支付部分费用,在出具法律意见书时支付全部费用。第二种是根据发行阶段收费,前期支付一定费用,发行成功后根据募集资金总额按一定比例收取,律师费用的前期收费比例相较于保荐与承销费用来说要高一些。

四、挂牌或上市的初费、年费

(一)全国股转系统收取的挂牌费用

根据《关于全国中小企业股份转让系统有限责任公司有关收费事宜的通知》的规定,企业在全国股转系统挂牌需要向全国股转公司缴纳挂牌初费和挂牌年费,挂牌初费为一次性缴纳,挂牌年费为每年缴纳。挂牌初费的收费标准为:总股本2000万股(含)以下的,3万元;总股本2000万~5000万股(含)的,5万元;总股本5000万~1亿股(含)的,8万元;总股本1亿股以上的,10万元。挂牌年费的收费标准为:总股本2000万股(含)以下的,2万元/年;总股本2000万~5000万股(含)的,3万元/年;总股本5000万~1亿股(含)的,4万元/年;总股本1亿股以上的,5万元/年。

此外,根据《关于暂免征收民族自治地区挂牌公司挂牌费用的公告》《关于暂免征收贫困地区挂牌公司挂牌初费的公告》的规定,自2015年1月1日起,暂免征收注册地在内蒙古、广西、西藏、宁夏和新疆5个民族自治地区的挂牌公司挂牌初费和年费;暂免征收两网公司及退市公司股票挂牌初费和年费;自2017年1月1日起,暂免征收注册地在贫困地区的挂牌公司的挂牌初费。其中,两网公司是指原证券公司代办股份转让系统挂牌的STAQ、NET系统公司;退市公司是指从主板市场退市后在三板市场流通交易的公司股票;贫困地区是指国务院扶贫开发领导小组确定的国家扶贫开发工作重点县和集中连片特殊困难地区县。

---

① 参见勤劳的谷主:《到底需要多少费用,才能在北交所IPO上市?》,载微信公众号"硅谷投行"2021年9月11日,https://mp.weixin.qq.com/s/dXct-RZqUNI6pZlz5p1f4A。

（二）北交所收取的上市费用

截至本书出版，北交所目前尚未发布有关上市收费的规则文件。根据现行精选层有关规则文件，已在全国股转系统挂牌的企业，无须就在精选层挂牌另行向全国股转公司支付其他费用。

综上所述，在北交所上市的总发行费用一般包括保荐与承销费用、审计与验资费用、律师费用、发行手续费及其他费用共计五个部分。此外，还有企业在上市过程中“股改”阶段聘请的有证券从业资格的评估机构产生的评估费用，以及信息披露费、材料制作费用等，上述费用金额普遍不高。从 2020 年 9 月到 2021 年 9 月的数据来看，精选层挂牌的企业从 32 家增长到 71 家，保荐承销费、审计验资费、律师费三类费用总额的平均数从 2321.37 万元降低至 1904.13 万元，三类费用的平均费率从 9.39% 降至 8.20%。[①] 在三类费用中，只有律师费存在整体小幅上涨的趋势，保荐承销费、审计验资费均有所降低。

另外，公司在股改、辅导、挂牌、上市的过程中所产生的相关费用，可以与中介机构约定分期、分步支付，即前期少支付一部分，这样对公司的现金流不构成重大影响。同时，这些费用在公司上市时的募集资金中作为成本扣除，对公司原股东的权益不产生任何影响。

问 14　如何处理与监管机构及媒体的关系？

在信息爆炸、网络平台飞速发展的今天，每个人仿佛都生活在无数的镜头底下，对于拟上市公司更是如此，可能更甚之。对于公司来说在上市之前被关注的尚

① 参见梧桐雪妮：《精选层挂牌公司保荐承销费、律师费、审计验资费统计（含中位数、平均数）》，载微信公众号“梧桐树下 V”2020 年 9 月 11 日，https://mp.weixin.qq.com/s/9HrXVNP1mdPhlvp1G0pVAA。

少,毕竟作为有限公司,利益、矛盾终究是小范围的问题,但是一旦上市成为公众公司,风光无限的同时也会受到万人瞩目,尤其是从公开披露招股说明书开始,即要准备把自己的全部信息置于阳光之下,没有真材实料,恐怕是难以招架得住的。因此,对拟上市公司来说,必须具备处理好与监管机构及媒体之间关系的能力,在向监管机构报送材料、接受媒体监督的同时,从容面对来自监管机构的问询以及媒体公众的质疑。

一、媒体扮演着宣传者与监督者的双重角色

从网络媒体迅速发展伊始,拟上市公司便与媒体发展成了相爱相杀的关系。公司一方面希望增加媒体的曝光率,吸引投资者,为其上市路演发行造势,以便更加顺利地完成上市工作;另一方面媒体在资本市场的影响力日趋渐长,不乏公司在申报过程中刻意回避的问题被媒体"曝光"的案例,公司上市需要全程接受媒体的监督已是事实。

永安行科技股份有限公司(以下简称永安行)IPO 首发并上市就曾因媒体质疑而"踩刹车"。曾经被冠以"共享单车第一股"的永安行在经历 2015 年第一次 IPO 失败之后,2017 年永安行再次冲击 IPO,并于 2017 年 4 月 14 日通过中国证监会审核,但 5 月 6 日凌晨,永安行发布公告称"出现自然人顾某专利诉讼相关的媒体质疑事项",出于保护投资者权益的考虑决定暂缓后续发行工作。

由上可以看出,媒体报道具有公开性,媒体的负面舆情报道必然也会受到监管机构的关注。那么监管机构对于媒体质疑事项持何态度呢?

二、监管机构也非常关注媒体的质疑事项

一直以来,监管层对舆论监督采取较为重视的态度从未改变,坚持"舆论监督为上市把关",所以很多时候,舆情会成为企业 IPO 的"拦路虎",甚至直接体现在审核部门的反馈问题中。

如贵州振华新材料股份有限公司(以下简称振华新材)于 2021 年 6 月 11 日在

上交所科创板上市,虽最终予以通过,但是在反馈问题中要求对媒体质疑情况进行详细核查,直接“请保荐机构自查与发行人本次公开发行相关的媒体质疑情况,并就相关媒体质疑核查并发表意见”。

该问题可谓是“大招”,要求保荐机构对舆情关注问题进行梳理和一一核查,相当于将媒体质疑提升到了审核意见同等级别的层面,而且不同于一般反馈中针对性极强的问题,这一问题是个开放且难以拿捏的题目。为此,保荐机构和企业梳理了振华新材从公开披露信息以来的各类传统媒体和自媒体报道,总结了媒体关心的几大核心问题,一一进行了回复,其中包括业绩下滑问题、客户集中度高存在重大依赖问题、毛利率低于同行业水平问题、与新三板披露数据存在差异问题、产能利用率低募投项目产能能否消化问题、行业前景问题,以及经营活动现金流大额流出问题等。

从媒体提出的问题来看,涉及业务、法律、财务各个方面,质疑的焦点也大多是监管审核的重点关注问题,足见现如今各类网络媒体,尤其是财经类媒体人士专业水平显著提高。审核人员虽然经验丰富、专业性强,但获取的信息量毕竟有限,而网络的海量信息及背后各个“身怀绝技”的撰稿人,有时候能够在关键问题上查漏补缺,进行重要提示。这也是为什么舆情越来越被监管部门关注的原因。

三、公司如何处理媒体的质疑

既然监管机构对媒体的质疑如此重视,那么公司就应该积极面对和处理,但是公司应该如何面对和处理呢?难道只能一出负面消息就立即拿钱摆平,付出大额“封口费”吗?显然,公司这样任人宰割将陷入极为被动的局面。在此我们提出几点参考意见。

(一)提前做好舆情管控和媒体关系处理

根据惯常经验,舆情的关注点高峰应当在公司披露招股说明书之后和公司上会前后。一旦公司公开披露招股说明书,各类财经类媒体便会详细剖析招股说明书中记载的各项信息,如果拟上市公司是曾经的三板挂牌企业,则会有不少人将挂牌期间披露的公开信息与上市申报信息进行比较分析,从中找出不一致之处。同时,竞争对手也可能在此时摩拳擦掌,从行业模式、财务数据、业界丑闻等各方面对拟上市公司进行攻击。因此,在上市的关键时点之前,企业一定不能忽视媒体的工作,提前做好舆情管控和媒体关系处理,一方面,主动出击,提前做好积极向上的引导性传播;另一方面,在出现媒体质疑事项后进行持续、审慎的关注、分析和核查,努力消除负面舆情对公司上市造成的不良影响。企业过会前后,也是网络舆情的爆发期,尤其是成功过会企业,一时之间可能成为众矢之的。此时上市的万里长征即将到达终点,企业最怕临门一脚前出差错,所以企业一定要提前做好舆情管控并处理好媒体关系。

(二)积极处理媒体提出的质疑

对于某些已经经过合法手段处理完毕的事件和对上市进程不一定构成实质性影响的问题,比如诉讼争议、行政处罚等,企业只需正常披露,同时将相关材料准备齐全,待收到反馈问题时可以有理有据、突出重点的正面回答,而无须惧怕某些居心叵测的媒体或个人的"威胁"。这一点永安行的做法就很值得借鉴。

永安行发行工作暂缓期间并未奔波忙于息事宁人,而是积极应诉,在顾某无故申请撤诉的情况下,发表了经比对被控侵权行为不能成立的答辩意见,并举证证明该诉讼已对其实际运营造成重大影响,坚决不同意顾某撤诉,法院未准许原告撤诉并对该案进行了审理。媒体质疑事项最终水落石出,法院认定永安行自行车租赁系统技术方案与顾某专利要求保护的范围完全不同,不存在侵权。永安行的崎岖上市路终于迎来胜利,2017 年 8 月 7 日,A 股新股申购市场只有一只股票,那就是永安行。

(三)管控好拟上市公司中的重要个人

拟上市公司中的重要个人,如实际控制人、董事、监事、高级管理人员、核心技术人员等应当从启动上市计划之时就做好个人信用及形象的管理。比如自己远离大额债务纠纷、重大的违法甚至犯罪行为,以及负面影响较大的道德伦理问题。即使该类问题的产生与公司经营不产生实质上的关联,但在企业上市过程中,也会产生消极负面的舆情引导,从而给企业上市徒增不必要的风险和麻烦。

第二篇 上市程序

Part Two

第一章
Chapter One
股 改

问 15 为什么要做尽职调查？

尽职调查，又称审慎性调查，英文名称是 due diligence，就是我们通常所说的“DD”，尽职调查一般分为商业尽职调查、法律尽职调查和财务尽职调查。中介机构在上市过程中要进行长时间反复多次的尽职调查，以求提交给审核机构审查并公告的内容真实、准确且完整。

尽职调查不仅是出具相关意见、报告的基础工作，也是相关法律法规的规定和要求，更是拟上市的公司能够通过审核、相关证券服务机构能够勤勉尽职的重要保证。

一、尽职调查是规范企业符合上市要求的基础

公司上市是一段漫长而复杂的路程，公司的经营管理者在经营中考虑更多的是如何拓宽渠道、增加营收，而往往忽略了经营是否规范的问题。然而公司上市除了公司业绩或市值符合标准外，其他条件和要求更像是一张完整的、密布的大网，要求企业进行全面的梳理。在这方面，企业自身往往显得心有余而力不足。相比之下，中介机构则对上市的规则要求更加清晰和熟悉，能够下沉到企业开展全面、深入的尽职调查，并对照上市要求对企业从历史到现状的各种问题进行规范和解决。

通过尽职调查会发现，企业存在大量的规范性问题，如财务规范问题、土地环评、股权架构、稳定性、独立性等。有些历史遗留问题短期无法解决，有些问题的解决需要时间，而有些问题的解决则需要大量费用和协调各方关系。总而言之，上市之路必经尽职调查—发现问题—解决问题—规范—上市的过程。

二、尽职调查是中介机构出具意见的事实证据

作为中介机构，应确保每一句结论意见，都有相应的事实依据做支撑，否则出具的相应报告就是无本之木，无源之水。“有几分证据，说几分话”是从事证券业务的中介机构的金科玉律。展开充分的尽职调查，追求事实与法律结论之间正确的内在逻辑，抛弃个人头脑中的主观臆断，才能确保中介机构出具的法律意见真实、准确、完整。

在此过程中，企业应尽可能地配合中介机构，提供必需、充分的材料，中介机构才能更准确地作出判断、出具意见，同时更有利于企业更早地发现问题、解决问题。

三、法律、法规对中介机构开展尽职调查有要求

《证券法》第160条第1款规定：“会计师事务所、律师事务所以及从事证券投资咨询、资产评估、资信评级、财务顾问、信息技术系统服务的证券服务机构，应当勤勉尽责、恪尽职守，按照相关业务规则为证券的交易及相关活动提供服务。”第163条规定：“证券服务机构为证券的发行、上市、交易等证券业务活动制作、出具审计报告及其他鉴证报告、资产评估报告、财务顾问报告、资信评级报告或者法律意见书等文件，应当勤勉尽责，对所依据的文件资料内容的真实性、准确性、完整性进行核查和验证。其制作、出具的文件有虚假记载、误导性陈述或者重大遗漏，给他人造成损失的，应当与委托人承担连带赔偿责任，但是能够证明自己没有过错的除外。”

此外，各个中介机构也有各自行业管理部门制定的对开展证券业务的执业要求，比如《律师事务所从事证券法律业务管理办法》及《律师事务所证券法律业务

执业规则(试行)》都对律师开展尽职调查提出了明确的要求。如《律师事务所从事证券法律业务管理办法》第 20 条规定:“……法律意见应当由律师在核查和验证所依据的文件资料内容的真实性、准确性、完整性的基础上,依据法律、行政法规及相关规定作出。”《律师事务所证券法律业务执业规则(试行)》第 5 条规定:“律师事务所及其指派的律师对有关事实、法律问题作出认定和判断,应当有适当的证据和理由。”第 29 条规定:“律师应当依据法律、行政法规和中国证监会的规定,在查验相关材料和事实的基础上,以书面形式对受托事项的合法性发表明确、审慎的结论性意见。”

四、尽职调查是中介机构免责的证据

《证券法》第 213 条第 3 款规定,证券服务机构“未勤勉尽责,所制作、出具的文件有虚假记载、误导性陈述或者重大遗漏的,责令改正,没收业务收入,并处以业务收入一倍以上十倍以下的罚款,没有业务收入或者业务收入不足五十万元的,处以五十万元以上五百万元以下的罚款;情节严重的,并处暂停或者禁止从事证券服务业务。对直接负责的主管人员和其他直接责任人员给予警告,并处以二十万元以上二百万元以下的罚款”。

《律师事务所从事证券法律业务管理办法》第 37 条规定:“律师事务所从事证券法律业务,未勤勉尽责,所制作、出具的文件有虚假记载、误导性陈述或者重大遗漏的,由中国证监会依照《证券法》第二百二十三条的规定实施处罚。”

根据上述规定,无论项目成功与否,中介机构只要出具相应文件,均需对已出具文件所载内容的真实性、准确性、完整性负责,这如同时刻悬在中介机构头上的“达摩克利斯之剑”,使得中介机构在做项目的时候不得不反复追问自己是否勤勉尽责,力求将尽职调查工作做细,底稿做扎实。

五、时刻敲响的警钟

最近几年,随着资本市场的进一步规范,以及主管部门监管力度的加强,企业相关人员恶意造假，中介机构因未勤勉尽责而被处罚的案件屡见不鲜，给全体人员以深刻的警醒。比如轰动一时的鞍重股份与九好集团“忽悠式重组案”，除了受到中国证监会的行政处罚外，主要责任人更是被科以刑罚，受到了法律的严厉制裁。

2017年3月，中国证监会宣布：经过调查发现，九好集团通过各种手段，虚增了其2013～2015年服务费收入2.65亿元，虚增2015年贸易收入57万余元，虚构银行存款3亿元、未披露3亿元借款及银行存款质押。通过上述手段，将自己包装成价值37.1亿元的优良资产，与鞍重股份联手进行忽悠式重组，以期达到借壳上市之目的。九好集团及鞍重股份的信息披露存在虚假记载和重大遗漏。在此基础上，2017年4月21日，中国证监会对参与重组的相关人员开出了4份《行政处罚决定书》，[①]处罚决定包括：(1)责令九好集团改正，给予警告，并处以60万元罚款；(2)对九好集团董事长、总裁、财务总监给予警告，并分别处以30万元罚款；(3)对董事长配偶、九好集团股东给予警告，并处以20万元罚款；(4)对九好集团董事兼行政部负责人，九好集团的另外9家股东给予警告，并分别处以10万元罚款；(5)对实控人的一致行动人给予警告，并分别处以10万元罚款；(6)对鞍重股份给予警告，并处以60万元罚款；(7)对时任鞍重股份董事长给予警告，并处以30万元罚款；(8)对时任鞍重股份董事会秘书、副总经理给予警告，并处以20万元罚款；(9)对时任鞍重股份的董事、独立董事、监事、副总经理、财务总监等13人，给予警告，并分别处以3万元罚款。

同时，参与这一重组项目的券商、律所、评估机构、会计师事务所四方中介机构，则被中国证监会处以更严厉的重罚，无一幸免。独立财务顾问被处以责令改正，没收在该项目上的业务收入100万元，并处以500万元罚款；对涉案项目签字财务顾问主办人给予警告，并分别处以10万元罚款。律师事务所被没收业务收入150万元，并处以750万元罚款；对该项目的主管人员及签字律师给予警告，并分别处以10万元罚款。评估机构被没收该项目业务收入90万元，并处以450万元罚

① 分别是《中国证监会行政处罚决定书（浙江九好办公服务集团有限公司、郭丛军、宋荣生等4名责任人员）》（〔2017〕32号）、《中国证监会行政处罚决定书（杜晓芳、张勇、北京科桥嘉永创业投资中心等11名责任人员）》（〔2017〕33号）、《中国证监会行政处罚决定书（嘉兴九贵股权投资合伙企业、嘉兴九卓投资管理有限公司）》（〔2017〕34号）、《中国证监会行政处罚决定书（鞍山重型矿山机器股份有限公司、杨永柱、张宝田等16名责任人员）》（〔2017〕35号）。

款;对相关负责人员给予警告,并分别处以10万元罚款。负责九好集团2013~2015年度财务报告审计的会计师事务所,被没收业务收入150万元,并处以750万元罚款;两位签字注册会计师被给予警告,并分别处以10万元罚款。以上对中介机构的罚没,总计3030万元。

更为严厉的是,对本案的调查和处罚并不局限于行政处罚,杭州市拱墅区人民法院在2021年3月作出一审判决:九好集团董事长,犯违规披露、不披露重要信息罪,判处有期徒刑2年3个月,并处罚金10万元;董事长配偶、九好集团股东,九好集团总裁、九好集团财务副总监3人也以同样罪名,均被判处缓刑,以及2万~5万元不等的罚款。

从企业选定相关中介机构为其公司上市提供服务的那一天起,相关机构和人员就已经同呼吸、共命运,拟上市公司应该积极主动、毫无保留地配合尽职调查,只有这样才能做到每一项内容都符合主管部门的上市要求,即便发现问题,也能群策群力共同面对,尽早处理。不要心存侥幸,带病上会,蒙混过关!

问16 公司如何配合中介机构做尽职调查?

公司上市的尽职调查需要中介机构和公司共同完成,一般由中介机构主导、公司配合。但是面对中介机构发来的动辄十几页、几十页的尽职调查清单,公司往往感觉压力山大,不知道从何处下手,以下内容可以供公司在开展工作的时候参考。

一、签署《保密协议》

无论进行哪种类型的尽职调查,公司首先要做的就是要与参与尽职调查的中介机构及个人签署《保密协议》,因为中介机构的尽职调查通常要求深入、完整,尤其是IPO项目,更是事无巨细、全盘推开,涉及企业从股权架构到主营业务,再到财务报表、原始凭证、重大合同等，均要求查看一手资料。相当于公司不再有任何秘密，很多商业秘密均因此暴露。因此，签订严格的《保密协议》很有必要。

通常中介机构在开始尽职调查时，会向公司提交一份由其起草的《保密承诺》，如果公司对此没有特殊的要求，这样的《保密承诺》基本可以满足需求，但如果公司对保密要求更高，或者属于某类特殊行业或具有特殊背景，则可视自身情况约定更为细致和严格的保密责任，以加强对自身利益的保护。

二、根据尽职调查清单准备资料、文件

一旦公司有了上市规划并确定了中介机构，中介机构开始工作的第一件事情便是尽职调查。对公司来说，尽职调查通常从保荐机构、律师、会计师三方发来的内容庞杂的尽职调查清单开始。初次接触尽职调查，拿到尽职调查清单，公司方通常感觉无所适从，但随着尽职调查工作的展开，公司一般会逐渐摸清要求，与中介机构默契配合。

一般来讲，会计师的尽职调查专注于公司的财务状况，最基础的书面材料要求便是公司的全套账目，以及对应的合同、凭证、流水等；律师的尽职调查侧重法律合规，因此涉及公司的主体资格、经营合法性、重大债权债务、诉讼和处罚及潜在纠纷等均是律师尽职调查的关键内容，这些问题对应的文件便是公司决议文件、许可证书、合同（经营性的和非经营性的）、资产权属证书、处罚决定书、判决书等；而保荐机构除了关注财务和法律问题外，还关注公司的业务和行业问题，因此要求的尽职调查清单中，除了上述文件外，还会增加经营模式、市场分析、行业调研等内容，也是公司应当重点准备的书面文件。

上述文件在企业经营管理过程中均已经产生，但可能会分散在公司财务部、法务部、人力资源部以及业务部门等多个部门管理。公司通常需要指定一到两名总体负责人，与中介机构对接，了解中介机构的尽职调查需求，同时对接公司各部门人员，将各部门收集的资料进行汇总审核，并统一提供给中介机构。根据以往的项目经验，这个相关负责人通常要整体了解公司的各项业务、财务和法务情况，且在公司有一定的威信，这样才能更顺畅地做好统筹和协调工作。

三、配合中介机构开展走访工作

（一）配合中介机构进行企业内部访谈

中介机构的尽职调查工作除了查验书面文件外，走访工作也是重要的一环。因此，中介机构进场并出具尽职调查清单后，接下来的工作便是要与拟上市公司的各个分管工作负责人及核心技术人员等进行第一轮的访谈。因此，需要公司负责经营管理、财务、法务、市场/业务等负责人配合接受中介机构的访谈，将中介机构关心的情况一一进行介绍和解答。只有中介机构对公司的情况进行透彻的理解，才能准确、全面地编制申报文件，以便审核人员在审核申报文件时能更加清晰地了解公司，避免反复反馈问询、增加工作成本和成功过会的不确定性。

（二）协调客户、供应商接受中介机构走访

除了对拟上市公司本身的访谈外，根据中介机构的尽职调查要求，中介机构还需对申报期内的拟上市公司的营收产生重大影响的客户、供应商以及其他重大影响的合同主体进行走访确认，以进一步核验公司提供书面资料的真实性。因此，需要公司将相应的合同主体进行全部罗列，根据各个中介机构的要求，联系协调其接受中介机构的实地访谈。

根据以往经验，该类访谈必不可少。笔者曾亲历某公司对中介机构的走访要求回复，其报告期内合并报表子公司连续两年的前五大供应商中的两三家失联或团队解散，无法接受走访，亦无法接受函证，公司也无法给出合理解释，导致保荐机构、律师、会计师均无法对公司业务的真实性出具肯定意见。公司试图更换中介机构继续推进项目，而且询问了不少中介机构，中介机构听闻该类问题均表示压力很大，不敢轻易接手，该项目因此半路折戟。可见，在压实中介机构责任的大背景下，资本市场项目已并非“你给钱，我就干”的状态，问题多、风险大的项目在中介机构看来也是宁缺毋滥。

(三)协调政府部门、银行等第三方机构接受中介机构的走访和询证

对于政府主管部门、银行、行业协会这类第三方机构,中介机构通常要求公司进行事前沟通,如无法接受访谈,则可以询证函的方式进行替代。此外,中介机构对公司的经营收入状况产生次重要影响的相关主体也会进行函证,以确认真实性。上述主体均需要公司提前做好沟通协商,配合出具相关文件。关于公司经营过程中涉及的合法合规事项,在中介机构进行尽职调查的基础上,同样需要相应主管部门出具合法合规证明,如社保部门、税务部门、质监部门、某一特殊行业监管机构等。在正常情况下,公司只要提前做好沟通,主管部门均会配合出具。

问 17 股改意味着什么?

一、什么是股改?

股改是指有限责任公司变更形式,成为股份有限公司的过程。我国《公司法》及其他现行法律法规没有对于股改的确切定义,仅在《首发管理办法》中表述为有限责任公司整体变更为股份有限公司,并且规定了"整体变更"这一特殊的股改方式,即有限责任公司整体变更为股份有限公司,可以持续计算经营时间。股改是根据实务工作中的理解形成的概念,主要是为企业做上市准备而设计的名词。

二、为什么要进行股改？

（一）使公司具备登陆资本市场的资格

《首发管理办法》第 8 条第 1 款规定："发行人应当是依法设立且合法存续的股份有限公司。"第 9 条第 1 款规定："发行人自股份有限公司成立后，持续经营时间应当在 3 年以上，但经国务院批准的除外。"因此公司首发上市前应当先进行股份制改造，才能具备上市资格。北交所上市公司也是同样的要求。根据北交所发布的相关上市规则，拟在北交所上市的公司必须先成为全国股转系统的挂牌公司，而依据全国股转公司关于公司挂牌的有关规定，企业要成功在全国股转系统挂牌，必须先具备股份有限公司的身份资格。因此想要在全国股转系统挂牌的有限责任公司必须先完成股份制改造，变成股份有限公司。公司进入资本市场的目的在于通过发行股份进行融资，而有限责任公司的股权虽可以依法转让，但基于其人合性的特点，在同等条件下其他股东享有"优先购买权"，一定程度上对于公司股权的自由流转和交易造成了阻碍，不利于公司的顺利融资。通过股份制改造，变成股份有限公司之后，股权就可以在法定程序下通过代办系统实现自由流通。这也是公司进入全国股转系统的必备条件。

（二）建立并完善公司治理结构

有限责任公司变更为股份有限公司，不仅是形式上的改变，也是公司从不规范的人合性公司迈向规范化、公众化、规模化的现代化公司的关键一步。股份有限公司因其资合性和公众化，法律对于其公司治理结构以及中小股东权益保护方面的要求更为严格，在有限责任公司变更为股份有限公司的过程中，原来存在的股权结构不清晰、"三会"管理监督作用错位且混乱、关联交易大量存在的不规范现象都会被整改，达到规范运营、有效治理的良好效果。这是因为公司上市要求股权结构清晰、公司治理规范，不能存在严重影响公司独立性以及显失公允的关联交易，大部分公司都会在股改的过程中进行公司治理规范，以肃清上市之路上的障碍。

（三）奠定公司融资基础

融资虽不是上市的唯一目的，但也是重要目的。以往公司融资主要通过向银行借贷、发行债券、增资等方式，前两种都需要连本带利地进行偿还，给公司带来较大的融资成本。而增资是对公司来说性价比最高的融资方式。通过向投资者发行一定比例的股份，让投资者成为公司股东，享有股东权利、承担股东义务，与公司共担风险、共享收益。股份制改造让这一融资方式变得更加便利，可操作性增强。

三、股改的结果是什么？

经过股改，公司在各个方面也发生了不同程度的变化，具体而言表现在：同一法律主体组织形式的变更、法律与规则适用变化、公司股东人数增多、公司运行规则变化。

（一）同一法律主体组织形式的变更

股改毋庸置疑导致公司性质的变化，但是并不是产生新的法人主体，只是在原来法律主体的基础上进行了组织形式的变更。透过现象看本质，股改是原有法律主体的变更，股份有限公司和有限责任公司在《公司法》上属于两种不同的法人主体，前者属于公众公司，资合性特征十分明显，后者属于非公众公司，人合性是其本质特征。但是二者可以进行转换。首先，根据《公司法》的有关原理，有限责任公司与股份有限公司在独立法人资格、股权可转让、股东有限责任方面是相同的，不需要将原来的有限责任公司主体注销，再重新设立一个新的公司，因为两者在多个方面可以无缝衔接、自由切换。其次，有限责任公司变更成股份有限公司后，原来有限责任公司的债权债务是由股份有限公司继续承继的，只需办理更名手续即可。最后，股改后的业绩也是连续计算的，因为股份有限公司延续了有限责任公司的税务和会计事项。从以上各个方面来看，股改对公司产生的变化，都是公司自身内部性质的变化，而不是旧主体的消亡和新主体的诞生。

（二）法律与规则适用变化

1. 公司法的适用规则变化

股改后，有限责任公司变为股份有限公司，适用的基本法律规定依然是《公司法》，但是《公司法》对于两种不同组织形式的法人主体在设立、组织机构、股权转让等方面也有不同的要求。比如，《公司法》规定，有限责任公司的股东不按照规定缴纳出资的，除应当向公司足额缴纳外，还应当向已按期足额缴纳出资的股东承担违约责任；而对于股份有限公司发起人未足额缴纳出资的法律后果则是，除按照公司章程的规定补足出资外，其他发起人应当承担连带责任。有限责任公司无股权转让的锁定期限制，而股份有限公司发起人持有的股份，在公司成立之日起一年内都不得转让，但是股份有限公司相较于有限责任公司在锁定期之后的股份流通更加自由，且不受优先购买权的限制。此外，《公司法》在股东人数、注册资本、公司章程、股东查阅权利范围、分红、股东会/股东大会等方面，对两种法人主体形式作了区分性规定，股改后的股份有限公司应当按照《公司法》的相关规定来运营和管理。

2. 以上市为目的的股改，应适用有关上市规则

股改的目的多是最终能够上市，因此拟上市公司进行股改应当关注《首发问答》及其他有关公开发行股票并上市的规定。《首发管理办法》第8条第2款规定："经国务院批准，有限责任公司在依法变更为股份有限公司时，可以采取募集设立方式公开发行股票。"第9条第2款规定："有限责任公司按原账面净资产值折股整体变更为股份有限公司的，持续经营时间可以从有限责任公司成立之日起计算。"此外，还有关于股份有限公司规范运行的要求，如要求发行人已经依法建立健全股东大会、董事会、监事会、独立董事、董事会秘书制度，相关机构和人员能够依法履行职责。发行人的内控制度也应当符合《首发管理办法》的相关要求。

北交所设立后，拟登陆北交所的企业在挂牌全国股转系统之前，经历了股改过

程，适用的法律规则也发生了变化。《股转系统业务规则》等全国股转公司发布的系列规则中有关于挂牌公司规范治理、持续经营及信息披露合规等多方面的规则内容，企业在全国股转系统挂牌前应当对规则内容熟知并严格按规则办事，在北交所上市申请之前的全国股转系统挂牌期间依照全国股转系统的规定持续地规范运营。经过全国股转系统挂牌满12个月且成为创新层挂牌公司之后，股改后的股份有限公司就可以冲击北交所上市了，那么也当然地要适用北交所关于其会员的一系列管理规定。2021年10月30日，北交所发布的《上市规则》《交易规则》等在公司治理、信息披露、停复牌管理等方面，接轨现行上市公司主要监管安排，在现金分红、股权激励等方面实行更加灵活、有弹性的监管要求，也是股改完成并在全国股转系统挂牌阶段后的适用规则变化，拟上市公司应当时刻关注北交所有关规则的变化，以符合公开发行股票并在北交所上市的要求。

（三）公司股东人数增多

有限责任公司进行股改后，最明显的变化就是股东人数的增多。因有限责任公司具有一定的人合性，股东之间是以信任为基础进行合作的，因此其股东人数按照《公司法》的规定为50人以下。而变为股份有限公司以后，其股东人数只有下限规定，并无上限要求。关于发起人的限制性规定为，设立股份有限公司应当有2人以上200人以下。

（四）公司运行规则变化

股改之后，股份有限公司相较于有限责任公司，在组织机构的权限和管理经营等方面发生了显著的变化，这是因为变成公众公司之后，公司因其规模等的改变会受到现代市场化运营管理效率的影响，所有权和管理权必须实现分离，才能有效保护中小股东及债权人的合法权益。

第一，股权所有者的权限受到限制，以专业化管理取代有限责任公司的“一言堂”“一股独大”，具有专业管理知识的管理人员可以有效降低公司的治理成本，增加市场竞争力。有限责任公司的组织机构通常较为简单,可以不设董事会,也不设监事会,只设执行董事,由股东担任,管理层权限大,缺乏监督,不利于公司规范治理和持续经营。而变为股份有限公司之后,可以有效改善上述弊端,股份有限公司需要按照公众公司的规则健全“三会”运行管理机制,实现规范治理和有效监督,维护公众投资者的利益及市场秩序。第二,财务公开程度显著提高。有限责任公司因其封闭性和人合性,财务状况不需公开,只需要按照《公司法》及公司章程的规定供各股东查阅即可。股份有限公司上市后,其财务报表需要公开,包括公司章程都是公开可供社会公众查阅的,信息披露方面的要求十分严格,必须充分完整真实地披露其财务状况信息。第三,关联交易和同业竞争。关于这两项,一直以来都是企业上市需要解决的重要问题,不同板块对于关联交易和同业竞争的要求也不尽相同。关联交易在股改之后,它的关键词是“减少”和“规范”,体现在股改过程中应当附带解决其充分信息披露问题、管理制度的健全问题,并且要遵守法律对于关联交易的规制等。而同业竞争的关键词是“禁止”和“消除”,这是改制过程中必须解决的问题。

总之,股改不只是简单的公司名称变化,它的内在应有之义是变得更加规范、更加高效,变成一个公众公司应该有的样子,为上市打好基础。

问 18 股改时如何选择折股方式?

拟上市公司股改过程的核心,就是将公司的净资产进行折股。公司的净资产折股有两种选择,一种是以经审计的原账面净资产折股;另一种是经评估的净资产折股。实践中,绝大部分的公司选择以经审计的原账面净资产折股,因为公司无论是在交易所IPO上市,还是在全国股转系统挂牌,都有公司存续时间的要求,如果公司设立时不是股份有限公司,那么有限责任公司改制后的时间是持续计算,还是以改制后股份有限公司的设立时间计算,关键是看改制折股时公司净资产是以什么方式确定。

一、有关改制折股的法律规定

《公司法》第95条规定："有限责任公司变更为股份有限公司时，折合的实收股本总额不得高于公司净资产额。有限责任公司变更为股份有限公司，为增加资本公开发行股份时，应当依法办理。"

《首发管理办法》第9条规定："发行人自股份有限公司成立后，持续经营时间应当在3年以上，但经国务院批准的除外。有限责任公司按原账面净资产值折股整体变更为股份有限公司的，持续经营时间可以从有限责任公司成立之日起计算。"

中国证监会2020年6月发布的《首发问答》明确作出回答："有限责任公司按原账面净资产折股整体变更为股份有限公司的，持续经营时间可以从有限责任公司成立之日起计算。如有限公司以经评估的净资产折股设立股份公司，视同新设股份公司，业绩不可连续计算。"

前述首发规则中的"最近1年"以12个月计，"最近2年"以24个月计，"最近3年"以36个月计。

二、法律规定的具体理解

有限责任公司净资产额须按原账面净值折股，净资产中的实收资本、盈余公积、资本公积和未分配利润都要折算为股份有限公司的股本数额。前面所述的相关科目不得以评估价值重新调账。所以，净资产折股的本质是把部分留存收益变成投资者的投入，进入股本或者资本公积。

首先，如果上市主体是母公司，则上述净资产是指母公司的净资产，而非母、子公司合并报表的净资产，即发行人、股改人的净资产，因为有限责任公司变成股份有限公司，是发行人主体的资产，不是合并报表的权益。

其次，确定净资产的时间点为改制基准日。一般来说，公司改制基准日的确定有以下两种,一种是公司改制方案批准之日,另一种是资产评估之日,而"按照原账面净资产折股整体变更"的股改方案并不会有评估行为,故而该方案确定净资产的时间点即为公司改制方案批准之日。

另外,确定净资产的依据为审计报告。在有限责任公司阶段,公司资产负债表的所有者权益(公司净资产)包括如下会计科目:实收资本、资本公积、盈余公积、未分配利润。其来源包括所有者投入的资本、直接计入所有者权益的得利和损失、留存收益等,一般由实收资本或股本、资本公积、盈余公积和未分配利润等构成。

三、净资产折股的基本原则

(一)净资产数额的确定

一般来讲,尽量选择以改制基准日经审计的母公司原账面净资产为基础折算,尽量不采用评估值调账的净资产折股,这是本问讨论的重点和目的。

(二)最高股本数

净资产折股后的股份有限公司股本数不能高于净资产总数。实践中一般多是按照1元以上的净资产折1股的方式进行折股,折股后净资产剩余部分进入股份有限公司的资本公积。

(三)最低折股比例下限

折股比例在2006年《公司法》颁布之后可以按照股本:净资产低于1∶1的比例,而在此之前就是股本等于净资产。除原有国有企业最低折股比例不低于65%的规定外(主要是为了防止国有资产流失),现已没有明确的规定,不过还会参照65%的比例,实务中一般不会低于70%,但不乏有突破这个比例的案例,比如桂发祥(002820)系于2016年11月18日于深交所上市的公司,股改时以2012年6月

30 日为基准日的净资产为194,457,623.00 元,折股9600 万股,折股比例49.37%;合康变频(002556)系于2010 年1 月20 日于深交所上市的公司,股改时以2009 年4 月30 日为基准日的经审计后的净资产176,510,790.74 元,折股9000 万股,折股比例为50.99%。

(四)出资不足瑕疵弥补

若股东欠缴注册资本,而公司在以净资产折股时的折股比例不足以弥补欠缴的出资时,出资不实必须予以处理,一般以现金方式于报告期前补足。因为账面净资产反映的是历史成本,历史上的出资行为一定要规范。

(五)最低股本数

折股股份数不低于法定最低要求,即北交所不低于3000 万股、主板不低于3000 万股、创业板不低于2000 万股、全国股转系统挂牌公司不少于500 万股。

四、以经审计的账面净资产折股的具体操作

有限责任公司以净资产折股整体变更为股份有限公司时,通常分为以下三种情况。

1. 按照1∶1 比例整体折股。即将全部净资产进行折股,也就是将实收资本、资本公积、盈余公积以及未分配利润全部转为股本。其中如存在盈余公积、未分配利润时,则转为股本的实质为该公司将盈余公积、未分配利润以股息、红利方式向股东进行了分配,股东再以分得的股息、红利增加注册资本。

2. 有限责任公司注册资本折股。按有限责任公司注册资本折股时,公司股本总额在整体变更前后不发生变化,其实际上只是公司将超过注册资本的部分(盈余公积、未分配利润)直接转入了资本公积,仅是公司净资产在不同会计科目间的变动(盈余公积、未分配利润转为资本公积),且并未形成向股东派发股息、红利等

情况。

3. 将部分净资产折股。将一部分净资产折股，其余转入资本公积以增加公司注册资本金，公司股本大于整体变更前股本。此情形是在净资产转变股份时使用部分资本公积或盈余公积或未分配利润进行了增资。若使用了部分留存收益（盈余公积、未分配利润）增资的，则进入股本的部分视为股息红利的分配，进入资本公积的部分只是所有者权益内部科目之间的变化。

以上三种情况如何取舍，主要考虑税收、每股净资产收益率、法律规定最低股本要求、大股东的利益等综合因素，权衡利弊，由公司股东同中介机构一起讨论决定。

综上，有限责任公司股改时，一般采用经审计的原账面净资产方式折股。采用此种折股方式可以连续计算业绩，公司的存续时间可以以有限责任公司的设立时间计算。以经评估调账的净资产折股而改制的股份公司视同新设，存续时间重新计算，所以实际操作过程中很少有企业采用这样的方式。

问 19 按原账面净资产值折股时存在未弥补亏损怎么办？

在发展初期，不少公司（特别是一些互联网、生物医药等高新技术企业）对技术研发、市场培育等方面投入巨大，这种投入往往会超过公司在初始阶段的盈利能力，继而在整体变更为股份有限公司时，公司出现累计未弥补亏损情况（以下简称亏损股改问题）较为常见。监管机构对亏损股改问题曾把控甚严，以致在 2019 年前存在此问题的公司中未见有成功上市的案例，很多优质公司受此问题影响，被迫暂停上市计划或寻求实现海外上市。

注册制改革启动后，监管机构的审查方式逐渐由“实质审查”向“形式审查”转变，其对待亏损股改问题的态度也发生了改变，表现在运行期限要求和营利性要求方面。2019 年拉卡拉支付股份有限公司（300773. SZ）的成功上市开启了亏损股改上市的先河。随后,陆续有携此问题的公司成功上市。目前,亏损股改问题已不再构成公司上市的实质性障碍。

但是,对亏损股改问题态度的缓和,并不代表监管机构对此问题关注的减少。相反,出现此问题的公司在反馈问答中通常都会被问及问题的产生和解决情况。可见,亏损股改问题依旧是监管重点,只是监管机构看待这个问题的态度愈加理性。

一、监管要求

2019年年初,中国证监会发布《发行监管问答——关于首发企业整体变更设立股份有限公司时存在未弥补亏损事项的监管要求》,对"部分申请首次公开发行股票的非试点创新企业(以下简称发行人),在按原账面净资产值折股整体变更为股份有限公司时存在未弥补亏损,或者整体变更时不存在未弥补亏损,但因会计差错更正追溯调整报表而致使整体变更时存在未弥补亏损。针对此类企业,在审核中有哪些具体要求?"问题进行了首次明确。其中规定,存在亏损股改问题的公司需"自完成整体变更的工商登记后运行满36个月"方可进行上市。

随着注册制改革的深入,监管机构对于"运行36个月"以"附条件认可"的要求也逐步放宽并最终放弃。2019年3月3日,上交所作为我国注册制改革的试验田,监管机构首先在此放开了对亏损股改企业运行期限的限制。其后,随着科创板的试点成功、注册制改革的深化,中国证监会于2020年6月10日发布的《首发问答》,其中问题52彻底放开了运行期限的限制,并废止了其于2019年发布的监管问答。目前,我国各大证券板块皆已豁免亏损股改问题公司的运行期限要求。

根据《首发问答》的规定,对于股改时存在上述问题的公司,应在招股说明书中充分披露其股改基准日未分配利润为负的形成原因,该情形是否已消除,股改后的变化情况和发展趋势,与报告期内盈利水平变动的匹配关系,对未来盈利能力的影响,整体变更的具体方案及相应的会计处理、整改措施(如有),并充分揭示相关风险。并且,保荐机构、律师应对下述事项进行核查并发表意见:股改相关事项是否经董事会、股东会表决通过,相关程序是否合法合规,改制中是否存在侵害债权人合法权益情形，是否与债权人存在纠纷，是否已完成工商登记注册和税务登记相关程序，股改相关事项是否符合《公司法》等法律法规的规定。

二、对监管要求的理解

现行《公司法》对公司公积金制度的规定相对而言比较简单直接，即不得利用资本公积弥补公司亏损。但是对于存在累计未弥补亏损情形的，是否可以进行股改？立法层面，我国法律法规未禁止未分配利润为负的有限责任公司股改。通常情况下，公司股改会进行相关会计处理，即无论整体变更基准日公司的未分配利润是正还是负，股改后股份有限公司报表的未分配利润将调整为0，原有限责任公司的未弥补亏损在资产负债表上将不再延续。由此可以理解为，股改实际上是有限责任公司的原股东作为发起人以其权益作为出资设立新公司，公司组织形式由有限责任公司转变为股份有限公司，变更前后的股东权益明细项目之间没有一一对应关系，因此不涉及针对同一公司账务调整的资本公积补亏禁令。

企业股改时存在亏损，多会令人对该企业的合规性、盈利能力，甚至正常经营能力产生质疑，虽然我国现在已将上市要求由连续盈利能力改为了连续经营能力，但公司的上市会直接对投资者利益及二级市场的稳定性产生影响。公司股改后，会导致公司的前期亏损被掩盖，投资者得到的信息不完全，则会对公司的经营情况产生误判，这对投资者并不公平。所以，此类公司在IPO时，监管机构需要对其进行严格审查。根据相关规定，在公司上市过程中需关注如下要点：(1)亏损股改问题形成原因；(2)股改后公司的变化情况和发展趋势，与报告期内盈利水平变动的匹配关系，对未来盈利能力的影响；(3)股改变更的具体方案及相应的会计处理、整改措施(如有)，并充分揭示相关风险；(4)整体变更程序的合法合规性，是否侵害债权人的合法权益。简言之，关注公司的合规性和持续经营能力。

总之，2020年3月1日起实施的新《证券法》第12条将上市条件中的“具有持续盈利能力，财务状况良好”改为“持续经营能力”，取消了盈利要求，这对于财务数据暂时不好但发展前景良好的亏损企业而言实属重大利好消息。而《首发问答》将亏损股改后的公司须“连续经营满36个月”的内容删除，彻底放开了亏损企业上市的道路。北交所又定位为致力于中小企业发展而设立,相信在审核要求上将更加贴近中小企业需求,更加人性化和接地气,亏损股改问题将不会实质性影响公司上市,完全可以通过合理解释和风险披露予以解决。

三、参考案例:拉卡拉(300773)携“亏损股改问题”顺利上市

公开披露的资料显示,截至2015年6月30日,拉卡拉未分配利润为-477,275,024.26元,公司在股改基准日未分配利润为负。

(一)发行人整体变更时累计未分配利润为负的原因

公司股改以前形成累计亏损,主要是由于公司发展前期,为迅速拓展业务规模而投入销售、市场及研发费用较大所带来的经营亏损。公司自2012年起便全面进入企业收单服务市场,行业先发优势较大,积累了一定规模的商户,但在构建高效第三方支付系统及获取用户的同时发生了大量的前期费用,导致累积亏损较大。

(二)整体变更过程中的会计处理方式

根据立信会计师事务所(特殊普通合伙)出具的《审计报告》(信会师报字[2015]第211222号),截至2015年6月30日,拉卡拉实收资本为302,916,209.81元、资本公积金为1,698,490,544.19元、未分配利润为-477,275,024.26元,净资产值为1,524,131,729.74元。

根据当时有效的《公司法》第95条的规定,有限责任公司变更为股份有限公司时,折合的实收股本总额可以等于公司净资产额,也可以低于公司净资产额。根据《公司法》、企业会计准则、会计基础工作规范以及相关规定和行业惯例,公司设立后应当建立会计账簿,记录所有者投入的资产与权益,企业将接受投资者投入的资本计入实收资本,股份有限公司计入股本。在折合实收股本总额低于有限责任公司净资产额的情况下,公司收到投资者超过其在注册资本或股本所占份额的部分,

作为资本溢价或股本溢价,在资本公积科目核算。

拉卡拉在整体变更时,依照上述规则,进行的会计处理如下:

借:整体变更基准日公司的全部实收资本(302,916,209.81 元)和全部资本公积金－资本溢价(1,698,490,544.19 元)、未分配利润(－477,275,024.26 元)

贷:股本(360,000,000.00 元)、资本公积－资本溢价(1,164,131,729.74 元)

经过如上处理,减少原有限责任公司所有者权益包括实收资本(302,916,209.81 元)、资本公积金－资本溢价(1,698,490,544.19 元)、未分配利润(－477,275,024.26 元),增加股份有限公司所有者权益包括股本(360,000,000.00 元)、资本公积－资本溢价(1,164,131,729.74 元)。

(三)公司股改未侵害债权人的合法权益、未产生纠纷

根据立信会计师事务所出具的《审计报告》,在整体变更设立的审计基准日 2015 年 6 月 30 日,拉卡拉(母公司)的账面负债为 207,050.46 万元,主要为经营性负债(包括应付账款、应付票据、应付职工薪酬、应交税费、押金和保证金以及支付结算业务中尚未支付给商户的结算款等),非经营性负债主要为应付中关村科技租赁有限公司的融资租赁款项。

股改后的股份有限公司承接了拉卡拉的全部资产和负债。根据公司 2015 年度、2016 年度、2017 年度和 2018 年度的经审计的财务会计报告,公司在上述期间内均实现盈利,且营业收入、营业利润和净利润的增幅均较大,未实际出现无力支付或偿还该等负债的情形。同时,公司股改后已按期支付或偿还了股改前的相关应付账款、应付票据、应付职工薪酬、应交税费、押金、保证金、商户结算款以及中关村科技租赁有限公司融资租赁借款等,不存在侵害债权人合法权益的情形,也未因上述债务产生纠纷。

发行人保荐机构和申报律师对发行人股份有限公司设立情况进行了详细核查,认为:拉卡拉股改事项已经过拉卡拉股东会、发行人创立大会暨 2015 年第一次临时股东大会等会议审议通过,已经过业务主管部门批准,并已完成工商和税务登记的相关程序;发行人在整体变更设立后已按期支付或偿还了上述整体变更设立

前的相关债务等，不存在侵害债权人合法权益的情形，也未因上述债务产生纠纷；发行人的整体变更设立事项符合《公司法》等相关法律、法规的规定。

（四）导致股改前未弥补亏损形成的原因已消除

近年来，公司盈利能力逐渐提升，即使不考虑整体变更时点对存在的未弥补亏损的调整，发行人也已经实现了大额累计未分配利润，发行人已形成较强的持续盈利能力，导致未弥补亏损形成的原因已消除。

（五）整体变更后的发展趋势及未来持续盈利能力

2014年以来，拉卡拉在企业收单市场利用行业监管引发变革的窗口期，不断扩大市场份额，特别是大力推行联合渠道代理商发展商户的经营策略，效果显著。2014年内，收单业务商户规模迅速扩大，从19万户增加至117万户，公司手续费收入和毛利保持同步增长，与此同时，费用支出一直保持相对稳定的状态。因此商户扩展到一定规模后，公司收单业务的规模效应逐渐显现，自2015年4月起，公司扭亏为盈，当月收单商户在网数超过150万户，此后，公司收单业务的商户规模进一步扩大，盈利水平亦随之不断提高。

综上，拉卡拉股改事项已经过拉卡拉股东会、发行人创立大会暨2015年第一次临时股东大会审议通过，已经过业务主管部门批准，并已完成工商和税务登记的相关程序；发行人股改事项符合《公司法》等相关法律、法规的规定；在股改后已按期支付或偿还了上述整体变更设立前的相关债务等，也未因上述债务产生纠纷，不存在侵害债权人合法权益的情形；公司盈利能力逐渐提升，发行人已经实现了大额累计未分配利润，未来持续盈利能力良好，导致股改前未弥补亏损形成的原因目前已消除。

问 20 如何处理股东出资瑕疵等问题？

尽管与创业板、科创板和主板相比，北交所对拟上市公司的财务要求有所降低，但是在股东出资、主体资格、规范运作等方面仍然对拟上市公司有严格的要求。拟上市企业在登陆北交所之前应当是全国股转系统的挂牌公司，而出资问题历来是全国股转系统挂牌审核过程中最为关键问题之一。

一、常见的出资瑕疵情形

《股转系统挂牌指引》第1条第2款规定："公司股东的出资合法、合规，出资方式及比例应符合《公司法》相关规定"。《公司法》第27条规定："股东可以用货币出资，也可以用实物、知识产权、土地使用权等可以用货币估价并可以依法转让的非货币财产作价出资；但是，法律、行政法规规定不得作为出资的财产除外。对作为出资的非货币财产应当评估作价，核实财产，不得高估或者低估作价。法律、行政法规对评估作价有规定的，从其规定。"从法律相关规定上来看，全国股转系统挂牌公司的出资及评估等应当合法合规，但事实情况是，拟挂牌公司经常会出现各种出资瑕疵问题。

（一）注册资本未足额缴纳

修改后的《公司法》实行注册资本认缴登记制，除对金融等特定行业有最低注册资本要求外，对其他行业均取消了最低注册资本限制。但是出于资本充盈性要求，中国证监会以及全国股转系统在审核时，均要求拟上市公司在发行和上市时缴足全部注册资本，即使认缴注册资本的期限还未到也应当足额缴纳。正如在公司财务状况发生重大变化，且有巨额债务需要偿还的情况下，法院往往倾向于保护债权人的利益一样,大多判令未足额缴纳出资且注册资本缴纳期限未届满的股东提前出资,以清偿公司债务。拟上市公司在发行和上市时,应注意缴足全部注册资本。

(二)货币或实物出资瑕疵

货币或实物的出资瑕疵主要表现在财产权转移手续未办理完毕,不仅包括以实物出资的动产和不动产的转移手续未办妥,还包括以货币资金出资时,货币的出资手续是否办理完毕。

对于货币出资,拟挂牌或上市的公司及中介机构应当注意必须以本人或者本单位的户名出资,并且尽可能采用转账形式留存相关出资凭证如转款收据、银行对账单等,出资留痕是为了提供充足有效的出资证明文件。此外,以货币出资存入的账户必须是公司的基本账户或验资账户。

对于实物出资,实务中经常存在汽车、房产等作为出资财产存在权属不清晰、未过户到公司名下、未评估作价、高估或者低估作价等出资瑕疵情形,也不乏监管机构因此予以否决或者提出反馈要求中介机构继续查验并补充意见。例如,冠中生态(834265)在公司设立时,凯捷科技使用10套计算机作为出资,审核监管机构提出以下反馈问题,并要求主办券商、律师补充核查以下事项并发表明确意见:(1)实物出资的具体内容,与公司生产经营的关联性,权属转移情况,使用和处置情况;(2)实物出资的合法合规性;(3)出资的真实性、充实性,是否存在出资不实、向关联方输送利益等损害公司利益的情形。①

因此,主办券商及律师,应该重点关注公司的实物出资是否依照法律法规的规定履行评估程序,以及出资物的转移手续是否完善等事项。若存在实物无法转移的客观情形,应考虑是否以其他形式补足出资。除此之外,还应关注出资物的权属是否清晰,是否存在与他人共有、出资物上是否设定了担保物权或者其他优先权等情形。

---

① 冠中生态(834265):《上海锦天城(青岛)律师事务所关于青岛冠中生态股份有限公司股票在全国中小企业股份转让系统挂牌并公开转让之补充法律意见书》,载全国中小企业股份转让系统网,http://www.neeq.com.cn/disclosure/2015/2015-11-09/1447063394_420750.pdf。

(三)知识产权出资瑕疵

1. 知识产权权属转移瑕疵引起出资不实

对于知识产权出资，拟挂牌或上市的公司以及中介机构要关注权属转移问题。知识产权的权属是否能够从股东名下有效转移至公司名下，前提条件是该股东要对所出资的知识产权拥有完整的权属。律师、券商、会计师、资产评估师等需要查验股东是否对于其出资的商标或专利等拥有合法有效的权属证书，以及查验股东对该项知识产权是否有潜在权属争议或纠纷。不仅应关注知识产权权属现状，还应了解其历史沿革过程中的合法性与规范性。股东以知识产权出资时，还应当排除任何第三方可能提出的对该项权利的诉求，如构成职务作品或职务发明，则会影响股东该项出资的合法性。此外，原来存在承接该项知识产权项目的相关科研机构，是否就权利分配问题与股东达成一致，也是影响该项知识产权出资是否存在问题的关键。

2. 知识产权大幅减值或评估不实引起出资不实

股东以知识产权出资，除了可能存在权属争议外，还会因知识产权大幅减值引起出资不实。如出资时该项知识产权的评估价值与股东的出资比例相符，但随着市场变化、新技术成果的研发问世，该项知识产权大幅减值，从而导致股东出资不实。此外，还存在知识产权出资时未评估或高估、低估的情形，从而影响到出资行为的真实、合法、有效性。截至目前，已有多家公司因知识产权出资瑕疵，在申请发行上市或挂牌全国股转系统时，被监管机构否决或要求回复、整改。例如，联合永道(430664)股东以非专利技术出资 700 万元，出资资产存在减值迹象；今泰科技(430655)股东以 4 项专利出资 3, 600, 900. 00 元，专利存在被认定为职务发明的可能性；蓝科泰达(430643)股东两次以非专利技术出资，第一次用于出资的资产未评估，存在被认定为职务发明的可能性，且出资比例不符合《公司法》规定；股东第二次非专利技术出资 1380 万元，涉嫌出资不实。

(四)股权代持瑕疵

拟登陆北交所的公司必须股权明晰，以免存在利益输送和违法违规“造富”情形。拟上市公司的股东若有股权代持行为,股权代持会令实际股东权利的行使具有不确定性,从而不符合《首发管理办法》《股转系统业务规则》《股转系统挂牌指引》中关于“股权明晰”的要求。

拟上市公司应尽早妥善解决股权代持瑕疵,并对股权代持信息如实披露,否则不仅无法成功上市,还会面临被监管机构处罚的风险。

二、出资瑕疵是否会构成北交所上市的重大法律障碍

公司存在出资瑕疵未必会影响上市,只要采取正确的思路和方法,不同问题不同对待,解决了出资瑕疵问题就不会影响公司挂牌或上市。

若出资金额较小且已补足,对公司经营无重大影响,则不会构成企业上市的重大法律障碍。存在出资瑕疵时,未出资的股东应及时出资;如实物或者知识产权存在出资瑕疵时,股东应及时以其他财产补足;国有股权转让时未取得相关部门批复,则应在上市前取得省级或者省级以上的国资监管机构的批文。

若股东实物出资未经评估,但该项资产所有权已转移至公司,并且所占出资比例不大,经正常使用后折旧报废,因实物能够正常使用直至报废,说明其未对公司生产经营造成重大不利影响,此种情形不会阻碍上市。

对于不影响大局的出资小瑕疵,拟上市公司可以提供材料予以说明,出资瑕疵并未对公司的正常经营产生重大影响,且不存在潜在纠纷的可能。对于比较严重的出资瑕疵问题,拟上市公司还需要根据监管机构的要求进行规范。

三、出资瑕疵问题的解决方案

(一)督促有关股东尽快缴足并协助办妥出资证明文件

《关于全国中小企业股份转让系统业务规则涉及新修订〈公司法〉相关条文适用和挂牌准入有关事项的公告》(股转系统公告〔2014〕13 号)第 3 条规定:“公司申请挂牌时注册资本须缴足,主办券商、律师、会计师应依法核验股东出资,评估机

构要进一步加强评估工作的规范性，确保申请挂牌公司的出资真实、足额。针对2014年3月1日前申请挂牌公司的设立、增资等，主办券商、律师、会计师应按照既往规定核验出资并提供验资报告；针对2014年3月1日后申请挂牌公司的设立、增资等，股东应按照修改后《公司法》第二十八条和公司章程的规定办理出资手续、履行出资义务，主办券商、律师、会计师应加强股东出资的核验工作，核查股东是否按公司章程规定出资，制作核查出资工作底稿，提供出资证明文件，包括但不限于验资报告、打款凭证。评估机构应依法开展评估业务，提高评估工作的规范性，提升估值的合理性。”关于补足出资的方式，主要包括以货币资金补足，以无形资产或固定资产补足，或者以债权补足。以货币出资之外的方式出资则要进行评估，必须保证注册资本全部到位。

股东履行完出资义务后，相关中介机构还应当留存好股东的付款凭证。如果拟上市公司能够委托专业机构提供验资报告，则更具权威性，验资报告可以在全国股转系统挂牌时使用。但验资报告并不是在全国股转系统挂牌时的必需文件，拟上市公司只需提供出资证明文件即可。出资证明文件可以是验资报告，也可以只是付款凭证，这两类都可以作为股东出资的核验依据。

对于已经履行完毕出资义务的公司，应当注意搜寻并整理股东出资的证明文件。中介机构可以从以下几个方面论证股东出资未及时到位，不构成拟上市公司的上市实质性障碍：(1)股东未及时出资的情形已经自行纠正，且经专业的会计师事务所出具复核报告进行验证，证明注册资本已缴足，出资未到位情形已消除；(2)企业实际控制人出具承诺，承诺有限责任公司设立时至首次公开发行股票之前，此阶段出现任何出资问题造成改制后股份有限公司的损失，实际控制人将无条件承担全部连带责任；(3)市场监督管理部门出具证明，确认公司最近36个月内未发生因违反工商行政管理法律法规而受到处罚的情形，并确认股东已足额缴纳注册资本，市场监督管理部门对此不予处罚。

(二)妥善办理财产权转移手续或者进行其他补救

对于公司历史上的货币出资，主办券商、律师、会计师应当核查验证股东的货币资金出资是否进入公司的基本账户或验资账户，如果以前存在不规范操作的情形，比如股东的出资货币打入了公司的其他账户，则应当进行补充验证和合理说明，确保向监管机构可以证明股东的货币出资真实、足额缴纳完毕。

对于实物出资应当如实评估作价，此外，实物出资应遵循物权变动的原则，对于动产应当交付，不动产应当办理产权转移手续。

股东出资的实物如果存在权利瑕疵而且难以克服，权利无法转移到公司名下，则股东应当以其他形式补足这部分出资，或者是提供合理依据，证明其瑕疵出资行为未对公司造成重大影响，未损害其他股东的合法权益。

（三）对知识产权出资瑕疵问题对症下药

上文所列举的知识产权出资瑕疵情形，应当有针对性地给予不同的解决方案。

1. 及时办理产权转移手续或置换出资

对于知识产权权属不完整的，出资股东应当及时办理或者补办产权转移手续。知识产权存在严重的权属争议，导致无法办理产权转移手续的，应以等额货币或者其他《公司法》规定的可以作价出资的财产出资。此外，关于职务作品或职务发明问题，如果法人股东利用该项无形资产出资，则应当设法证明该项知识产权属于职务作品或职务发明；如果是自然人股东，则应当证明该项出资的知识产权不属于职务作品或职务发明，如果无法证明，则应当以等值货币进行补足。

2. 知识产权出资价值减损的补救

对于知识产权价值减值问题的弥补措施，主要包括补足和置换出资，若当时对知识产权的价值评估远高于其真实价值，或者该项专利或其他技术成果被更新技术替代，则可以采取全额计提减值准备的方式，使净资产保持持续真实。

3. 对出资程序提供充分依据，证明出资的真实性

以无形资产出资的应当进行评估，这是《公司法》对于无形资产出资的硬性要求。若股东以其知识产权出资，但未提供评估报告的，则属于程序瑕疵，此时应当由保荐机构进行核查，并就是否存在出资不实问题发表意见。只要能够提供充分

依据说明股东该项出资不存在出资不实、无恶意行为，或是通过评估复核等手段验证，以及知识产权价值摊销完毕并已转化为经营成果，对未来公司经营没有实质性影响、不存在其他潜在风险的情况下，不会构成上市的实质性障碍。

虽然现在法律规定对于股东出资不要求必须提供验资报告，但在实务中，为了证明股东出资的充足性，监管机构通常也会要求拟上市公司提供验资报告。若验资报告存在瑕疵，则可以采取由拟上市公司聘请的会计师进行复核的方式进行补救，由会计师说明出资的真实性和完整性，或由保荐机构和律师出具专业意见。

（四）股权还原或者确认不存在潜在纠纷

尽管在法律上股权代持协议的效力受到法律保护，但股权代持会对公司上市构成障碍，因此建议尽量清理，可以将隐名股东显名化，或者进行股权转让。总之，拟上市公司要保持股东股权的归属不存在争议，查明真实的出资人。律师事务所等中介机构，应当重点核查股权代持的原因及演变过程，确保股权代持解除的真实、合法、有效性，确保日后不存在潜在的股权纠纷风险。

总之，无论是在全国股转系统挂牌还是在交易所上市，股东出资的真实性、合法性以及公司注册资本的充实性，都是监管机构核查的要点。监管机构的审核关注要点不在于瑕疵事项本身，而在于拟挂牌或上市的公司是否对瑕疵事项予以充分披露并完成整改。主办券商、律师、会计师事务所等中介机构不仅应当对现有的书面材料进行调查，而且应当对有关人士进行访谈，充分了解可能影响并阻碍公司挂牌或上市的瑕疵事项，审慎核查、规范处理，确保不构成公司挂牌或上市的绊脚石。

问 21 设立股份有限公司需要做哪些工作?

设立股份有限公司是公司北交所 IPO 上市的前提,也是极为关键的步骤,处理不得当,可能为将来的 IPO 之路埋下隐患。股份公司的设立有两个路径,一个路径是 2 人以上 200 人以下股东新设,另一个路径是将有限责任公司整体变更为股份有限公司,俗称“股改”,我们重点介绍股改的一般流程和主要工作。

一、股份有限公司应当具备的条件

根据我国《公司法》《证券法》以及监管机构颁布的规范性文件的规定,股份有限公司应当具备的条件:(1)应当有 2 人以上 200 以下为发起人,其中须有半数以上在中国境内有住所;(2)有符合公司章程规定的全体发起人认购的股本总额或者募集的实收股本总额;(3)股份发行、筹办事项符合法律规定;(4)发起人制定公司章程,采用募集方式设立的须经创立大会通过;(5)有公司名称,建立符合股份有限公司要求的组织机构;(6)有公司住所。

《股转系统业务规则》第 2.1 条规定,股份有限公司在全国股转系统挂牌,应当符合以下条件:“(一)依法设立且存续满两年。有限责任公司按原账面净资产值折股整体变更为股份有限公司的,存续时间可以从有限责任公司成立之日起计算;(二)业务明确,具有持续经营能力;(三)公司治理机制健全,合法规范经营;(四)股权明晰,股票发行和转让行为合法合规;(五)主办券商推荐并持续督导;(六)全国股份转让系统公司要求的其他条件。”

二、股改的一般流程及主要工作

从以上条件来看,股改后拟挂牌公司在公司设立方式、股东人数、公司组织机构等方面都须符合《公司法》的相关要求，拟挂牌公司的股改主要有两种方式：第一种是有限责任公司通过评估作价折股整体变更为股份有限公司；第二种是有限责任公司按原账面净资产值整体折股变更为股份有限公司。采用第一种方式发起设立新股份有限公司的，有限责任公司的存续时间不计入股份公司的存续期间。由于全国股转系统要求拟挂牌公司需满足依法设立满两年，因此实践中基本不会采取第一种方式。按照《股份转让系统业务规则》的规定，有限责任公司按原账面净资产值折股整体变更为股份有限公司的，存续时间可以从有限责任公司成立之日起计算，所以绝大部分拟挂牌公司都采用第二种方式，即将有限责任公司整体折股变更为股份有限公司。一般流程和主要工作如下。

（一）成立改制工作组

股份制改造是公司挂牌前要做的关键工作。根据我国《公司法》的规定，变更公司形式须经股东会审议通过。董事会应当制定变更公司形式的决议，不设董事会的公司，由执行董事制定决议，然后提交股东会审议。变更公司形式的决议，必须经代表2/3以上表决权的股东通过。

改制工作一般从成立改制工作组开始，因为股改的工作内容繁杂，且专业性极强，必须要成立改制小组进行统筹协调工作，否则股改工作难以按计划进行。改制工作组主要包括两部分人员：公司内部成员和外部中介机构。内部成员应当由决策层领导、董事会秘书、财务人员及其他工作人员组成。外部中介机构包含券商、律师、会计师、评估师等。各个中介机构互相合作，共同商讨改制过程中遇到的有关问题。其中，券商拟定初步改制方案，其他中介机构专业人员如律师、会计师等在此过程中也可以发表专业性意见；公司内部生产、财务等人员可以协助并配合会计师及评估师等进行盈利预测、报表审计和资产评估的工作，董事会秘书负责协调中介机构和公司内部的对接工作；律师可以为公司改制提供法律咨询，对于改制文件如发起人协议及重要合同进行审核修改，并起草法律意见书等。

（二）聘请中介机构

改制工作组包括公司内部成员和中介机构相关成员，公司内部首先决定要启动挂牌或上市工作并成立工作小组，然后开始选聘中介机构，确定中介机构后，内部和外部人员一起组成改制工作组。中介机构可以由董事会秘书从从业资格、专业水平、过往经历、与公司的匹配度、派驻人员情况等多维度考量并进行遴选，挑选出候选机构名单，报改制公司领导决定，必要时提请董事会审议决定，最终确定本次改制上市的中介机构名单，并与相关中介机构签订正式书面委托合同，建立委托法律关系。

（三）中介机构进行尽职调查，商定最终的股改方案

尽职调查这一环节在整个改制过程中十分重要，是决定公司改制成果的关键因素。改制的最终目的是上市，因此在改制前期就应当由中介机构对公司的历史沿革、发展变迁过程中涉及的出资瑕疵或者其他股权代持、财务和税务状况、重大诉讼、劳动人事状况以及公司治理情况进行调查。对其进行规范化指导，并及时消除风险和隐患，以满足上市对于财务和公司治理等方面的要求。

一般中介机构会采取的调查方法，除了与拟挂牌公司进行对接，与其负责人了解公司情况，并要求公司提供一手资料之外，还可以通过到相关工商部门调取档案、到政府有关部门调取公司设立及变更的文件、向银行发出询证函等方式，从多个方面对公司的真实情况进行详细调查。

尽职调查完成之后，券商协同公司、其他中介机构讨论、修改改制初步方案，并拟定最终的改制方案。改制方案的确定一般要经过多次会议讨论，而且是公司、券商、律师、会计师几方意见的最终统一，公司根据需要报董事长或董事会最终确定。改制方案一般应当包括的内容有：公司的基本情况（包括注册资本、股权结构、财务状况、经营状况等）、资产折股方案、知识产权处置及业务重组方案、改制后的公司基本情况、工作时间表等。

(四)准备召开创立大会

股改方案确定后,相关中介机构按照确定的方案继续工作:券商帮助公司建立内控制度;律师准备创立大会的相关法律文件;会计师继续进行审计工作并将定稿的审计报告提交内核;评估机构准备资产评估报告;国有公司需要将改制方案报上级单位或国有资产管理部门审批。这个阶段主要是券商和律师的工作。

律师需要准备的法律文件有:发起人协议;创立大会的召开通知;创立大会的召开文件,包括签到册、会议议程、拟表决的议案(《××股份有限公司筹办情况》议案、《××股份有限公司各发起人出资情况》议案、《××股份有限公司筹办费用开支情况》议案、《××股份有限公司章程(草案)》议案、《选举××股份有限公司第一届董事会董事》议案、《选举××股份有限公司第一届监事会股东监事》议案、《聘任××股份有限公司财务审计机构》议案、《授权董事会办理××股份有限公司工商设立登记手续》议案)、公司首届董事会第一次会议全套文件、首届监事会第一次会议全套文件、股份公司法人治理制度[股东大会议事规则、董事会议事规则、监事会议事规则、总经理工作细则、独立董事工作细则、董事会审计委员会实施细则、董事会提名委员会实施细则、董事会薪酬与考核委员会实施细则、董事会战略委员会实施细则、信息披露制度、募集资金管理办法、对外担保管理规定、关联交易决策制度、投资者关系管理制度、累积投票实施细则、内部审计制度、高级管理人员绩效考核与薪酬管理办法、短期投资及风险控制管理办法、控股(参股)子公司管理办法、重大投资及财务决策制度、资产运用项目审批权限管理办法、重大经营决策管理规定等],以及股份公司设立过程中的其他法律文件。

需要说明的是,中介机构在尽职调查过程中发现公司存在不规范的地方需要在创立大会前进行规范,换句话说,创立大会的召开时间取决于公司的规范所需要花费的时间。

(五)召开创立大会

股份有限公司的创立大会是指在公司成立前,由全体发起人参加、决定是否通过改制方案、设立股份公司的会议,同时也是决定公司设立过程中及设立以后重大事项的会议。全体股东表决通过各项目议案,签署创立大会的相关决议文件、公司章程及其他相关文件后,股份有限公司设立的内部决策程序基本完成。

(六)办理工商登记手续

公司创立大会结束后,股改工作也基本接近尾声,最后的工作就是从有限责任公司变为股份有限公司的工商变更手续,公司董事会安排相关人员到工商部门申请办理即可。至此,公司股改的工作全部完成,公司也完成了在全国股转系统挂牌或在北交所上市的第一阶段工作。

第二章
Chapter Two
挂　牌

问 22 全国股转系统挂牌需要满足什么条件？

全国股转系统是经国务院批准设立的全国性证券交易场所。在全国股转系统挂牌，意味着公司已经迈进资本市场，成为中国证监会监管下的非上市公众公司。一些尚不符合上市条件、无法通过公开发行股票的方式募集资金的企业，先到全国股转系统挂牌进行融资，不失为一种好的选择。

根据《股转系统业务规则》及《股转系统挂牌指引》的规定，满足下列条件的公司可以到全国股转系统挂牌。

一、依法设立且存续满两年

依法设立，是指公司依据《公司法》等法律、法规及规章的规定向公司登记机关申请登记，并已取得《企业法人营业执照》。具体包括：公司设立的主体、程序应合法、合规，公司股东的出资应合法、合规，出资方式及比例应符合《公司法》相关规定，公司注册资本缴足，不得存在出资不实情形。以实物、知识产权、土地使用权等非货币财产出资的，还应当评估作价，核实财产，明确权属，确保财产权转移手续办理完毕。

存续满两年，是指存续两个完整的会计年度。

另外,有限责任公司按原账面净资产值折股整体变更为股份有限公司的,存续时间可以从有限责任公司成立之日起计算。整体变更不应改变历史成本计价原则,不应根据资产评估结果进行账务调整,应以改制基准日经审计的净资产额为依据折合为股份有限公司股本。

二、业务明确,具有持续经营能力

业务明确,是指公司能够明确、具体地阐述其经营的业务、产品或服务、用途及其商业模式等信息。公司可同时经营一种或多种业务,每种业务应具有相应的关键资源要素,该要素组成应具有投入、处理和产出能力,能够与商业合同、收入或成本费用等相匹配。同时,公司业务在报告期内应有持续的营运记录,包括现金流量、营业收入、交易客户、研发费用支出等。公司营运记录应满足下列条件:(1)公司应在每一个会计期间内形成与同期业务相关的持续营运记录,不能仅存在偶发性交易或事项。(2)最近两个完整会计年度的营业收入累计不低于1000万元;因研发周期较长导致营业收入少于1000万元,但最近一期末净资产不少于3000万元的除外。(3)报告期末股本不少于500万元。(4)报告期末每股净资产不低于1元/股。

持续经营能力,是指公司在可预见的将来,有能力按照既定目标持续经营下去。公司存在以下情形之一的,将会被认定为不符合持续经营能力要求:(1)存在依据《公司法》第180条之规定解散的情形,或法院依法受理重整、和解或者破产申请;(2)存在《中国注册会计师审计准则第1324号——持续经营》应用指南中列举的影响其持续经营能力的相关事项或情况,且相关事项或情况导致公司持续经营能力存在重大不确定性;(3)存在其他对公司持续经营能力产生重大影响的事项或情况。值得注意的是,“持续经营能力”并非“持续盈利能力”,“持续经营能力”意味着现在还没有赚钱甚至亏损的公司也可以在全国股转系统挂牌。

三、公司治理机制健全,合法规范经营

(一)公司治理机制健全

公司治理机制健全,是指公司按相关规定建立股东大会、董事会、监事会和高级管理人员组成的公司法人治理架构,制定相应的公司管理制度,并能有效运行,保护股东权益。具体表现为:

1. 公司依法建立“三会一层”,并按照《公司法》等法律法规的要求制定公司章程、“三会一层”运行规则、投资者关系管理制度、关联交易管理制度等,并按照公司治理制度进行规范运作,召开董事会对执行情况进行讨论、评估等。公司进行关联交易需要依据法律法规、公司章程、关联交易管理制度的规定履行审议程序,保证交易公平、公允。

2. 公司现任董事、监事和高级管理人员应具备《公司法》规定的任职资格,不得存在以下情形:(1)最近24个月内受到中国证监会行政处罚,或者被中国证监会采取证券市场禁入措施且期限尚未届满,或者被全国股转公司认定不适合担任挂牌公司董事、监事、高级管理人员;(2)因涉嫌犯罪被司法机关立案侦查或者涉嫌违法违规被中国证监会立案调查,尚未有明确结论意见。

3. 公司的控股股东、实际控制人及其关联方如果存在占用公司资金、资产或其他资源情形的,应在申请挂牌前予以归还或规范(完成交付或权属变更登记)。占用公司资金、资产或其他资源的具体情形包括:从公司拆借资金;由公司代垫费用、代偿债务;由公司承担担保责任而形成债权;无偿使用公司的土地房产、设备动产等资产;无偿使用公司的劳务等人力资源;在没有商品和服务对价情况下其他使用公司的资金、资产或其他资源的行为。

(二)合法合规经营

合法合规经营,是指公司及其控股股东、实际控制人、下属子公司(下属子公司

是指公司的全资、控股子公司或通过其他方式纳入合并报表的公司或其他法人)须依法开展经营活动,经营行为合法、合规,不存在重大违法违规行为。具体表现为:

1. 公司及下属子公司业务如需主管部门审批,应取得相应的资质、许可或特许经营权等。

2. 公司及下属子公司最近24个月内不存在因违反国家法律、行政法规、规章的行为,受到刑事处罚或适用重大违法违规情形的行政处罚。其中刑事处罚包含涉嫌犯罪被司法机关立案侦查,尚未有明确结论意见的情形。而对于行政处罚来说,凡被行政机关给予没收违法所得、没收非法财物以上行政处罚的行为,均属于重大违法违规情形,但处罚机关依法认定不属于的除外;被行政处罚的实施机关给予罚款的行为,除主办券商和律师能依法合理说明或处罚机关认定该行为不属于重大违法违规行为的外,都视为重大违法违规情形。

3. 公司及其法定代表人、控股股东、实际控制人、董事、监事、高级管理人员、下属子公司,在申请挂牌时不得存在被列为失信联合惩戒对象的情形。同时,控股股东、实际控制人最近24个月内不得存在涉及以下情形的重大违法违规行为:(1)控股股东、实际控制人受刑事处罚。(2)受到与公司规范经营相关的行政处罚,且情节严重;情节严重的界定参照前述规定。(3)涉嫌犯罪被司法机关立案侦查,尚未有明确结论意见。

4. 公司财务机构设置及运行应独立且合法合规,会计核算规范。公司及下属子公司应设有独立财务部门,能够独立开展会计核算、作出财务决策;制定财务会计制度及内控制度健全且得到有效执行,保证会计基础工作规范;按照企业会计准则等相关会计制度的规定编制并披露报告期内的财务报表,并由符合《证券法》规定的会计师事务所出具标准无保留意见的审计报告。公司如存在以下情形将被认定为财务不规范:(1)公司申报财务报表未按照企业会计准则的要求进行会计处理,导致重要会计政策适用不当或财务报表列报错误且影响重大,需要修改申报财务报表(包括资产负债表、利润表、现金流量表、所有者权益变动表);(2)因财务核算不规范情形被税务机关采取核定征收企业所得税且未规范;(3)其他财务信息披露不规范情形。

四、股权明晰,股票发行和转让行为合法合规

股权明晰,是指公司的股权结构清晰,权属分明,真实确定,合法合规,股东特别是控股股东、实际控制人及其关联股东或实际支配的股东持有的公司股份不存在权属争议或潜在纠纷,公司的股东亦不存在国家法律、法规、规章及规范性文件规定不适宜担任股东的情形。

股票发行和转让合法合规,是指公司及下属子公司的股票发行和转让依法履行必要内部决议、外部审批(如有)程序,不得存在以下情形:(1)最近36个月内未经法定机关核准,擅自公开或者变相公开发行过证券;(2)违法行为虽然发生在36个月前,目前仍处于持续状态,但《非上市公众公司监督管理办法》实施前形成的股东超200人的股份有限公司经中国证监会确认的除外。同时,公司股票限售安排应符合《公司法》和《股转系统业务规则》的有关规定。

公司曾在区域股权市场及其他交易市场进行融资及股权转让的,股票发行和转让等行为应合法合规,在向全国股转公司申请挂牌前应在区域股权市场及其他交易市场停牌或摘牌,并在全国股转公司挂牌前完成在区域股权市场及其他交易市场的摘牌手续。

五、主办券商推荐并持续督导

公司须经主办券商推荐,双方签署《推荐挂牌并持续督导协议》。主办券商应完成尽职调查和内核程序,对公司是否符合挂牌条件发表独立意见,并出具推荐报告。

六、全国股转系统要求的其他条件

这是一个"兜底"条款,主要指全国股转系统负面清单的要求,比如不欢迎一些特殊行业在这个交易场所挂牌的情形。

总之,满足上述挂牌条件并履行相应程序的公司即可申请在全国股转系统挂牌。挂牌公司符合基本条件的进入基础层,符合创新层条件的,可以直接进入创新层。

问 23 全国股转系统挂牌履行什么程序?

满足全国股转系统挂牌条件的企业,主要根据《股转系统业务规则》《股转系统挂牌审查指引》《挂牌业务操作指南》等规范性文件的要求履行挂牌程序。

一、董事会及股东大会审议通过挂牌决议

申请挂牌公司的董事会及股东大会应当分别就公司向全国股转公司申请挂牌作出决议。《全国中小企业股份转让系统挂牌申请文件内容与格式指引(2020修订)》第3条明确规定,申请文件目录是对挂牌申请文件的最低要求。其附件《全国中小企业股份转让系统挂牌申请文件目录》第2-2项即为“有关股票在全国股转系统挂牌及股票发行(如有)的董事会决议”,第2-3项为“有关股票在全国股转系统挂牌及股票发行(如有)的股东大会决议”。因此申请挂牌公司董事会及股东大会应当分别就公司向全国股转公司申请挂牌作出决议。

二、与主办券商签订推荐挂牌并持续督导协议

《股转系统业务规则》第2.2条规定:“申请挂牌公司应当与主办券商签订推荐挂牌并持续督导协议,按照全国股转系统公司的有关规定编制申请文件,并向全国股转公司申报。”

三、取得全国股转公司同意挂牌的审查意见

《股转系统业务规则》第 2.3 条规定："全国股份转让系统公司对挂牌申请文件审查后，出具是否同意挂牌的审查意见。"根据《股转系统挂牌审查指引》，全国股转公司根据法律法规、中国证监会相关规定及全国股转系统相关业务规则，对申请公司是否满足股票挂牌条件、是否符合信息披露要求、是否符合定向发行要求进行审查，并出具自律审查意见。

根据《股转系统挂牌审查指引》，全国股转公司审查职能部门依据相关规则对申请公司进行审查，并在自受理之日起 10 个交易日内出具首轮反馈意见；无须出具反馈意见的，提请召开审查职能部门质控会进行审议。股东人数不超过 200 人的公司申请股票在全国股转系统挂牌，全国股转公司审查同意的，直接出具同意挂牌的函。股东人数超过 200 人的公司申请股票挂牌公开转让，全国股转公司审查同意的，出具同意挂牌公开转让的自律监管意见，并根据申请公司的委托，将自律监管意见、相关审查文件和公司申请文件报送中国证监会。中国证监会对公司的挂牌公开转让申请作出核准决定后，全国股转公司出具同意挂牌的函。全国股转公司审查不同意的，作出终止审查的决定。

四、按照全国股转公司规定的有关程序办理挂牌手续

根据《挂牌业务操作指南》的规定，申请挂牌公司取得全国股转公司同意挂牌的审查意见及中国证监会核准文件（如需）后，按照如下程序（见图 2－1）办理挂牌手续。

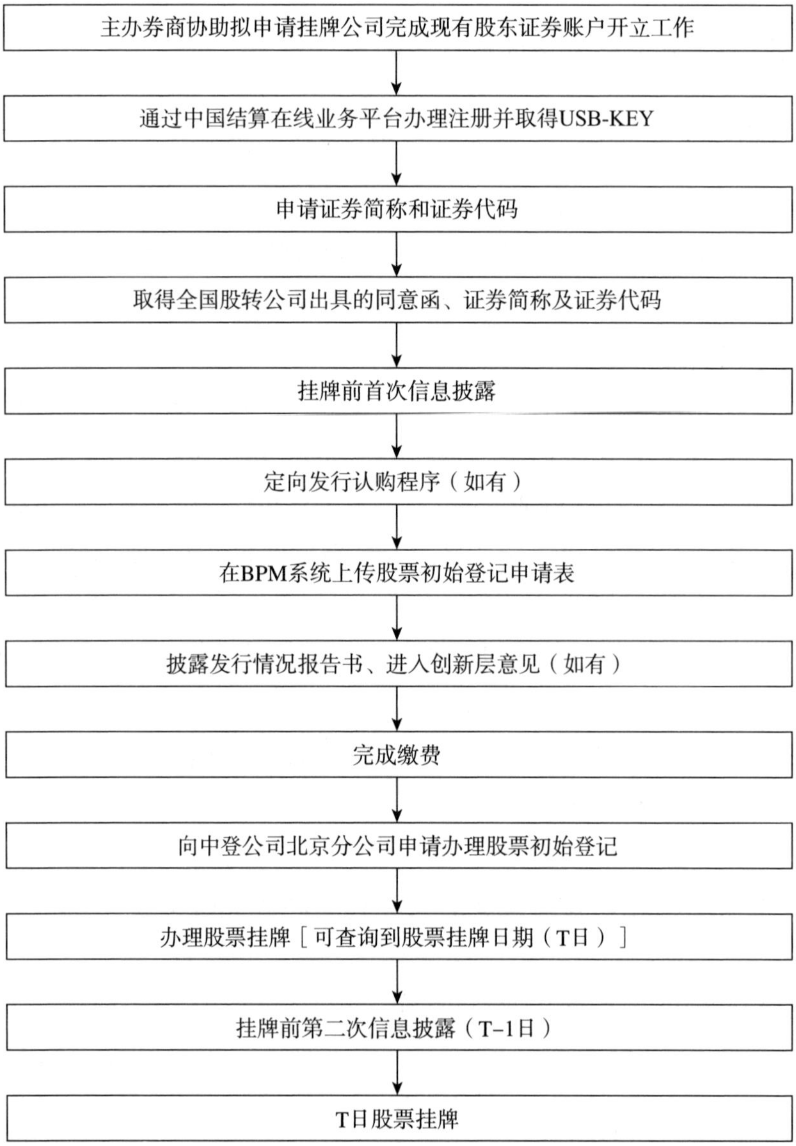

图2－1　全国股转系统挂牌手续流程

(一)股东开户

主办券商应协助拟申请挂牌公司在向全国股转公司报送挂牌申请文件前,完成现有股东证券账户的开立工作。如股东属于境外机构或个人、境内个人独资企业等特殊情形的,应根据中登公司的有关规定办理。

(二)在中国结算在线业务平台注册

拟申请挂牌公司在收到全国股转公司出具的申请材料受理通知书后,应当按照中登公司北京分公司关于证券登记相关要求,通过中国结算在线业务平台办理注册,取得中登公司北京分公司发放的 USB-KEY,用于办理股份登记等相关业务。

(三)申请证券简称和证券代码

拟申请挂牌公司在向全国股转公司报送挂牌申请文件时,应当一并提交《证券简称及证券代码申请书》,并由主办券商协助拟申请挂牌公司将拟定的证券简称填报在 BPM 系统的公司基本情况中。

(四)取得同意函、证券简称及证券代码

全国股转公司向拟申请挂牌公司出具同意挂牌的函或同意挂牌及发行的函(统称"同意函")后,主办券商应当协助申请挂牌公司查询并下载同意函。申请挂牌公司应当在同意函的有效期内完成股票挂牌程序。申请挂牌公司可以在 BPM 系统取得证券简称和证券代码。

(五)办理挂牌前首次信息披露

在取得同意函、证券简称及证券代码后,主办券商应当及时协助申请挂牌公司在财务报表有效期内的交易日 20:00 前通过 BPM 系统完成首次信息披露。披露文件包括但不限于:(1)公开转让说明书;(2)财务报表及审计报告;(3)法律意见书;(4)补充法律意见书(如有);(5)公司章程;(6)主办券商推荐报告;(7)定向发行说明书(如有);(8)设置表决权差异安排的股东大会决议(如有);(9)全国股转公司同意挂牌的函或全国股转公司同意挂牌及发行的函;(10)中国证监会核准文件(如有);(11)其他公告文件(如有)。

(六)定向发行认购程序(如有)

申请挂牌同时定向发行的,在取得同意函并完成首次信息披露后,主办券商应当协助申请挂牌公司按照《股转系统定向发行指南》要求完成认购与缴款、签订募集资金专户三方监管协议与验资等发行程序。

(七)上传股票初始登记申请表等文件

完成首次信息披露及定向发行认购程序(如有)后,主办券商应当协助申请挂牌公司根据相关规定及自愿限售情况准确计算挂牌当日可进入全国股转系统交易的股票数量。主办券商应当协助申请挂牌公司在 BPM 系统上传股票初始登记申请表,该表格为办理股票初始登记的依据。

(八)披露发行情况报告书、进入创新层意见(如有)

申请挂牌同时定向发行的,主办券商在协助申请挂牌公司上传股票初始登记申请表的同时,还应当按照《股转系统定向发行指南》的要求,上传并披露发行情况报告书、主办券商关于拟申请挂牌公司是否符合创新层条件的专项意见（如有），上述文件经全国股转公司确认后披露。

（九）完成缴费

全国股转公司对申请公司提交的股票初始登记申请表及相关附件予以确认后，按照初始登记的股份情况为申请公司生成缴费通知单。在缴费通知单生成后，主办券商应当及时协助申请公司完成缴费。

（十）办理股票初始登记

全国股转公司将申请挂牌公司的同意函和股票初始登记数据通过 BPM 系统传送至中登公司北京分公司在线业务平台。申请挂牌公司在取得同意函、证券简称和证券代码，并完成定向发行认购程序（如有）及发行情况报告书等文件的披露（如有）后，应当及时向中登公司北京分公司申请办理股票初始登记，取得电子版的《股份登记确认书》等证明文件。中登公司北京分公司通过其在线业务平台将股票初始登记数据回传至全国股转系统 BPM 系统。

（十一）办理股票挂牌

在中登公司北京分公司在线业务平台取得《股份登记确认书》等证明文件后，主办券商应当协助申请挂牌公司及时办理股票挂牌手续，在每个交易日 11:00 前，通过 BPM 系统提交《公开转让记录表》及《股票挂牌重大事项确认函》等材料。

全国股转公司对《公开转让记录表》及《股票挂牌重大事项确认函》等材料确认后，主办券商可在 BPM 系统查询到股票挂牌日期（T 日），挂牌日期为全国股转公司确认股票挂牌信息当日算起的第 3 个交易日，主办券商应协助申请挂牌公司准备办理挂牌前第二次信息披露。

（十二）挂牌前第二次信息披露

第二次信息披露的主要文件有：(1)关于股票挂牌的提示性公告；(2)关于完成工商变更登记手续的公告（如有）；(3)其他公告文件（如有）。

挂牌日的前一个交易日（T－1日），主办券商应当协助申请挂牌公司在BPM系统将相关文件在全国股转系统网站 www.neeq.com.cn 或 www.neeq.cc 上进行披露。

第三章
Chapter Three

转板与申报

问 24 什么是基础层挂牌公司?

北交所成立前,全国股转系统包括基础层、创新层与精选层,北交所成立后,精选层整体平移到北交所,现在还剩下基础层和创新层。基础层挂牌公司是全国股转系统分层体系的底层,挂牌的标准低,挂牌的主体数量也最多。

一、基础层挂牌公司的市场数量总貌

截至 2021 年 11 月 12 日,全国股转系统挂牌公司数量统计见表 2－1。

表 2－1 全国股转系统挂牌公司数量统计情况[①]

	全国股转系统(总)	基础层	占比
挂牌公司(家)	7173	5863	81.74%
总股本(亿股)	4787.78	3390.92	70.82%
流通股本(亿股)	2943.31	2116.82	71.92%

① 统计数据来源于全国股转系统网,http://www.neeq.com.cn,下同。

二、行业分布情况

根据全国股转系统 2020 年市场统计快报显示，全国股转系统挂牌公司的行业分布情况见表 2－2。

表 2－2　2020 年全国股转系统挂牌公司行业分布数据

行业	挂牌公司数量(家)	行业占比
制造业	4016	49.05%
信息传输、软件和信息技术服务业	1605	19.60%
租赁和商务服务业	422	5.15%
科学研究和技术服务业	393	4.80%
批发和零售业	362	4.42%
建筑业	280	3.42%
文化、体育和娱乐业	189	2.31%
农、林、牧、渔业	189	2.31%
水利、环境和公共设施管理业	152	1.86%
交通运输、仓储和邮政业	148	1.81%
金融业	104	1.27%
电力、热力、燃气及水生产和供应业	101	1.23%
房地产业	60	0.73%
教育	61	0.75%
卫生和社会工作	34	0.42%
采矿业	25	0.31%
住宿和餐饮业	28	0.34%
居民服务、修理和其他服务业	18	0.22%
合计	8187	100%

尽管表 2－2 是全国股转公司在 2020 年年报中披露的全部挂牌公司的整体行业分布情况，但因为基础层挂牌公司数量占全部挂牌公司数量的 80% 左右，通过

整体行业分布情况可以初步判断出基础层挂牌公司的行业分布情况。

表2-2显示,全国股转系统挂牌公司中,制造业企业数量位居18类行业之首,占比高达49.05%。其次是信息传输、软件和信息技术服务业企业,数量位居第二,占比为19.60%。其余16类行业均与前述两类行业公司数量相差甚多。由此推断,全国股转系统基础层挂牌公司也主要集中在制造业与信息传输、软件和信息技术服务业。

三、基础层挂牌公司交易情况

根据全国股转系统的官网统计,全国股转系统挂牌公司在2021年10月11日至11月5日的市场交易数据统计见表2-3。

表2-3 全国股转系统挂牌公司最新交易数据统计

全国股转系统市场交易概况周统计			
2021年11月1日~2021年11月5日			
	全国股转系(总)	基础层	占比
成交股数(万股)	93,600.95	23,296.95	24.89%
成交金额(万元)	906,354.72	60,960.87	6.73%
成交均价(元)	9.68	2.62	27.07%
2021年10月25日~2021年10月29日			
	全国股转系(总)	基础层	占比
成交股数(万股)	70,864.53	19,224.85	27.13%
成交金额(万元)	681,630.68	49,213.94	7.22%
成交均价(元)	9.62	2.56	26.61%
2021年10月18日~2021年10月22日			
	全国股转系(总)	基础层	占比
成交股数(万股)	65,695.8	17,162.49	26.12%
成交金额(万元)	546,491.92	42,826.17	7.84%
成交均价(元)	8.32	2.5	30.05%

续表

全国股转系统市场交易概况周统计			
2021 年 10 月 11 日 ~2021 年 10 月 15 日			
	全国股转系（总）	基础层	占比
成交股数（万股）	75,643.21	21,530.34	28.46%
成交金额（万元）	587,981.47	47,896.18	8.15%
成交均价（元）	7.77	2.22	28.57%

从表 2－3 中可见，当月基础层挂牌公司成交股数占全国股转系统全部挂牌公司成交总股数的比例为 24.89% ~28.46%，平均占比仅 26.65%；成交金额基础层占比为 6.73% ~8.15%，平均占比仅 7.48%。由此可见占八成以上数量的基础层挂牌公司，其平均成交股数仅占全国股转系统全部挂牌公司的 1/4 左右，成交金额更是不足 10%，基础层挂牌公司的交易活跃度远不及创新层、精选层，市场实力比较薄弱。

四、基础层挂牌公司的未来可期

目前基础层挂牌公司的市场实力薄弱，因此估值较低，每股成交价也较低，导致发行股票时仅能换来 1/3 甚至 1/4 票面值的融资额，购买基础层股票的投资者也相应较少。尽管如此，在基础挂牌的公司因为其经过股改、挂牌等工作，公司的规范性得到提升，法人治理结构得到完善，公司的信用增加，员工招聘和稳定得到增强，同时其为有证券代码的公众公司，广告效应明显，自然受到市场的关注。更重要的是，随着分层制度的成熟完善，依托于全国股转系统，已有多家基础层挂牌公司成功转入创新层、精选层，再加上北交所的带动效应，基础层挂牌公司的未来仍然可期。

问 25 进入创新层挂牌需要什么条件？

根据现有规定，全国股转系统创新层挂牌公司产生于两种途径。第一种途径是在全国股转系统挂牌的基础层挂牌公司，在满足一定条件时可以进入创新层；第二种途径是满足特定条件的公司可以直接进入全国股转系统创新层挂牌。公司可以根据自身的特点和条件选择挂牌层级，这也体现了全国股转系统为不同发展阶段的中小企业提供不同服务的初衷。

一、基础层挂牌公司转入创新层挂牌的条件

根据《分层管理办法》第 11 条的规定，基础层挂牌公司转入创新层应当符合下列条件之一："（一）最近两年净利润均不低于 1000 万元，最近两年加权平均净资产收益率平均不低于 8%，股本总额不少于 2000 万元；（二）最近两年营业收入平均不低于 6000 万元，且持续增长，年均复合增长率不低于 50%，股本总额不少于 2000 万元；（三）最近有成交的 60 个做市或者集合竞价交易日的平均市值不低于 6 亿元，股本总额不少于 5000 万元；采取做市交易方式的，做市商家数不少于 6 家。"第 12 条规定，基础层挂牌公司转入创新层，同时还应当符合下列条件："（一）公司挂牌以来完成过定向发行股票（含优先股），且发行融资金额累计不低于 1000 万元；（二）符合全国股转系统基础层投资者适当性条件的合格投资者人数不少于 50 人；（三）最近一年期末净资产不为负值；（四）公司治理健全，制定并披露股东大会、董事会和监事会制度、对外投资管理制度、对外担保管理制度、关联交易管理制度、投资者关系管理制度、利润分配管理制度和承诺管理制度；设立董事会秘书，且其已取得全国股转系统挂牌公司董事会秘书任职资格；（五）中国证监会和全国股转系统规定的其他条件。"

《分层管理办法》第13条规定，基础层挂牌公司或其他相关主体最近12个月内或层级调整期间出现下列情形之一的，不得进入创新层：(1)挂牌公司或其控股股东、实际控制人存在贪污、贿赂、侵占财产、挪用财产或者破坏社会主义市场经济秩序的刑事犯罪；存在欺诈发行、重大信息披露违法或者其他涉及国家安全、公共安全、生态安全、生产安全、公众健康安全等领域的重大违法行为；(2)挂牌公司或其控股股东、实际控制人、董事、监事、高级管理人员被中国证监会及其派出机构采取行政处罚；或因证券市场违法违规行为受到全国股转公司等自律监管机构公开谴责；(3)挂牌公司或其控股股东、实际控制人、董事、监事、高级管理人员因涉嫌犯罪正被司法机关立案侦查或涉嫌违法违规正被中国证监会及其派出机构立案调查，尚未有明确结论意见；(4)挂牌公司或其控股股东、实际控制人被列入失信被执行人名单且情形尚未消除；(5)未按照全国股转系统规定在每个会计年度结束之日起4个月内编制并披露年度报告，或者未在每个会计年度的上半年结束之日起2个月内编制并披露半年度报告；(6)最近两年财务会计报告被会计师事务所出具非标准审计意见的审计报告；仅根据本办法第11条第2项规定标准进入创新层的，最近三年财务会计报告被会计师事务所出具非标准审计意见的审计报告；(7)中国证监会和全国股转公司规定的其他情形。

二、直接申请进入创新层挂牌的条件

当然，如果公司申请全国股转系统挂牌时具备一定条件，则可以越过基础层，直接挂牌创新层。这对一些资质相对较好的公司来说，可以一步到位，减少申请挂牌再升层的烦琐程序。根据《分层管理办法》第14条的规定，同时符合下列条件的公司可直接申请进入创新层挂牌：第一，符合全国股转系统挂牌条件，具体详见本书第22问。第二，下列三项条件符合任一项：(1)最近两年净利润均不低于1000万元，最近两年加权平均净资产收益率平均不低于8%，股本总额不少于2000万元；(2)最近两年营业收入平均不低于6000万元，且持续增长，年均复合增长率不低于50%，股本总额不少于2000万元；(3)在挂牌时即采取做市交易方式，完成挂牌同时定向发行股票后，公司股票市值不低于6亿元，股本总额不少于5000万元，做市商家数不少于6家,且做市商做市库存股均通过本次定向发行取得。第三,完成挂牌同时定向发行股票,且融资金额不低于1000万元。第四,完成挂牌同时定向发行股票后,符合全国股转系统基础层投资者适当性条件的合格投资者人数不少于50人。第五,最近一年期末净资产不为负值。第六,公司治理健全,制定并披露股东大会、董事会和监事会制度、对外投资管理制度、对外担保管理制度、关联交易管理制度、投资者关系管理制度、利润分配管理制度和承诺管理制度;设立董事会秘书。第七,不存在下列情形:(1)挂牌公司或其控股股东、实际控制人存在贪污、贿赂、侵占财产、挪用财产或者破坏社会主义市场经济秩序的刑事犯罪,存在欺诈发行、重大信息披露违法或者其他涉及国家安全、公共安全、生态安全、生产安全、公众健康安全等领域的重大违法行为;(2)挂牌公司或其控股股东、实际控制人、董事、监事、高级管理人员被中国证监会及其派出机构采取行政处罚,或因证券市场违法违规行为受到全国股转公司等自律监管机构公开谴责;(3)挂牌公司或其控股股东、实际控制人、董事、监事、高级管理人员因涉嫌犯罪正被司法机关立案侦查或涉嫌违法违规正被中国证监会及其派出机构立案调查,尚未有明确结论意见;(4)挂牌公司或其控股股东、实际控制人被列入失信被执行人名单且情形尚未消除;(5)最近两年财务会计报告被会计师事务所出具非标准审计意见的审计报告;仅根据《分层管理办法》第11条第2项规定标准进入创新层的,最近三年财务会计报告被会计师事务所出具非标准审计意见的审计报告。第八,中国证监会和全国股转公司规定的其他条件。

问 26 基础层挂牌公司如何转入创新层?

根据《分层管理办法》第26条的规定,全国股转系统挂牌公司所属市场层级将进行定期调整,其中包括符合创新层进入条件的基础层挂牌公司经申请调入创新层。根据《分层调整业务指南》的规定,基础层挂牌公司转入创新层应履行下述程序。

一、发送公司名单

全国股转系统于每年4月30日启动市场层级定期调整工作,向主办券商发送经初步判断符合《分层管理办法》规定条件的基础层挂牌公司名单及相关信息。

二、主办券商核查

主办券商收到公司名单后,对拟申请进入创新层的基础层挂牌公司,按照《分层管理办法》的相关规定,核查其是否符合创新层进入条件。

主办券商在核查过程中,除核对公开披露的信息外,必要时应向挂牌公司及其控股股东、实际控制人、董事、监事、高级管理人员核实并取得相应的证明材料。

三、提交入层申请并填报信息数据

经核查确认符合创新层进入条件,拟申请进入创新层的基础层挂牌公司,应通过主办券商提交进入创新层的申请。主办券商应按照全国股转系统通知的时间,填报经审查确认的进入创新层所需相关信息和数据。挂牌公司或主办券商发现公司名单有遗漏或相关信息有误的,应当向全国股转公司申请补充或更正,同时提交相关证明材料。

四、发布初筛名单与接受异议

全国股转公司根据相关申请及核查情况,确定拟调入创新层的挂牌公司初筛名单,并在全国股转系统官方网站(http://www.neeq.com.cn)公示。

挂牌公司对初筛名单存在异议的,应当在5个交易日内按照全国股转公司规定方式提交书面说明及相关证明材料。

五、作出调整决定及其实施

全国股转公司根据异议核实情况调整初筛名单，提交挂牌委员会审议后，作出市场层级调整决定，并将调入创新层的挂牌公司正式名单在全国股转系统官方网站(http://www.neeq.com.cn)公布。全国股转公司按照市场层级调整决定载明的日期，将正式名单中的基础层挂牌公司调至创新层。

挂牌公司对层级调整决定申请复核的，应当于提交申请当日进行披露。

通过上述程序可以看出，由于基础层升层到创新层系全国股转系统内部的层级调整，故流程和手续相对便捷，这样的制度设置更有利于公司在不同层级的无缝衔接，也为公司节省了不少时间和费用成本。

问 27 创新层挂牌公司如何转板北交所?

北交所开市时除了 71 家精选层公司外，还有 10 家创新层公司，这 10 家公司在创新层转板北交所上市进程中拔得了头筹，同时更多在全国股转系统挂牌的其他创新层挂牌公司也正在积极争取北交所上市机会，中国证监会、北交所已经就创新层挂牌公司转板北交所的条件和程序作出了相关规定。

一、创新层挂牌公司转板北交所应满足的条件

(一)主体资格要求

根据《上市规则》的规定，创新层挂牌公司申请转板北交所，应在全国股转系统连续挂牌满 12 个月，其中在基础层挂牌的时间合并计算。拟转板公司，如具有

表决权差异安排的，该安排应当平稳运行至少一个完整会计年度，且相关信息披露和公司治理应当符合中国证监会及全国股转公司的相关规定。

此外，根据《上市规则指引第1号》"1－5经营稳定性"的要求，拟上市公司应当保持主营业务、控制权、管理团队的稳定，最近24个月内主营业务未发生重大变化；最近12个月内曾实施重大资产重组的，在重组实施前应当符合《上市规则》第2.1.3条规定的四套标准之一（市值除外）；最近24个月内实际控制人未发生变更；最近24个月内董事、高级管理人员未发生重大不利变化。

（二）财务指标与股本要求

创新层挂牌公司申请转板北交所，应同时满足下列要求：（1）最近一年期末净资产不低于5000万元；（2）向不特定合格投资者公开发行的股份不少于100万股，发行对象不少于100人；（3）公开发行后，公司股本总额不少于3000万元；（4）公开发行后，公司股东人数不少于200人，公众股东持股比例不低于公司股本总额的25%；公司股本总额超过4亿元的，公众股东持股比例不低于公司股本总额的10%。

创新层挂牌公司申请转板北交所，市值及财务指标应当至少符合下列标准中的一项：（1）预计市值不低于2亿元，最近两年净利润均不低于1500万元且加权平均净资产收益率平均不低于8%，或者最近一年净利润不低于2500万元且加权平均净资产收益率不低于8%；（2）预计市值不低于4亿元，最近两年营业收入平均不低于1亿元，且最近一年营业收入增长率不低于30%，最近一年经营活动产生的现金流量净额为正；（3）预计市值不低于8亿元，最近一年营业收入不低于2亿元，最近两年研发投入合计占最近两年营业收入合计比例不低于8%；（4）预计市值不低于15亿元，最近两年研发投入合计不低于5000万元。前款所称预计市值是指以发行人公开发行价格计算的股票市值。

二、禁止性条件

根据《上市规则》第2.1.4条的规定，拟转板到北交所的创新层挂牌公司不得有下列情形：(1)最近36个月内，发行人及其控股股东、实际控制人，存在贪污、贿赂、侵占财产、挪用财产或者破坏社会主义市场经济秩序的刑事犯罪，存在欺诈发行、重大信息披露违法或者其他涉及国家安全、公共安全、生态安全、生产安全、公众健康安全等领域的重大违法行为；(2)最近12个月内，发行人及其控股股东、实际控制人、董事、监事、高级管理人员受到中国证监会及其派出机构行政处罚，或因证券市场违法违规行为受到全国股转公司、证券交易所等自律监管机构公开谴责；(3)发行人及其控股股东、实际控制人、董事、监事、高级管理人员因涉嫌犯罪正被司法机关立案侦查或涉嫌违法违规正被中国证监会及其派出机构立案调查，尚未有明确结论意见；(4)发行人及其控股股东、实际控制人被列入失信被执行人名单且情形尚未消除；(5)最近36个月内，未按照《证券法》和中国证监会的相关规定在每个会计年度结束之日起4个月内编制并披露年度报告，或者未在每个会计年度的上半年结束之日起2个月内编制并披露中期报告；(6)中国证监会和北交所规定的，对发行人经营稳定性、直接面向市场独立持续经营的能力具有重大不利影响，或者存在发行人利益受到损害等其他情形。

三、创新层挂牌公司转板北交所的程序

(一)进行公司内部决策程序并披露

根据《上市指南第1号——申报与审核》的要求，拟上市公司应当依法就公开发行股票并上市的具体方案、募集资金使用的可行性及其他必须明确的事项作出董事会决议并提交股东大会表决通过，同时按照挂牌公司相关监管规定，将相关决议等文件按时披露。

(二)编制发行申请文件，向北交所申报

根据《审核规则》及《上市指南第1号——申报与审核》的规定，拟上市公司申请公开发行股票并上市的，应当按照规定聘请保荐机构进行保荐，并委托保荐机构

通过审核系统报送下列文件:(1)中国证监会规定的招股说明书、发行保荐书、审计报告、法律意见书、公司章程、股东大会决议等注册申请文件;上市保荐书;(2)北交所要求的其他文件。

(三)北交所受理并披露

根据《审核规则》第12条的规定,北交所收到发行上市申请文件后,对申请文件的齐备性进行核对,并在5个工作日内作出是否受理的决定,本规则另有规定的除外。申请文件齐备的,出具受理通知。申请文件不齐备的,一次性告知需要补正的事项。补正时限最长不得超过30个工作日。多次补正的,补正时间累计计算。

受理发行上市申请文件当日,拟上市公司应当通过北交所网站披露申请文件。

(四)回复北交所审核机构的问询

根据《审核规则》第5条的规定,北交所设立专门的发行上市审核机构(以下简称审核机构),对发行人的发行上市申请文件进行审核,出具审核报告;同时设立上市委,对审核机构出具的审核报告和发行上市申请文件进行审议,形成审议意见。

北交所发行上市审核机构自受理之日起15个工作日内,通过审核系统发出首轮审核问询。拟上市公司及其保荐机构、证券服务机构应当按照审核问询要求进行必要的补充调查和核查,及时、逐项回复审核问询事项,补充或者修改相应发行上市申请文件,在收到审核问询之日起20个工作日内通过审核系统提交回复文件。预计难以在规定的时间内回复的,保荐机构应当及时提交延期回复申请,说明延期理由及具体回复时限,延期一般不超过20个工作日。

北交所在审核过程中,可以根据需要,约见问询拟上市公司的控股股东、实际控制人、董事、监事、高级管理人员以及保荐机构、证券服务机构及其相关人员,调阅上市公司、保荐机构、证券服务机构与本次申请相关的资料。如发现拟上市公司申请文件存在重大疑问且上市公司及其保荐机构、证券服务机构回复中无法作出合理解释的,可以对上市公司、保荐机构等主体进行现场检查。

审核问询结束后,北交所网站将公告上市委员会审议会议通知,同时披露招股说明书等披露文件。

(五)北交所上市委审议

审核机构收到问询回复后,认为不需要进一步问询的,出具审核报告并提请上市委审议。

上市委审议时,参会委员就审核报告的内容和审核机构提出的初步审核意见发表意见,通过合议形成发行人是否符合发行条件、上市条件和信息披露要求的审议意见。发行人存在发行条件、上市条件或者信息披露方面的重大事项有待进一步核实,无法形成审议意见的,经会议合议,上市委可以对该发行人的发行上市申请暂缓审议,暂缓审议时间不超过两个月。对发行人的同一发行上市申请,上市委只能暂缓审议一次。

北交所结合上市委的审议意见,出具发行人符合发行条件、上市条件和信息披露要求的审核意见或作出终止发行上市审核的决定。上市委认为发行人符合发行条件、上市条件和信息披露要求,但要求发行人补充披露有关信息的,北交所审核机构通知保荐机构组织落实,并对落实情况进行核对,通报参会委员。发行人补充披露相关事项后,北交所出具发行人符合发行条件、上市条件和信息披露要求的审核意见。按照规定,北交所自受理之日起两个月内出具符合发行条件、上市条件和信息披露要求的审核意见或者作出终止发行上市审核的决定。上市公司及其保荐机构、证券服务机构回复北交所审核问询的时间总计不超过 3 个月。

(六)中国证监会注册

北交所审核完成,认为符合发行条件、上市条件和信息披露要求的,向中国证监会报送审核意见、相关审核资料和拟上市公司的股票发行上市申请文件。中国证监会要求北交所进一步问询的,北交所向拟上市公司及其保荐机构、证券服务机构提出反馈问题。经中国证监会同意注册后,便可进行股票发行准备工作。

(七)退回补充审核

中国证监会在注册程序中,决定退回北交所补充审核的,北交所审核机构对要求补充审核的事项重新审核。北交所审核通过的,重新向中国证监会报送审核意见及相关资料;审核不通过的,作出终止发行上市审核的决定。

(八)发行

拟上市公司公开发行股票经中国证监会同意注册后,主承销商通过 BPM 系统提交发行与承销方案等相关文件,并应当协助拟上市公司向中登公司北京分公司了解办理股份登记、资金结算及准备网上路演等事宜。

主承销商提交发行与承销方案后,北交所两日内无异议的,拟上市公司及主承销商应当按照发行与承销方案中列明的发行承销相关工作安排及发行时间安排中填写的时间表推进发行工作。启动发行后,拟上市公司和主承销商不得再对发行与承销方案作出修改。如因特殊情况需要对发行与承销方案作出重大调整的,应当及时通知北交所。

(九)上市

拟上市公司公开发行股票经中国证监会注册并完成发行后,应当提交下列文件,向北交所提出股票上市申请:(1)上市申请书;(2)中国证监会同意注册的决定;(3)公开发行结束后,符合《证券法》规定的会计师事务所出具的验资报告;(4)中登公司北京分公司出具的股票登记相关文件;(5)保荐机构关于办理完成限售登记及符合相关规定的承诺;(6)公开发行后至上市前,按规定新增的财务资料和有关重大事项的说明(如适用);(7)法律意见书;(8)北交所要求的其他文件。

北交所对上述文件进行审查确认后，向发行人出具同意其股票在北交所上市的函。

问28 北交所上市公司如何转板沪深交易所？

为认真贯彻落实党中央、国务院决策部署，加强多层次资本市场的有机联系，更好发挥各市场的功能，激发市场活力，为不同发展阶段的企业提供差异化、便利化服务，中国证监会发布了《转板指导意见》，对北交所上市公司向上交所、深交所转板提出指导意见，目前该《转板指导意见》尚在征求意见过程中。

一、北交所上市公司转板沪深交易所的主要制度

(一)转入板块范围

根据《转板指导意见》的规定，试点期间，符合条件的北交所上市公司可以申请转板至上交所科创板或深交所创业板。

(二)转板条件

北交所上市公司申请转板，应当已在北交所连续上市满一年，且符合转入板块的上市条件。公司在北交所上市前，已在全国股转系统精选层挂牌的，精选层挂牌时间与北交所上市时间合并计算。转板条件应当与首次公开发行并在上交所、深交所上市的条件保持基本一致，上交所、深交所可以根据监管需要提出差异化要求。

(三)转板程序

转板属于股票上市地的变更,不涉及股票公开发行,依法无须经中国证监会核准或注册,由上交所、深交所依据上市规则进行审核并作出决定。转板程序主要包括:公司履行内部决策程序后提出转板申请,上交所、深交所审核并作出是否同意上市的决定,公司在北交所终止上市后,在上交所或深交所上市交易。

(四)转板保荐

提出转板申请的北交所上市公司,按照上交所、深交所有关规定聘请证券公司担任上市保荐人。鉴于公司公开发行股票并在北交所上市时,已经过保荐机构核查,并在上市后接受保荐机构的持续督导,对北交所上市公司转板的保荐要求和程序可以适当调整完善。

(五)股份限售安排

北交所上市公司转板的股份限售应当遵守法律法规及上交所、深交所业务规则的规定。在计算北交所上市公司转板后的股份限售期时,原则上可以扣除在全国股转系统精选层和北交所已经限售的时间。上交所、深交所可以对转板公司的控股股东、实际控制人、董事、监事、高级管理人员等所持股份的限售期作出规定。

笔者认为,由于北交所刚刚开市,在北交所上市的公司并不多,《转板指导意见》及配套规则尚未生效。对于北交所开市前向沪深交易所提交申请的,适用《中国证监会关于全国中小企业股份转让系统挂牌公司转板上市的指导意见》及配套规则。对于北交所开市后、《转板指导意见》及配套规则正式生效前,向沪深交易所提交转板申请的企业,沪深交易所参照原有规则进行受理和审核。

二、关于转板至上交所的条件及程序

根据《科创板转板上市办法》的要求，转板至上交所科创板上市应当在精选层连续挂牌一年以上，且最近一年内不存在全国股转公司规定的应当调出精选层的情形。

（一）应满足的条件

1. 满足《科创板注册办法》第10～13条规定的发行条件。

《科创板注册办法》第10条规定："发行人是依法设立且持续经营3年以上的股份有限公司，具备健全且运行良好的组织机构，相关机构和人员能够依法履行职责。有限责任公司按原账面净资产值折股整体变更为股份有限公司的，持续经营时间可以从有限责任公司成立之日起计算。"第11条规定："发行人会计基础工作规范，财务报表的编制和披露符合企业会计准则和相关信息披露规则的规定，在所有重大方面公允地反映了发行人的财务状况、经营成果和现金流量，并由注册会计师出具标准无保留意见的审计报告。发行人内部控制制度健全且被有效执行，能够合理保证公司运行效率、合法合规和财务报告的可靠性，并由注册会计师出具无保留结论的内部控制鉴证报告。"第12条规定："发行人业务完整，具有直接面向市场独立持续经营的能力：（一）资产完整，业务及人员、财务、机构独立，与控股股东、实际控制人及其控制的其他企业间不存在对发行人构成重大不利影响的同业竞争，不存在严重影响独立性或者显失公平的关联交易。（二）发行人主营业务、控制权、管理团队和核心技术人员稳定，最近2年内主营业务和董事、高级管理人员及核心技术人员均没有发生重大不利变化；控股股东和受控股股东、实际控制人支配的股东所持发行人的股份权属清晰，最近2年实际控制人没有发生变更，不存在导致控制权可能变更的重大权属纠纷。（三）发行人不存在主要资产、核心技术、商标等的重大权属纠纷，重大偿债风险，重大担保、诉讼、仲裁等或有事项，经营环境已经或者将要发生重大变化等对持续经营有重大不利影响的事项。"第13条规定："发行人生产经营符合法律、行政法规的规定，符合国家产业政策。最近3年内，发行人及其控股股东、实际控制人不存在贪污、贿赂、侵占财产、挪用财产或者破坏社会主义市场经济秩序的刑事犯罪，不存在欺诈发行、重大信息披露违法或者其他涉及国家安全、公共安全、生态安全、生产安全、公众健康安全等领域的重大违法行为。董事、监事和高级管理人员不存在最近3年内受到中国证监会行政处罚，或者因涉嫌犯罪被司法机关立案侦查或者涉嫌违法违规被中国证监会立案调查，尚未有明确结论意见等情形。”

2. 转板公司及其控股股东、实际控制人不存在最近3年受到中国证监会行政处罚，因涉嫌违法违规被中国证监会立案调查，尚未有明确结论意见，或者最近12个月受到全国股转公司公开谴责等情形。

3. 股本总额不低于人民币3000万元。

4. 股东人数不少于1000人。

5. 公众股东持股比例达到转板公司股份总数的25%以上；转板公司股本总额超过人民币4亿元的，公众股东持股的比例为10%以上。

6. 董事会审议通过转板上市相关事宜决议公告日前连续60个交易日（不包括股票停牌日）通过精选层竞价交易方式实现的股票累计成交量不低于1000万股。

7. 市值及财务指标符合本办法规定的标准。

8. 交易所规定的其他转板上市条件。

另外，根据《科创板转板上市办法》第15条的规定，转板公司应当符合科创板定位，转板公司应当结合《科创属性评价指引（试行）》《上海证券交易所科创板企业发行上市申报及推荐暂行规定》等相关规定，对其是否符合科创板定位进行自我评估，提交专项说明。保荐人推荐转板公司转板上市的，应当对转板公司是否符合科创板定位、科创属性要求进行核查把关，出具专项意见。

（二）应履行的程序

1. 转板公司申请转板上市的，应当按照规定聘请保荐人进行保荐，并委托保荐人通过交易所发行上市审核业务系统报送下列转板上市申请文件，包括转板上市报告书、股东大会决议及公司章程、转板上市保荐书及相关文件、法律意见书、审计报告等证券服务机构出具的文件、交易所要求的其他文件。

2. 转板公司申请转板上市的，董事会应当依法就转板上市事宜作出决议，并提请股东大会批准。股东大会应当就转板上市作出决议，决议应当至少包括下列事项：转板上市地点及板块、转板上市的证券种类和数量、以取得交易所作出同意转板上市决定为生效条件的股票终止挂牌事项、决议的有效期、对董事会办理本次转板上市具体事宜的授权、其他必须明确的事项。

3. 转板公司申请转板上市的，应当聘请同时具有保荐业务资格和交易所会员资格的证券公司作为转板上市保荐人，并与保荐人签订保荐协议，明确双方的权利和义务。保荐人履行上市保荐职责，向交易所提交转板上市保荐书，包括本次转板上市的基本情况、对本次转板上市是否符合交易所规定的转板上市条件的逐项说明、对转板公司上市后持续督导工作的具体安排、保荐人及其关联方与公司及其关联方之间的利害关系及主要业务往来情况、是否存在可能影响公正履职情形的说明、相关承诺事项、中国证监会或者交易所要求的其他事项。

4. 上交所同意转板上市的，同意转板上市的决定自作出之日起 6 个月有效，转板公司应当在决定有效期内完成转板上市的所有准备工作，并向交易所申请股票在科创板上市交易。转板公司应当在转板上市前，按照中登公司的相关规定办理转板上市证券登记相关业务。

三、关于转板至深交所的条件及程序

根据《创业板转板上市办法》的规定，转板至深交所创业板上市，应当在全国股转系统精选层连续挂牌一年以上，且最近一年内不存在全国股转公司规定的应当调出精选层的情形，且转板公司应当符合创业板定位。

（一）应满足的条件

1. 满足《创业板注册办法》规定的发行条件。

《创业板注册办法》第 10 条规定："发行人是依法设立且持续经营 3 年以上的

股份有限公司,具备健全且运行良好的组织机构,相关机构和人员能够依法履行职责。有限责任公司按原账面净资产值折股整体变更为股份有限公司的,持续经营时间可以从有限责任公司成立之日起计算。"第11条规定:"发行人会计基础工作规范,财务报表的编制和披露符合企业会计准则和相关信息披露规则的规定,在所有重大方面公允地反映了发行人的财务状况、经营成果和现金流量,最近三年财务会计报告由注册会计师出具无保留意见的审计报告。发行人内部控制制度健全且被有效执行,能够合理保证公司运行效率、合法合规和财务报告的可靠性,并由注册会计师出具无保留结论的内部控制鉴证报告。"第12条规定:"发行人业务完整,具有直接面向市场独立持续经营的能力:(一)资产完整,业务及人员、财务、机构独立,与控股股东、实际控制人及其控制的其他企业间不存在对发行人构成重大不利影响的同业竞争,不存在严重影响独立性或者显失公平的关联交易;(二)主营业务、控制权和管理团队稳定,最近2年内主营业务和董事、高级管理人员均没有发生重大不利变化;控股股东和受控股股东、实际控制人支配的股东所持发行人的股份权属清晰,最近2年实际控制人没有发生变更,不存在导致控制权可能变更的重大权属纠纷;(三)不存在涉及主要资产、核心技术、商标等的重大权属纠纷,重大偿债风险,重大担保、诉讼、仲裁等或有事项,经营环境已经或者将要发生重大变化等对持续经营有重大不利影响的事项。"第13条规定:"发行人生产经营符合法律、行政法规的规定,符合国家产业政策。最近3年内,发行人及其控股股东、实际控制人不存在贪污、贿赂、侵占财产、挪用财产或者破坏社会主义市场经济秩序的刑事犯罪,不存在欺诈发行、重大信息披露违法或者其他涉及国家安全、公共安全、生态安全、生产安全、公众健康安全等领域的重大违法行为。董事、监事和高级管理人员不存在最近3年内受到中国证监会行政处罚,或者因涉嫌犯罪正在被司法机关立案侦查或者涉嫌违法违规正在被中国证监会立案调查且尚未有明确结论意见等情形。"

2. 公司及其控股股东、实际控制人不存在最近3年受到中国证监会行政处罚,因涉嫌违法违规被中国证监会立案调查且尚未有明确结论意见,或者最近12个月受到全国股转公司公开谴责等情形。

3. 股本总额不低于3000万元。

4. 股东人数不少于1000人。

5. 社会公众持有的公司股份达到公司股份总数的25%以上；公司股本总额超过4亿元的，社会公众持股的比例达到10%以上。

6. 董事会审议通过转板上市相关事宜决议公告日前60个交易日（不包括股票停牌日）通过精选层竞价交易方式实现的股票累计成交量不低于1000万股。

7. 市值及财务指标符合《上市规则》规定的上市标准，具有表决权差异安排的转板公司申请转板上市，表决权差异安排应当符合《上市规则》的规定。

8. 深交所规定的其他上市条件。

（二）应履行的程序

1. 转板公司申请转板上市，董事会应当依法就转板上市事宜作出决议，并提请股东大会批准。股东大会决议至少包括下列事项：转板上市地点及板块、转板上市的证券种类和数量、以取得交易所同意转板上市决定为生效条件的股票在全国股转系统终止挂牌事项、决议的有效期、对董事会办理本次转板上市具体事宜的授权、其他必须明确的事项。

2. 转板公司申请转板上市，应当聘请同时具有保荐业务资格和交易所会员资格的证券公司作为转板上市保荐人，并与保荐人签订保荐协议，明确双方的权利和义务。保荐人应当履行上市保荐职责，向交易所提交转板上市保荐书，内容应当包括本次转板上市的基本情况、逐项说明本次转板上市是否符合本办法规定的转板上市条件、对本次转板上市后持续督导工作的具体安排、保荐人及其关联方与转板公司及其关联方之间的利害关系及主要业务往来情况、是否存在可能影响公正履职情形的说明、相关承诺事项、中国证监会或交易所要求的其他事项。

3. 转板公司应当委托保荐人通过交易所发行上市审核业务系统提交转板上市申请文件：转板上市报告书、转板上市保荐书、审计报告、法律意见书、公司章程、股东大会决议等申请文件、交易所要求的其他文件。

4. 交易所同意转板上市的决定自作出之日起6个月内有效，转板公司应在决定有效期内在交易所创业板上市交易。转板公司应当在转板上市前，按照中登公司的相关规定办理转板上市证券登记相关业务。

四、北交所上市公司转板至沪深交易所的必要性探讨

(一)北交所与沪深交易所地位平等

目前,上交所与深交所分别有科创板与创业板作为差异化板块,而北交所的定位则是创新型中小企业,三大交易所三足鼎立,共同支持我国资本市场的发展。虽然从北交所目前的股权结构看,沪深交易所是北交所的“间接股东”,但这并不代表北交所低沪深交易所一等,而仅是北交所公司制的探索所致的结果。从北交所名称、功能、制度体系看,北交所与沪深交易所地位平等,且与其形成分工互补、兼有竞争的局面。一方面,暂时在沪深交易所上市困难的中小企业可以选择在北交所上市,作为沪深交易所功能的补充;另一方面,随着北交所制度的优势逐渐体现出来,未来当然会有规模大的企业想在北交所上市,这就形成了同上交所、深交所的良性竞争。

(二)北交所有自己的优势

无论是上交所还是深交所,上市门槛均比较高,能够从资本市场得到资金支持的企业数量少之又少,服务实体经济的能力显然还不够强。虽然科创板以及注册制的改革一定程度上降低了准入门槛,但是对于很多创新型中小企业来说,常常面临因资金问题而造成的研发“瓶颈”,“专精特新”的小巨人进一步发展需要一定的资金保证,一个能够更有针对性的服务中小企业的资本市场应运而生。

如前所述,虽然中国证监会从更好发挥各市场的功能,激发市场活力等角度出发,制定了北交所上市公司向沪深交易所转板的规则,但是北交所的功能定位和特有优势表明北交所的设立拓宽了创新型中小企业的上市渠道、解决了金融支持难题,在北交所成功上市的企业将获得长足的发展,北交所相较于沪深交易所有其特有的优势。

(三)转板上市是否有必要

根据相关财经媒体报道,“北交所开市首周,市场整体交投活跃,总体运行平稳。北交所官网数据显示,81 只北交所上市股票首周合计成交 212.49 亿元,环比增长 158.69%。其中,10 只新股合计成交 82.39 亿元;71 只存量股票合计成交 130.1 亿元。分阶段看,开市首日成交额最大,随后逐步企稳,日均交易量较开市前大幅增长。从股价表现来看,北交所上市股票整体价格走势逐渐走稳。就新股而言,据开源证券中小盘研究团队统计,10 只新股首周五日涨幅均值分别为 199.8%、175.01%、146.8%、134.47%、123.91%,换手率均值分别为 60.18%、28.82%、19.53%、14.11%、11.09%,呈现出明显的收敛趋势,市场交易情绪逐渐稳定。存量股票方面,除 3 只停牌股外,其余 68 只平移股票在股价经历小幅盘整后逐渐企稳回升”。[①] 可以看出,北交所开市以来,整体市场交易活跃,投资者积极入市,公司的融资能力得到极大提升。

将来,北交所上市公司是否需要向沪深交易所转板,视各个公司的发展规划和战略定位而定。北交所上市公司是否愿意向沪深交易所转板,我们拭目以待。

问 29 上市辅导有哪些工作?

上市辅导是公司上市过程中的重要环节,由专业辅导机构对拟上市公司进行上市及资本市场知识的培训和辅导,是为了让企业董事、监事、高级管理人员、控股股东、核心技术人员等关键人员全面掌握发行上市、规范运作等方面的法律知识和相关监管要求,知悉信息披露和履行承诺等方面的责任、义务以及法律后果,促使

① 张弛:《北交所开市首周,表现如何?》,载微信公众号“民商传媒”2021 年 11 月 23 日,https://mp.weixin.qq.com/s/HfkYceJGuXXEpYGV2Z7egQ。

相关人员树立进入证券市场的诚信意识、自律意识和法治意识,为公司上市、进入资本市场做好充分的准备。

一、上市辅导涉及的相关主体

根据最新公布的《上市辅导监管规定》的要求,上市辅导涉及的相关主体如下。

1. 辅导机构。辅导机构,是指按照《保荐管理办法》开展辅导工作的保荐机构,即具有保荐业务资格的证券公司。辅导机构对拟申请首次公开发行股票并上市的公司开展辅导工作。根据要求,辅导机构指定参与辅导工作的人员中,保荐代表人不得少于2人。因此,公司想要走资本市场之路,首先要选好保荐代表人,保荐代表人既要熟悉监管要求,也要熟悉公司业务,才能辅佐企业一路披荆斩棘。

2. 辅导对象。辅导对象即拟上市公司,根据《上市辅导监管规定》第13条的规定,纳入辅导的具体对象包含拟上市公司的董事、监事、高级管理人员及持有5%以上股份的股东和实际控制人(或其法定代表人)。持有5%以上股份的股东为法人或其他形式的,还应包括其法定代表人、基金管理人的法定代表人、合伙企业的执行事务合伙人等。

3. 监督管理机构。监督管理机构,是指中国证监会及其派出机构,具体负责上市辅导的备案、检查、验收等监督管理工作。

4. 其他相关人员。除了上述主体外,上市辅导中可能还涉及证券服务机构及相关从业人员,如律师、会计师等,主要是协助辅导机构共同对辅导对象进行培训学习,通过各种形式的讲解使得辅导对象的主要人员全面掌握发行上市、规范运作等方面的法律法规和规则、知悉信息披露和履行承诺等方面的责任和义务。

二、上市辅导的相关程序

(一)选定辅导机构,签订辅导协议

签订书面辅导协议,既是合同双方的需求,也是监管机构的要求。根据规定,

辅导协议可以包括以下内容:(1)辅导人员的构成;(2)辅导对象接受辅导的人员范围;(3)辅导内容、计划及实施方案;(4)辅导方式、辅导期间及各阶段的工作重点;(5)辅导费用及付款方式;(6)双方的权利、义务;(7)辅导协议的变更与终止;(8)违约责任。

辅导对象可以在辅导协议中约定,辅导机构保荐业务资格被撤销、被暂停保荐业务资格,或其他原因被监管机构认定无法履行保荐职责期间,辅导对象可以解除辅导协议。

(二)辅导备案

根据《上市辅导监管规定》第9条的规定,签订辅导协议后5个工作日内,辅导机构应当向验收机构进行辅导备案。辅导机构办理辅导备案时,应当提交下列材料:(1)辅导协议;(2)辅导机构辅导立项完成情况说明;(3)辅导备案报告;(4)辅导机构及辅导人员的资格证明文件;(5)辅导对象全体董事、监事、高级管理人员、持股5%以上股东和实际控制人(或其法定代表人)名单;(6)中国证监会要求的其他材料。上述文件看似有些复杂,但是证券公司通常比较有经验,能够熟练形成上述材料,顺利完成备案。

验收机构应当在收到齐备的辅导备案材料后5个工作日内完成备案,并在完成备案后及时披露辅导机构、辅导对象、辅导备案时间、辅导状态等信息。

(三)辅导工作

辅导机构应当针对辅导对象的实际情况,制订切实可行的辅导工作计划,明确相关工作时间安排,对辅导对象进行系统的法规知识、证券市场知识培训,辅导授课时间还应不少于20小时。

辅导结束时辅导机构应对上述接受辅导的人员进行书面考试,将考试试卷及成绩作为保荐业务工作底稿的一部分存档。以下人员可以申请豁免考试:最近1年内参加过其他派出机构组织的辅导考试且成绩合格者,凭考试通过的有效证明申请豁免;取得上交所、深交所、全国股转公司独立董事资格、董秘资格,凭相应的资格证书申请豁免;境内上市公司、精选层挂牌公司的现任董事、监事和高级管理人员,凭相关任职证明文件申请豁免;年龄 70 周岁以上的,凭有效身份证件申请豁免。

(四)辅导验收

辅导机构完成辅导工作,应向验收机构提交验收材料,以取得辅导验收通过函。

验收机构进行辅导验收的方式包括审阅辅导验收材料、现场走访企业、查阅公司资料、约谈有关人员、检查或抽查保荐业务工作底稿或证券服务机构工作底稿等,也可以组织企业被辅导人员参加证券市场知识测试。需要注意的是,验收机构约谈人员范围除了包括辅导对象的实际控制人、董事、监事、高级管理人员外,还可以包括核心技术人员和其他关键人员,也就是说,约谈对象可以不是被辅导的具体人员,要求企业及辅导机构将企业整改等辅导工作落到实处,而不是做面子工程,走个过场。

辅导验收如通过,则由验收机构出具验收工作完成函,但如果存在不满足验收条件的情形,验收机构可以要求辅导机构进行规范,并通知其说明理由,且规范要求只提一次。出具验收工作完成函时,验收机构认为辅导机构工作仍存在问题的,应将相关问题移送发行上市审核机构以及辅导机构所在地派出机构,由后者在后续审核、日常监管中重点关注。

验收工作完成函有效期为 12 个月,企业需要在该有效期内提交首次公开发行股票并上市的申请,否则还需要重新履行辅导及验收程序。

三、上市辅导的时间要求

辅导期限原则上不少于 3 个月,自完成辅导备案之日起算,至辅导机构向验收机构提交齐备的辅导验收材料之日截止。特殊情形辅导机构可缩短辅导期限,比如由于行业特点等原因,需要变更境内上市目标板块市场而撤回材料重新申报的,不需要重新履行辅导备案程序,不受上述辅导期限的限制。

有下列情形之一的,重新履行辅导备案程序:(1)辅导对象首次公开发行股票未获中国证监会核准或注册,再次申请公开发行股票的;(2)辅导期间,辅导对象更换辅导机构的。变更后的辅导机构书面认可原辅导机构的辅导工作,并重新辅导备案后,辅导期可以连续计算。

四、上市辅导的撤回

根据要求,辅导期内辅导协议终止的,辅导机构应当于辅导协议终止后5个工作日内,向验收机构提出撤回辅导备案。辅导期内辅导机构未按期更新辅导工作进展情况报告超过二次的,视为撤回辅导备案。撤回辅导备案再启动上市辅导工作时,需要重新履行辅导备案手续。

五、地方辅导监管规定

除了上述《上市辅导监管规定》外,中国证监会地方监管局也会针对北交所开市出台相应的具体要求。如中国证监会北京局于2021年11月23日发布《关于北京辖区北交所拟上市公司辅导监管的有关通知》,公布在北京地区的北交所拟上市公司的辅导要求和衔接工作。根据中国证监会北京局的要求:(1)北交所拟上市公司辅导执行《上市辅导监管规定》,《北京辖区公开发行股票并在精选层辅导工作服务指南(试行)》不再执行;(2)2021年11月15日后提交辅导备案申请的,按照《上市辅导监管规定》执行,2021年11月15日前提交辅导备案申请但未提交辅导验收申请的,辅导保荐、申请验收及验收程序均按照《上市辅导监管规定》执行,此前已提交的文件仍有效力,不必重新提交;(3)2021年11月15日后提交辅导备案申请的,应当通过辅导监管系统报送材料,不再接受邮件报送,2021年11月15日前已提交辅导备案申请的,鼓励通过辅导监管系统报送后续材料,同时也接受邮箱报送;(4)北交所拟上市公司辅导期原则上不少于3个月,确有特殊情况需要缩短辅导期的,保荐机构应出具专项申请,说明原因及保证辅导质量的措施,监管机构将酌情把握;(5)辅导机构应按照《关于提供证监会系统离职人员信息查询对比服务的通知》规定的格式报送股东查询信息,具体查询股东名单由保荐机构根据《监管规则适用指引——关于申请首发上市企业股东信息披露》《监管规则适用指引——发行类第 2 号》的相关规定自行确定;股东查询信息需同时报送纸质盖章版及电子版,电子版通过邮箱报送;辅导机构可以根据公司实际情况选择查询时点,原则上保荐机构对一家发行人仅可提交一次查询申请;(6)按照《上市规则》的规定,为拟在北交所公开发行并上市的发行人提供保荐服务的应当是其主办券商,北京局对于非发行人主办券商提交的辅导备案申请不予受理。

问 30 申报时如何选择上市标准?

《上市规则》规定了拟上市公司在北交所上市需要满足的条件,除此之外,还以市值为中心,结合净利润、净资产收益率、营业收入及增长率、研发投入和经营活动产生的现金流量净额等财务指标,设置了四套上市标准。

一、上市标准的选择

《上市规则》规定的四套上市标准为:(1)预计市值不低于 2 亿元,最近两年净利润均不低于 1500 万元且加权平均净资产收益率平均不低于 8%,或者最近一年净利润不低于 2500 万元且加权平均净资产收益率不低于 8%;(2)预计市值不低于 4 亿元,最近两年营业收入平均不低于 1 亿元,且最近一年营业收入增长率不低于 30%,最近一年经营活动产生的现金流量净额为正;(3)预计市值不低于 8 亿元,最近一年营业收入不低于 2 亿元,最近两年研发投入合计占最近两年营业收入合计比例不低于 8%;(4)预计市值不低于 15 亿元,最近两年研发投入合计不低于 5000 万元。

对于上述上市标准中所称的"预计市值",是指以发行人公开发行价格计算的股票市值。

拟上市公司想要在北交所申请发行、上市需要满足全部的上市标准吗？当然不是，《上市规则》中明确了，拟上市公司公开发行并上市至少满足一项标准即可。另外，《上市规则指引第 1 号》中要求拟上市公司应当在相关申请文件中明确说明所选择的一项具体的上市标准。因此，拟上市公司应当结合自身财务状况、公司治理特点、发展阶段以及上市后的持续监管要求等，审慎选择上市标准。选择时，保荐机构应当为拟上市公司选择适当的上市标准提供专业指导，审慎推荐，并在上市保荐书中就拟上市公司选择的上市标准逐项说明适用理由，并就其是否符合上市条件发表明确意见。

对于拟上市公司选择适用第三套标准上市的，其最近一年营业收入应主要源于前期研发成果产业化；选择适用第四套标准上市的，其主营业务应属于新一代信息技术、高端装备、生物医药等国家重点鼓励发展的战略性新兴产业。

二、上会前可以变更上市标准

拟上市公司通常在经过审慎考虑选定上市标准后，轻易不会再改变这一标准。但资本市场是瞬息万变的，拟上市公司在选定上市标准时，或许是满足该标准的，但随着时间的推移，可能会发生一些突发情况，导致其不再符合选定的上市标准，因此其不得不变更已选定的上市标准。

变更上市标准并非是任何时间都可行的，《上市规则指引第 1 号》规定，在上市委员会召开审议会议前，拟上市公司因更新财务报告等情形导致不再符合申报时选定的上市标准，需要变更为其他标准的，应当及时提出变更申请、说明原因并更新相关文件；不再符合任何一套上市标准的，可以撤回发行上市申请。也就是说，在上市委召开审议会议后，就不可以再变更上市标准了。

此外，保荐机构应当核查发行人变更上市标准的理由是否充分，就发行人新选择的上市标准逐项说明适用理由，并就发行人是否符合上市条件重新发表明确意见。

三、保荐机构应关注的重点

不同的上市标准对拟上市公司的经营状况等有着不同的条件要求，因此，在拟上市公司选择适用不同的上市标准时，保荐机构需要对其不同的角度进行关注。

拟上市公司选择适用第一套标准上市的，保荐机构应重点关注其最近一年的净利润对关联方或者有重大不确定性的客户是否存在重大依赖，最近一年的净利润是否主要来自合并报表范围以外的投资收益，最近一年的净利润对税收优惠、政府补助等非经常性损益是否存在较大依赖，净利润等经营业绩指标大幅下滑是否对拟上市公司经营业绩构成重大不利影响等。

拟上市公司选择适用第一、第二、第三套标准上市的，保荐机构均应重点关注其最近一年的营业收入对关联方或者有重大不确定性的客户是否存在重大依赖，营业收入大幅下滑是否对其经营业绩构成重大不利影响。

拟上市公司选择适用第四套标准上市的，保荐机构应重点关注其创新能力是否突出、是否具备明显的技术优势、是否已取得阶段性研发或经营成果。

另外，拟上市公司若尚未盈利或最近一期存在累计未弥补亏损的情形，保荐机构应重点关注其是否按照《准则第46号——招股说明书》的要求，在招股说明书"风险因素"和"其他重要事项"章节充分披露相关信息；其尚未盈利或最近一期存在累计未弥补亏损是偶发性因素还是经常性因素导致；其产品、服务或者业务的发展趋势、研发阶段以及达到盈亏平衡状态时主要经营要素需要达到的水平；其尚未盈利或最近一期存在累计未弥补亏损是否影响发行人持续经营能力；未盈利状态持续存在或累计未弥补亏损继续扩大是否会触发退市情形。

最后，拟上市公司应当在招股说明书中分析并披露对其经营业绩产生重大不利影响的所有因素，充分揭示相关风险。保荐机构应结合上述关注事项和拟上市公司相关信息披露情况，就其是否符合发行条件和上市条件发表明确意见。

问31 向北交所申报上市有哪些文件要求?

根据《上市指南第1号——申报与审核》附件二的要求,公司在北交所申报发行上市需提交的文件包括发行文件、关于本次发行上市的申请与授权文件、保荐机构关于本次发行上市的文件、会计师关于本次发行上市的文件、律师关于本次发行上市的文件、关于本次发行募集资金运用的文件以及其他文件。

公司提交申报文件,应当由保荐机构通过北交所审核系统"发行上市项目管理——项目报送"模块提交发行上市申请文件。

一、发行文件

发行文件即招股说明书(申报稿),拟上市公司(发行人)需要通过招股说明书就发行中的有关事项向公众作出披露,为投资者作出价值判断和投资决策提供充分且必要的信息,并向非特定投资人提出购买或销售其股票的要约邀请。

中国证监会发布的《准则第46号——招股说明书》对北交所上市申报的招股说明书内容及编制体例提出了明确的要求。招股说明书需要披露发行人的基本情况、本次发行所履行的决策程序、本次发行的基本情况(包括发行股票类型、每股面值、发行股数、占发行后总股本的比例、定价方式、每股发行价格等内容)、发行人及其控股股东、实际控制人的情况,概述发行人主营业务的情况、财务会计等信息,并提示相应的风险因素。

此外,发行人控股股东、实际控制人、全体董事、监事、高级管理人员、保荐机构(主承销商)、律师事务所、承担审计业务的会计师事务所、承担评估业务的资产评估机构需要在招股说明书(申报稿)正文后附盖章、签字的承诺书,确认招股说明书(申报稿)不存在虚假记载、误导性陈述或重大遗漏,并对其真实性、准确性、完整性承担连带责任。

二、发行人关于本次发行上市的申请与授权文件

发行人需要提交招股说明书中披露的关于本次发行上市的申请与授权文件，具体包含4份文件，分别为：(1)发行人关于本次公开发行股票并在北交所上市的申请报告；(2)发行人董事会有关本次公开发行并在北交所上市的决议；(3)发行人股东大会有关本次公开发行并在北交所上市的决议；(4)发行人监事会对招股说明书真实性、准确性、完整性的书面审核意见。

三、保荐机构关于本次发行上市的文件

保荐机构关于本次发行上市的文件包括：(1)发行保荐书；(2)上市保荐书；(3)保荐工作报告；(4)关于发行人预计市值的分析报告(如适用)。

四、会计师关于本次发行上市的文件

会计师关于本次发行上市的文件包括：(1)最近三年及一期的财务报告和审计报告；(2)盈利预测报告及审核报告(如有)；(3)内部控制鉴证报告；(4)经注册会计师鉴证的非经常性损益明细表；(5)会计师事务所关于发行人前次募集资金使用情况的报告(如有)；(6)发行人审计报告基准日至招股说明书签署日之间的相关财务报表及审阅报告(如有)。

五、律师关于本次发行上市的文件

律师关于本次发行上市的文件包括：(1)法律意见书；(2)律师工作报告；(3)发行人律师关于发行人董事、监事、高级管理人员、发行人控股股东和实际控制人在相关文件上签名盖章的真实性的鉴证意见；(4)关于申请电子文件与预留原件一

致的鉴证意见。

六、关于本次发行募集资金运用的文件

如果发行人已经就募集资金投资项目进行了审批、核准或备案，或者对拟收购资产进行了审计评估工作，或者已就拟收购资产签订了书面协议，则发行人在申报文件中需要提交：(1)募集资金投资项目的审批、核准或备案文件；(2)发行人拟收购资产（包括权益）的有关财务报告、审计报告、资产评估报告，或者发行人拟收购资产（包括权益）的合同或其草案。

七、其他文件

除以上资料外，发行人还需提交：(1)营业执照及公司章程（草案）；(2)承诺事项；(3)发行人及其控股股东、实际控制人、持股5%以上股东以及发行人董事、监事、高级管理人员等责任主体的重要承诺以及未履行承诺的约束措施；(4)发行人、保荐机构关于申请电子文件与预留原件一致的承诺函；(5)保荐协议；(6)发行人、保荐机构关于本次申报符合受理要求的说明；(7)辅导验收证明文件。

如果发行人控股股东、实际控制人是公司法人或合伙企业等，则还需要提交控股股东、实际控制人最近一年及一期的财务报告及审计报告；如发行人存在信息披露豁免申请情形，则还需要提交申请文件及保荐机构核查意见；如发行人属于特定行业，则需要提交特定行业（或企业）管理部门出具的相关意见。

申报文件是公司向北交所提交的完整答卷，审核机构将依据申报文件进行审核、问询，如能通过审核机构、上市委及中国证监会的层层审查，则公司将会从创新层非上市公众公司蜕变成为北交所的上市公司，在北交所平台上大放异彩。因此，公司必须认真对待申报文件的编制与起草，为自己交上一份满意的答卷。

问 32 拟上市公司如何应对北交所反馈意见？

对于拟在北交所上市的公司来讲，提交申报文件仅仅是上市之路的开始，完成北交所到中国证监会的层层审查，才能最终成功上市。在审查过程中，公司将面临一次或多次的问题反馈，需要公司在规定的时间内认真回复，可以说反馈意见中隐藏着企业上市的核心密码。

那么，北交所在公司申报上市的反馈意见中，会问询哪些事项呢？发行人及中介机构又应当如何应对？

一、审查问询可能发生的阶段

（一）审核机构审核阶段

北交所在收到发行上市申请文件并出具受理通知后，便正式进入审查阶段，审核机构会采取问询的方式进行审查，最终形成审核报告。

根据《审核规则》第 24 条的规定，北交所审核机构自受理之日起 20 个工作日内，通过审核系统发出首轮审核问询。第 28 条规定，首轮审核问询回复后，如果北交所审核机构发现新的需要问询事项；或者发行人及其保荐机构、证券服务机构的回复未能有针对性地回答北交所审核机构提出的审核问询；或者北交所就其回复需要继续审核问询；或者发行人的信息披露仍未满足中国证监会和北交所规定的要求；或者北交所认为需要继续审核问询的，审核机构收到发行人回复后 10 个工作日内可以继续提出审核问询。

北交所审核机构收到问询回复后，认为不需要进一步问询的，出具审核报告并提请上市委审议。

（二）上市委审议阶段

上市委将召开审议会议，对发行上市申请文件和审核机构的审核报告进行审议。

根据《审核规则》第 36 条的规定，发行人存在发行条件、上市条件或者信息披露方面的重大事项有待进一步核实，无法形成审议意见的，经会议合议，上市委可以对该发行人的发行上市申请暂缓审议。在该阶段，企业可能再次收到审查问询函，回复审核机构根据上市委审议结果提出的进一步问题。但需要注意，上市委暂缓审议时间不超过两个月，且对发行人的同一发行上市申请，上市委只能暂缓审议一次。因此对于企业来说，该阶段的问询回复需要格外注意。

上市委审议完毕后，北交所将结合上市委审议意见，出具发行人符合发行条件、上市条件和信息披露要求的审核意见或作出终止发行上市审核的决定。

（三）中国证监会问询审核阶段

根据《审核规则》第 39 条的规定，北交所审核通过的，向中国证监会报送发行人符合发行条件、上市条件和信息披露要求的审核意见、相关审核资料和发行人的发行上市申请文件。在该阶段，中国证监会可能要求北交所进一步问询或者决定退回北交所补充审核，北交所会按照证监会的要求向发行人及其保荐机构、证券服务机构提出反馈问题，或者审核机构对要求补充审核的事项重新审核，并提交上市委员会审议。审核通过的，重新向中国证监会报送审核意见及相关资料，审核不通过的，则作出终止发行上市审核的决定。

需要说明的是，在以上任一阶段，北交所及中国证监会均有权要求对发行人及其保荐机构进行现场问询，发行人代表及保荐代表人应当到场接受问询，回答北交所及中国证监会提出的问题。

二、审查问询的主要问题

鉴于现有的精选层挂牌公司均平移至北交所，相应制度也得到了很大程度的延续，一定程度上，参考全国股转系统对拟在精选层挂牌公司的反馈意见，也许能窥探到北交所未来的审查风格。之前全国股转系统对精选层申请的反馈意见的问询深度已经出现了向科创板靠拢的趋势，反馈的问题的平均数量达到了40个左右，这对于发行人来说，是极大的考验。具体来说，北交所的审查问询将会集中在发行条件、上市条件以及信息披露三个方面。

（一）对发行条件、上市条件的审查问询关注点

与发行条件、上市条件相关的问询主要根据《审核规则》第16条的规定，包括：(1)发行人是否符合《发行注册办法》及中国证监会规定的发行条件；(2)发行人是否符合《上市规则》及北交所规定的上市条件；(3)保荐机构、证券服务机构出具的文件是否就发行人符合发行条件、上市条件逐项发表明确意见，且具备充分的理由和依据。

（二）对信息披露的审查问询关注点

与信息披露相关的问询主要根据《审核规则》第17条的规定，包括：(1)发行上市申请文件及信息披露内容是否达到真实、准确、完整的要求，是否符合中国证监会和北交所的有关要求；(2)发行上市申请文件及信息披露内容是否包含对投资者作出投资决策有重大影响的信息，披露程度是否达到投资者作出投资决策所必需的水平，包括但不限于是否充分、全面披露相关规则要求的内容，是否充分揭示可能对发行人经营状况、财务状况产生重大不利影响的所有因素；(3)发行上市申请文件及信息披露内容是否一致、合理和具有内在逻辑性，包括但不限于财务数据是否钩稽合理，是否符合发行人实际情况，财务信息与非财务信息是否相互印

证,保荐机构、证券服务机构核查依据是否充分,能否对财务数据的变动或者与同行业公司存在的差异作出合理解释;(4)发行上市申请文件披露的内容是否简明易懂,是否便于投资者阅读和理解,包括但不限于是否使用事实描述性语言,是否言简意赅、通俗易懂、逻辑清晰,是否结合发行人自身特点进行有针对性的信息披露。

(三)精选层挂牌公司审查问询的关注点

概览精选层挂牌公司审查问询函中的问题,全国股转公司通常通过公司基本情况、业务与技术、公司治理与独立性、财务会计信息与管理层分析,以及募集资金运用及其他事项五个模块展开问询。拟在北交所上市的企业,也可以从这五个角度进行自查,在经营过程中也要确保企业在这五个方面的合规性。

三、发行人回复反馈意见时的注意事项

(一)时间要求

根据《审核规则》第 27 条的规定,发行人及其保荐机构、证券服务机构应当按照审核问询要求进行必要的补充调查和核查,及时、逐项回复审核问询事项,补充或者修改相应发行上市申请文件,在收到审核问询之日起 20 个工作日内通过审核系统提交回复文件。预计难以在规定的时间内回复的,保荐机构应当及时提交延期回复申请,说明延期理由及具体回复时限,延期一般不超过 20 个工作日。

(二)提交问询回复的方式

北交所实行电子化审核,因此申请、受理、问询、回复等事项均需通过北交所审核系统进行办理。

(三)回复内容的要求

首先,回复函的语言应当通俗易懂。之前精选层挂牌公司以及沪深交易所已经上市的公司在接受挂牌/上市审核问询时,审核机构都明确提出"请发行人以通俗易懂的语言说明相关产品和服务的具体内容、开展形式",以及"用简明易懂、浅白平实的语言把数据来源、运作模式、具体功能、与现有业务的关联性等信息披露清楚"。

其次,回复函得出结论需要讲事实、摆数据。如回复发行人"行业地位"和"市场竞争力"时,不能简单用各种华丽的辞藻堆砌,而是需要用事实和有力的数据来证明。如"观典防务(832317)"在申请精选层挂牌时,全国股转系统就要求其根据主要的财务数据、市场份额、技术水平、产品品质、产品价格和客户黏度等情况,充分论证其对自身行业地位、核心竞争力描述的合理性。

审核机构对拟上市公司出具的审查问询函中通常包含数十项具体问题,提问的角度可谓精准且切中要害,不少公司甚至在收到审查问询函后就匆匆撤回上市申请。所以,对于拟在北交所上市的企业来说,在日常经营中确保公司治理的合法合规性、保持业务竞争力、确保持续经营能力,方能在审查问询中顺利过关。

第四章
Chapter Four
审核与注册

问 33 上市委是什么组织？

2019 年 6 月，上交所设立科创板并率先试点注册制。注册制之下公司发行上市分为交易所审核和中国证监会注册两个环节，因此科创板上市委这一审议机构应运而生。此后，上市委存在于注册制之下各板块中。北交所继续试点注册制，因此北交所也根据相关规定设立了上市委。

一、北交所上市委概述

上市委是北交所重要的内设部门，在公司发行上市过程中，角色相当于“把关人”。其主要职责是对审核机构出具的审核报告和发行上市申请文件进行审议，形成审议意见。上市委形成的审议意见，是北交所判断发行人是否符合发行条件、上市条件和信息披露要求、作出审核意见或审核决定的重要依据。除此之外，上市委还对北交所的上市公司公开发行股票、强制退市、退市后重新上市等事项进行审议并出具意见，发挥审议和监督职能。

上市委设秘书处负责上市委的日常事务工作。《上市委管理细则》第 18 条规定：“秘书处负责办理下列具体事务：(一) 选定上市委会议参会委员，安排会议的召开时间和场地设施，通知委员并送达会议文件；(二) 协助召集人维护会场秩序，负责会议录音录像，起草会议纪要等会议文件；（三）发布上市委会议相关公告；（四）上市委委员选聘日常事务；（五）上市委委员的联络沟通、服务保障、考核监督等日常工作；（六）归档并保管上市委资料；（七）上市委要求办理的其他事项。”

二、北交所上市委的职能

（一）上市委审议事项

《上市委管理细则》第12条规定，北交所上市委审议下列事项：（1）发行人向不特定合格投资者公开发行股票并在北交所上市；（2）北交所上市公司向不特定合格投资者公开发行股票并上市；（3）北交所上市公司股票被强制退市；（4）北交所上市公司股票退市后重新上市；（5）北交所规定的其他事项。

（二）上市委的职责与权利

《上市委管理细则》第13条规定了上市委应履行的职责为：对上述第12条所列事项进行审议，提出审议意见；对上述第12条第（1）项至第（2）项事项的复审申请进行审议，提出复审意见；对审核机构提交的咨询事项进行讨论，提出咨询意见；对上市委年度工作进行讨论、研究；北交所规定的其他职责。

上市委履行职责时，享有如下权利：（1）要求北交所相关职能部门提供履行职责所需的文件；（2）要求审议事项相关主体到会接受问询；（3）不受任何单位或者个人的影响，独立形成审议意见。

三、有关上市委委员的相关制度

（一）上市委委员的条件

北交所上市委由不超过60名委员组成，包括北交所的专业人员和北交所聘任的外部专业人士。北交所根据实际情况需要，可以设置一定比例的专职委员。上市委委员应当在个人品德、声誉、思想道德、法律规范、知识储备等方面达到北交所要求的条件。《上市委管理细则》第7条规定："上市委委员应当符合下列条件：（一）具有较高的政治思想素质、理论水平和道德修养；（二）坚持原则，公正廉洁，忠于职守，诚实守信，严格遵守法律法规、部门规章和相关组织的自律规则，最近三年没有违法、违规记录以及严重不良诚信记录；（三）熟悉证券相关法律法规、部门规章和本所业务规则，精通所从事行业的专业知识，具备良好的个人声誉；（四）本所要求的其他条件。"

（二）上市委委员的选聘与解聘

北交所设立选聘委员会，负责上市委委员的选聘工作。根据《上市委管理细则》第8条的规定，上市委委员的选聘程序如下："（一）本所提请相关单位推荐上市委委员人选；（二）本所将委员候选人名单在本所网站公示，公示期不少于5个工作日；（三）公示期满后，本所选聘委员会根据委员选任条件进行遴选，拟定拟聘任委员名单后履行本所决策程序；（四）本所作出聘任决定，接受聘任的委员按照本所规定签署履职相关承诺。"

北交所可以对不符合条件的委员予以解聘，解聘不受任期是否届满的限制。《上市委管理细则》第10条第1款规定："上市委委员存在下列情形之一的，本所予以解聘：（一）不符合本细则第七条规定的条件；（二）违反回避制度、利用委员身份开展商业活动等；（三）两次及以上无故不出席上市委会议；（四）因工作变动或者健康等原因不宜继续担任委员；（五）本人提出辞职申请，或者推荐单位提出解聘要求，经本所同意；（六）本所认为不适合担任上市委委员的其他情形。"委员因违法违规被解聘的，其所在单位两年内不得再次向北交所推荐上市委委员。委员被北交所解聘后，北交所可以选聘增补委员，增补委员任期为被解聘委员的剩余任期。

(三)上市委委员的任期

上市委委员每届任期为2年,可以连任,连续任期最长不超过2届。委员每届任期届满时,北交所予以续聘或更换。任期届满的委员在下一届委员完成换届前,仍应当履行其相应职责。

(四)上市委委员的职责与权利

根据《上市委管理细则》的要求,上市委委员应当保证足够的时间和精力参与上市委工作,履行下列职责:(1)对相关职能部门提交审议的文件进行审核;(2)以个人身份按时出席上市委会议、独立发表意见,对会议纪要等文件签字确认;(3)及时向北交所报告影响或可能影响其公正履职的有关事项;(4)北交所要求履行的其他职责。

上市委委员在履行职责时,享有下列权利:(1)上市委会议召开前,获取审议事项的相关文件;(2)通过北交所相关职能部门调阅履行职责所必需的文件。

(五)上市委委员的回避制度

为了保持上市审核的公平和公正,北交所同时还设置了上市委委员的回避制度。如上市委委员存在影响其公正履职或与其履职行为有利害冲突的情形,应当回避。《上市委管理细则》第17条规定:"上市委委员履行职责时,有下列情形之一的,应当回避:(一)委员或者其亲属近两年内担任所审议的公司或其控股股东、实际控制人或者其保荐机构的董事、监事、高级管理人员;(二)委员或者其亲属、委员所在工作单位与所审议的公司或其控股股东、实际控制人或者其保荐机构存在股权关系,可能影响其公正履行职责;(三)委员或者其亲属、委员所在工作单位近两年内为所审议的公司提供保荐、承销、财务顾问、审计、评估、法律、咨询等服务,可能影响其公正履行职责;(四)委员或者其亲属担任董事、监事、高级管理人员的公司与所审议的公司存在行业竞争关系，或者与所审议的公司或其保荐机构有利害关系，经认定可能影响其公正履行职责；（五）上市委会议召开前，与所审议的公司、保荐机构及其他相关单位或者个人进行过接触，可能影响其公正履行职责；（六）本所认定的可能产生利害冲突或者上市委委员认为可能影响其公正履行职责的其他情形。前款所称亲属，包括上市委委员的配偶、父母、子女、兄弟姐妹、配偶的父母、子女的配偶、兄弟姐妹的配偶。”

附：第一届上市委委员

2021 年 11 月 12 日，北交所发布北证公告〔2021〕59 号《关于发布北京证券交易所第一届上市委员会、并购重组委员会委员名单的公告》，公布了第一届上市委委员名单：任徐明、隋强、王丽、贾忠磊、侯定海、周青颖、时晋、李征、叶莹、张联、王霞、楚晋宏、宣雷、严冬晖、何玲、贾丽丽、郑煜、王海涛、黄亮、姚飞军、聂毅翔、唐周俊、李赫、魏天慧、何年生、谢元勋、张杰军、朱清滨、胡燕华、刘勇、徐长俄、梁晓燕、付强共 33 人。

问 34 上市委怎么审核转板企业？

全国股转系统创新层挂牌公司在符合条件申请到北交所公开发行股票并上市时，需要向北交所提交发行上市申请文件，审核机构对申请文件进行审核并出具审核报告，上市委对审核报告和拟上市公司的发行上市申请文件进行审议，出具审议意见。

一、上市委的审议程序

北交所上市委以召开会议的方式履行职责，包括审议会议、复审会议、专项会议、年度工作会议以及其他会议。对于拟上市公司申请股票公开发行并上市,则以审议会议的方式进行。

(一)北交所审核机构审核

拟上市公司提交申报材料后,由审核机构先行进行审核,并发出审核问询。审核机构收到问询回复后,认为不需要进一步问询的,出具审核报告并提请上市委审议。

(二)审议会议的通知程序

秘书处收到报告后安排审议会议,于会议召开 5 个工作日前向参会委员发送会议通知、拟审议的公司名单、审议事项的申请文件和审核资料,同时通知公司及其保荐机构,并在北交所网站公布审议会议的召开时间、拟参会委员名单和拟审议公司名单等事项。

发生不可抗力、意外事件或其他特殊情形导致审议会议无法按照原定安排召开的,或发现公司存在尚待调查核实的重大事项,秘书处可以取消或另行安排会议。会议安排变更的,秘书处应当及时通知公司及其保荐机构,并在北交所网站公布。

(三)审议会议的召开形式

审议会议采取现场会议、视频会议等形式召开,一般情况下应采取现场会议形式,会议全程录音录像。

(四)审议会议的参会人员

每次审议会议,由 5 名委员参加,其中会计、法律专家应当至少各 1 名参会。

参会委员由北交所的委员和北交所聘任的外部委员共同组成，通过随机抽选方式产生。委员接到参会通知后，应当于会议召开 4 个工作日前向秘书处回复是否参会。委员确认参会后，不得无故不出席会议，确因特殊事由无法按时参会的，应当向秘书处提交书面申请，秘书处应当及时更换委员，无法更换的，另行安排会议时间。

除了参会委员外，参会人员还包括审核机构的审核人员、委员要求到会接受问询的发行人代表、保荐代表人以及证券服务机构代表（其中至少应当包括发行人代表和保荐代表人）、会议召集人、上市委秘书处的工作人员等。

（五）审议会议回避程序

拟参会委员存在应当回避的情形不能参加会议的，应当于会议召开 4 个工作日前提出回避申请。北交所收到委员的回避申请后，应当及时更换委员。

发行人、保荐机构及其他相关单位或个人认为拟参会委员与审议事项存在利害冲突或者潜在的利害冲突，可能影响委员独立、客观、公正履行职责的，应当于会议召开 4 个工作日前向北交所提交要求委员回避的书面申请，并说明理由，北交所核实后决定相关委员是否回避。

（六）审议会议的流程

上市委设会议召集人，负责召集和主持审议会议、组织委员讨论和提出问询问题、总结委员意见并形成审议意见等。

审议会议采取现场会议形式召开的，按照以下流程进行：（1）出席会议的委员到达后，召集人宣布会议开始并主持会议；（2）审核机构的审核人员向委员说明发行人的有关情况，并接受委员问询；（3）委员要求发行人、保荐机构、证券服务机构等代表到会接受问询的，该等人员应该到会；（4）委员进行充分讨论并逐一发表意见；（5）召集人根据参会委员的意见及讨论情况进行总结，参会委员合议，按委员一致或多数意见形成审议意见；（6）委员对会议纪要签字确认，并将签字确认的工作底稿提交至秘书处，会议结束。

二、上市委的审议结果

上市委对审核报告和发行人的发行上市申请文件进行审议后，出具审议意见或决定暂缓审议。

（一）上市委出具审议意见

上市委通过审议会议，由参会委员通过合议形成审议意见。《审核规则》第36条第1款规定："上市委员会审议时，参会委员就审核报告的内容和审核机构提出的初步审核意见发表意见，通过合议形成发行人是否符合发行条件、上市条件和信息披露要求的审议意见。"

（二）上市委决定暂缓审议

上市委开会进行审议后，参会委员发现发行人存在发行条件、上市条件或者信息披露方面的重大事项有待进一步核实，无法形成审议意见的情形，经会议合议，可以对发行人的发行上市申请暂缓审议，时间不超过二个月。《上市委管理细则》第29条第3款规定："暂缓审议时间不超过二个月，因审议意见涉及政策咨询、重大无先例事项，需向有关部门征求意见的时间，不列入暂缓审议时间内。"

对于同一发行人只能暂缓审议一次，待相关事项核查完毕后，审核机构将再次提请上市委审议。再次审议时，一般由原来的参会委员参加，原参会委员无法参加的，应向北交所提出书面申请。

三、交易所出具审议意见

北交所结合上市委审议意见分别作出处理：（1）审议意见为符合发行条件、上市条件和信息披露要求的，北交所结合审议意见出具审核意见；(2) 审议意见为符合发行条件、上市条件和信息披露要求，但要求发行人补充披露有关信息的，待相关事项完善并通报委员后，北交所结合审议意见出具审核意见；(3) 审议意见为不符合发行条件、上市条件或信息披露要求的，北交所结合审议意见作出终止审核的决定。

问 35 “上会”前做什么准备工作？

“上会”是企业 IPO 上市过程中的必经程序，对于发行人来说，“上会”就是一次“面试”大考验。发行人代表、保荐代表人以及其他证券服务机构的代表均可能被上市委要求到会接受现场问询，这不仅是对发行人、保荐代表人、证券服务机构人员现场应变能力的考验，更是对发行人自身实力的进一步审查，是关系到发行人能否顺利通过审核并成功上市的关键一环。

一、“上会”的概念

“上会”指北交所设立的上市委召开的审议会议，是拟上市公司（发行人）在提交上市申请文件并经审核机构出具审核报告后，提请上市委对发行人是否符合发行上市条件进行会议审议并出具审议意见的整个过程。

上市委通过召开审议会议，对发行人的发行上市申请文件和审核机构的审核报告进行审议，参会委员通过合议的形式，按照少数服从多数的原则最终形成发行人是否符合发行条件、上市条件和信息披露要求的审议意见。上市委的审议意见，是北交所判断公司能否发行上市、出具审核意见的重要依据。

二、"上会"前的准备工作

上市委召开审议会议,参会委员要求发行人及其保荐代表人、证券服务机构代表到会接受问询的,发行人在"上会"前要做好充分准备。

根据《上市委管理细则》第25条第1款的规定,"委员要求公司及其保荐机构、证券服务机构代表到会接受问询的,应当于审议会议召开2个工作日前提交问询问题清单,秘书处通知相关人员到会接受问询",以及《上市指南第1号——申报与审核》第31条规定,"保荐机构应当最晚于上市委员会审议会议召开前两个工作日,通过审核系统'发行上市项目管理——项目查看'模块查询现场问询问题清单,收到问题清单的,应当按照要求安排上会人员,并做好上会准备",审议会议召开2个工作日前,参会委员会提前制作问询问题清单并提交秘书处,由秘书处上传到审核系统供发行人的保荐机构查询。保荐机构应当及时查询审核系统,并在获得问询清单后及时告知发行人。

虽然"上会"是开卷考试,但发行人也不可掉以轻心。在"上会"前,发行人与保荐代表人、会计师、律师应协同作战,可对"上会"过程进行适当模拟。发行人在"上会"阶段,上市委委员现场问询的问题以及比较关注的内容,往往与"上会"前审核机构一轮甚至多轮问询的内容息息相关,尤其是审核机构问询中多次关注的内容,将成为上市委审核和现场问询的重点。发行人及其保荐代表人、证券服务机构代表在"上会"前需要共同讨论,分析、总结问询清单中的问题重点。

保荐代表人根据实战经验,协助发行人全面梳理公司的整体情况、公司目前存在的问题以及回答策略,整理出一定的思维框架,在框架内准备应答内容。发行人要预测、分析委员想要了解的内容,委员问询的问题可能产生于委员对公司的了解不够全面,发行人及其保荐代表人在回答问题时要有清晰的思路,向委员介绍清楚公司的情况,避免过多阐述与问题无关的内容,抓住问题重点、把问题讲清楚,特别是重要数据要记得清楚、记得准确,不要同已经提交的文件出现不一致的地方。

拟上市公司能够到达"上会"环节,首先表明自身实力已经过硬,这一点要充分自信;其次会上良好的"面试"表现也是公司的加分项,所以要调整好心态,相信只要公司在“上会”前提前准备好应答内容，就能够从容应对委员的考验，顺利“过会”。

问 36 “过会”意味着什么？

关注资本市场的人，通常会关注这一次发审会审核几家公司，“过会”几家公司，有没有公司被否决。“过会”的公司欢天喜地、欢欣鼓舞；“否决”的公司则垂头丧气、铩羽而归；“暂缓表决”的公司则仍战战兢兢，对上市梦想仍怀有一丝希望。仿佛发审委掌握着公司上市的“生杀大权”，“上会”则成为IPO路上的最后一搏。

推行注册制后，中国证监会的“发审委”改头换面成为交易所的“上市委”，北交所同样实行注册制，公司IPO同样须经“上会”考验。“过会”意味着什么？“过会”离上市还有多远？“过会”就意味着IPO一定成功吗？注册制下，答案仿佛并不是那么肯定。

一、“过会”意味着什么？

根据北交所的制度安排，北交所设立专门的审核机构，对发行人的发行上市申请文件进行审核，出具审核报告。同时，设立上市委对审核机构出具的审核报告和发行人的发行上市申请文件进行审议。北交所上市委的审议意见是北交所判断拟上市公司是否符合发行条件、上市条件和信息披露要求的重要依据。

按照过往的一般逻辑，“过会”是决定公司IPO能否成功的最后一关。只要顺利“过会”，说明公司上市已经经过了审核机构的核准，正常情况下，等待核发批文，然后发行股票并上市，不过是时间问题。但现在，在注册制背景下，这个套路已然发生了变化。

二、从“过会”到上市还有哪些流程？

在核准制的发行制度下，拟上市公司通过中国证监会发审委的审核就基本确定能够发行股票并上市了，在注册制的发行制度下，通过交易所上市委的审核后，还有中国证监会注册这道难关要过，从“过会”到上市多了中国证监会注册这一流程。

（一）报中国证监会注册

根据《审核规则》第39条的规定，北交所对发行人提交的申请文件进行审核，审核通过的，向中国证监会报送发行人符合发行条件、上市条件和信息披露要求的审核意见、相关审核资料和发行人的发行上市申请文件。

中国证监会要求北交所进一步问询的，北交所向发行人及其保荐机构、证券服务机构提出反馈问题。中国证监会在注册程序中，决定退回北交所补充审核的，北交所审核机构对要求补充审核的事项重新审核。北交所审核通过的，重新向中国证监会报送审核意见及相关资料；审核不通过的，中国证监会作出终止发行上市审核的决定。

（二）股票发行

“过会”之后，由签订合同的主承销商和分销商完成股票的分销工作。其间，由公司和承销商启动向投资者路演推介、询价、确定发行价格等工作，以此完成股票发行过程。

（三）向北交所提出股票上市申请并签订上市协议

根据《上市规则》的规定，发行人公开发行股票经中国证监会注册并完成发行后,应当向北交所提出股票上市申请。北交所在收到发行人完备的上市申请文件后5个交易日内,作出是否同意上市的决定。发行人发生对是否符合上市条件和信息披露要求产生重大影响的重大事项,北交所可提请上市委进行审议,审议时间不计入前款规定期限。

北交所审核同意后,公司将在上市前与北交所签订上市协议,明确双方的权利、义务和其他有关事项。

(四)重大事项处理

根据《审核规则》第46条的规定,上市委审议会议后至股票上市交易前,发生重大事项,对发行人是否符合发行条件、上市条件或者信息披露要求产生重大影响的,审核机构经重新审核后决定是否重新提交上市委审议。重新提交上市委审议的,应当向中国证监会报告,并按照《审核规则》的相关规定办理。

三、“过会”一定IPO成功吗?

从目前的现状来看,答案是否定的。投行人士普遍认为,注册制以来,公司成功过会,不再意味着上市进入保险箱。注册阶段,中国证监会仍将对公司进行严格检查,一旦出现问题,IPO进程也即告吹。如深圳市泛海三江电子股份有限公司创业板IPO申请于2020年7月2日获得受理,同年9月23日“过会”,并于同年11月25日提交注册。2021年8月,撤回创业板申报材料,中国证监会终止其创业板发行注册。

如前所述,从“过会”到上市,中间还需要中国证监会注册、交易所上市审核等多个环节,时间也从1~6个月不等。“上会”之前,拟上市公司及中介结构都鼓足了劲、做好充分准备。“过会”之后的这段时间,有问题的公司往往会逐渐暴露问题。从已经“过会”但最终终止上市的公司来看,导致终止上市的原因多种多样。一类是影响公司可持续发展的因素,包括业绩出现较大幅度下滑,竞争力或市场空间受到质疑,应收账款存在恶化风险。比如,在业绩较好的年份提前加量计提折旧,业绩较差年份少提折旧;将下个会计年度利润提前计入本期利润;通过让经销商大量拿货的方式扩大利润和营收,通过这些手段将勉强达到上市要求的公司包装“过会”,但时间一长问题便会显现。另一类是发行人或其重要股东因涉及诉讼或犯罪,而被举报或者投诉,影响恶劣,造成公司上市的法律障碍等。

可见,“过会”意味着公司的上市之路已经成功地走完大部分,但是仍然不是百分百保证成功。质量不好的公司如果想通过“包装”“粉饰”完成上市梦想,即使“过会”也不能代表梦想成真。但符合北交所上市要求的优质创新型企业如果“过会”,则离成功“敲钟”就不远了。

问 37 “过会”后还需要处理哪些问题?

根据2002年中国证监会发布的《关于加强对通过发审会的拟发行证券的公司会后事项监管的通知》(证监发行字〔2002〕15号)的规定,会后事项发生于通过发审会审议的拟上市公司,在获准上市前这一时间段。对于北交所而言,会后事项也即通过上市委审议至交易所正式上市之前,中间也包含中国证监会作出予以或不予注册决定的时间。公司通过了交易所审核机构的审核及上市委的审议后,交易所向中国证监会报送审核意见,中国证监会注册后再申请股票发行、交易上市。因此,过会后仍需要按照法律法规及中国证监会、交易所的要求处理会后事项。

一、关于会后事项的法律规定

有关会后事项主要规定有《审核规则》《上市指南第1号——申报与审核》《关于加强对通过发审会的拟发行证券的公司会后事项监管的通知》等。

根据上述规范性文件的要求,会后事项包含重大事项报告、交易所问询的回复,以及发行人经营业绩下滑问题的处理。

二、发行人“过会”后应处理的问题

(一)重大事项报告

根据《审核规则》第44条的规定,重大事项是指可能对发行人符合发行条件、上市条件或者信息披露要求产生重大影响的事项。

对通过上市委审议的拟上市公司,在获准上市前,主承销商和相关专业中介机构仍应遵循勤勉尽责、诚实信用的原则,继续认真履行尽职调查义务,对拟上市公司是否发生重大事项给予持续、必要的关注。若发行人出现应报告的重大事项,保荐机构应及时向交易所报告,提交发行人就相关事项的情况说明,以及保荐机构及相关证券服务机构出具的专项核查意见,并提交更新的申请文件。

经交易所审核确认,重大事项不会对发行条件、上市条件及信息披露要求产生重大影响的,交易所继续办理相关业务并通知其保荐机构;经交易所审核确认,重大事项对发行条件、上市条件或信息披露要求产生重大影响的,将提交上市委重新审议,并向中国证监会报告。

(二)回复交易所问询

拟上市公司过会后仍存在被交易所问询的情况。上市委审核通过后向中国证监会报送审核意见,中国证监会要求交易所进一步问询的,交易所便会向发行人及其保荐机构、证券服务机构提出反馈问题。

保荐机构应当组织发行人、证券服务机构等对反馈问题进行核查、落实,并在反馈意见要求的期限内,提交回复文件。涉及拟上市公司需更新申请文件的,应上传至审核系统“发行上市项目管理—项目报送”模块对应的文件条目内。发行人、保荐机构及相关证券服务机构的回复文件、更新后的招股说明书等披露文件将在交易所网站披露。

(三)发行人经营业绩下滑问题的处理

发行人“过会”后公司经营业绩下滑的,根据情况进行分类处理,[①]具体如下。

1. 下滑幅度不超过30%的“过会”企业

“过会”后的最近一期经营业绩与上年同期相比下滑幅度不超过30%,且预计下一报告期业绩数据下滑幅度也不超过30%的,发行人需提供最近一期至下一报告期乃至全年主要经营状况及财务数据的专项分析报告,充分说明发行人的核心业务、经营环境、主要指标是否发生重大不利变化,业绩下滑程度与行业变化趋势是否一致或背离,发行人的经营业务和业绩水准是否仍处于正常状态,并按照及时性指引的要求在重大事项提示中披露主要经营状况与财务信息,以及下一报告期(指经审计或审阅财务报表截止日后)业绩预告情况,同时充分揭示业绩变动或下滑风险;保荐机构需对上述情况及发行人经营业绩变化趋势、持续盈利能力[②]出具专项核查意见,详细分析发行人业绩变动的原因及合理性,明确说明业绩预计的基础及依据,核查发行人的经营与财务状况是否正常、报表项目有无异常变化、是否存在影响发行条件的重大不利影响因素,并发表明确意见。

2. 下滑幅度超过30%但不超过50%的“过会”企业

对于最近一期或预计下一报告期经营业绩与上年同期相比下滑幅度超过30%但不超过50%的,如“过会”企业能提供经审核的下一年度盈利预测报告,同时一并提供最近一期至下一年度主要经营状况及财务数据的专项分析报告,且保荐机构对上述情况及发行人经营业绩变化趋势、持续盈利能力出具专项核查意见,说明对经营业绩下滑趋势已扭转等情况予以充分核查,获取明确的证据,并发表不存在对持续盈利或持续经营能力以及发行条件产生重大不利影响事项的明确意见,则监管机构将按照相关程序安排“过会”企业的后续核准发行工作。

---

① 北交所暂未规定拟上市公司“过会”后出现经营业绩下滑情形应当如何处理,以下内容参考《首发问答》问题49的相关规定。

② 2019年新修订的《证券法》第12条第1款第(2)项已将公司首次公开发行新股应当“具有持续盈利能力”修订为“具有持续经营能力”,因此笔者认为实务中涉及《首发问答》问题49中出现的“持续盈利能力”是对主板企业的更高要求,北交所企业按照“持续经营能力”的标准即可。

3. 下滑幅度超过 50% 以上的"过会"企业

"过会"后的最近一期经营业绩与上年同期相比下滑幅度超过 50%，或预计下一报告期业绩数据下滑幅度将超过 50% 的企业，基于谨慎稳妥原则，暂不予安排核准发行事项，待其业绩恢复并趋稳后再行处理或安排重新上会。

三、要严格按照规范性文件的要求处理会后事项

发行人上市申报过会后，将报中国证监会注册，虽然叫注册但中国证监会仍然有权进行实质审查，仍然可能就某些问题再次提出问询或退回交易所补充审核。在完成注册后，出现重大事项时要向交易所报告，出现业绩下滑的情况时，要根据业绩下滑的程度及监管要求进行核查及披露。因此，"过会"后，发行人及中介机构仍应谨慎、勤勉地依据相关规定处理好会后事项，否则将影响公司的上市进程，甚至受到中国证监会的处罚。

如江苏安凯特科技股份有限公司就因"过会"后不按时回复深交所问询，在该公司主动撤回发行上市申请后，深交所仍于 2021 年 6 月对其出具《监管函》[①]并采取书面警示的自律监管措施："江苏安凯特科技股份有限公司：2020 年 6 月 30 日，本所受理了你公司首次公开发行股票并在创业板上市的申请。2020 年 11 月 19 日，你公司的首发上市申请获得本所创业板上市委员会审议通过。本所在对你公司发行上市申请文件进行审核过程中，发现你公司存在以下违规情形：2020 年 12 月 15 日，本所要求你公司就报告期内是否将废旧电极处置收入全部入账相关事项进行核查，并要求于 2020 年 12 月 29 日前回复。你公司未在规定时限内回复，且未说明理由，迟至 2021 年 1 月 8 日方提交延期申请拟于 1 月 21 日回复，但你公司并未于 1 月 21 日前予以回复且未说明理由。2021 年 1 月 29 日，你公司向本所提交了撤回发行上市申请文件的申请，本所于 2021 年 2 月 1 日作出终止审核决定。你公司作为发行上市申请文件信息披露的第一责任人，应当按照本所发行上市审

---

① 深交所《关于对江苏安凯特科技股份有限公司的监管函》(审核中心监管函〔2021〕4 号)，载深圳证券交易所创业板发行上市审核信息公开网 2021 年 6 月 2 日，http://reportdocs.static.szse.cn/UpFiles/zqjghj/sup_jghj_000179CA9243A23F66C3710F5A6E003F.pdf。

核机构审核问询的要求进行必要的补充调查和核查，及时、逐项回复本所发行上市审核机构提出的审核问询，相应补充或者修改发行上市申请文件。你公司的上述行为违反了《深圳证券交易所创业板股票发行上市审核规则》（以下简称《深交所审核规则》）第四十二条、第六十九条的规定。鉴于上述事实和情节，根据《深交所审核规则》第七十二条、第七十四条和《深圳证券交易所自律监管措施和纪律处分实施办法（2020年修订）》等有关规定，本所上市审核中心决定对你公司采取书面警示的自律监管措施。你公司应当引以为戒，严格遵守法律、法规和本所业务规则的规定，诚实守信、规范运作，保证发行上市申请文件和信息披露的真实、准确、完整。”

问38 中国证监会注册是怎么回事？

从上市委审核IPO申请“过会”到股票发行上市，中国证监会注册是非常重要的环节，那么，中国证监会注册是怎么回事呢？

一、从“核发IPO批文”到“同意公开发行股票注册”的变化

在以往的A股IPO过程中，中国证监会作为核准公司上市申请的机构，给予通过核准的最终意见是“核发IPO批文”。而自科创板设立以后，公司IPO上市核准的权力移到了交易所层面，中国证监会只是履行注册程序，这也是实行注册制的显著标志，中国证监会给予IPO过会企业的文件变成了“同意科创板IPO注册”的字样，措辞变化深有意味。

国务院办公厅2020年2月印发的《关于贯彻实施修订后的证券法有关工作的通知》（国办发〔2020〕5号）明确了在不同板块和市场，分步实施股票公开发行注册制，标志着我国资本市场的证券发行注册制改革在逐步推进，北交所公布的一系列审核与发行规则也明确了其实行注册制。

在注册制下,交易所和中国证监会分别履行审核、注册等法定职责。注册制以信息披露为核心,要求发行人充分披露投资者作出价值判断和投资决策所必需的信息。中国证监会的注册程序不能理解为对交易所审核通过的拟上市公司没有任何要求,监管机构会持续关注审核通过后的事项,在中国证监会同意注册之前,拟上市公司应当继续按照中国证监会、交易所的相关要求认真做好各项流程中的工作。

二、中国证监会注册的关注事项及审议结果

2020 年 9 月 2 日,中国证监会发布《注册工作流程》,公布了首次公开发行股票的注册流程,根据《注册工作流程》的要求,中国证监会的注册审议会主要关注交易所发行上市审核内容有无遗漏、审核程序是否符合规定,以及发行人在发行条件和信息披露要求的重大方面是否符合相关规定。

注册审议会审议结果共四类:(1)决定同意注册。注册审议会认为发行人符合发行条件和信息披露要求,建议同意注册,履行同意注册程序。(2)决定不予注册。注册审议会认为发行人不符合发行条件或信息披露要求,建议不予注册,履行不予注册程序。(3)要求交易所进一步问询。注册审议会认为存在需要进一步说明或者落实事项的,可以要求交易所进一步问询。问询函发出时在中国证监会官网进行公开。(4)退回交易所补充审核。注册审议会认为交易所对影响发行条件的重大事项未予关注或者交易所的审核意见依据明显不充分的,可以退回交易所补充审核。

中国证监会在 20 个工作日内对发行人的注册申请作出同意注册或者不予注册的决定。因此发行人及其保荐机构、证券服务机构在提交上市申请文件之前,就应当根据中国证监会的发行条件、北交所的上市条件,以及中国证监会和北交所的信息披露要求认真进行核查,避免在注册环节出现“决定同意注册”以外的三种情形。

三、中国证监会的注册工作流程

根据《注册工作流程》的规定,拟上市的公司向交易所递交注册申请后、被同意注册前的流程如下:

1. 交易所受理发行人申请并进行发行上市审核。

2. 交易所向中国证监会报送审核意见、发行人注册申请文件及相关审核资料。

3. 中国证监会接收报送文件后,在中国证监会和交易所网站进行披露,并依法推进注册工作。

4. 中国证监会召开注册审议会。接收交易所审核意见、发行人注册申请文件及相关审核资料后,中国证监会发行监管部原则上在 5 个工作日内,组织召开注册审议会。

5. 作出同意注册或不予注册的决定。根据注册审议会作出的同意注册或不予注册结果,及时履行内部审批程序,由中国证监会对发行人的注册申请作出同意注册或不予注册的决定。

基本工作流程见图 2 - 2。

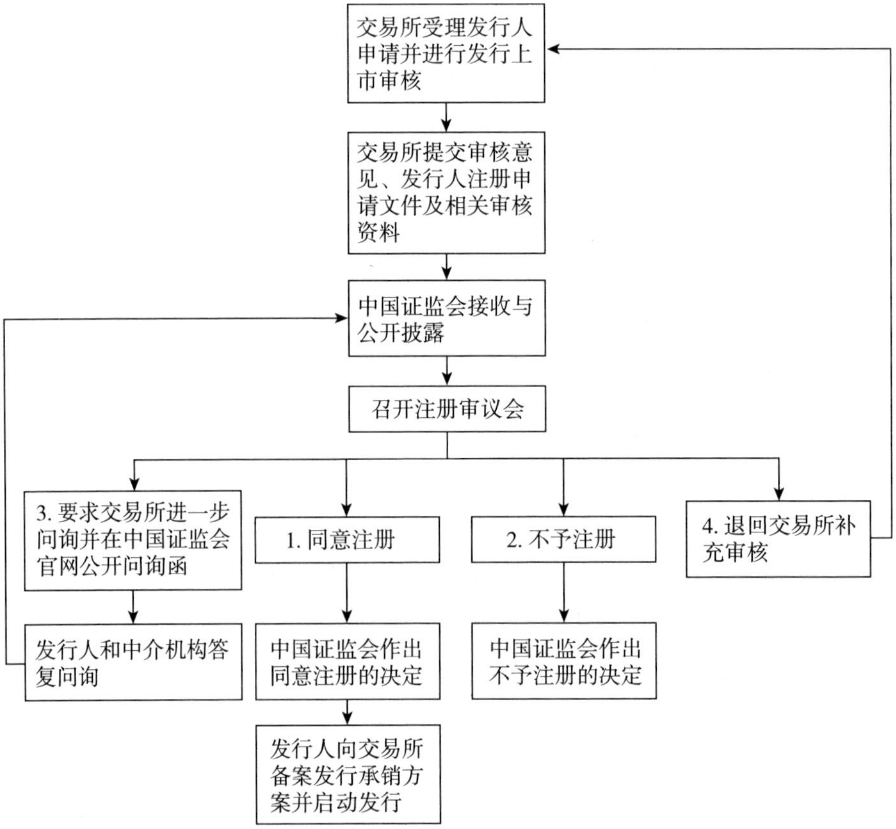

图 2 - 2　中国证监会注册基本流程

此外,拟上市公司在发行注册过程中还可能发生中止及恢复、终止审查等情形。全面施行注册制,既是一项机遇,也是一项挑战,拟上市公司必须严格按照相关规则来筹划资本市场路径,不断提升自身规范水平,满足注册制对于上市公司的内在要求,争取顺利通过注册。

第五章

Chapter Five

发　行

问 39 北交所发行定价制度有何独特之处?

在北交所的发行制度框架中,明确多元化定价机制的发行承销规则无疑是最具特色的规则之一,根据北交所发布的《发行承销管理细则》以及北交所和中登公司共同制定的《发行承销实施细则》,北交所保留精选层的多元化定价方式,新股可以选择的定价方式包括直接定价发行、网下询价发行以及与新三板一脉相承的竞价方式确定发行价格,以供不同情况的企业自主选择。这样的发行制度不仅能够满足市场化定价的需求,而且可以提高发行定价效率,更有利于实现从精选层到北交所的顺利过渡。

一、北交所的三种发行定价方式

《发行承销管理细则》第6条规定,“公开发行并上市、上市公司公开发行(以下统称股票公开发行)可以通过发行人和主承销商自主协商直接定价、合格投资者网上竞价或网下询价等方式确定发行价格”。

(一)发行人和主承销商自主协商直接定价

直接定价,是指发行人与主承销商结合发行人所属行业、市场情况、同行业公司估值水平等因素审慎确定发行价格。新股网上定价发行价格固定，主承销商利用交易系统，按已确定的发行价格向投资者发售股票。如无锡吉冈精密科技股份有限公司（吉冈精密，836720）股票于2021年11月24日在北交所上市，发行价格采取直接定价方式，为10.50元/股。[①]

（二）合格投资者网上竞价

在IPO定价时采用竞价发行方式是2020年1月实施的《全国中小企业股份转让系统股票向不特定合格投资者公开发行与承销管理细则（试行）》中首次提出的，三大交易所中，网上竞价是北交所特有的发行定价方式，其最大特色是参与申购新股的投资者相对广泛，除了发行人及其股东、实际控制人、董事、监事、高级管理人员和其他员工等利益关联人之外的合格投资者均可参与申购。合格投资者网上竞价申购完毕且确定剔除比例和累计申购倍数后，投资者有效申购总量小于或等于网上发行数量的，向投资者按有效申购数量配售股票；投资者有效申购总量大于网上发行数量的，向有效报价投资者按比例配售股票。

（三）网下询价

网下询价，是指拟上市公司通过中国证监会批准后的股票定价步骤，根据市盈率等因素向机构投资者、战略投资者、专家等询问确定发行价格区间，然后根据初步询价区间最终确定合理的发行价格并进行上网定价发行，投资者以中签形式购得股票。

二、与科创板及创业板定价方式的比较

通过与科创板及创业板发行定价方式进行比较，更能够看出北交所定价机制

---

① 参见无锡吉冈精密科技股份有限公司：《向不特定合格投资者公开发行股票　并在北京证券交易所上市提示性公告》，载北京证券交易所网，http://www.bse.cn/disclosure/2021/2021-11-19/1637316366_378941.pdf。

的多元性、灵活性及包容性。

(一)北交所可选择的定价方式更多且限制更小

对比来看,科创板仅能以询价的方式确定发行价格,而创业板虽然可以采取直接定价方式,但是其发行价格对应的市盈率不得超过同行业上市公司二级市场平均市盈率,而选择北交所直接定价方式公开发行并无市盈率限制。

(二)北交所保留了全额资金申购的申购方式

考虑到参与北交所网下询价的合格投资者范围大概率大于科创板和创业板,因此,区别于后者的市值申购,北交所保留了全额资金申购方式。同时,北交所为保证金申购或其他申购方式预留了制度空间,在市场运行平稳的合适时机,发行人和主承销商可以适时地根据需要采取保证金申购和其他申购方式。

(三)北交所高价剔除比例较高

现行科创板、创业板发行承销规则对于高价剔除比例的要求是不超过3%,不低于1%,而根据《发行承销管理细则》第19条的规定,北交所高价剔除不得低于所有网下投资者拟申购总量的5%,若拟申购总量超过网下初始发行量15倍的,剔除部分不得低于所有网下投资者拟申购总量的10%。这种制度安排可以在其开市运行初期对投资者的报价行为起到一定约束和规范作用。

三、拟在北交所上市公司应当如何选择发行定价方式

笔者统计了北交所公开发行信息披露情况,①2021年以来新挂牌的30家精选

---

① 详见北京证券交易所网(公开发行信息披露)2021年11月26日,http://www.bse.cn/issue/issue_disclosure.html。

层企业中，仅有 5 家采取网下询价方式发行，占比为 16.67%；采取直接定价方式发行的共 25 家，占比为 83.33%。北交所 11 月 15 日开市当日有 81 只股票交易，其中 10 只新股均为直接定价发行，可见直接定价是目前最受北交所上市企业青睐的定价方式。那么对于后续有意在北交所上市的企业，直接定价、询价、竞价三大 IPO 发售机制，哪个才是最佳选择呢？

现有北交所上市公司大部分选择直接定价方式的理由不难理解，因为北交所服务的中小企业多数具有公司体量小、融资规模小、融资时效性强的特点，直接定价发行既符合发行人的价格预期，又能保证发行成功率，是阶段性的最优选择。但其弱点在于承销商和发行人在定价时无法充分获取相关的定价和市场需求信息，市场化程度低、价格发现能力弱，且对承销机构的定价能力有较高要求。

网上竞价则能够最接近市场价格，发行人通常能够募集更多的资金用于生产经营等，但是网上竞价可能出现定价过高或过低的问题，对发行人来说存在一定的风险。因此如果发行人预计其所面向的专业机构投资者数量较多、且公司本身信息披露质量较高，一定程度能够避免前述定价过高或过低问题的话，可以选择网上竞价发行。北交所开市交易后，更大体量、更多类型的投资者将参与进来，我们也期待网上竞价案例的诞生。

询价发行的优点在于参与询价的网下投资者通常具备丰富的投资经验和良好的定价能力，有利于寻找均衡价格，挖掘市场需求，降低承销风险，但无法避免的是，询价发行的发行成本高、发行周期长，可能影响融资实效性，且对承销机构的执业能力要求较高。

综上，对于申请在北交所 IPO 上市的企业来说，可以综合考虑企业体量大小、经营模式、业务方向、潜在投资者的主要类型、承销机构的执业能力等各方面的因素，确定适合自己的发行定价方式。

问40 怎样确定发行价格?

根据《发行承销管理细则》及《发行承销实施细则》的规定,公司公开发行股票并在北交所上市,可以通过与主承销商自主协商直接定价、合格投资者网上竞价或网下询价等方式确定发行价格,并且应当在发行方案中说明本次发行采用的定价方式,在发行公告和经中国证监会注册后公司公告的招股说明书中披露。

一、询价发行

拟上市公司采取询价方式确定发行价格的,承销商应当向网下投资者提供投资价值研究报告,投资价值研究报告应当说明估值区间与历史交易价格和历史发行价格的偏离情况及原因。历史交易价格,是指企业本次申请公开发行前6个月内最近20个有成交的交易日的平均收盘价。历史发行价格,是企业指本次申请公开发行前一年内在全国股转系统历次股票发行的价格。

参与询价的网下投资者应在中国证券业协会注册,符合中国证券业协会规定条件,并已开通北交所交易权限,且具备丰富的投资经验和良好的定价能力,应当接受中国证券业协会的自律管理,遵守中国证券业协会的自律规则。拟上市公司和主承销商可以自主协商设置网下投资者的具体条件并预先披露。主承销商应当对网下投资者是否符合预先披露的条件进行核查,对不符合条件的投资者,应当拒绝或剔除其报价。

参与询价的网下投资者报价应当以其管理的配售对象为单位进行报价,报价包括每股价格和对应的拟申购股数,每个配售对象只能申报一个报价,同一网下投资者全部报价中的不同拟申购价格不得超过三个。投资者报价后,拟上市公司和主承销商应当剔除拟申购总量中报价最高的部分,并根据剩余报价及拟申购数量协商确定发行价格。但剔除部分不得低于所有网下投资者拟申购总量的5%，或因剔除导致拟申购总量不足的，相应部分可不剔除。另外，网下投资者拟申购总量超过网下初始发行量15倍的，剔除部分不得低于所有网下投资者拟申购总量的10%。

拟上市公司和主承销商确定的发行价格超过历史交易价格或历史发行价格一倍，或超过网下投资者有效报价剔除最高报价部分后的中位数或加权平均数的，应当至少在申购日一周前发布投资风险特别公告。询价发行的时间安排见图2-3。

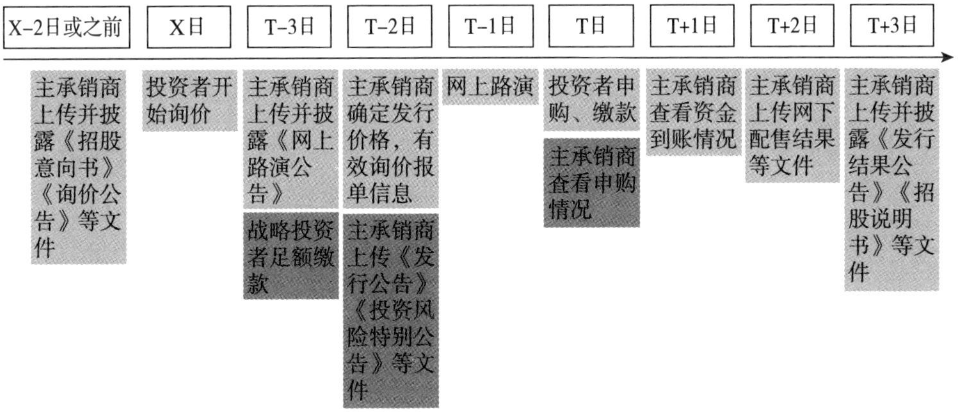

图2-3 询价发行的时间安排

二、竞价发行

拟上市公司采取竞价方式确定发行价格的，承销商应当提供投资价值研究报告并公开披露。投资价值研究报告应当说明估值区间与历史交易价格和历史发行价格的偏离情况及原因。申报价格时，除企业及其股东、实际控制人、董事、监事、高级管理人员和其他员工等利益关联人之外的投资者均可参与申购。每个投资者只能申报一次。申购信息应当包括每股价格和对应的拟申购股数。企业和主承销商可以设置最低申购价格并在发行公告中予以披露，投资者申报的每股价格不得低于最低申购价格。

对于价格的确定机制，拟上市公司和主承销商应当在发行公告中披露。投资者有效申购总量小于或等于网上发行数量且已设置最低申购价格的,发行价格为最低申购价格;未设置最低申购价格的,发行价格为投资者的最低报价。

投资者有效申购总量大于网上发行数量的,拟上市公司和主承销商可以选择下列方式之一确定发行价格:其一,剔除最高报价部分后,将投资者申购报单按照价格从高到低排序计算累计申购数量,当累计申购数量达到网上发行数量或其一定倍数时,对应的最低申购价格为发行价格;但剔除部分不得低于拟申购总量的5%,或因剔除导致拟申购总量不足的,相应部分可不剔除;另外,拟申购总量超过网上发行数量15倍的,剔除部分不得低于拟申购总量的10%。其二,按照事先确定并公告的方法(加权平均价格或算数平均价格)计算申购报单的基准价格,以0.01元为一个价格变动单位向基准价格上下扩大价格区间,直至累计申购数量达到网上发行股票数量或其一定倍数,较低的临界价格为发行价格。报价在上下两个临界价格以内(含临界价格)的投资者为有效报价投资者。拟上市公司和主承销商可以在竞价申购结束后根据申购情况协商确定剔除比例和累计申购倍数。投资者有效申购总量小于或等于网上发行数量的,向投资者按有效申购数量配售股票。投资者有效申购总量大于网上发行数量的,向有效报价投资者按比例配售股票。

对于拟上市公司采用竞价方式确定发行价格的,全部向网上投资者发行,不进行网下询价和配售。竞价发行的时间安排见图2-4。

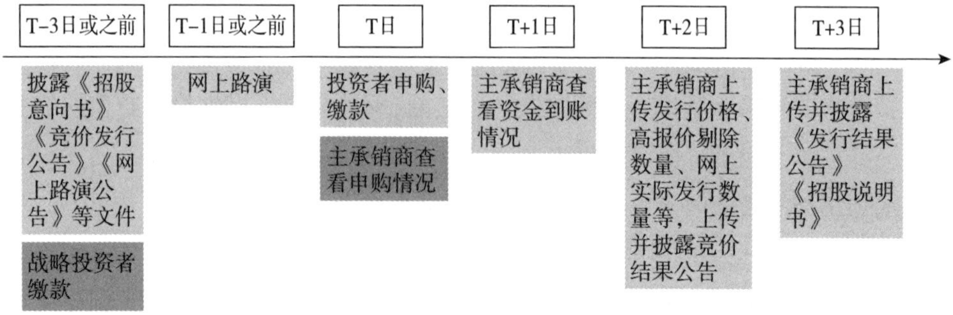

图2-4 竞价发行的时间安排

三、直接定价发行

根据《发行承销管理细则》第 9 条的规定，拟上市公司采用直接定价方式确认发行价格的，全部向网上投资者发行，不进行网下询价和配售。

拟上市公司与主承销商应当结合发行人所属行业、市场情况、同行业公司估值水平等因素审慎确定发行价格，并在招股文件和发行公告中披露。

拟上市公司和主承销商确定的发行价格超过历史交易价格或历史发行价格一倍，或超过网下投资者有效报价剔除最高报价部分后的中位数或加权平均数的，应当至少在申购日一周前发布投资风险特别公告。直接定价发行的时间安排见图 2－5。

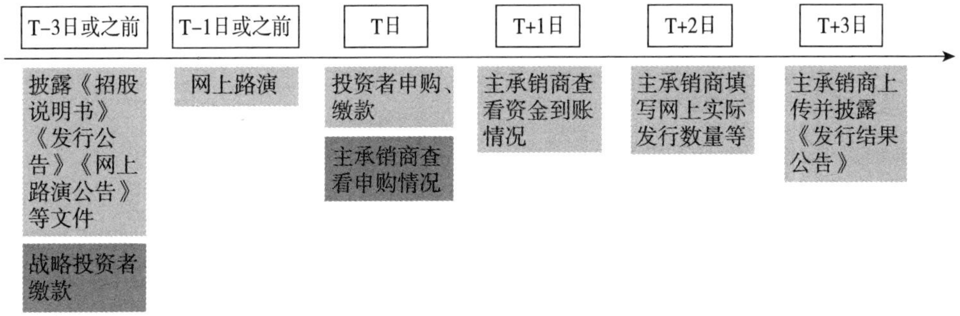

图 2－5　直接定价发行的时间安排

据相关媒体数据统计，①截至 2021 年 11 月 1 日，68 家精选层挂牌公司中，采取网下询价发行的共 38 家，占比 55.88%；采取直接定价发行的共 30 家，占比 44.12%，二者占比相差不大。不过，2021 年以来新挂牌的 27 家精选层挂牌公司中，仅有 5 家采取网下询价发行，占比仅 18.52%，平均发行市盈率 22.42 倍；采取直接定价发行的共 22 家，占比 81.48%，平均发行市盈率 19.26 倍。可见，2021 年以来，精选层挂牌公司更加青睐于选择直接定价的发行定价方式。

---

① 参见吕校宇：《北交所明确三种发行定价方式　专家：网上竞价案例或将诞生》，载证券日报网，http://epaper.zqrb.cn/html/2021－11/02/content_780455.htm。

问 41 公司怎么配合做好路演工作？

路演译自英文roadshow，是国际上广泛采用的证券发行推广方式，指拟上市公司及承销机构在发行证券前针对机构投资者的推介活动。活动中，公司向投资者就公司的业绩、产品、发展方向等作详细介绍，充分阐述上市公司的投资价值，让准投资者们深入了解具体情况，并回答机构投资者关心的问题。路演的目的是促进投资者与拟上市公司之间的沟通和交流，以保证股票的顺利发行。在海外股票市场，拟上市公司和承销机构要根据路演的情况决定发行量、发行价和发行时机。

一、明确路演的目的

谈及路演的开展，则不得不明晰路演的意义，即为什么要路演，路演的目的是什么，路演能为公司带来什么好处等，只有明确了路演的意义，公司在开展路演时才会有目标和方向，进而促使路演工作达到预期的目标。

路演的目的是促进投资者与股票拟上市公司之间的沟通和交流，以保证股票的顺利发行。网上路演则是借助强大的互联网技术支持，以实时、开放、交互的网络优势实现投融资双方充分的网上互动交流和新闻发布。在资本市场，双方则要依靠路演实现以下目的：其一，对投资者的需求情况进行调查，以此作为确定股票的发行量、发行价和发行时机的依据，并确保能够做到在重点区域，针对重点投资人进行股票销售。其二，让投资者了解拟上市公司的情况，并对此作出价格的判断。其三，通过制订销售计划，让投资者之间形成竞争，以此提高对股票价格的评估。其四，为拟上市公司与投资者良好关系的建立与保持打下坚实的基础。拟上市公司的路演要求主要依据中国证监会于2018年6月发布的《首次公开发行股票承销业务规范》及2021年9月发布的《注册制下首次公开发行股票承销规范》。

二、选择路演的方式

拟上市公司的路演形式分为两种:一种是线下路演,主要通过活动专场与投资人进行面对面的演讲交流;另一种是线上路演,主要通过电话、视频会议、互联网等合法合规的方式进行。路演可以是公开的,也可以是不公开的,采用公开方式进行路演推介的,应当事先披露举行时间和参加方式。路演推介期间,拟上市公司和主承销商与投资者任何形式的见面、交谈、沟通,均视为路演推介。

(一)线下路演

通常而言,路演的主要形式是举行推介会。在推介会上,拟上市公司向投资人就公司的业绩、产品、发展方向等作出详细的介绍,使投资者对投资对象有更深入的了解,并回答机构投资者所关心的问题。

拟上市公司采取线下路演时,应当根据项目实际发行情况,预留充裕时间并合理安排路演推介工作。

(二)线上路演

随着网络技术的发展,这种传统的路演同时搬到了互联网上,出现了网上路演,即借助互联网的力量来推广。网上路演是网上互动交流模式和新闻发布模式,网上路演的形式已由最初的新股推介演绎为业绩推介、产品推介、上市抽签、上市仪式直播、重大事件实时报道等多种形式。现如今,在我国网上路演已成为上市公司新股推介的重要形式,也是北交所上市的主要路演方式。

根据《首次公开发行股票承销业务规范》的规定,发行企业和主承销商应当至少采用互联网方式向公众投资者进行公开路演推介,路演时不得屏蔽公众投资者提出的与本次发行相关的问题。

三、路演的准备

拟上市公司公开路演前，应先通过交易所审核、并经中国证监会同意注册、依法刊登招股意向书或招股说明书。拟上市公司申请文件受理后至发行申请经交易所审核通过并获中国证监会同意注册、依法刊登招股意向书或招股说明书前，承销机构不得自行或与拟上市公司共同采取任何公开或变相公开方式进行与股票发行相关的推介活动，也不得通过其他利益关联方或委托他人等方式进行相关活动。但在注册申请文件受理后，发行人和承销机构可以与拟参与战略配售的投资者进行一对一路演推介。

拟上市公司采用公开方式进行路演推介的，应当事先披露举行时间和参加方式。路演开始前，拟上市公司和主承销商应当履行事先告知程序，向战略投资者说明路演推介的纪律要求及事后签署路演推介确认书的义务，战略投资者对此无异议的，方可进行路演推介。

拟上市公司和主承销商采用现场、电话、视频会议、互联网等合法合规的方式进行路演推介时，除发行人、主承销商、投资者及见证律师之外，其他与路演推介工作无关的机构与个人不得进入会议现场，不得参与发行人和主承销商与投资者的沟通交流活动。

拟上市公司进行路演前需要准备的工作包括：专业精美的企业推介画册（中/英文）、招股说明书（中/英文）、研究报告（产品技术分析/市场分析/募集资金可行性分析报告）、发行公司文件封套（中/英文）、幻灯片和幻灯彩册（中/英文）、企业推广录像带（中/英文）、礼品、文件礼品袋等资料；活动场所及活动所需器材、展板、图片、背景牌和横条、度牌、同声翻译器材，以及演讲者的名牌、名片、名套、胸花等。

拟上市公司还应当聘请参与网下发行与承销全程见证的律师事务所在路演推介活动前对发行人管理层、参与路演的工作人员和证券分析师等进行培训，强调发行人对外宣传资料的口径，包括宣传材料与发行人实际情况的一致性、不允许透露公开资料以外的信息、不允许存在夸张性描述等。主承销商应当要求律师事务所出具培训总结,并督促律师事务所勤勉尽责。

四、路演的内容

路演推介内容不得超出中国证监会及交易所认可的公开信息披露范围是路演的大前提。拟上市公司进行一对一路演推介的,可向投资者介绍公司、行业的基本情况。路演的内容应当以确切的事实为依据,不得夸大宣传或以虚假广告等不正当手段诱导、误导投资者;不得以任何方式发布报价或定价信息;不得阻止符合条件的投资者报价或劝诱投资者报高价;不得口头、书面向投资者或路演参与方透露未公开披露的信息,包括但不限于财务数据、经营状况、重要合同等重大经营信息及可能影响投资者决策的其他重要信息。

拟上市公司和主承销商的相关路演推介材料应当由律师事务所进行事前审核,确保宣传材料的合法合规性,不能超出相关规定限定的公开信息的内容及范围。主承销商应当要求律师事务所对路演推介材料出具明确的审核确认意见。

总体来说,公司上市路演是国内外诸多企业实现融资的魅力秀。拟上市公司通过路演,可以实现与投资人的零距离对话、平等交流、专业切磋,促进项目与投资人的充分沟通和深刻了解。在路演中,拟上市公司一旦获得投资人的青睐,就能帮助公司快速定价并公开发行股票;相反,如果搞砸路演,股票卖不出去,企业家的上市梦想可能因此无法实现。

问 42 拟上市公司在资金募集到位后、上市前还要做些什么?

拟上市公司在经过路演与定价后,便确定了发行价格、发行股票数量及投资者人数。根据《发行承销管理细则》第 10 条的规定,投资者应当按照拟上市公司和主承销商的要求,在申购时全额缴付申购资金、缴付申购保证金或以其他方式参与申购。在投资者申购完成,主承销商收到中登公司北京分公司划转的认购资金后,在将扣除承销费用后划转至拟上市公司指定的银行账户。至此,拟上市公司的募集资金算是筹集到位,下一步便是向北交所申请上市,拟上市公司在募集资金到位后到交易所上市前还有一些工作需要完成。

一、会计师事务所验证资金

根据《发行承销管理办法》第20条的规定,投资者申购缴款结束后,拟上市公司和主承销商应当聘请具有证券、期货相关业务资格的会计师事务所对申购和募集资金进行验证,并出具验资报告。这个会计师事务所惯常是给公司做上市审计和鉴证服务的会计师事务所。

二、上市律师出具法律意见书

根据法律规定,“股票发行上市”必须委托律师,而且必须是专业的律师才能够胜任这一项工作,因为该事项涉及的法律内容繁多且复杂,“股票发行上市”也影响到不特定的多数人,影响面广且重大。《发行承销管理办法》也明确规定在投资者申购缴款结束后,拟上市公司应当聘请律师事务所对网下发行过程、配售行为、参与定价和配售的投资者资质条件及其与发行人和承销商的关联关系、资金划拨等事项进行见证,并出具专项法律意见书,这个律师一般由为公司提供上市服务的律师担任。

三、向中登公司申报数据

根据《上市指南第2号——发行与上市》的规定,发行完成后,如果存在余股的,还应当在T+3日向中登公司北京分公司申报余股登记(T为申购日);如存在战略投资者的,同样应在T+3日向中登公司北京分公司申报。

四、向交易所申请上市

根据《上市指南第 2 号——发行与上市》的要求，T+3 日及以后，主承销商需在 BPM 系统"发行承销——上市申请"模块提交上市申请书、更新后的上市保荐书、验资报告、重大事项专项报告(如有)、法律意见书等文件。北交所对上述文件进行审查确认后，向发行人出具同意其股票在北京证券交易所上市的函。

如拟上市公司挂牌期间已发行优先股、可转换为股票的公司债券或其他证券并在全国股转系统挂牌转让的，拟上市公司应在上市申请书中一并申请其发行的优先股、可转换为股票的公司债券或其他证券在北交所挂牌交易。

第六章

Chapter Six

上　　市

问 43 北交所的上市条件是什么？

上市包含广义和狭义两个概念。广义的上市包含公司从向交易所提交发行上市文件到最终在交易所上市交易的整个过程，即由非上市公司向上市公司转变的全过程；而狭义的上市则专指拟上市公司经过交易所审核、中国证监会注册并发行完成后，最终在交易所上市交易的过程。本章所指的“上市”则是指狭义的上市，即股票发行完成后，在交易所上市的过程。根据法律规定，拟上市公司公开发行股票经中国证监会注册并完成发行后，便可以向北交所申请股票上市了。本部分将介绍北交所上市的条件。

一、申请上市的文件齐备

根据《上市规则》及《上市指南第 2 号——发行与上市》的要求，发行人公开发行股票经中国证监会注册并完成发行后，应当提交下列文件向北交所提出股票上市申请：(1)上市申请书；(2)中国证监会同意注册的决定；(3)更新后的上市保荐书；(4)公开发行结束后，符合《证券法》规定的会计师事务所出具的验资报告；(5)中登公司北京分公司出具的股票登记相关文件；(6)法律意见书；(7)保荐机构关于办理完成限售登记及符合相关规定的承诺；(8)公开发行后至上市前，按规定新增的财务资料和有关重大事项的说明(如适用);(9)北交所要求的其他文件。

交易所将会在收到发行人完备的上市申请文件后5个交易日内,作出是否同意上市的决定,经交易所对申请上市的文件审查确认后同意上市的,公司即取得交易所出具的同意股票在交易所上市的函。

二、拟上市公司仍然符合发行条件

根据《上市规则》第2.2.3条的规定,上市公司申请股票在北交所上市时仍应当符合相应的发行条件。可见,拟上市公司在向交易所申请股票上市时,交易所仍需再次进行审核,核查在申请上市时发行人是否仍然满足发行条件,因此即使已经"过会",或已经取得中国证监会的同意注册批文,拟上市公司及中介机构仍应当持续关注公司发生的重大事项,尤其是可能导致拟上市公司不符合发行条件、上市条件及信息披露要求的情形。

根据《审核规则》第45~49条的规定,(1)北交所受理发行上市申请后至股票上市交易前,发生重大事项的,发行人及其保荐机构应当及时向北交所报告,并按要求更新发行上市申请文件。发行人的保荐机构、证券服务机构应当持续履行尽职调查职责,并向北交所提交专项核查意见。(2)上市委审议会议后至股票上市交易前,发生重大事项,对发行人是否符合发行条件、上市条件或者信息披露要求产生重大影响的,审核机构经重新审核后决定是否重新提交上市委审议。重新提交上市委审议的,应当向中国证监会报告,并按照《审核规则》的相关规定办理。(3)中国证监会作出注册决定后至股票上市交易前,发生重大事项,可能导致发行人不符合发行条件、上市条件或者信息披露要求的,发行人应当暂停发行;已经发行的,暂缓上市。北交所发现发行人存在上述情形的,有权要求发行人暂缓上市。发行人及其保荐机构应当将上述情况及时报告北交所并作出公告,说明重大事项相关情况及发行人将暂停发行、暂缓上市。北交所经审核认为相关重大事项导致发行人不符合发行条件、上市条件或者信息披露要求的,将出具明确意见并向中国证监会报告。(4)北交所受理发行上市申请文件后至发行人股票上市交易前,发行人及其保荐机构应当密切关注公共媒体关于发行人的重大报道、市场传闻。相关报道、传闻与发行人信息披露存在重大差异，所涉事项可能对发行人股票上市产生重大影响，发行人及其保荐机构应当向北交所作出解释说明，并按规定履行信息披露义务；保荐机构、证券服务机构应当进行必要的核查并将核查结果向北交所报告。(5)北交所受理发行上市申请文件后至发行人股票上市交易前，北交所收到与发行人发行上市相关投诉举报的，可以就投诉举报涉及的事项向发行人及其保荐机构、证券服务机构进行问询，要求发行人及其保荐机构作出解释说明，并按规定履行信息披露义务；要求保荐机构、证券服务机构进行必要核查并将核查结果向北交所报告。

三、不存在中止或终止审核上市的情形

根据《审核规则》第50条的规定，出现下列情形之一的，发行人、保荐机构和证券服务机构应当及时报告北交所，北交所中止发行上市审核：(1)发行人及其控股股东、实际控制人涉嫌贪污、贿赂、侵占财产、挪用财产或者破坏社会主义市场经济秩序的犯罪，或者涉嫌欺诈发行、重大信息披露违法或其他涉及国家安全、公共安全、生态安全、生产安全、公众健康安全等领域的重大违法行为，被立案调查或者被司法机关立案侦查，尚未结案的；(2)发行人的保荐机构或者签字保荐代表人以及律师事务所、会计师事务所等证券服务机构或者相关签字人员因公开发行股票并上市、上市公司证券发行、并购重组业务涉嫌违法违规，或者其他业务涉嫌违法违规且对市场有重大影响，正在被中国证监会立案调查，或者正在被司法机关侦查，尚未结案的；(3)发行人的保荐机构以及律师事务所、会计师事务所等证券服务机构被中国证监会依法采取限制业务活动、责令停业整顿、指定其他机构托管、接管等措施，或者被北交所实施一定期限内不接受其出具的相关文件的纪律处分，尚未解除的；(4)发行人的签字保荐代表人、签字律师、签字会计师等中介机构签字人员被中国证监会依法采取认定为不适当人选等监管措施或者证券市场禁入的措施，或者被北交所实施一定期限内不接受其出具的相关文件的纪律处分，尚未解除的；(5)发行上市申请文件中记载的财务资料已过有效期，需要补充提交的；(6)发行人及保荐机构主动要求中止审核，理由正当并经北交所同意的；(7)北交所规定

的其他情形。

《审核规则》第 53 条规定，出现下列情形之一的，北交所将终止审核，通知发行人及其保荐机构：(1)发行人撤回申请或者保荐机构撤销保荐；(2)发行人的法人资格终止；(3)发行上市申请文件被认定存在虚假记载、误导性陈述或者重大遗漏；(4)发行上市申请文件内容存在重大缺陷，严重影响投资者理解和北交所审核；(5)发行人未在规定时限内回复北交所审核问询或者未对发行上市申请文件作出解释说明、补充修改；(6)上段所述的 7 种中止审核情形未能在三个月内消除，或者未能在出现上述第 2 项至第 4 项情形后及时更换保荐机构或者证券服务机构并在三个月内完成尽职调查，重新出具相关文件，并对原保荐机构或者证券服务机构出具的文件进行复核，出具复核意见，对差异情况作出说明，或者新更换的保荐代表人或者相关签字人员未能自中止审核之日起一个月内对原保荐代表人或者相关人员签字的文件进行复核，出具复核意见，对差异情况作出说明，或者未能在出现上述第 5 项至第 6 项情形并中止审核后的三个月内补充提交有效文件或者消除主动要求中止审核的相关情形的；(7)发行人拒绝、阻碍或逃避北交所依法实施的检查、核查；(8)发行人及其关联方以不正当手段严重干扰北交所审核工作；(9)北交所审核认为发行人不符合发行条件、上市条件或信息披露要求。

综上所述，只有在拟上市企业已经满足了申请上市的前置性程序，准备好相应文件，并且仍然符合发行上市的实质性条件，且不存在中止或终止上市审核的情况时，才真正符合交易所最终的上市条件。

问 44　上市需要履行什么程序？

发行人完成发行并满足北交所上市条件后，拟上市公司便可启动股票上市的具体操作程序。

一、取得同意发行人股票在北交所上市的函

根据《上市指南第2号——发行与上市》的规定，T+3日（T日为申购日）及以后，主承销商需在BPM系统（北交所业务支持平台）提交上市申请书、更新后的上市保荐书、验资报告、重大事项专项报告（如有）、法律意见书等文件。北交所对上述文件进行审查确认后，向发行人出具同意其股票在北交所上市的函。

发行人挂牌期间已发行优先股、可转换为股票的公司债券或其他证券并在全国股转系统挂牌转让的，发行人应在上市申请书中一并申请其发行的优先股、可转换为股票的公司债券或其他证券在北交所挂牌交易。

二、股票在北交所上市的具体流程

（一）L－3日（L日为在北交所上市日）

发行人取得同意其股票在北交所上市的函后，于L－3日在BPM系统上传"《向不特定合格投资者公开发行股票并在北京证券交易所上市提示性公告》《向不特定合格投资者公开发行股票并在北京证券交易所上市公告书》《公司章程》以及重大事项确认函、中登公司北京分公司出具的股份登记相关文件"。

对于发行人为全国股转系统挂牌公司且采取做市交易方式的股票，全国股转系统进行做市商退出做市操作，同时将做市商股票划转信息发送中登公司办理股票划转。

（二）L日

中登公司北京分公司向发行人出具登记证明材料，发行人股票在北交所上市交易。

(三)L+10日内

股票上市交易后10日内,主承销商应当在BPM系统上传承销总结报告、专项法律意见书、承销补充协议(如有)、承销团补充协议(如有)、其他文件(如有)等文件,经北交所确认,点击完成归档。

如存在超额配售选择权的情形,主承销商在超额配售选择权行使期届满或者累计购回股票数量达到超额配售选择权发行股票数量限额的10日内,应当上传前款所列文件以及超额配售选择权的实施情况报告、超额配售股票募集资金买入股票的完整记录,经北交所确认,点击完成归档。至此,北交所的上市流程全部走完,公司的股票即可以在北交所交易了。

问45 公司上市的当天都有哪些事?

经历过漫长上市之路的层层检验和磨砺,此时的企业仿佛一艘结构精良、焕然一新的超级舰艇,载着满满的能量和高昂的士气,向着资本市场的海洋蓄势待发,准备去迎接更大的挑战和机遇。只等嘹亮的号角声响起,超级舰艇便乘风破浪启航——这嘹亮的号角,就是公司上市当天洪亮的"敲钟声"。

一、敲钟前的准备

敲钟前的冲刺。虽然"敲钟"只有短暂的一刻,但是在中介机构的支持和配合下,上市公司必须紧锣密鼓地在敲钟前十几个交易日完成拿批文、路演、申购、配售、股份登记、上市申请这些饱和又细致的工作,这是敲钟前的最后冲刺,这也是"敲钟"、启航前,对公司上市工作最后一次全面的检核。

通知与会人员。交易所会提前告知公司和保荐机构上市仪式的启动时间，因此，公司应会在拿到交易所安排后的第一时间邀请见证嘉宾和致辞领导，以便提早敲定出席人员的行程。敲钟前，公司务必提前确定好致辞人选、敲钟人选以及上台人员的站位，以免临时手忙脚乱。

举办答谢宴。上市公司通常会在上市仪式的前一日举办一场盛大的上市答谢宴，以感谢公司从设立到上市期间共同付出心血和努力的参与者和支持者，包括地方领导、行业大咖、投资人、中介机构等。答谢宴通常会设置走红毯环节，与会宾客纷纷盛装出席走过红毯，在签名墙上署下自己的大名并拍照留影。宴会开始后，先由公司领导致欢迎词，再由邀请嘉宾发言祝贺，祝贺并感恩一路走来共同奋战的战友和同伴。与上市仪式上的正式发言相比，此时更是宾主之间的倾诉分享和真情流露。答谢宴常常穿插着员工才艺表演、抽奖等精彩又丰富的环节，充满了欢声笑语。

二、上市仪式上的"钟声"

等待钟声。上市这一天，交易所将为上市公司举行隆重的上市仪式，"敲钟"（也有敲锣）则是上市仪式上最隆重的环节，大家会披上代表胜利的红色围巾，庄严而肃穆地等待钟声响起。

领导致辞。上市仪式上，上市公司董事长作为必要发言人，向参会人员讲述公司的发展历程，并对各位在座嘉宾表示感谢。公司会邀请地方领导或行业领导发言，领导们对公司上市表示祝贺，同时简要介绍地区经济及行业发展，为当地招商引资。此外，公司还会邀请投资人代表发言，投资人代表常常回忆当初投资公司时的愿景和目标，与参会人员分享成功投资的喜悦。

钟声敲响。上市仪式的议程进展到交易所约定的敲钟时间，身披红围巾的敲钟人员一同走上台，举起红色的钟锤，用力敲响巨钟。这时，交易所大屏幕上显示企业代码和股本、股价、发行价、开盘价、成交量等股票行情。钟声敲响的那一刻，宣布了公司历史阶段结束、历史使命圆满完成，公司迎来上市后的全新发展阶段。对于上市公司的全体成员，以及在公司上市筹备之路上投入过大量心血和汗水的每位外部人士，这一天都值得深深铭记。

第三篇 审核要点

IPO上市100问

Part Three

第一章
Chapter One
主体资格

问 46 如何规范拟上市公司中的工会、职工持股会？

工会、职工持股会是特殊历史时期的产物，多存在于20世纪八九十年代改制的企业，当时缺少必要的法律法规，导致企业超范围、超比例发行内部职工股的情况盛行。如拟上市公司的工会、职工持股会的自然人股东人数太多，则存在工会、职工持股会的规范问题，需要采取不同的方式妥善处理。

一、工会、职工持股会的历史

（一）工会、职工持股会的产生背景

20世纪80年代末，工会或职工持股会伴随国企产权制度的改革应运而生，是政企分配结构调整深化的结果。在我国不同地域，根据经济发展水平以及出台的不同政策，产生了北京模式、上海模式、山西模式，它们的工会或职工持股会持股的模式也有所区别。北京模式下，工会、职工持股会由企业职工自愿组成，且经核准登记为社团法人，以北京、青海为代表；上海模式下，职工组成工会或职工持股会后，仅作为企业内部组织，不进行核准登记，以上海、江苏为代表；山西模式下，工会、职工持股会采用企业法人形式，以山西为代表。三种模式的共同之处是：第一，

每个企业只能设立一个工会或职工持股会；第二，持有内部职工股的职工通过工会、职工持股会按其投入的资金额享有出资者的投资收益、行使决策权及其他股东权利；第三，工会、职工持股会以其全部出资额为限对公司承担责任，持有内部职工股的职工以其出资额为限对工会、职工持股会承担责任；第四，工会、职工持股会的资金，仅限于购买本公司的股份，不得设立企业，不得用于购买社会其他企业发行的股票、债券等有价证券，也不得对外进行投资。

（二）工会、职工持股会的相关规定

工会、职工持股在我国的发展历经四个阶段：试点阶段（1994～1995年）、推广阶段（1995～1998年）、限制阶段（1998～2000年）及清理阶段（2000年至今），不同阶段出台了不同的规定，具体如下：

1. 1994年6月18日，国务院发布《对〈外经贸股份有限公司内部职工持股试点暂行办法〉的批复》（国函〔1994〕54号），经国务院批准，外经贸企业进行股份有限公司内部职工持股试点工作。

2. 1997年10月6日，当时的民政部、对外贸易经济合作部（现已变更）、国家经济体制改革委员会（现已变更）和国家工商行政管理局（现已变更）颁布《关于外经贸试点企业内部职工持股会登记管理问题的暂行规定》（民社发〔1997〕28号，该规定已被2001年8月22日实施的《中华全国总工会、对外贸易经济合作部、国家工商行政管理总局关于外经贸试点企业内部职工持股会登记暂行办法》废止），各地民政部门开展外经贸试点企业内部职工持股会的登记管理工作，确定职工持股会经依法登记后取得社会团体法人资格。

3. 2000年7月6日，民政部办公厅印发《关于暂停对企业内部职工持股会进行社团法人登记的函》（民办函〔2000〕110号，该文件已被2010年12月27日实施的《民政部公告第193号——民政部关于清理本部门规章、规范性文件的公告》废止）确定，由于职工持股会属于单位内部团体，不应再由民政部门登记管理，各地民政部门暂不对企业内部职工持股会进行社团法人登记。

4. 2000年12月11日，中国证监会发布《关于职工持股会及工会能否作为上市

公司股东的复函》(法律部〔2000〕)24 号)回复,职工持股会不能成为公司的股东,同时认为,工会作为上市公司的股东与其身份及设立和活动宗旨不一致,可能会对工会正常活动产生不利影响,因此暂不受理工会作为股东或发起人的公司公开发行股票的申请。

5. 2002 年 11 月 5 日,中国证监会发布《中国证券监督管理委员会法律部关于职工持股会及工会持股有关问题的法律意见》(法协字〔2002〕第 115 号),对与发行申请人有关的工会或职工持股会持股分三种情形处理:(1)对已上市公司而言,在受理其再融资申请时,应要求发行人的股东不存在职工持股会及工会。如存在的,应要求其按照法律部〔2000〕24 号文要求规范;(2)对拟上市公司而言,受理其发行申请时,应要求发行人的股东不属于职工持股会及工会持股。同时,应要求发行人的实际控制人不属于职工持股会及工会持股;(3)对于工会或职工持股会持有拟上市公司或已上市公司的子公司股份的,可以不要求其清理。

6. 2020 年 10 月 30 日,中国证监会发布《非上市公众公司监管指引第 4 号——股东人数超过 200 人的未上市股份有限公司申请行政许可有关问题的审核指引》,对股份代持及间接持股作出如下规定:(1)一般规定。股份有限公司股权结构中存在工会代持、职工持股会代持、委托持股或信托持股等股份代持关系,或者存在通过“持股平台”间接持股的安排以致实际股东超过 200 人的,在依据本指引申请行政许可时,应当已经将代持股份还原至实际股东、将间接持股转为直接持股,并依法履行了相应的法律程序。(2)特别规定。以依法设立的员工持股计划以及已经接受证券监督管理机构监管的私募股权基金、资产管理计划和其他金融计划进行持股,并规范运作的,可不进行股份还原或转为直接持股。

二、如何规范工会或职工持股会?

(一)发行人对工会或职工持股会持股的规范方式

拟上市公司如果存在工会、职工持股会持股或者自然人股东人数较多的情形,需要从公司发行上市的条件考虑,做到股权清晰、控制权稳定,即控股股东和受控股股东、实际控制人支配的股东持有的发行人股份不存在重大权属纠纷，具体应作出如下处理。

1. 基本处理原则。如果发行人控股股东或实际控制人存在职工持股会或工会持股情形的，应当予以清理。

2. 针对间接股东的处理方式。如果发行人间接股东存在职工持股会或工会持股情形，如不涉及发行人实际控制人控制的各级主体，发行人不需要清理，但应予以充分披露。

3. 针对子公司的处理方式。如果工会或职工持股会持有发行人子公司股份，经保荐机构、发行人律师核查后认为不构成发行人重大违法违规的，发行人不需要清理，但应予以充分披露。

（二）清理工会、职工持股会持股的方式

实践中关于工会、职工持股会持股清理的问题，一般有三种方式可以选择。第一种方式为工会、职工持股会将股权转让给公司的大股东或其他股东，股权转让款按照持股比例分配给职工，清理后职工不再对公司享有股东权益。第二种方式为设立一个或多个公司，或者设立合伙企业，作为股东平台受让工会、职工持股会所持的职工股权，人员和所持份额比例均不发生变化。此种操作办法可以解决中国证监会不认可工会、职工持股会的股东资格问题，也可以维持人员的稳定，减少纠纷的发生。第三种方式为工会、职工持股会将所持股权量化给每个职工个人，职工可通过确权之诉的方式实现权利，确权后再决定是否进行股权转让，以此避免重复征税的问题。

长江润发机械股份有限公司（现名称为“长江润发健康产业股份有限公司”，证券简称：长江健康，股票代码：002435）于2010年申请IPO上市之前，就曾对其公司及控股股东长江润发集团有限公司（以下简称润发集团）工会、职工持股会持股情况进行清理。具体操作[①]如下。

① 参见长江润发机械股份有限公司：《首次公开发行股票招股意向书》，载中国证券监督管理委员会网，http://static.cninfo.com.cn/finalpage/2010-05-25/57989701.PDF。

1. 发行人工会持股清理过程

2007 年 9 月 22 日,润发集团职工持股会召开全体职工大会(共 159 名职工)并作出决议,同意润发集团工会将其对发行人的全部出资对外转让;9 月 25 日,润发集团工会分别与 6 名自然人(均为发行人或其控股股东润发集团的员工)签署《股权转让协议书》;发行人召开股东会并作出一致同意上述出资转让的决议;9 月 28 日,发行人完成工商变更登记手续;10 月 23 日,出资转让双方完成资金交割手续,润发集团工会收到转让款 1050 万元;2009 年 6 月 29 日,江苏省人民政府对上述转让出具确认意见。

2. 发行人控股股东润发集团工会持股清理过程

2008 年 8 月初,润发集团 159 名出资职工分组成立 4 家投资公司;8 月 9 日,润发集团职工持股会召开全体出资人大会并作出决议,同意润发集团工会将所持润发集团的股权全部转让给 4 家投资公司,同意在收到全部股权转让款后解散润发集团职工持股会;8 月 12 日,润发集团工会与 4 家投资公司分别签订股权转让协议;8 月 28 日,润发集团职工持股会清算小组出具清算报告;全体 159 名出资职工全部收到应得款项并签署收款收据和确认书;8 月 29 日,润发集团完成工商变更登记手续;职工持股会召开全体出资人大会并作出决议,同意润发集团职工持股会清算小组出具的清算报告等;9 月 1 日,张家港市总工会作出批复,同意润发集团职工持股会解散并注销;2009 年 3 月 16 日,江苏省张家港市公证处向前述 159 名职工出具《公证书》,证实关于转让股权和收到清算款项的声明等原件上出资职工的签名、按捺手印均属实;2009 年 6 月 29 日,江苏省人民政府出具确认意见,确认润发集团职工持股会的设立和清算、注销履行了有关审批程序,工会代职工持股会持股并向自然人转让相关股权,有关款项已支付,资金来源正当、真实、有效,不存在纠纷和风险隐患。

三、中介机构应如何对发行人工会、职工持股会或自然人股东较多情形进行核查

保荐机构、律师等中介机构应当充分核查并协助拟上市公司依法处理好存在

工会、职工持股会持股或较多自然人股东的历史问题,以保证其符合股权清晰、控制权稳定的要求。

首先,中介机构应当充分了解工会、职工持股会形成的背景和过程,核查历史上自然人股东入股、退股是否按照当时有效的法律法规履行了相应程序。工会、职工持股会清理过程中,中介机构需要对工会、职工持股会的财务状况、清算和注销情况、历次股权转让的资金情况和决策程序(包括历次入股资金来源、历次转让股份后的资金去向、历次转让的决策程序和真实性等)、工商登记程序、受让人的资金来源进行核查,并核查入股或股权转让协议、款项收付凭证、工商登记资料、注销文件、公证文件等法律文件是否齐备,同时抽取一定比例的股东进行访谈,就相关自然人股东股权变动的真实性、所履行程序的合法性,是否存在委托持股或信托持股情形,是否存在争议或潜在纠纷发表明确意见。

其次,对于上述股东持股情况存在争议或潜在纠纷的,中介机构应对相关纠纷对发行人股权清晰稳定性的影响发表明确意见。

最后,发行人以定向募集方式设立股份有限公司的,中介机构应以有权部门就发行人历史沿革的合规性、是否存在争议或潜在纠纷等事项的意见作为其发表意见的依据。

总之,中介机构应当对存在工会股东、职工持股会的发行人进行严格核查,认真清理涉及职工的股东权益、入股、退股程序等历史问题,并按中国证监会的要求彻底规范,以保证发行人股权清晰、不存在纠纷或潜在纠纷,并据此出具发行人发行股票并上市的肯定意见。

问 47 怎么认定实际控制人?

为了保证公司能够持续、稳定地经营,公司需要有控股股东和实际控制人,并在这个实际控制人的主持下建立决策机制,设立股东会、董事会、监事会,聘请管理人员开展公司的经营管理工作，以保证公司持续经营。因此，公司的实际控制人对公司的经营管理至关重要，在公司 IPO 上市过程中需要进行核查及认定，是 IPO 审核中的重点关注问题。

一、什么是实际控制人

我国《公司法》第 216 条第 3 项规定："实际控制人，是指虽不是公司的股东，但通过投资关系、协议或者其他安排，能够实际支配公司行为的人。"《公司法》将公司控股股东排除在实控人之外，不利于考虑实际控制人处于直接投资关系中而控制公司的情况。北交所则在《上市规则》中对实际控制人进行了具体定义。《上市规则》第 12.1 条第 8 项规定，"实际控制人，是指通过投资关系、协议或者其他安排，能够支配、实际支配公司行为的自然人、法人或者其他组织"。第 12.1 条第 10 项规定，"控制，是指有权决定一个企业的财务和经营政策，并能据以从该公司的经营活动中获取利益。有下列情形之一的，为拥有上市公司控制权（有确凿证据表明其不能主导公司相关活动的除外）：1. 为上市公司持股 50% 以上的控股股东；2. 可以实际支配上市公司股份表决权超过 30%；3. 通过实际支配上市公司股份表决权能够决定公司董事会半数以上成员选任；4. 依其可实际支配的上市公司股份表决权足以对公司股东大会的决议产生重大影响；5. 中国证监会或者本所认定的其他情形"。

由此可见，北交所 IPO 上市规则已经突破了《公司法》中"虽不是公司股东"这一表述，能够更有效和实际地遏制公司控制权滥用，方便依法追究损害公司及股东合法权益的行为，将上市公司实际控制人置于监管之下。

二、发行人的实际控制人认定

实际控制人是拥有公司控制权的主体，其决策权可对公司的经营及盈利能力产生重大影响。根据拟上市公司被控制方式，可分为单一实际控制人、共同实际控制人以及无实际控制人三种类型。保荐机构、发行人律师在确定公司控制权归属时，应当本着实事求是的原则，通过对公司章程、协议或其他安排以及发行人股东大会（如股东出席会议情况、表决过程、审议结果、董事提名和任命等）、董事会（如重大决策的提议和表决过程等）、监事会及发行人经营管理的实际运作情况的核查，对实际控制人的认定发表明确意见。

（一）单一实际控制人

在 IPO 审核过程中，监管机构主要从以下几个方面认定单一实际控制人。

1. 根据投资关系，如持股 50% 以上，足以形成对公司股东会、董事会的绝对控制，则可认定其为实际控制人；如持股比例未达到 50%，则需要从历次的股东会、董事会等决议表决权、人事任免、重大事件的决定权等来考虑，如行使表决权比例超过 30%，则也可认定其为实际控制人；如公司股权结构较为分散，但某单一股东持股比例相对较大，且其能对股东会、董事会等决议行使表决权，决定公司重大的事项，则也可认定其为公司实际控制人。

2. 根据《首发问答》对问题 10 的解答，“发行人股权较为分散但存在单一股东控制比例达到 30% 的情形的，若无相反的证据，原则上应将该股东认定为控股股东或实际控制人。存在下列情形之一的，保荐机构应进一步说明是否通过实际控制人认定而规避发行条件或监管并发表专项意见：①公司认定存在实际控制人，但其他股东持股比例较高与实际控制人持股比例接近的；②第一大股东持股接近 30%，其他股东比例不高且较为分散，公司认定无实际控制人的”。

值得注意的是，当第一大股东为不参与公司经营的纯财务投资人时，则不应当认定其为实际控制人。

（二）共同实际控制人

相对于股权结构比较分散的公司，任何单一股东均无法形成对公司的控制，则可以考虑认定多人为公司的实际控制人。依据《〈首次公开发行股票并上市管理办法〉第十二条“实际控制人没有发生变更”的理解和适用——证券期货法律适用意见第1号》的规定,共同实际控制人应当符合以下条件:(1)每人都必须直接持有公司股份和/或者间接支配公司股份的表决权;(2)发行人公司治理结构健全、运行良好,多人共同拥有公司控制权的情况下不影响发行人的规范运作;(3)多人共同拥有公司控制权的情况,一般应当通过公司章程、协议或者其他安排予以明确,有关章程、协议及安排必须合法有效、权利义务清晰、责任明确,该情况在最近三年内且在首发后的可预期期限内是稳定、有效存在的,共同拥有公司控制权的多人没有出现重大变更;(4)发行审核部门根据发行人的具体情况认为发行人应当符合的其他条件。

对于共同实际控制人的认定,保荐人及律师应当提供充分的证据予以说明,否则其主张将不被监管机构认可。实务处理中,以下情形也应重点核查是否应当认定为共同实际控制人:(1)基于家庭关系形成的持有公司股份达到5%以上的股东;(2)虽未超过5%但是担任公司董事、高级管理人员并在公司经营决策中发挥重要作用的股东;(3)基于签署一致行动人协议而形成的股东联合。

需要注意的是,法定或约定形成的一致行动关系并不必然导致多人共同拥有公司控制权的情况,发行人及中介机构不应为扩大履行实际控制人义务的主体范围或满足发行条件而作出违背事实的认定。通过一致行动协议主张共同控制的,无合理理由的(如第一大股东为纯财务投资人),一般不能排除第一大股东为共同控制人。实际控制人的配偶、直系亲属,如其持有公司股份达到5%以上或者虽未超过5%但是担任公司董事、高级管理人员并在公司经营决策中发挥重要作用,保荐机构、发行人律师应说明上述主体是否为共同实际控制人。

同时,共同控制人签署一致行动协议的,应当在协议中明确发生意见分歧或纠纷时的解决机制。对于作为实际控制人亲属的股东所持的股份,应当比照实际控制人自发行人上市之日起承诺锁定期。保荐机构及发行人律师应重点关注最近三年内公司控制权是否发生变化,存在为满足发行条件而调整实际控制人认定范围嫌疑的,应从严把握,审慎进行核查及信息披露。

(三)无实际控制人

无实际控制人一般发生在公司股权结构比较分散的情况下。一般表现为:不存在超过50%以上表决权的股东，或不存在股东表决权比例超过30%、实际支配公司的股东；单个股东或董事无法对股东会、董事会行使表决权；股东之间没有签署一致行动人协议等。

拟上市公司及中介机构在判断公司实际控制人时，应从发行人股东大会及董事会决议方式、发行人历史及实际管理情况出发，重点关注公司控制权变化情况，严格、审慎地进行核查和信息披露。

三、实际控制人变更

根据《上市规则指引第1号》"1－5经营稳定性"的要求，拟上市公司应当保持主营业务、控制权、管理团队的稳定，最近24个月内实际控制人未发生变更。这是企业在北交所上市的基本要求，在前述时间内，公司实际控制人发生变更的，则拟上市公司将不符合发行上市条件。

根据《首发问答》及《上市规则指引第1号》的要求，实际控制人为单名自然人或有亲属关系的多名自然人，实际控制人去世导致股权变动，股份受让人为继承人的，通常不视为公司控制权发生变动。其他多名自然人为实际控制人，实际控制人之一去世的，保荐机构及发行人律师应结合股权结构、去世自然人在股东大会或董事会决策中的作用、对发行人持续经营的影响等因素进行综合判断。

同时，《首发问答》还对涉及股权代持情况的实际控制人认定作出了规定，"发行人、相关股东应说明存在代持的原因，并提供支持性证据。对于存在代持关系但不影响发行条件的，发行人应在招股说明书中如实披露，保荐机构、发行人律师应出具明确的核查意见。如经查实，股东之间知晓代持关系的存在，且对代持关系没有异议、代持的股东之间没有纠纷和争议，则应将代持股份还原至实际持有人"。发行人及中介机构通常不应以股东间存在代持关系、表决权让与协议、一致行动协议等为由，认定公司控制权未发生变动。

问 48 公司上市前新增股东需要关注哪些方面?

加强发行人申报前后新增股东的核查,是监管机构“防止资本无序扩张”,防范“影子股东”违法违规“造富”问题,进一步从源头上提升上市公司质量的重要举措之一。正在面临上市审核的公司,需要慎重新增股东,以免影响公司上市。

一、上市前新增股东的情形

根据《首发问答》及中国证监会 2021 年 2 月发布的《监管规则适用指引——关于申请首发上市企业股东信息披露》的规定,上市前新增股东有两种情形。一种是申报前新增股东,是指申报前 12 个月内产生的新股东,即“突击入股”;另一种是申报后新增股东,即是指发行人递交了上市申报的材料后至正式上市发行前的这一时段新增股东。

拟上市公司在提交上市申报材料前一般不会轻易新增股东,但是由于某些特殊原因,股东也会向外转让股份,例如,基金封闭期届满,急于退出的基金将所持公司股份转出。提交上市申报资料前,股东之间还有可能以签订转让协议的方式转让股份,从而可能产生新股东。拟上市公司提交申报资料后,新增股东多由于继承、离婚、执行法院判决或仲裁裁决、执行国家法规政策要求或由省级及以上人民政府主导等原因产生。此时新增股东,无论如何也不能造成实际控制人变更,不能对公司股权结构的稳定性和持续盈利能力造成不利影响,而且新股东要承诺其所持股份在上市后有一定的锁定期。

对于北交所拟上市公司而言,由于上市前为全国股转系统创新层挂牌企业,股票已经在全国股转系统流通,大概率存在提交上市申请前 12 个月存在股东变动的情况,我们因此需要格外地重视。

二、中国证监会对发行人新增股东的态度

公司上市后其价值便会随之水涨船高，为避免知情人士或关联人员通过内幕交易等方式谋取非法利益，扰乱资本市场，拟上市公司申报上市前后新增股东的，中国证监会会重点关注，并会要求其对新增股东的情况进行充分披露。拟上市公司因申报前后新增股东而被问询的情形时有发生。

案例一：深圳华大智造科技股份有限公司被问询

中国证监会网站上发布的《深圳华大智造科技股份有限公司注册阶段问询问题》[①]中载明，公司在2020年1～6月发生多次新增股东情形，包括股权转让和新增股份。其在向中国证监会申请注册阶段被问询："请发行人说明披露2020年1～6月历次增资及股权转让(见表3－1)时，相关股东的入股价格，定价的合理性。"

表3－1 深圳华大智造科技股份有限公司历次增资及股权转让

入股形式	入股背景及原因	资金来源	支付方式	入股价格及定价依据
2020年1月，第一次增资：松禾成长、金石智娱、锲镂投资、中信并购、东证腾骏、共赢成长、东证腾骢、松禾一号、金石金汭、金石翊康、共赢一号、Green Pine、松禾四号增资进入	投资者看好发行人的发展前景以及未来增值价值	中信并购等12名股东以可转债出资，该等向智造有限发放的可转债的资金均为其自有或自筹资金。Green Pine以现金增资，资金来源为其自有或自筹资金	银行转账	按照投前估值24亿美元计算增资价格，价格公允

① 参见《深圳华大智造科技股份有限公司注册阶段问询问题》，载中国证券监督管理委员会网2021年9月22日，http://www.csrc.gov.cn/pub/newsite/fxjgb/kcbzczl/zcwxyhf/202109/t20210922_405772.html。

续表

入股形式	入股背景及原因	资金来源	支付方式	入股价格及定价依据
2020 年 4 月，第三次转让股权及第二次增资：华瞻创投将其持有的智造有限 0.2496% 股权转让给道鑫宏骏；平阳钛瑞、上海赛荟、领誉基石、青岛西海岸、青岛海控金控、上海赛领、Ascent Cheer、鼎锋华禅、领汇基石、国君共欣、广发信德、红华一号、华盖信诚、钛信一期、镇江威询、共赢一号、中洲铁城、马鞍山宏峰增资进入	投资者看好发行人的发展前景以及未来增值价值	本次交易中投资者用于增资和受让股权的资金来源为其自有或自筹资金	银行转账	按照投前估值 24 亿美元计算转让价格；按照投前估值 180 亿元计算增资价格，价格公允
2020 年 5 月，第四次股权转让及第三次增资：华瞻创投将其持有的智造有限的部分股权转让给 CPE、上海国方、华泰战新、苏州华兴、钛信一期、丰盈六号、三峡金石、平阳钛瑞、中信证券投资、金石智娱、金石金汭；湖北科投、Earning Vast、鼎锋华禅、红华一号增资进入	投资者看好发行人的发展前景以及未来增值价值	本次交易中投资者用于增资和受让股权的资金来源为其自有或自筹资金	银行转账	按照投前估值 199.15 亿元计算转让价格及增资价格，价格公允
2020 年 6 月，第五次股权转让：华瞻创投将其持有的智造有限部分股权转让给 HH SPR-XIV、松禾四号	投资者看好发行人的发展前景以及未来增值价值	本次交易中投资者用于受让股权的资金来源为其自有或自筹资金	银行转账	按照投前估值 213.50 亿元计算转让价格，价格公允
2020 年 6 月，第四次增资：天津鲲鹏、丰盈七号增资进入	投资者看好发行人的发展前景以及未来增值价值	本次交易中投资者用于增资的资金来源为其自有或自筹资金	银行转账	按照投前估值 213.50 亿元计算增资价格，价格公允

案例二:中科创达(300496)被要求补充披露信息

中国证监会发布的《中科创达软件股份有限公司首次公开发行股票并在创业板上市申请文件反馈意见》[①]载明:“申报前一年新增股东包括展讯天津、创达汇、创达立、创达信、吴某、杨某5名自然人。除杨某外,其余均为发行人员工或员工持股公司。请补充披露申报前一年入股自然人股东最近5年简历,入股价格定价依据,对应的市盈率,创达汇等3家员工持股公司中离职员工股权转让价格及定价依据,是否存在潜在纠纷,展讯天津2012年入股价格与2010年高通国际入股价格相同的原因,增资价格对应的市盈率,请补充披露发行人历次增资背景和原因,增资定价依据,是否存在股份代持、委托持股或其他利益安排情形。请保荐机构、律师发表核查意见。”

由此可见,发行人申报前后新增股东的情形,不仅在交易所审核阶段被上市委关注,而且在中国证监会注册阶段也将被证监会关注,多家拟上市公司因新增股东或股权转让问题被中国证监会问询。

三、中国证监会对发行人申报前后新增股东的核查要求

拟上市公司申报前12个月及申报后新增股东会受到中国证监会的重点关注,申报前及申报后新增股东的,具体应核查的内容有所区别。

(一)上市申报前“突击入股”的核查要求

保荐机构、发行人律师应主要考察申报前一年新增的股东,全面核查发行人新股东的基本情况、产生新股东的原因、股权转让或增资的价格及定价依据,有关股权变动是否是双方真实意思表示,是否存在争议或潜在纠纷,新股东与发行人其他

① 参见《中科创达软件股份有限公司首次公开发行股票并在创业板上市申请文件反馈意见》,载中国证券监督管理委员会网,http://www.csrc.gov.cn/pub/newsite/fxjgb/scgkfxfkyj/201505/t20150521_277577.html。

股东、董事、监事、高级管理人员、本次发行中介机构及其负责人、高级管理人员、经办人员是否存在亲属关系、关联关系、委托持股、信托持股或其他利益输送安排,新股东是否具备法律、法规规定的股东资格。发行人在招股说明书新增股东情况进行信息披露时,如新股东为法人,应披露其股权结构及实际控制人;如新股东为自然人,应披露其基本信息;如新股东为合伙企业,应披露合伙企业的普通合伙人及其实际控制人、有限合伙人的基本信息。最近一年末资产负债表日后增资扩股引入新股东的,申报前须增加一期审计。

(二)上市申报后新增股东的核查要求

拟上市公司上市申报后通过增资或股权转让产生新股东的,原则上应当撤回发行申请,重新申报。但股权变动未造成实际控制人变更,未对公司股权结构的稳定性和持续盈利能力造成不利影响,且符合下列情形的除外:新股东产生系因继承、离婚、执行法院判决或仲裁裁决、执行国家法规政策要求或由省级及以上人民政府主导,且新股东按照规定承诺股份锁定期、不上市交易(继承、离婚原因除外)。拟上市公司上市申报后产生新股东且符合上述要求无须重新申报的,应比照申报前一年新增股东的核查和信息披露要求处理。除此之外,保荐机构和发行人律师还应对股权转让事项是否造成发行人实际控制人变更,是否对发行人股权结构的稳定性和持续经营能力造成不利影响进行核查并发表意见。

四、我们的建议

拟上市公司在上市申报过程中因新增股东问题,可能被交易所、中国证监会问询,发行人及中介机构应积极应对这一问题。

(一)拟上市公司在上市申报前后应谨慎对待新增股东问题

为了公司顺利上市,应谨慎决定是否于申报前 12 个月新增股东,应尽量避免在申报后新增股东。如确有必要新增股东或者进行股权转让的，在新增股东前按照中国证监会的要求对新增股东进行“自查自纠”，保证新增股东具备成为发行人股东的资格、新增股东通过合法的方式取得拟上市公司股权、新增股东与相关人员不存在关联关系等，如拟新增的股东存在上述情况，应避免其成为发行人股东，从而影响公司的上市进程。

（二）中介机构应重点核查拟上市公司申报前后新增的股东

因新增股东被中国证监会或交易所问询的案例中，监管机构会根据个案情况，要求中介机构核查、披露新增股东的情况、新增股东行为是否合法、是否存在股份代持、委托持股或其他利益安排等情况，中介机构应遵照执行，进行全面核查并发表明确具体的意见。

问 49 契约型基金等“三类股东”如何处置？

以契约型基金（包括公募和私募）、资产管理计划（包括基金子公司资产管理计划和证券公司资产管理计划），以及以信托计划形式存在的股东合称为“三类股东”，这“三类股东”真假难辨，常常伴随明股实债、变相融资、多层嵌套、高杠杆、投资人身份不透明、穿透难等问题，背后的份额很容易在无监管情况下转让，造成实际持股结构的不稳定。同时，股权份额变动和代持行为的存在，也容易成为“三类股东”利益输送的工具。这些情形不符合《首发管理办法》第13条“发行人的股权清晰，控股股东和受控股股东、实际控制人支配的股东持有的发行人股份不存在重大权属纠纷”的规定，因此是监管部门的重点审核对象，拟上市公司及中介机构应采取特别谨慎的态度。

一、对“三类股东”的核查和披露要求

“三类股东”一段时间是公司在沪深交易所上市的实质障碍，为此，中国证监会以《首发问答》的形式，对于在全国股转系统挂牌期间形成“三类股东”而持有拟上市公司股份的，要求中介机构和发行人从以下方面核查披露相关信息：(1)中介机构应核查确认公司控股股东、实际控制人、第一大股东不属于“三类股东”。(2)中介机构应核查确认发行人的“三类股东”依法设立并有效存续，已纳入国家金融监管部门有效监管，并已按照规定履行审批、备案或报告程序，其管理人也已依法注册登记。(3)发行人应当按照首发信息披露准则的要求对“三类股东”进行信息披露。通过协议转让、特定事项协议转让和大宗交易方式形成的“三类股东”，中介机构应对控股股东、实际控制人、董事、监事、高级管理人员及其近亲属，本次发行的中介机构及其负责人、高级管理人员、经办人员是否直接或间接在该等“三类股东”中持有权益进行核查并发表明确意见。(4)中介机构应核查确认“三类股东”已作出合理安排，可确保符合现行锁定期和减持规则要求。

深交所对“三类股东”的审核要求与上述中国证监会的要求并无差异。上交所在其发布的《上海证券交易所科创板股票发行上市审核问答(二)》中，在中国证监会规定的基础之上，增加了一条要求：“发行人应根据《关于规范金融机构资产管理业务的指导意见》(银发〔2018〕106 号)披露‘三类股东’相关过渡期安排，以及相关事项对发行人持续经营的影响，中介机构应当对前述事项核查并发表明确意见。”北交所目前对于“三类股东”的审查尚未发布明确的审核意见，参考其他板块要求，预计北交所的审核标准将基本相同。

二、对“三类股东”核查的要点

(一)核查股东是否具备主体资格

1. 确认“三类股东”范围。核查中登公司出具的拟上市公司的《证券持有人名

册》，确认股东中哪些属于“三类股东”的范围，确认公司控股股东、实际控制人、第一大股东不属于“三类股东”。

2. 核查“三类股东”是否履行了审批、备案或报告程序。登录中国证券投资基金业协会官网（https://www.amac.org.cn），查询“三类股东”是否完成了基金、资管计划产品备案登记，并明确产品备案编号，确认基金当前是否是“正在运行”的法律状态。登录中国信托登记有限责任公司官网（http://www.chinatrc.com.cn），查询信托产品是否已完成登记并明确产品编码。

3. 核查“三类股东”的管理人是否均已办理私募投资基金管理人登记手续，或取得了证监会核发的从事特定客户资产管理业务，或受托投资管理业务的批复。

4. 核查“三类股东”管理人的设立和存续情况。可登录国家企业信用信息公示系统（http://www.gsxt.gov.cn）进行检索，确认“三类股东”的管理人注册成立的时间、经营期限以及当前的企业状态。“三类股东”的管理人应当在经营期限内且企业处于存续的状态。

5. 如有正在进行登记备案的情况，应核查当前的进度以及预计完成登记备案手续的具体时间。

（二）穿透核查

1. 根据发行人公开披露的信息、发行的申报材料以及调查表，获取发行人的董事、监事、高级管理人员及本次发行的中介机构及签字人员名单。

2. 取得“三类股东”提供的产品合同、权益人信息表、出资证明等文件。

3. 取得发行人的控股股东、实际控制人、董事、监事、高级管理人员、本次发行的中介机构签字确认的《声明》或《确认函》或《调查表》等，确认发行人的控股股东、实际控制人、董事、监事、高级管理人员及其亲属、本次发行的中介机构及其签字人员不存在直接或间接在“三类股东”中持有权益的情形。

(三)核查是否满足或符合股份锁定期和减持规则

1. 确认“三类股东”是属于大股东还是特定股东。参考《上交所减持细则》第3~6条规定,如“三类股东”属于特定股东,且不存在持股总数超过公司股份总数1%的情况,也均未出具过关于减持股份或稳定股价的相关承诺,即不受现有减持要求规则的限制;若“三类股东”并非前述不受减持要求规则限制的股东,则需要满足《上交所减持细则》中关于减持比例、减持时间区间等各项要求。可以请“三类股东”的管理人出具书面承诺,确认自发行人股票在证券交易所上市之日起12个月内,不转让或者委托他人管理其于本次发行前直接或间接持有的发行人股份,也不由发行人回购其直接或间接持有的发行人股份。

2. 确认产品的存续期。可通过登录中国证券投资基金业协会私募基金公示系统(https://www.amac.org.cn/informationpublicity/productpublicity/informationPublicity/)进行核查,确认产品是否到期。采用调查表进行调查,确认产品是否在存续期内且没有提前终止的计划,确认存续期能够覆盖发行人股东的法定上市锁定期。

三、“三类股东”的“过会”条件

“三类股东”满足如下条件时有望“过会”审核:一是按照规定履行基金业协会基金备案等相关审批手续;二是权益持有人避免是发行人关联方或中介机构及其签字人员,否则可能涉及利益输送问题;三是结构尽量简单,避免出现结构化安排、尽量减少权益持有人;四是相关产品尽量设置较长的存续期限,以避免出现审核过程中清盘、影响股权结构的稳定性或引发纠纷等情况。

“三类股东”成功上市的案例很多,比如2017年长川科技(300604)在深交所创业板上市、碳元科技(603133)在上交所主板上市,只要拟上市公司股权清晰、满足“三类股东”的过会条件、按照规定详尽披露相关信息,对于监管层的反馈有问必答,“三类股东”就不再是公司上市的实质障碍。

此外，建议关注中国证监会最新规章制度、指导性文件和过会企业案例，通过对制度、文件以及案例的解读，调整自身企业的股权架构，减少发审委对一些关键点的困惑，以信息披露为核心工作，基本能够保证公司成功上市。

问50 红筹企业等特殊公司可以在北交所上市吗？

本部分所称特殊公司包括未上市境外红筹企业、港股上市公司、美股上市公司等境外公司。由于国内注册制改革、全国股转系统发展、北交所成立等诸多政策红利，吸引了大量已经搭好红筹架构还没有上市的公司，甚至已经上市的公司回归，北交所未来将担任承接中概股回流的重要角色之一，尤其是对于未上市的红筹企业以及在美国OTC场外市场上市的中国企业，之前科创板和创业板市值及财务指标要求较高，现在北交所降低了相应的门槛，可以吸引这些"小巨人"们回到家门口上市。

一、境外公司回归境内上市的动因

红筹公司主要指在境外通过红筹架构（含VIE架构）设立的拟在境外上市的各类公司，包括已在境外上市的"大红筹"公司。依照现行法规及政策，红筹公司回归境内上市可以选择不退市回归境内上市，也可以选择私有化退市之后再回归境内上市，境外没有上市的红筹企业多数则选择拆除红筹架构后回归境内上市。

（一）境外已经上市的公司

多年前，许多新兴行业的公司曾因不能满足国内的政策要求，而选择奔赴境外上市,最主要目的地是美国。这些境外上市公司起初还能受到投资者的追捧,但随着国外证券市场一起起财务造假事件的负面影响,一些美国的上市公司股价一蹶不振,经营发展也受到严重影响。在香港交易所上市的 H 股公司也出现了回归潮,2020 年 1 月 1 日至 2021 年 4 月 30 日,中国 A 股主板市场一共有 551 家企业成功 IPO,总募集资金达 5827 亿元,其中有 9 单为港股上市公司。港股上市公司回归主板市场可以提高公司市值,以上述 9 家公司为例,其在港股的市值合计为 5045 亿港元,转至主板市场后市值合计为人民币 10,305 亿元,港股上市公司回归主板市场还可以提高企业知名度,尤其是有利于港股上市的中资公司在境内扩张和再融资。

(二)未上市的红筹企业

未上市的红筹企业,是指已搭好了红筹架构、尚未在境外上市的公司。该类公司本来计划谋求境外上市,并已经搭建完成红筹架构,但是受国际国内的多种因素影响作出回归境内 A 股市场的决定。一方面,由于受全球疫情及经济周期性影响,除中国以外的全球经济低迷已经被公认,即使在境外市场完成上市,也未必能取得预期的融资效果。同时,由于近年来中美关系和国际关系的严峻和紧张,中国企业如在美国或其他美国具有重要影响力的国家上市,如果中美关系持续恶化,则上市公司必定受到很大影响,上市后的股市行情必将因为这些因素而波动,这对拟上市公司来说风险巨大。另一方面,中国坚持改革开放,国内证券监管体系逐渐完善,对某些特定行业更加包容,国内的资本市场发展也越来越好。尤其是北交所的设立,进一步降低了企业上市门槛,最低市值要求仅为人民币 2 亿元,仅要求“持续经营能力”而不要求“持续盈利能力”,上市首日不设涨跌幅限制,上市首日之后实行 30% 的价格涨跌幅限制,这些条件使红筹企业回归国内市场成为可能。同时,北交所进一步完善了能够让中国科技公司减少对美国资本依赖的市场环境,为红筹企业提供了回到家门口上市的更优选择。

二、红筹公司回归境内上市的法律规定

根据现有法律规范，红筹公司回归境内上市主要受下列规则调整。

2018年3月22日，为进一步加大资本市场对实施创新驱动发展战略的支持力度，国务院办公厅发布《国务院办公厅转发证监会关于开展创新企业境内发行股票或存托凭证试点若干意见的通知》（国办发〔2018〕21号），明确红筹企业是指注册地在境外、主要经营活动在境内的企业。允许试点红筹企业按程序在境内资本市场发行存托凭证上市；具备股票发行上市条件的试点红筹企业可申请在境内发行股票上市。但该意见明确，已在境外上市的大型红筹企业，市值不低于2000亿元人民币；尚未在境外上市的创新企业（包括红筹企业和境内注册企业），最近一年营业收入不低于30亿元人民币且估值不低于200亿元人民币，或者营业收入快速增长，拥有自主研发、国际领先技术，在同行业竞争中处于相对优势地位。可见，该意见对试点企业的市值及行业要求等上市准入门槛都规定较高。

2018年6月6日，中国证监会发布《试点创新企业境内发行股票或存托凭证并上市监管工作实施办法》（证监会公告〔2018〕13号），进一步明确了试点企业的类型、企业主营业务收入、估值、行业要求以及试点企业的发行条件、审核核准程序等内容。

2019年上海证券交易所设立科创板并试点注册制。根据《科创板上市规则》的规定，符合《国务院办公厅转发证监会关于开展创新企业境内发行股票或存托凭证试点若干意见的通知》（国办发〔2018〕21号）相关规定的红筹企业，可以申请发行股票或存托凭证并在科创板上市。

2020年，深圳证券交易所创业板注册制落地。根据《创业板上市规则》的规定，符合《国务院办公厅转发证监会关于开展创新企业境内发行股票或存托凭证试点若干意见的通知》（国办发〔2018〕21号）等相关规定且最近一年净利润为正的红筹企业，可以申请其股票或存托凭证在创业板上市。

2020年4月30日，中国证监会发布《关于创新试点红筹企业在境内上市相关安排的公告》（证监会公告〔2020〕26号），该公告降低了对已境外上市的试点红筹

企业在境内上市的市值门槛，同时对其行业要求也有所降低，进一步鼓励试点红筹企业在境内上市。

2021 年 9 月 17 日，中国证监会发布《关于扩大红筹企业在境内上市试点范围的公告》（证监会公告〔2021〕20 号），除《国务院办公厅转发证监会关于开展创新企业境内发行股票或存托凭证试点若干意见的通知》明确的互联网、大数据、云计算、人工智能、软件和集成电路、高端装备制造、生物医药行业外，属于新一代信息技术、新能源、新材料、新能源汽车、绿色环保、航空航天、海洋装备等高新技术产业和战略性新兴产业的红筹企业，纳入试点范围。值得一提的是，具有国家重大战略意义的红筹企业申请纳入试点，不受前述行业限制。

红筹企业在境内上市试点范围不断扩大，尤其是高新技术产业和战略性新兴产业红筹企业受到特别重视，再加上北交所的设立，无一不在对红筹企业释放着"回家上市"的信号，相信拥抱红筹企业的一定是更完善的政策、更高市盈率、更好融资环境的资本市场。

三、特殊公司回归的核查要求和信息披露的要点

截至目前，北交所尚未出台关于红筹企业在北交所上市的明确规定，但根据中国证监会的上述规定及北交所的定位，具有创新属性的红筹企业，尤其是高新技术产业和战略性新兴产业的红筹企业一定会受到北交所的欢迎。

根据《首发问答》的要求，对于控股股东位于境外且持股层次复杂的公司，中介机构应做如下重点核查和披露。

1. 核查架构的合法合规性。中介机构在核查时应注意中外制度差异，从合法性、合理性两个方面发表意见，在充分了解发行人公司的性质、目的、所处行业、股权架构等背景情况后，应对发行人设置红筹架构、VIE 架构等此类架构的原因，搭建及拆除架构的过程及架构的合法性、合理性进行核查。

2. 核查股权清晰问题。境外公司可能还会涉及持股架构向境内转移等情况，因此保荐机构和律师应当对发行人控股股东持股的真实性、是否存在委托持股、信托持股的情况进行核查。除此之外，还应对境外公司历次股权变动的事实情况、定

价依据、交易背景、对价支付情况、股东出资来源以及是否有各种影响控股权的约定等问题进行核查,包括股权变动的法律程序是否完备、对价是否支付、股权变动的定价依据和估值基础、股权变动的合理性解释等。

3. 中介机构发表明确意见。保荐机构、发行人律师应就拟上市公司控股股东和受控股股东、实际控制人支配的股东所持公司股份权属是否清晰,以及如何确保公司治理和内控的有效性发表明确意见。

4. 发行人曾为或现为境外上市公司的,应说明并简要披露其在上市过程中或上市期间在信息披露、股权交易、董事会或股东大会决策等方面的合法合规性,退市程序的合法合规性(如有),以及是否存在受到处罚的情形。涉及境外退市或境外上市公司资产出售的,发行人还应披露相关外汇流转及使用的合法合规性。保荐机构及发行人律师应对上述事项进行核查并发表意见。

5. 港股上市公司因二级市场交易产生的新增股东,原则上应对持股5%以上的股东进行披露和核查。

随着国内资本市场制度的完善、利好政策的相继出台,国内主板市场、科创板市场、创业板市场已经吸引了大量境外公司回归境内上市,北交所又为这些创新性实力型企业提供了新的选择。一些红筹公司由于不符合在主板、创业板、科创板等板块上市的条件,可以选择拆除红筹架构后转战全国股转系统挂牌,在达到标准时进入北交所上市,这将更加体现北交所的包容性和吸引力。

问51 如何判断公司的持续经营能力?

2019年修订的《证券法》将公司首次公开发行新股要求的“具有持续盈利能力”修改为“具有持续经营能力”,两字之差的背后意味着发行条件和上市审核要求的变化。那么,如何判断发行人的持续经营能力呢?

一、关于持续经营能力的法律法规

持续经营能力在企业首次公开发行股票并上市、上市公司再融资、全国股转系统挂牌等业务中均有涉及，一般指企业在未来一段较长时间内能够维持企业的运营，保持企业不发生破产清算、解散等中止或终止经营行为的能力，关系到企业是否符合发行条件、能否顺利上市或者成功挂牌，也是企业上市过程中及上市后进行信息披露的重点内容，更是中介机构在协助企业上市或全国股转系统挂牌过程中需要重点核查和判断的问题。涉及持续经营能力的法律法规主要包括如下内容。

1.《证券法》(2019 年修订)第 12 条第 1 款第 2 项规定，公司应当“具有持续经营能力”。

2.《科创板首次公开发行股票注册管理办法(试行)》(2020 年 7 月 10 日修正)第 12 条规定对“业务完整，直接面向市场独立持续经营的能力”主要表现在三个方面：(1)资产完整，业务及人员、财务、机构独立，与控股股东、实际控制人及其控制的其他企业间不存在对发行人构成重大不利影响的同业竞争，不存在严重影响独立性或者显失公平的关联交易；(2)发行人主营业务、控制权、管理团队和核心技术人员稳定，最近 2 年内主营业务和董事、高级管理人员及核心技术人员均没有发生重大不利变化；控股股东和受控股股东、实际控制人支配的股东所持发行人的股份权属清晰，最近 2 年实际控制人没有发生变更，不存在导致控制权可能变更的重大权属纠纷；(3)发行人不存在主要资产、核心技术、商标等的重大权属纠纷，重大偿债风险，重大担保、诉讼、仲裁等或有事项，经营环境已经或者将要发生重大变化等对持续经营有重大不利影响的事项。

3.《创业板首次公开发行股票注册管理办法(试行)》(2020 年 6 月 12 日生效)第 12 条的规定与科创板的上述规定基本相同，区别在于科创板要求“发行人核心技术人员稳定”，而创业板未对此作出规定。

4.《上市规则》第二章第一节第 2.1.4 条第 6 项规定，发行人不得存在“中国证监会和本所规定的，对发行人经营稳定性、直接面向市场独立持续经营的能力具有重大不利影响，或者存在发行人利益受到损害等其他情形”。

5.《股转系统业务规则》第2.1条规定,股份有限公司申请股票在全国股份转让系统挂牌,应该“业务明确,具有持续经营能力”。

二、拟上市公司持续经营能力的核查与判断

根据《上市规则指引第1号》的要求,中介机构在核查和判断拟上市公司持续经营能力时应重点关注以下内容。

(一)对“直接面向市场独立持续经营的能力”的理解

“直接面向市场独立持续经营的能力”是指发行人应满足下列要求:(1)发行人业务、资产、人员、财务、机构独立,与控股股东、实际控制人及其控制的其他企业间不存在对发行人构成重大不利影响的同业竞争,不存在严重影响发行人独立性或者显失公平的关联交易;(2)发行人或其控股股东、实际控制人、对发行人主营业务收入或净利润占比超过10%的重要子公司在申报受理后至上市前不存在被列入失信被执行人名单且尚未消除的情形;(3)不存在其他对发行人持续经营能力构成重大不利影响的情形。

(二)中介机构核查和判断的重点

关于拟上市公司是否存在影响其“持续经营能力”的情形,中介机构应重点关注发行人是否存在如下情形:(1)发行人所处行业受国家政策限制或国际贸易条件影响存在重大不利变化风险;(2)发行人所处行业出现周期性衰退、产能过剩、市场容量骤减、增长停滞等情况;(3)发行人所处行业准入门槛低、竞争激烈,相比竞争者,发行人在技术、资金、规模效应等方面不具有明显优势;(4)发行人所处行业上下游供求关系发生重大变化,导致原材料采购价格或产品售价出现重大不利变化;(5)发行人因业务转型的负面影响导致营业收入、毛利率、成本费用及盈利水平出现重大不利变化,且最近一期经营业绩尚未出现明显好转趋势;(6)发行人

重要客户本身发生重大不利变化，进而对发行人业务的稳定性和持续性产生重大不利影响；(7)发行人由于工艺过时、产品落后、技术更迭、研发失败等原因导致市场占有率持续下降、重要资产或主要生产线出现重大减值风险、主要业务停滞或萎缩；(8)发行人多项业务数据和财务指标呈恶化趋势，短期内没有好转迹象；(9)对发行人业务经营或收入实现有重大影响的商标、专利、专有技术以及特许经营权等重要资产或技术存在重大纠纷或诉讼，已经或者未来将对发行人财务状况或经营成果产生重大影响；(10)其他明显影响或丧失持续经营能力的情形。中介机构应详细分析和评估上述情形的具体表现、影响程度和预期结果，综合判断是否对发行人持续经营能力构成重大不利影响，审慎发表明确核查意见，并督促发行人充分披露可能存在的持续经营风险。

中介机构在核查、判断企业是否具备持续经营能力时，不能凭感觉、经验去臆断，而应在充分核查公司所处行业、主要业务、经营业绩、重要客户、市场占有率、重要资产或主要生产线、业务数据和财务指标、重要资产或技术是否存在重大纠纷或诉讼、关联交易、同业竞争等情况后，综合进行判断并审慎发表意见，如果经核查发现拟上市公司持续经营能力存在问题，应审慎对待并扎实整改，方有利于公司成功上市。

三、上交所科创板上市的案例参考

广东纳睿雷达科技股份有限公司是一家以科技创新为驱动，专注于提供全极化有源相控阵雷达探测系统解决方案的高新技术企业，生产的产品主要为X波段双极化(双偏振)有源相控阵雷达及配套的软硬件产品，主要应用于气象探测领域，并逐步在水利防洪、民用航空、海洋监测、森林防火、公共安全监测等领域进行市场化推广。2021年6月，发行人披露了招股说明书、发行保荐书、上市保荐书、审计报告及法律意见书等上市申请文件。2021年7月，上交所向发行人出具审核问询函，问询的问题中涉及发行人持续经营能力的问题：

“根据申报材料：(1)目前公司产品主要应用于气象探测领域，报告期内，公司销售区域主要集中在华南地区，客户类型主要为各地气象部门且前五大客户销售占比较高，而雷达整机产品具有固定资产属性，具有较长的使用寿命，客户购买的需求连续性相对较低；(2)中国气象局出台的《气象雷达发展专项规划(2017—2020年)》指出，我国基本建成了全国新一代天气雷达网，截至2016年年底已经完成了全国233部新一代天气雷达建设。请发行人说明：气象探测领域雷达整机产品的市场规模、客户采购周期、可比公司业务分布及公司在手订单情况，公司未来能否获得稳定的订单及收入，是否具备持续经营的能力，请发行人结合公司实际情况作重大事项提示。”

2021年10月，发行人披露了其保荐机构、会计师事务所及律师事务所等中介机构对问询函相关问题的回复意见。[①] 关于该问题，发行人首先说明了公司气象探测领域雷达整机产品的市场规模、客户采购周期、可比公司业务分布及公司在手订单情况，并对潜在市场订单、政府部门近期的投资计划进行了说明，认为公司未来能获得稳定的订单及收入，具备持续经营的能力。同时，发行人明确已经在招股说明书“重大事项提示”之“二、特别风险因素”之“(一)持续经营能力风险”中补充披露了持续经营能力风险。

中介机构在核查时主要履行了如下核查程序：(1)获得并查阅我国气象领域的相关产业政策；(2)获得并分析公司提供的在手订单；(3)获得并查阅气象探测领域雷达行业政策及行业研究报告等行业相关资料；(4)分析发行人所在行业的竞争格局；(5)查阅同行业公司的年度报告、官网等披露信息；(6)查阅中国政府采购网等政府招投网站的相关信息；(7)访谈行业专家，了解公司所在行业的竞争情况和公司竞争优势。保荐人、发行人律师作出核查意见：通过分析气象探测领域雷达整机产品的市场规模、客户采购周期、可比公司业务分布及公司在手订单情况，认为公司未来有能力获得稳定的订单及收入，具备持续经营的能力，公司已根据实际情况在重大事项提示部分进行相关披露。

---

① 参见《关于广东纳睿雷达科技股份有限公司首次公开发行股票并在科创板上市申请文件的审核问询函之回复报告》，载中国证券监督管理委员会网2021年10月14日，http://static.sse.com.cn/stock/information/c/202110/f57a74f38da9443e807d331e93a351cc.pdf。

第二章
Chapter Two
资 产 完 整

问 52 拟上市公司资产来源于上市公司怎么处理？

截至2021年9月，A股沪深两市上市公司已超过4400家，随着注册制的推进及北交所的开市，我国资本市场日益成熟，上市公司与非上市公司之间的资产处置行为也多有发生，其中就包含实力雄厚上市公司的子公司选择从母公司分拆，寻求独立上市。定位服务于“专精特新”中小型企业上市的北交所，为其提供了更开放的平台，让部分业绩稳健、发展趋势良好的上市公司子公司更加跃跃欲试。

如果拟上市公司的资产部分来自上市公司，公司及中介机构应重点关注哪些方面呢？

一、上市公司分拆子公司上市的情形

2004年7月21日，中国证监会颁布的《关于规范境内上市公司所属企业到境外上市有关问题的通知》(证监发〔2004〕67号)对上市公司分拆公司在境外上市作出了规定。2010年4月13日，中国证监会在创业发行监管业务情况沟通会上对分拆上市提出了6条框架性规定。2019年12月，中国证监会正式出台《上市公司分拆所属子公司境内上市试点若干规定》(证监会公告〔2019〕27号)规定：“所谓‘分拆上市’是指上市公司将部分业务或资产，以其直接或间接控制的子公司的形式，

在境内证券市场首次公开发行股票上市或实现重组上市的行为。”

除上述规定外，根据《首发问答》的相关解答，境内上市公司在境内分拆子公司上市，保荐机构和发行人律师应核查是否符合境内分拆上市的相关规定并发表意见；境外上市公司在境内分拆子公司上市，保荐机构和发行人律师应核查是否符合境外监管的相关规定并发表意见。

通过上述规定可以看出，如果是上市公司分拆子公司上市，应严格按照《上市公司分拆所属子公司境内上市试点若干规定》执行，上市公司必须符合分拆条件（如境内上市满三年等），拟上市子公司应当遵守中国证监会、证券交易所关于证券发行上市、保荐、承销等相关规定，同时满足信息披露和决策程序要求（如须经出席会议的股东所持表决权的2/3以上通过，且经出席会议的中小股东所持表决权的2/3以上通过），并由财务顾问持续督导。

二、拟上市公司资产来源于上市公司的其他情形

除上市公司分拆子公司上市的情形外，还存在由于其他各种原因，拟上市公司资产来源于上市公司的情况。根据《首发问答》的相关解答，发行人部分资产来自上市公司（上市公司分拆子公司上市情形除外），保荐机构和发行人律师应当针对以下事项进行核查并发表意见。

1. 发行人取得上市公司资产的背景、所履行的决策程序、审批程序与信息披露情况，是否符合法律法规、交易双方公司章程以及中国证监会和证券交易所有关上市公司监管和信息披露要求，资产转让是否存在诉讼、争议或潜在纠纷。

2. 发行人及其关联方的董事、监事和高级管理人员在上市公司及其关联方的历史任职情况及合法合规性。是否存在违反竞业禁止义务的情形，与上市公司及其董事、监事和高级管理人员是否存在亲属及其他密切关系，如存在，在相关决策程序履行过程中，相关人员是否回避表决或采取保护非关联股东利益的有效措施。

3. 资产转让过程中是否存在损害上市公司及其中小投资者合法利益的情形。

4. 发行人来自上市公司的资产置入发行人的时间，在发行人资产中的占比情况，对发行人生产经营的作用。

三、相关规定的内在逻辑

首先，如果拟上市公司的重要资产来源于上市公司，监管机构会重点关注资产取得的背景及作用、是否履行了有效的决策或审批程序、是否存在纠纷或潜在纠纷，以此确认该资产的取得及权属是否存在瑕疵或争议，以保证财务数据的真实性、维持公司上市后的持续稳定经营。

其次，如果拟上市公司的核心人员与资产转让方存在关联关系，监管机构则关注在转让资产时是否回避表决，以确认资产的取得是否合法合规、价格是否公允合理、是否存在利益输送情形。

最后，监管机构还会关注资产的转让是否进行了完整的信息披露、是否存在侵害中小股东利益的情形，从信息公开的角度确认资产转让是否合规。

综上所述，如果拟上市公司的主要资产可能来源于上市公司，尤其是在上市公司分拆子公司上市的情形下，拟上市公司的资产来源、关联关系等问题需要拟上市公司和中介机构重点研究、仔细对待，避免因整改不及时或资产来源不明而影响上市进程。

四、参考案例：特宝生物（688278）与其上市股东通化东宝（600867）之间的资产问题被问询

厦门特宝生物工程股份有限公司（以下简称特宝生物）于2000年由有限责任公司整体变更为股份有限公司时，上市公司通化东宝药业股份有限公司（以下简称通化东宝）为第一大股东（42.24%）；截至2005年10月，通化东宝持有特宝生物50.77%股份，后续由于未同比例参与增资，其比例逐步降为33.94%，为特宝生物的第二大股东；特宝生物于2019年10月于上交所科创板“过会”。

根据公开信息，特宝生物是一家主要从事重组蛋白质及其长效修饰药物研发、生产及销售的国家创新型生物医药企业，已开发完成4个治疗用生物技术产品派格宾、特尔立、特尔津、特尔康，用于病毒性肝炎、恶性肿瘤等疾病的治疗。其作为

拟上市主体与已上市股东之间关于核心技术、人员资产等问题受到了审核人员的关注，审核人员多次提出相关问题，[①]如“发行人核心技术专利是否来源于上市公司，上市公司是否存在有偿或无偿向发行人技术转让的情形”“通化东宝与发行人是否存在资产混同，人员共用，采购或销售渠道相同，商标、专利、技术等混用情形。发行人是否在其他影响持续经营的重要方面依赖通化东宝”“通化东宝与发行人之间在研发、技术、采购和销售等方面是否存在利益输送的情形”。

问53 拟上市公司如何应对来源于租赁或授权的资产？

如果拟上市公司租赁控股股东、实际控制人或其他关联人员的房产或其他资产，或者拟上市公司使用的商标、专利等无形资产来自控股股东、实际控制人、其他关联人员的授权，那么中国证监会有哪些核查要求，发行人、中介机构又该如何应对呢？

一、租赁或授权使用的资产情形

（一）是否对拟上市公司资产完整性和独立性构成重大不利影响

对于拟上市公司租赁的固定资产或获授权使用的无形资产，因不具有所有权，中国证监会和交易所会重点关注对资产的租赁或使用是否影响拟上市公司资产的完整性和独立性，是否对发行人的持续经营能力产生重大不利影响。中介机构在核查时也应围绕这一点进行核查并发表明确意见。

---

① 参见《国浩律师（深圳）事务所关于厦门特宝生物工程股份有限公司申请首次公开发行股票并在科创板上市之补充法律意见书（四）》，载中国证券监督管理委员会网2019年9月25日，http://static.sse.com.cn/stock/information/c/201909/9554356330454edcaa53f9e3ee193380.pdf。

根据《首发问答》对问题 14 的解答，“保荐机构和发行人律师通常应关注并核查以下方面：相关资产的具体用途、对发行人的重要程度、未投入发行人的原因、租赁或授权使用费用的公允性、是否能确保发行人长期使用、今后的处置方案等，并就该等情况是否对发行人资产完整性和独立性构成重大不利影响发表明确意见”。《上市规则指引第 1 号》规定，“对发行人主要业务有重大影响的土地使用权、房屋所有权、生产设备、专利、商标和著作权等不存在对发行人持续经营能力构成重大不利影响的权属纠纷”。中国证监会还列示了具体应核查的内容：(1)相关资产的用途、对发行人的重要程度，主要应关注该资产是否与发行人的主营业务相关，以及对发行人日常生产经营的影响程度；(2)与发行人主营业务相关的资产若不稳定，将影响发行人的盈利能力等；未投入发行人的原因可以反映出日后取得资产所有权的可能性及难易程度；若租赁或授权使用费用不具有公允性，可能影响对发行人盈利能力的判断；(3)是否能确保发行人长期使用和今后的处置方案。核查上述情形可综合判断该等资产是否会对发行人资产完整性和独立性构成重大不利影响。

(二)被重点关注的生产型固定资产和核心无形资产

根据《首发问答》对问题 14 的解答，“如发行人存在以下情形之一的，保荐机构及发行人律师应当重点关注、充分核查论证并发表意见：一是生产型企业的发行人，其生产经营所必需的主要厂房、机器设备等固定资产系向控股股东、实际控制人租赁使用；二是发行人的核心商标、专利、主要技术等无形资产是由控股股东、实际控制人授权使用”。

上述情形被重点关注的原因在于，如果拟上市公司对重要资产仅享有使用权，则可能会对企业的生产经营产生重大影响。拟上市公司应对此情形作出周全安排，避免影响资产的稳定性和独立性。

二、拟上市公司及中介机构的应对之法

(一)公司应对租赁或授权使用的资产进行合理安排

因为租赁或授权使用的资产缺乏稳定性,所以拟上市公司取得资产使用权时应向权利人支付合理的对价,并对如何在租赁或授权使用期限届满后继续享有资产的使用权、如何取得可替代资产等情况进行稳妥安排,以增加公司资产的稳定性,减少对拟上市公司资产完整性、独立性和持续经营能力的影响。

若拟上市公司租赁或授权使用的资产对生产经营有重大影响,则应尽量取得资产的所有权并支付合理对价,或通过其他方式增强资产的稳定性。

(二)中介机构应按照中国证监会的要求进行核查并发表意见

中介机构应全面核查相关资产的具体用途、对拟上市公司的重要程度、未投入发行人的原因、租赁或授权使用费用的公允性、是否能确保发行人长期使用、今后的处置方案等。因拟上市公司所处行业、自身情况等因素的差异,中介机构进行核查时也应有所侧重。

拟上市公司租赁房产等固定资产或商标、专利等无形资产系来自他人的授权时,应"自查自纠"保证资产的合法性和稳定性,并进行合理安排。当固定资产或无形资产的使用权来源于控股股东、实际控制人或其他关联人员时,应保证以合法的方式、公允的价格取得。中介机构应勤勉尽职,全面核查并围绕此类资产是否对发行人资产完整性和独立性构成重大不利影响发表明确意见。

三、参考案例：中信出版(300788)因获授权使用商标问题被问询[①]

2019年6月6日，中信出版集团股份有限公司(以下简称中信出版)首发获通过，公司在首发申报过程中被问及："中信集团与发行人签署《商标使用许可合同》，约定将其所有的'中信''CITIC'及'中信出版'商标无偿授权发行人长期使用，其中'中信出版'商标为独占许可使用。请发行人代表说明：(1)中信集团无偿许可发行人使用'中信出版'等商标是否履行了合法的批准程序，商标使用许可是否已报国家商标管理部门并办理了备案手续；(2)'中信出版'商标无法转让至中信出版的具体原因及法律依据；(3)如上述商标许可使用无法续期或被提前终止对发行人主要业务的影响，发行人是否已制定相应措施应对可能出现的不利影响；(4)发行人在核心资产方面是否对控股股东、实际控制人及其控制的其他企业存在重大依赖，对发行人资产完整性及独立性的影响；(5)中信集团作出的在未来法律许可时将'中信出版'商标无偿转让给发行人的承诺有效性。请保荐代表人说明核查依据、过程并发表明确核查意见。"

问 54　上市过程中专利申请应注意哪些问题？

企业生存和发展需要一定的条件。公司上市需要专利和专有技术这些"真家伙"。对于"专精特新"中小企业，如果没有专利技术或商标、专利、特许经营权等核心无形资产，或者这些资产的取得或使用存在重大不利风险，企业则可能会被认为没有核心竞争力而不具备上市条件，而有些拟上市公司临时申请、购买专利，往往又会适得其反或陷入专利纠纷。

① 参见《北京市中伦律师事务所关于中信出版集团股份有限公司首次公开发行A股股票并在创业板上市的补充法律意见书(二)》，载中国证券监督管理委员会网，http://static.cninfo.com.cn/finalpage/2019-06-17/1206358889.PDF。

一、公司上市过程中的专利常见问题

“专精特新”中小企业的显著特点是自主创新能力强,工信部对这类企业的创新能力专门设置了指标,即拥有有效发明专利(含集成电路布图设计专有权,下同)2 项或实用新型专利、外观设计专利 5 项及以上。因此,拟上市公司一般都会在招股说明书中罗列专利的数量,以体现公司的创新能力。公司上市过程中的专利常见问题如下。

1. 专利数量不足。不符合发明专利(含集成电路布图设计专有权,下同)2 项或实用新型专利、外观设计专利 5 项及以上的要求,反映出公司对专利的重视程度不够。

2. 发明专利所占比重不高。发明专利审查严格且审查周期长、授权条件也多,因而最具“含金量”。专利是评价一个国家或企业创新能力的重要指标。为了尽快取得专利,企业往往倾向于申请注册实用新型专利和外观设计专利,不注意取得发明专利,这对以后上市过程中的竞争力、说服力大打折扣。

3. 专利权属存在的问题包括:(1)企业已申请专利,但该申请仍在审查中,尚未获准注册;(2)已申请专利因期限届满而失效;(3)因向其他主体转让而失去专利权;(4)因涉及专利侵权纠纷而权属不清。

二、专利的申请过程

拟上市公司应当确立以取得有价值、高含金量核心技术为目标的未来发展方向,及时申请专利,以确保企业核心无形资产的稳定性和竞争力。

发明专利的注册申请包括初步审查阶段和实质审查阶段两个阶段。根据国家知识产权局的要求,实质审查周期力争缩短到 22 个月,而初步审查周期主要由公开时间决定。《专利法》第 34 条规定:“国务院专利行政部门收到发明专利申请后,经初步审查认为符合本法要求的,自申请日起满十八个月,即行公布。国务院专利行政部门可以根据申请人的请求早日公布其申请。”拟上市公司可以按照以下流程聘请专利代理人申请专利。

1. 签署委托代理协议。明确双方的责、权、利，保证专利申请顺利进行。

2. 在专利代理人指导下撰写专利技术交底书。专利技术交底书是写好申请文件的基础，可以帮助专利代理人更好地理解专利技术。专利技术交底书包括以下内容：(1)发明或实用新型的名称；(2)所属的技术领域；(3)背景技术概况/针对现有技术的不足；(4)发明或实用新型要解决的技术问题；(5)发明或实用新型的技术内容；(6)与现有技术相比所具有的优点及技术效果；(7)附图及其简要说明；(8)能够反映优异技术效果的实施案例。

3. 撰写申请文件。撰写申请文件应遵循以下基本步骤：(1)背景技术的检索。专利代理人对检索结果进行分析和研究以确定哪些资料可能影响拟申请专利的新颖性或创造性，哪些仅仅是背景资料；(2)确定最接近的对比文件；(3)明确发明点，确立保护范围；(4)撰写说明书、权利要求书、摘要，并制作附图；(5)检查说明书和权利要求书的关系，检查说明书和附图的关系。

4. 制作专利申请文件。发明专利的申请文件包括：(1)发明专利请求书；(2)说明书(说明书有附图的，应当提交说明书附图)；(3)权利要求书；(4)摘要(必要时应当有摘要附图)。实用新型专利的专利申请文件包括：(1)实用新型专利请求书；(2)说明书；(3)说明书附图；(4)权利要求书；(5)摘要及其摘要附图。外观设计专利的申请文件包括：(1)外观设计专利请求书；(2)图片或者照片；(3)要求保护色彩的，还应当提交彩色图片或者照片；(4)外观设计简要说明。

拟上市公司可以将专利申请文件或其他文件直接递交、寄交或以电子申请的方式提交给专利局受理处或专利局设立的代办处。但是申请后提交的其他文件，或要求优先权的申请必须直接递交、寄交或以电子的方式提交给专利局受理处。

5. 答复实质审查意见通知。审查员将对实用新型、外观设计申请进行初步审查，对发明专利申请文件进行初步审查和实质审查。初步审查的目的主要是审查申请文件是否符合《专利法》及其实施细则的规定。在发现存在可以补正的缺陷时，审查员通知申请人以补正的方式消除缺陷，使其符合公布的条件；在发现存在不可克服的明显实质性缺陷时，审查员发出审查意见通知书，指明缺陷的性质，并通过驳回的方式结束审查程序。对发明专利申请进行实质审查的目的是要确定发明专利申请是否应当被授予专利权,特别是确定其是否符合《专利法》有关"新颖性、创造性和实用性"的规定。在专利申请的审查过程中,申请人可能会多次收到补正通知书和/或审查意见通知书,对补正通知书和/或审查意见通知书的答复会直接影响专利申请的过程及结果。

6. 办理登记手续,领取专利证书。实用新型和外观设计专利申请经初步审查、发明专利申请经实质审查,未发现驳回理由的,专利局将发出授权通知书和办理登记手续通知书。申请人接到授权通知书和办理登记手续通知书以后,应当按照通知的要求在收到通知书之日起2个月之内,办理登记手续并缴纳规定的费用。办理登记手续时,不必再提交任何文件,申请人只需按规定缴纳专利登记费(包括公告印刷费用)和授权当年的年费、印花税,除授予专利权当年之外的各年度的申请维持费(发明专利申请被授予专利权之前,自第三年度起应当缴纳申请维持费)。在期限内办理了登记手续并缴纳了规定费用的,专利局将授予专利权、颁发专利证书,在专利登记簿上记录,并在专利公报上公告。专利权自公告之日起生效。未在规定的期限内按规定办理登记手续的,视为放弃取得专利权的权利。

7. 专利管理期限和费用。专利权人应于每一年度期满前一个月预缴下一年度的年费。期满未缴纳或未缴足的,专利局将发出缴费通知书,通知专利权人自应当缴纳年费期满之日起6个月内补缴,且补缴时间超过规定时间1个月或以上的,需同时缴纳滞纳金。期满未缴纳的或者缴纳数额不足的,专利权自应缴纳年费期满之日起终止。

三、对拟上市公司专利申请的建议

如何能够快速地获得稳定、有效的专利权,是每个企业都很头疼的问题,笔者对拟上市公司的专利申请提出以下建议。

(一)可以走捷径,不要有侥幸

专利的取得有两种方式,包括原始取得和受让取得。原始取得时,建议以电子方式提交专利申请,这样能够使申请人与审查员快速进行交流,并尽早完成审批流程;受让取得时,建议不仅要签署好转让协议,还要按协议的约定支付费用、留存好支付凭证,更重要的是做好专利的过户手续。

(二) 利用实用新型专利权评价报告判断发明专利授权前景

申请人可以在申请发明专利的同时就相同的产品申请实用新型专利。由于实用新型专利授权速度很快,在授权后申请人可以就已授权的实用新型提出作出专利权评价报告的请求。由此,申请人可以快速得到一份专利权评价报告,这比发明专利的实质审查流程快很多,同时基于审查员给出的对比文件,以及实用新型权利要求的专利性分析,并结合企业自身的专利战略计划,申请人能够对该发明专利的授权前景、企业研发方向和专利布局作出初步的判断。

(三) 申请 PCT 国际申请

对核心技术申请(Patent Cooperation Treaty,PCT《专利合作条约》)国际申请,申请人可以得到受理局作出的国际检索并可提出初步检索,这样也可以使申请人提前获得初步的专利性分析,有利于申请人对公司发展方向作出预判。并且如果经过检索,发现其核心技术处于国际领先水平,申请人还可以申请 PCT 进入多个指定国,在这些指定国中抢占专利权。

(四) 利用 PPH 加快审查服务

专利审查高速公路(Patent Prosecution Highway,PPH),是指申请人提交首次申请的专利局(The Office of Initial Application,OFF)认为该申请的至少一项或多项权利要求可授权,只要相关后续申请满足一定条件,包括首次申请和后续申请的权利要求充分对应、OFF 工作结果可被后续申请的专利局(The Office of Subsequent,OSF)获得等,申请人即可以 OFF 的工作结果为基础,请求 OSF 加快审查后续申请。通过这种方式，申请人可以更便捷地获得海外专利授权，各局之间也可实现检索和审查结果的相互利用，可以大幅加快专利申请在国外的专利审查进程，帮助申请人早日获得国外授权，尽早专利布局。

如果企业聘请具有专利代理资格的律师事务所，并对自主创新专利申请建立一套系统、准确、高效、稳定的审查机制和模式，就可以达到缩短申请周期、确保申请质量的效果。

问 55 怎么确认并购来的无形资产更合适？

无形资产具有广义和狭义之分，广义的无形资产包括货币资金、金融资产、长期股权投资、专利权、商标权等，它们没有物质实体，而是表现为某种法定权利或技术。狭义的无形资产通常指从会计角度上的理解，即将专利权、商标权等称为无形资产。无形资产只有在与其有关的经济利益很可能流入企业，且其成本能够可靠计量时，才能被确认为无形资产。

公司可以通过收购行为取得被购买方的无形资产，包括被购买方财务报表中已确认的无形资产和被购买方拥有的但财务报表中没有确认的无形资产，如果并购中没有充分识别并确认这些无形资产，公司的上市将可能受到影响。

一、相关法律法规等规定

从会计角度，无形资产还可以分为可辨认性无形资产和非可辨认性无形资产，我国《企业会计准则第6号——无形资产》将无形资产定义为可辨认性无形资产。根据《企业会计准则第6号——无形资产》的规定，无形资产在满足“能够从企业中分离或者划分出来，并能单独或者与相关合同、资产或负债一起，用于出售、转移、授予许可、租赁或者交换”条件，或无形资产“源自合同性权利或其他法定权利,无论这些权利是否可以从企业或其他权利和义务中转移或者分离”条件时,即可符合无形资产定义中的可辨认性标准。并且,无形资产在同时满足“与该无形资产有关的经济利益很可能流入企业”与“该无形资产的成本能够可靠地计量”时,方能确认为企业的无形资产。另外,公司在上市过程中还应当按照无形资产的类别在附注中披露与无形资产有关的下列信息:(1)无形资产的期初和期末账面余额、累计摊销额及减值准备累计金额;(2)使用寿命有限的无形资产,其使用寿命的估计情况;(3)使用寿命不确定的无形资产,其使用寿命不确定的判断依据;(4)无形资产的摊销方法;(5)用于担保的无形资产账面价值、当期摊销额等情况;(6)计入当期损益和确认为无形资产的研究开发支出金额。

中国证监会发布的《2013 年上市公司年报会计监管报告》对非同一控制下公司合并财务报表中无形资产的识别与确认作出规定,要求购买方在初始确认公司合并中购入的被购买方资产时,应充分识别被购买方拥有的、但在其财务报表中未确认的无形资产,对于满足会计准则规定确认条件的,应当确认为无形资产。

二、对法律法规的解读

对于拟上市公司无形资产的确认应符合《企业会计准则第 6 号——无形资产》的相关规定。根据《企业会计准则第 6 号——无形资产》,无形资产的可辨认性应源自合同性权利或其他法定权利,并且只有在与该无形资产有关的经济利益很可能流入企业,该无形资产的成本能够可靠地计量,才能确认为无形资产;企业在判断无形资产产生的经济利益是否很可能流入企业时,应当对无形资产在预计使用寿命内可能存在的各种经济因素作出合理估计,并且应当有明确的证据支持。

根据《首发问答》的相关解答,对于客户资源或客户关系,只有在合同或其他法定权利支持,确保企业在较长时期内获得稳定收益且能够核算价值的情况下,才能确认为无形资产。如果企业无法控制客户关系、人力资源等带来的未来经济利益,则不符合无形资产的定义,不应将其确认为无形资产。企业在开拓市场过程中支付的正常营销费用,或仅从出售方购买了相关客户资料,而客户并未与上述出售方签订独家或长期买卖合同,即在没有明确合同或其他法定权利支持的情况下,

“客户资源”或“客户关系”通常理解为发行人为获取客户渠道而发生的费用。若确认为无形资产,发行人应详细说明确认的依据,是否符合无形资产的确认条件,保荐机构及申报会计师应针对上述事项谨慎发表明确意见。

在拟上市公司合并确认无形资产的过程中,企业应保持专业谨慎,充分论证是否存在确凿的证据、合理的理由以及可计量、可确认的条件,评估师应按照公认可靠的评估方法确认其公允价值,并且不存在其他相反的证据。保荐机构和申报会计师应保持应有的职业谨慎,详细核查发行人确认的无形资产是否符合准则规定的确认条件和计量要求,是否存在虚构无形资产情形,是否存在估值风险和减值风险。

三、参考案例:迈瑞医疗因商誉加无形资产占比过高终止中小板而转创业板上市

深圳迈瑞生物医疗电子股份有限公司(迈瑞医疗,300760)是一家医疗设备研发商,涵盖生命信息与支持、体外诊断、数字超声、医学影像四大领域,旗下包括麻醉机、心电与除颤、凝血检测系统、尿液检测系统、超声管理系统、数字X射线成像系统等产品,并在美国西雅图、瑞典斯德哥尔摩、中国深圳等地设有研发中心,公司处于行业龙头地位。根据招股说明书,2016年企业营业收入为903,172.32万元,2017年营业收入为1,117,379.54万元,2016年净利润为161,218.46万元,2017年净利润为260,119.11万元。2017年5月16日迈瑞医疗申报A股IPO材料,申请深交所中小板上市,但最终于2018年2月13日被终止审查。

迈瑞医疗的财务数据完全符合中小板的上市要求,但由于并购过多,商誉加无形资产占比高达41%,远超20%,不符合中小板对无形资产的上市要求,但创业板对此并无要求。因而,企业转而申报创业板,并于2018年10月16日成功上市。[①]

---

① 参见《深圳迈瑞生物医疗电子股份有限公司首次公开发行股票并在创业板上市上市公告书提示性公告》,载中国证券监督管理委员会网,http://static.cninfo.com.cn/finalpage/2018-10-15/1205503839.PDF。

问 56 涉土地资产应重点把握哪些方面？

生产用地问题无疑是企业持续稳定经营过程中的重中之重，上市公司生产所用土地的情况是被监管和关注的重点。本问以监管机构对拟上市企业涉土地资产的监管要点作为主要内容，为拟北交所上市企业的土地合规管理提供参考。

一、土地的分类

（一）按权属分类

根据《土地管理法》第 9 条的规定，我国主要施行全民所有制和劳动群众集体所有制的土地制度。其中，全民所有的土地一般被称为国有土地，劳动群众集体所有的土地一般被称为集体土地。城市市区的土地属于国家所有。除城市市区的土地以外，根据《土地管理法实施条例》（2021 年修订）的规定，国有土地的具体范围应以国务院、各级人民政府公布的全国土地调查成果、地方土地调查成果为准；农村和城市郊区的土地，除法律规定属于国家所有的以外，属于农民集体所有；宅基地和自留地、自留山，属于农民集体所有。

（二）按用途分类

根据《土地管理法》第 4 条的规定，我国施行土地用途管制制度，将土地分为农用地、建设用地和未利用地，使用土地的单位和个人必须严格按照土地利用总体规划确定的用途使用土地。农用地是指直接用于农业生产的土地，包括耕地、林地、草地、农田水利用地、养殖水面等；建设用地是指建造建筑物、构筑物的土地，包括城乡住宅和公共设施用地、工矿用地、交通水利设施用地、旅游用地、军事设施用地等;未利用地是指农用地和建设用地以外的土地。

国土资源部组织修订的国家标准《土地利用现状分类》(GB/T 21010—2017)又根据土地利用现状采用一级、二级两个层次的分类体系对土地作出了更为具体的分类,共分12个一级类、72个二级类。

二、监管机构对上市公司用地合规的审查要点

《土地管理法》第10条规定:"国有土地和农民集体所有的土地,可以依法确定给单位或者个人使用。使用土地的单位和个人,有保护、管理和合理利用土地的义务。"我国土地所有权由国家或者集体所有,企业可以通过获得土地使用权的方式使用土地,并对土地使用权进行登记,从而进行生产、经营。在实务中,监管机构往往从土地使用权的取得、使用土地的过程等方面对上市公司的用地合规问题进行监管。

(一)国有土地

1. 取得土地使用权对价的缴纳情况

(1)通过出让方式取得土地使用权。《城镇国有土地使用权出让和转让暂行条例》(2020年修订)第8条第1款规定:"土地使用权出让是指国家以土地所有者的身份将土地使用权在一定年限内让与土地使用者,并由土地使用者向国家支付土地使用权出让金的行为。"第13条规定,国有土地使用权的出让主要有招标、拍卖、协议转让等方式。

为了保证国有土地资产,国家和地方对于土地出让金有最低价限制。采取招标、拍卖国有土地使用权的方式具有一定的公开性和竞争性。通过协议方式出让国有土地使用权由于没有相应的竞争机制,可能出现低价出让的情况,导致国有资产的损失。因此原国土资源部发布的《协议出让国有土地使用权规定》中对于协议出让的最低价作出了相应规定。根据前述规定,协议出让最低价不得低于新增

建设用地的土地有偿使用费、征地(拆迁)补偿费用以及按照国家规定应当缴纳的有关税费之和;有基准地价的地区,协议出让最低价不得低于出让地块所在级别基准地价的70%。此外,各地的省、自治区、直辖市人民政府国土资源行政主管部门会根据前述规定拟定协议出让最低价,并报同级人民政府批准后公布,由市、县人民政府国土资源行政主管部门实施。

《城镇国有土地使用权出让和转让暂行条例》第14条规定:“土地使用者应当在签订土地使用权出让合同后六十日内,支付全部土地使用权出让金。逾期未全部支付的,出让方有权解除合同,并可请求违约赔偿。”在实践中,不同地区往往会在特殊时期针对土地出让金的缴纳期限颁布相应的优惠政策。例如,上海市规划和自然资源局于2020年2月印发的《关于全力应对疫情支持服务企业发展的若干土地利用政策》中,为了消除疫情对合同履约的影响,规定未能按土地出让合同约定缴付土地价款和交付土地的,不作为违约行为,不计滞纳金和违约金,受让人可以向出让人申请延期缴付或分期缴付,疫情解除后签订补充出让合同调整土地价款缴付方式和期限,交地时间相应顺延。

(2)通过转让方式取得国有土地使用权。土地使用权转让是指土地使用者将土地使用权再转移的行为,转让方式包括出售、交换和赠与。《城镇国有土地使用权出让和转让暂行条例》第26条规定:“上述土地使用权转让的价格明显低于市场价格的,市、县人民政府有优先购买权。土地使用权转让的市场价格不合理上涨时,市、县人民政府可以采取必要的措施。”因此,拟上市公司应当注意,如果土地所有权转让价格明显低于市场价格的,要取得市、县人民政府放弃优先购买权的证明。

(3)通过租赁方式取得国有土地使用权。国有土地租赁是指国家将国有土地出租给使用者使用,由使用者与县级以上人民政府土地行政主管部门签订一定年限的土地租赁合同,并支付租金的行为。《规范国有土地租赁若干意见》第2条规定:“……采用双方协议方式出租国有土地的租金,不得低于出租底价和按国家规定的最低地价折算的最低租金标准,协议出租结果要报上级土地行政主管部门备案,并向社会公开披露,接受上级土地行政主管部门和社会监督。”第3条规定:“国有土地租赁的租金标准应与地价标准相均衡。承租人取得土地使用权时未支付其他土地费用的，租金标准应按全额地价折算；承租人取得土地使用权时支付了征地、拆迁等土地费用的，租金标准应按扣除有关费用后的地价余额折算。采用短期租赁的，一般按年度或季度支付租金；采用长期租赁的，应在国有土地租赁合同中明确约定土地租金支付时间、租金调整的时间间隔和调整方式。”

因此拟上市公司应当注意其支付土地使用权对价和缴付期限是否符合国家和各地方的政策规定，如果出让金明显低于底价，或者土地出让金未按规定期限缴付的，则应当作出合理的解释或者获得当地土地管理部门的许可和批准。

2. 土地用途是否符合规范

无论以何种方式获得土地使用权，公司必须按照土地的性质在规定用途范围内使用土地。如果公司超出规定用途使用土地，不仅需要按照实际使用用途补缴土地出让金，还可能面临监管机关的罚款等处罚，这可能会直接影响公司上市进程。

在土地用途方面，监管机构对于是否按照规定用途使用划拨土地方面格外关注。土地使用权划拨，是指经县级以上人民政府依法批准，在土地使用者缴纳补偿、安置等费用后将该幅土地交付其使用，或者将国有土地使用权无偿交付给土地使用者使用的行为。根据《土地管理法》第 54 条的规定，以下几种建设用地，经县级以上人民政府依法批准，可以以划拨方式取得：(1)国家机关用地和军事用地；(2)城市基础设施用地和公益事业用地；(3)国家重点扶持的能源、交通、水利等基础设施用地；(4)法律、行政法规规定的其他用地。原国土资源部于 2001 年 10 月 22 日发布的《划拨用地目录》中规定，对国家重点扶持的能源、交通、水利等基础设施用地项目，可以以划拨方式提供土地使用权。对以营利为目的，非国家重点扶持的能源、交通、水利等基础设施用地项目，应当以有偿方式提供土地使用权。作为拟上市公司，使用划拨用地往往以营利为目的，如果使用划拨用地的项目并非国家重点扶持的能源、交通、水利等基础设施用地项目的，则应当通过其他法定形式取得土地使用权。

3. 土地使用期限

(1)通过出让方式取得土地使用权。我国对于土地使用权出让施行有期限出让的制度。根据《城镇国有土地使用权出让和转让暂行条例》第 12 条的规定，我国土地使用权出让最高年限按用途确定：居住用地 70 年；工业用地 50 年；教育、科技、文化、卫生、体育用地 50 年;商业、旅游、娱乐用地 40 年;综合或者其他用地 50 年。

(2)通过转让方式取得土地使用权。企业通过转让方式取得国有土地使用权的,其使用年限为土地使用权出让合同规定的使用年限减去原土地使用者已使用年限后的剩余年限。

(3)通过租赁方式取得土地使用权。对于通过租赁国有土地的方式取得土地使用权的,法律法规亦有规范。根据《规范国有土地租赁若干意见》第 4 条的规定,国有土地租赁可以根据具体情况实行短期租赁和长期租赁。对短期使用或用于修建临时建筑物的土地,应实行短期租赁,短期租赁年限一般不超过 5 年;对需要进行地上建筑物、构筑物建设后长期使用的土地,应实行长期租赁,具体租赁期限由租赁合同约定,但最长租赁期限不得超过法律规定的同类用途土地出让最高年期。上市公司应当具备经营的持续性和稳定性,因此应尽可能约定较长的租期。但是,根据《民法典》第 705 条的规定,租赁合同期限不得超过 20 年,超过 20 年的部分无效,企业应当对此注意。

拟上市公司应当注意土地的使用权期限,并披露土地使用权剩余期限,已经届满但既未续期也未由出让人收回的,应当合理解释并说明风险和法律责任,即将届满的应当说明对企业生产经营的影响以及应对办法。

(二)集体土地

原《土地管理法》(2004 年修正)第 43 条、第 63 条规定,农民集体所有的土地使用权不得出让、转让或者出租用于非农业建设;但是,符合土地利用总体规划并依法取得建设用地的企业,因破产、兼并等情形致使土地使用权依法发生转移的除外。随着 2015 年《关于农村土地征收、集体经营性建设用地入市、宅基地制度改革试点工作的意见》的发布以及 2019 年《土地管理法》的修订,我国农村土地制度改革逐步进入试点阶段。

现行《土地管理法》第 63 条规定:“土地利用总体规划、城乡规划确定为工业、商业等经营性用途,并经依法登记的集体经营性建设用地,土地所有权人可以通过出让、出租等方式交由单位或者个人使用,并应当签订书面合同,载明土地界址、面积、动工期限、使用期限、土地用途、规划条件和双方其他权利义务。前款规定的集体经营性建设用地进行出让、出租等的，应当经本集体经济组织成员的村民会议三分之二以上成员或者三分之二以上村民代表的同意。通过出让等方式取得的集体经营性建设用地使用权可以转让、互换、出资、赠与或者抵押，但法律、行政法规另有规定或者土地所有权人、土地使用权人签订的书面合同另有约定的除外。集体经营性建设用地的出租，集体建设用地使用权的出让及其最高年限、转让、互换、出资、赠与、抵押等，参照同类用途的国有建设用地执行。具体办法由国务院制定。”可以看出，国家在逐步放宽集体建设用地使用权流转的限制，同时也为上市公司使用集体土地提供了更多的可能。

1. 集体土地使用权的取得是否合法合规

在新规出台之前，部分公司会依据《土地管理法》第45条的规定采取先将集体土地征为国有土地，再通过出让等方式获得国有土地使用权的方法使用集体土地。但实践中，集体土地转征为国有土地的程序较为复杂，不少企业会通过租赁、承包等方式规避集体土地使用权流转的限制，部分方式存在违法、不合规的情况，也因此引起监管机构的关注。但由于旧的法律规定逐渐无法适应农村集体土地发展的现状，监管机构更加关注此类不合规行为是否会对上市公司的持续经营产生重大影响、企业是否有相应的解决方案等方面。

2. 违规使用集体土地对企业经营的影响

违规使用集体土地可能受到罚款等行政处罚，同时还可能导致土地被收回，系企业生产经营过程中的重大不确定因素。

根据《首发问答》的相关解答，发行人存在使用或租赁使用集体建设用地、划拨地、农用地、耕地、基本农田及其上建造的房产等情形的，保荐机构和发行人律师应对其取得和使用是否符合《土地管理法》等法律法规的规定、是否依法办理了必要的审批或租赁备案手续、有关房产是否为合法建筑、是否可能被行政处罚、是否构成重大违法行为出具明确意见，说明具体理由和依据。发行人主要生产经营场所相关土地使用权的取得和使用原则上需符合法律法规规定。上述土地为发行人自有或虽为租赁但房产为自建的，如存在不规范情形且短期内无法整改的，保荐机构和发行人律师应结合该土地或房产的面积占发行人全部土地或房产面积的比例、使用上述土地或房产产生的收入、毛利、利润情况,评估其对于发行人的重要性。如面积占比较低、对生产经营影响不大,应披露将来如因土地问题被处罚的责任承担主体、搬迁的费用及承担主体、有无下一步解决措施等,并对该等事项做重大风险提示。发行人生产经营用的主要房产系租赁上述土地上所建房产的,如存在不规范情形,原则上不构成发行上市障碍。保荐机构和发行人律师应就其是否对发行人持续经营构成重大影响发表明确意见。发行人应披露如因土地问题被处罚的责任承担主体、搬迁的费用及承担主体、有无下一步解决措施等,并对该等事项做重大风险提示。

三、拟上市公司如何处理涉土地资产问题

(一)取得相关部门和组织的证明文件

以2017年首发通过主板上市的广东香山衡器集团股份有限公司(香山股份,002870)为例,香山股份给监管机构的反馈回复中称“2016年11月18日,中山市人民政府东区办事处出具证明,上述租赁房产所处地段迄今为止尚未纳入拆迁改造范围,且在未来3~5年内暂无拆迁计划,不会影响发行人及其子公司的正常生产经营”。[①] 该案例中,香山股份通过取得政府部门的证明文件的方式,论证了相关土地瑕疵的负面影响较低,取得了发审委的认可。因此,拟上市公司可以通过向当地政府、村委会等部门和组织申请开具使用土地的合法、不进行处罚、近年无动迁规划、保证长期租赁等内容的证明文件,以说明使用土地的合法性以及使用土地不会对公司的持续经营造成影响。

(二)提前寻找可替代的生产用地并制定搬迁计划

在香山股份给监管机构的反馈回复中还提到“香山塑胶租赁相关厂房主要用于塑胶部件的生产。塑胶部件的生产对生产场所的要求较低,周边可替代生产场

---

① 参见《广东香山衡器集团股份有限公司首次公开发行股票招股说明书》,载巨潮资讯网,http://static.cninfo.com.cn/finalpage/2017-05-03/1203470111.PDF。

所较多，一旦香山塑胶租赁的未取得房产证的厂房被拆迁或变更用途，香山塑胶可就近租赁合适的厂房。厂房搬迁不会对香山塑胶的生产经营产生重大影响”。该论证获得了发审委的认可。因此拟上市公司可以通过提前寻找原土地周边可替代性较高的土地，或提前将其他已合法取得使用权的土地投入建设并制定搬迁方案的方式，降低使用涉土地资产对企业生产经营造成的风险。

（三）实际控制人出具承诺

拟上市公司的实际控制人可以通过出具“承诺函”的方式，承诺对违规使用土地给公司所造成的一切经济损失承担赔偿责任，以确保公司的经营不会受到重大不利影响。该种方式为绝大多数拟上市公司因涉土地资产问题受到监管机构的反馈时使用的解决方案。

（四）定量分析对公司经营的影响

以2016年首发通过主板上市的企业千禾味业（603027）为例，其位于石家庄的子公司涉及使用集体土地，被监管机构要求反馈说明。千禾味业给监管机构的反馈回复中称“石家庄子公司的净资产、营业收入、净利润占比分别为2.63%、5.58%、0.06%，重要性程度较低”。[①] 该案例中，千禾味业通过定量分析的方式，论证了土地瑕疵的负面影响较低，取得了发审委的认可。因此，拟上市公司可以通过对涉土地资产的面积占比、产出占比、相关项目的净资产占比、利润占比等因素的定量分析，论证土地瑕疵的负面影响较低，以取得发审委的认可。

长期以来，我国集体土地的相关法律规定与部分地方性法规及实践操作存在冲突，因此，除存在重大违法情形、违规所使用的土地所涉相关因素占比较重等影响公司资产完整性等特殊情况，监管机构对拟上市公司合规使用土地的态度较为宽容，拟上市公司应妥善采取处理方法，尽可能减少违规使用土地给企业经营带来的影响。

---

① 参见《千禾味业食品股份有限公司首次公开发行股票招股说明书》，载巨潮资讯网，http://static.cninfo.com.cn/finalpage/2016-02-23/1201991461.PDF。

第三章
Chapter Three
业务及独立性

问 57 如何界定主营业务发生重大变化？

保证主营业务稳定性是明文规定的上市条件，即要求公司主营业务不得发生重大变化。本问将简要概述对主营业务发生重大变化的判断标准。

一、“主营业务”经营稳定性的相关规定

《首发管理办法》规定，拟上市公司最近三年内主营业务未发生过重大变化，以此作为 IPO 上市主体资格条件之一。

《上市规则》规定，企业不得存在对经营稳定性具有重大不利影响的情形。《上市规则指引第 1 号》规定，拟上市公司经营稳定性的判断标准为“发行人应当保持主营业务、控制权、管理团队的稳定，最近 24 个月内主营业务未发生重大变化；最近 12 个月内曾实施重大资产重组的，在重组实施前发行人应当符合《上市规则》第 2.1.3 条规定的四套标准之一(市值除外)；最近 24 个月内实际控制人未发生变更；最近 24 个月内董事、高级管理人员未发生重大不利变化”。对拟在北交所上市的公司，仅要求其在最近的两年内主营业务未发生重大变化，并不要求三年内主营业务未发生重大变化。

二、对“主营业务未发生重大变化”的判断

主营业务是指企业为完成其经营目标而从事的日常活动中的主要活动，一般可通过企业营业执照上规定的主要业务范围确定，例如，工业、商品流通企业的主营业务是销售商品，银行的主营业务是贷款和为企业办理结算等。比如，某企业原从事餐饮业，后转变为从事医药行业，即为主营业务发生重大变化。

主营业务是企业收入的主要来源，因此，企业均须设置“主营业务收入”科目，核算主营业务为企业带来的收益。进而，若土营业务收入的比例降低、长期低于其他业务收入，则也可能会被认定为主营业务发生重大变化。根据原来创业板的审核标准，其他业务收入和净利润占比不超过 30%，就可以认定是经营一种主营业务，现《首发问答》对该项做了删减，原规定可以作为参考依据。

三、重组行为导致的主营业务发生重大变化如何认定

中国证监会发布的《首发问答》对在报告期内发生业务重组时，如何判断拟上市公司主营业务发生重大变化作出了明确规定：其一，对于重组新增业务与拟上市公司重组前业务具有高度相关性的，被重组方重组前一个会计年度末的资产总额、资产净额或前一个会计年度的营业收入或利润总额，达到或超过重组前发行人相应项目的 100%，则视为拟上市公司主营业务发生重大变化；其二，对于重组新增业务与拟上市公司重组前业务不具有高度相关性的，被重组方重组前一个会计年度末的资产总额、资产净额或前一个会计年度的营业收入或利润总额，达到或超过重组前发行人相应项目的 50%，则视为拟上市公司主营业务发生重大变化。

另外，拟上市公司重组新增业务与重组前业务具有高度相关性的，被重组方重组前一个会计年度末的资产总额、资产净额或前一个会计年度的营业收入或利润总额达到或超过重组前拟上市公司相应项目 50%，但未达到 100% 的，通常不视为发行人主营业务发生重大变化，但为了便于投资者了解重组后的整体运营情况，原

则上发行人重组后运行满 12 个月后方可申请发行。

再有,并非所有的重大变化都可以被判断为主营业务发生重大变化,如公司的产品结构、客户结构发生重大变化,则可不认为是主营业务发生重大变化。以产品结构变化为例,拟上市公司应明确新产品状况,比如是否为成熟的产品或完全创新的产品、是否比旧产品更加具有竞争力和附加值,是否对企业未来的发展重大利好等。同时,新产品的销售单价、销售客户、销售毛利率等核心财务指标与同行业相比不存在重大差异,能够持续产生收益,不存在通过新业务调节业绩的情形。如此能够避免拟上市公司被判断为因业绩增长乏力,而临时选用不具有竞争优势的产品来增加收入和利润。

四、参考案例:亿嘉和(603666)因报告期内收入结构变化较大被问询

亿嘉和科技股份有限公司(亿嘉和,603666)主营业务分智能化产品和智能化服务,报告期内收入结构变化较大,被发审委问询。请发行人代表说明:"(1)2014年以后业务快速发展、智能巡检机器人收入大幅增加、产品结构发生重大变化的原因及合理性;(2)报告期内数据业务逐年下降,其中 2017 年基础数据服务收入为零、状态数据服务中的无人机巡检服务为零的原因及合理性,智能化服务收入是否具有可持续性;(3)2017 年新增智能化改造收入的原因及可持续性,该业务按一次性验收确认收入是否符合同行业惯例;(4)2015 年基础数据服务,2016 年、2017 年智能巡检机器人和 2017 年智能化改造业务之间的关系,该业务未来发展是否稳定,是否符合《首发管理办法》主营业务三年未发生重大变化的相关规定。"[1]

---

[1] 参见《第十七届发审委 2018 年第 56 次会议审核结果公告》,载中国证券监督管理委员会网 2018 年 4 月 3 日,http://www.csrc.gov.cn/pub/zjhpublic/G00306202/201804/t20180403_336216.htm。

问 58 如何判断董事、监事、高级管理人员是否发生重大变化？

董事、监事及高级管理人员(以下统称董监高)的任职资格是IPO常规的审核事项,对于拟上市公司来说上述人员的任职不但要满足《公司法》等一般性的规定,还应当要符合《首发管理办法》等规定的特殊要求。实践中,中国证监会对在北交所申请IPO的发行人董事、监事及高级管理人员的审核主要从任职资格,董事、高级管理人员有无在24个月内发生重大变化以及薪酬三个方面入手。

一、董监高任职的一般规定

依据我国《公司法》的有关规定,一般公司治理结构包括股东会(股东大会)、董事会、监事会以及聘请的高级管理人员。董事一般是由公司股东会(股东大会)选举产生的具有实际权力及管理公司事务的人员,前述人员共同组成董事会,对内管理公司事务,对外代表公司进行商业活动,是公司治理的主要力量;监事会是公司设立的监督机构,其主要职责是监管公司财务情况,监督公司董事、高级管理人员的任职情况以及履行其他依据公司章程取得的权力;高级管理人员是指公司的总经理、副总经理、财务负责人、董事会秘书以及公司章程规定的其他人员。根据《公司法》第146条的规定,以下人员不得担任公司的董监高:(1)无民事行为能力或者限制行为能力;(2)因贪污、贿赂、侵占财产、挪用财产或者破坏社会主义市场经济秩序,被判处刑罚,执行期满未逾5年,或者因犯罪被剥夺政治权利,执行期满未逾5年;(3)担任破产清算的公司、企业的董事或者厂长、经理,对该公司、企业的破产负有个人责任的,自该公司、企业破产清算完结之日起未逾3年;(4)担任因违法被吊销营业执照、责令关闭的公司、企业的法定代表人,并负有个人责任的,自该公司、企业被吊销营业执照之日起未逾3年;(5)个人所负数额较大的债务到期未清偿。

《首发管理办法》第 16 条规定,发行人董监高除应当符合法律、行政法规和规章规定的任职资格外,还不得存在以下情形:(1)被中国证监会采取证券市场禁入措施的且尚在禁入期的;(2)最近 36 个月内受到中国证监会行政处罚,或者最近 12 个月内受到证券交易所公开谴责的;(3)因涉嫌犯罪被司法机关立案侦查或者涉嫌违法违规被中国证监会立案调查,尚未明确结论意见的。

《上市规则》第 4. 2. 2 条规定,"董事、监事、高级管理人员候选人的任职资格应当符合法律法规、本所业务规则和公司章程等规定。上市公司应当在公司章程中明确,存在下列情形之一的,不得担任公司董事、监事或者高级管理人员:(一)《公司法》规定不得担任董事、监事和高级管理人员的情形;(二)被中国证监会及其派出机构采取证券市场禁入措施或者认定为不适当人选,期限尚未届满;(三)被证券交易所或者全国股转公司认定其不适合担任公司董事、监事、高级管理人员,期限尚未届满;(四)中国证监会和本所规定的其他情形。财务负责人作为高级管理人员,除符合前款规定外,还应当具备会计师以上专业技术职务资格,或者具有会计专业知识背景并从事会计工作 3 年以上。"

二、如何判断董事、监事及高级管理人员发生重大变化

《首发管理办法》第 12 条规定:"发行人最近 3 年内主营业务和董事、高级管理人员没有发生重大变化,实际控制人没有发生变更。"《上市规则指引第 1 号》规定,"最近 24 个月内实际控制人未发生变更;最近 24 个月内董事、高级管理人员未发生重大不利变化",可以看出,相关规定只对董事和高级管理人员的变化作出了规定,并没有规定监事的变化,原因在于在公司内部管理系统中,董事会属于公司的决策机构,高管属于执行机构,监事不会直接参与公司经营活动,监事的变动不会对公司经营产生重大影响。

"重大变化"包括"重大"和"变化"两个方面的因素。实践中,对于"重大"因素的认定,主要从数量占比、岗位变动以及变动原因三个方面进行审查。首先,对"数量占比"的审查。发行人在报告期内董事及高管的变化人数达到 1/3 的,一般

就会被认为是发生了“重大变化”。如果仅是人数发生变化，但核心人员未发生变化，中介机构则应当尽量对是否发生重大变化情况作出实质性判断，以判断是否构成实质性重大变化。其次，对“岗位变动”的审查。需参考变动人员与股东、实控人的关系，如果岗位变动是因职业经理人等任职发生变化，那么一般会判断为影响较小。如果岗位变动是因公司创始人等发生变化，则往往被判断为重大变化。最后，对“变动原因”的审查，主要关注变动是否对公司的生产经营、战略方针产生了重大影响。如果因正常的董事换届改选，不会造成公司控制权或经营权发生变更，且其管理层和核心技术人员在报告期内处于稳定状态的，不属于重大变化。如果董事、高级管理人员在任职期内因个人原因离职，中介机构应当说明离职原因以及合理性，以及离职行为是否会对公司经营发展的持续性和稳定性造成不利影响。

对于“变化”因素，则主要从人员增加、减少和调整三方面进行审查。如果为了完善公司治理结构、优化执行流程而增加人员，则不构成人员变化。与人员增加相比，监管机构更关注人员减少。拟上市公司在报告期内应尽量避免人员减少。如果发生人员减少，中介机构应当充分结合公司稳定性、政策执行力等因素，对人员减少的原因作出客观分析。如果拟上市公司出现人员调整，中介机构应当从公司控制权、管理层变化和核心人员稳定性等角度出发，发表客观中立的意见。

上述分析也印证了北交所对董事、高级管理人员是否发生重大不利变化的认定标准。《上市规则指引第1号》规定，保荐机构对发行人的董事、高级管理人员是否发生重大不利变化的认定，应当本着实质重于形式的原则，综合两方面因素分析：一是最近24个月内变动人数及比例，在计算人数比例时，以上述人员合计总数作为基数；二是上述人员离职或无法正常参与发行人的生产经营是否对发行人的生产经营产生重大不利影响。变动后新增的上述人员来自原股东委派或发行人内部培养产生的，原则上不构成重大不利变化；发行人管理层由于退休、调任、亲属间继承等原因发生岗位变化的，原则上不构成重大不利变化，但发行人应当披露相关人员变动对公司生产经营的影响。如果最近24个月内发行人上述人员变动人数比例较大或上述人员中的核心人员发生变化，进而对发行人的生产经营产生重大不利影响的，应视为发生重大不利变化。

问 59 应当如何处理与实际控制人、董事、监事、高级管理人员的共同投资问题?

共同投资,是指拟上市公司存在与其董事、监事、高级管理人员及董事、监事、高级管理人员亲属直接或间接共同设立公司的情形。拟上市公司实际控制人、董事、监事、高级管理人员等对拟上市公司经营决策具有重大影响,如上述人员与拟上市公司投资设立子公司,则存在实际控制人、董事、监事、高级管理人员或其亲属将拟上市公司优势资源向该子公司集中,从而间接输送利益、侵占商业机会、损害拟上市公司及中小股东利益的可能性。

一、监管机构对共同投资行为的审核要求

早期监管机构对于共同投资行为的态度十分明确,要求拟上市公司必须在申报发行上市前进行清理,保荐代表人培训也多次强调"关于董事、监事、高级管理人员及其亲属都不能跟发行人共同投资办企业,审核的重点在于防止利益冲突和利润转移"。直至2019年科创板推出《审核问答》,以及中国证监会正式发布《首发问答》,对共同投资的审核要求略有放松,若拟上市公司与董事、监事、高级管理人员的共同投资行为符合商业逻辑,做到充分的信息披露即可,则不再需要在申报前进行清理。

鉴于目前全国股转系统精选层挂牌公司均平移至北交所,北交所亦沿用了精选层的相关制度,故《全国中小企业股份转让系统精选层挂牌审查问答(一)》中涉及的共同投资问题相关问答具有重要参考意义。此外,《上市规则指引第1号》及《首发问答》也对拟上市公司与相关关联方间的共同投资行为提出了相同的披露及核查要求,对于拟上市公司在经营中存在与其控股股东、实际控制人或董事、监事、高级管理人员的相关共同投资行为,拟上市公司及中介机构应主要披露并核查以下事项。

1. 拟上市公司应当披露相关公司的基本情况,包括但不限于公司名称、成立时间、注册资本、住所、经营范围、股权结构、最近一年又一期主要财务数据及简要历史沿革。中介机构应当核查拟上市公司与上述主体共同设立公司的背景、原因和必要性,说明拟上市公司出资是否合法合规、出资价格是否公允。

2. 如拟上市公司与共同设立的公司存在业务或资金往来的,还应当披露相关交易的交易内容、交易金额、交易背景以及相关交易与拟上市公司主营业务之间的关系。中介机构应当核查相关交易的真实性、合法性、必要性、合理性及公允性,是否存在损害发行人利益的行为。

3. 如公司共同投资方为董事、高级管理人员及其近亲属,中介机构应核查说明拟上市公司是否符合《公司法》第148条规定,即董事、高级管理人员未经股东会或者股东大会同意,不得利用职务便利为自己或者他人谋取属于公司的商业机会,自营或者为他人经营与所任职公司同类的业务。

二、交易所关注的重点问题

在公司申请IPO过程中,交易所往往会依据《首发问答》中的有关内容,要求拟上市公司和中介机构对共同投资问题进行核查,并详细披露相关公司的基本情况,共同投资的背景、原因及必要性,是否与拟上市公司存在业务或资金往来以及往来的具体内容,交易的真实性、合法性、公允性等,并就共同投资是否违反《公司法》第148条规定发表意见。

例如,白山科技(科创板,2019年4月申报,2020年7月终止申报)与公司持股5%以上股东及其他关联方发起设立贵安新区白山煦安产业投资基金(有限合伙),交易所关注的事项为:与关联方共同发起基金的目的、交易价格,基金的管理方式、运行期限、投资方向、投资进度,是否合并报表,对发行人经营业绩影响,基金投资和收益情况,被投项目的关联关系等。[①]

---

① 参见《关于贵州白山云科技股份有限公司首次公开发行股票并在科创板上市申请文件的审核问询函之回复》,载上海证券交易所网2019年6月25日,http://static. sse. com. cn/stock/information/c/201906/8d82ea42aac24d78b9b56bdab01242a8. pdf。

蓝山科技(精选层,2020年4月申报,2020年9月终止)2016年与董事汪某、副总经理周某、孟某共同投资设立控股子公司蓝山量子,公司持股55%,2018年以现金收购其他45%的股权。全国股转公司关注的事项为:共同设立蓝山量子的背景、原因和必要性,出资是否合法合规、出资价格是否公允;发行人与该子公司是否存在业务或资金往来,如存在,披露相关交易的交易内容、交易金额、交易背景以及相关交易与发行人主营业务之间的关系,说明相关交易的真实性、合法性、必要性、合理性及公允性,是否存在利益输送,是否存在损害发行人利益的行为;收购行为的必要性、收购价格的公允性,是否存在利益输送。①

三、拟上市公司应当如何规范共同投资问题

对于未来想要在北交所上市的企业来讲,共同投资的合规性必须得到重视。

(一)重视共同投资行为的合规性

拟上市公司在与其控股股东、实际控制人或董事、监事、高级管理人员共同投资设立、参股子公司时,应当是基于各方对市场判断和战略规划作出的投资决策,应当基于公允合理的市场条件,不可构成对关联方的利益输送。

此外,针对可能发生关联交易的事实,拟上市公司应当制定关联交易管理制度等内控制度,对关联交易严格执行相应的审议和审批程序,保证相关共同投资行为符合中国证监会和交易所的相关监管要求,确保不构成对关联方的利益输送。

同时,拟上市公司需要做好股权架构设计及安排。通过检索相关案例,如拟上市公司及其控股股东、实际控制人或董事、监事、高级管理人员中任意单一主体均无法控制共同投资的公司,则拟上市公司与相关人员之间发生利益输送的风险较低,带着共同投资情况"过会"的概率也相对较高。

---

① 参见《关于北京蓝山科技股份有限公司精选层挂牌申请文件的审查问询函》,载北京证券交易所网,http://www.bse.cn/disclosure/2020/2020-05-13/1589355090_931299.pdf。

（二）及时清理存在风险的共同投资企业

如果拟上市公司发现无法对已有的共同投资公司设立、参股的背景、原因及必要性，以及与共同投资公司发生交易的真实性、合法性、公允性等作出肯定的回答时，为保证未来申报的顺利进行，可选择在申报前清理掉不符合监管要求的共同投资企业。

需要注意的是，即使拟上市公司在申报前完成了清理工作，但由于报告期内仍然存在共同投资行为，交易所仍会要求拟上市公司和中介机构对共同投资的背景、原因、合理性等内容进行解释，还会关注清理的原因及商业合理性。

从《首发问答》到精选层《审核问答》再到《上市规则指引第 1 号》，变化的是监管机构对于拟上市公司共同投资行为的审核口径，不变的是监管机构对于拟上市公司实际控制人董事、监事、高级管理人员非法输送利益坚决打击的态度。拟上市公司和中介机构仍应重点核查共同投资行为，确保不存在非法输送利益的情况，确保拟上市公司董事、监事、高级管理人员不会违背对拟上市公司的信赖义务。

问 60 如何识别关联方及关联交易？

关联交易在经济活动中很常见，关联交易的关联方相互了解、彼此信任，可降低交易成本，达到企业集团的规模经济效益，但是关联交易也可能产生利益输送、优质资源转移等风险，故关联交易的必要性、合理性和价格的公允性，以及披露的完整性一直是 IPO 以及上市公司监管的重点问题。那么在涉及关联交易的核查过程中，应当以何种标准进行关联方的识别，关联交易又有哪些类型是值得关注的焦点？

一、关联方的定义及范围

关联方，是指公司的关联法人和关联自然人。关联方的识别是核查关联交易的第一步，我国现行法律、法规中对关联方的识别标准存在差异，而对于北交所(拟)上市公司关联方的识别，完整度比较高的来源有三个，分别为《企业会计准则第36号——关联方披露》《信息披露管理办法》《上市规则》。现以前述规定所规定的关联方进行归纳，见表3－2。

表3－2　关联方识别标准归纳

《企业会计准则第36号——关联方披露》	《上市公司信息披露管理办法》(2021)	《北京证券交易所上市规则(试行)》
下列各方构成企业的关联方： 1. 该企业的母公司； 2. 该企业的子公司； 3. 与该企业受同一母公司控制的其他企业； 4. 对该企业实施共同控制的投资方； 5. 对该企业施加重大影响的投资方； 6. 该企业的合营企业； 7. 该企业的联营企业； 8. 该企业的主要投资者个人及与其关系密切的家庭成员。主要投资者个人，是指能够控制、共同控制一个企业或者对一个企业施加重大影响的个人投资者； 9. 该企业或其母公司的关键管理人员及与其关系密切的家庭成员。关键管理人员，是指有权力并负责计划、指挥和控制企业活动的人员。与主要投资者个人或关键管理人员	关联人包括关联法人(或者其他组织)和关联自然人。具有以下情形之一的法人(或者其他组织)，为上市公司的关联法人(或者其他组织)： 1. 直接或者间接地控制上市公司的法人(或者其他组织)； 2. 由前项所述法人(或者其他组织)直接或者间接控制的除上市公司及其控股子公司以外的法人(或者其他组织)； 3. 关联自然人直接或者间接控制的、或者担任董事、高级管理人员的，除上市公司及其控股子公司以外的法人(或者其他组织)； 4. 持有上市公司5%以上股份的法人(或者其他组织)及其一致行动人； 5. 在过去12个月内或者根据相关协议安排在未来12月内，存在上述情形之一的； 6. 中国证监会、证券交易所或	具有以下情形之一的法人或其他组织，为上市公司的关联法人： 1. 直接或者间接控制上市公司的法人或其他组织； 2. 由前项所述法人直接或者间接控制的除上市公司及其控股子公司以外的法人或其他组织； 3. 关联自然人直接或者间接控制的、或者担任董事、高级管理人员的，除上市公司及其控股子公司以外的法人或其他组织； 4. 直接或者间接持有上市公司5%以上股份的法人或其他组织； 5. 在过去12个月内或者根据相关协议安排在未来12个月内，存在上述情形之一的； 6. 中国证监会、本所或者上市公司根据实质重于形式的原则认定的其他与公司有特殊关系，

续表

《企业会计准则第36号——关联方披露》	《上市公司信息披露管理办法》(2021)	《北京证券交易所上市规则(试行)》
关系密切的家庭成员,是指在处理与企业的交易时可能影响该个人或受该个人影响的家庭成员; 10.该企业主要投资者个人、关键管理人员或与其关系密切的家庭成员控制、共同控制或施加重大影响的其他企业	者上市公司根据实质重于形式的原则认定的其他与上市公司有特殊关系,可能或者已经造成上市公司对其利益倾斜的法人(或者其他组织)。 具有以下情形之一的自然人,为上市公司的关联自然人: 1.直接或者间接持有上市公司5%以上股份的自然人; 2.上市公司董事、监事及高级管理人员; 3.直接或者间接地控制上市公司的法人的董事、监事及高级管理人员; 4.上述第1、2项所述人士的关系密切的家庭成员,包括配偶、父母、年满18周岁的子女及其配偶、兄弟姐妹及其配偶,配偶的父母、兄弟姐妹,子女配偶的父母; 5.在过去12个月内或者根据相关协议安排在未来12个月内,存在上述情形之一的; 6.中国证监会、证券交易所或者上市公司根据实质重于形式的原则认定的其他与上市公司有特殊关系,可能或者已经造成上市公司对其利益倾斜的自然人	可能或者已经造成上市公司对其利益倾斜的法人或其他组织。 上市公司与上述第2目所列法人或其他组织受同一国有资产管理机构控制的,不因此构成关联关系,但该法人或其他组织的董事长、经理或者半数以上的董事兼任上市公司董事、监事或高级管理人员的除外。 具有以下情形之一的自然人,为上市公司的关联自然人: 1.直接或者间接持有上市公司5%以上股份的自然人; 2.上市公司董事、监事及高级管理人员; 3.直接或者间接地控制上市公司的法人的董事、监事及高级管理人员; 4.上述第1、2目所述人士的关系密切的家庭成员,包括配偶、父母、年满18周岁的子女及其配偶、兄弟姐妹及其配偶,配偶的父母、兄弟姐妹,子女配偶的父母; 5.在过去12个月内或者根据相关协议安排在未来12个月内,存在上述情形之一的; 6.中国证监会、本所或者上市公司根据实质重于形式原则认定的其他与上市公司有特殊关系,可能或者已经造成上市公司对其利益倾斜的自然人

根据《上市规则指引第1号》第1~13条的规定,“发行人应严格按照《企业会计准则第36号——关联方披露》《上市规则》以及相关业务规则中的有关规定,完整、准确地披露关联方关系及其交易”。

二、关联交易的定义及类别

《公司法》《证券法》对关联交易未作明确的概念认定。但《上市规则》第7.2.1条对上市公司的关联交易有明确的概念:"上市公司的关联交易,是指上市公司或者其控股子公司等其他主体与上市公司关联方发生本规则第7.1.1条规定的交易和日常经营范围内发生的可能引致资源或者义务转移的事项。"财务概念上,《企业会计准则第36号——关联方披露》对于关联交易的概念为:"关联方交易,是指关联方之间转移资源、劳务或义务的行为,而不论是否收取价款。"

根据《上市规则》与《企业会计准则第36号——关联方披露》的规定,与关联方发生的如下交易属于关联交易,见表3-3。

表3-3　关联方交易的规定

《企业会计准则第36号——关联方披露》	《北京证券交易所上市规则(试行)》
关联方交易的类型通常包括下列各项: 1. 购买或销售商品; 2. 购买或销售商品以外的其他资产; 3. 提供或接受劳务; 4. 担保; 5. 提供资金(贷款或股权投资); 6. 租赁; 7. 代理; 8. 研究与开发项目的转移; 9. 许可协议; 10. 代表企业或由企业代表另一方进行债务结算; 11. 关键管理人员薪酬	关联交易包括下列事项: 1. 购买或者出售资产; 2. 对外投资(含委托理财、对子公司投资等,设立或者增资全资子公司及购买银行理财产品除外); 3. 提供担保(即上市公司为他人提供的担保,含对控股子公司的担保); 4. 提供财务资助; 5. 租入或者租出资产; 6. 签订管理方面的合同(含委托经营、受托经营等); 7. 赠与或者受赠资产; 8. 债权或者债务重组; 9. 研究与开发项目的转移; 10. 签订许可协议; 11. 放弃权利; 12. 中国证监会及本所认定的其他交易。 上述购买或者出售资产,不包括购买原材料、燃料和动力,以及出售产品或者商品等与日常经营相关的交易行为

对于拟上市公司来说,在对外经营过程中明确识别关联方,才能更好地履行关联交易的决策程序,确保公司经营满足上市的标准和要求。对于中介机构来说,核

查关联交易的第一步便是识别关联方及关联交易。因此,了解关联方的识别标准及关联交易的类别有十分重要的意义,需要拟上市公司及中介机构特别重视。

问 61 北交所对关联交易持什么态度?

交易所允许拟上市公司合法合理、正常公允且确实有必要的经营行为,但如果涉及关联交易,考虑到关联交易可能引致资源或者义务转移,因此需要对关联交易的必要性、合理性和公允性,以及披露的完整性进行重点关注。

一、北交所对关联交易的态度

根据《上市规则》第7.2.2条的规定,关联交易应当具有商业实质,价格应当公允,原则上不偏离市场独立第三方的价格或者收费标准等交易条件。上市公司及其关联方不得利用关联交易输送利益或者调节利润,不得以任何方式隐瞒关联关系。上市公司应当与关联方就关联交易签订书面协议。协议的签订应当遵循平等、自愿、等价、有偿的原则,协议内容应当明确、具体、可执行。

因此,对于拟上市公司来讲,如果关联交易属于正常公允且确有必要的经营行为,公司已经建立完善的关联交易决策制度并严格执行,与关联方就关联交易签订了正式合同并正常履行,通常情况下不会构成IPO的实质性障碍。但拟上市公司需要控制对关联方的依赖程度,否则很可能构成重大不利影响。

二、关联交易的核查要求

(一)中国证监会的核查要求

中国证监会在《首发问答》中明确中介机构在尽职调查过程中,应当就关联交易的合法性、必要性、合理性及公允性,以及关联方认定,关联交易履行的程序等事项,基于谨慎原则进行核查,并予以充分信息披露,具体如下。

1. 关于关联方认定

根据《首发问答》,拟上市公司应当按照《公司法》、企业会计准则和中国证监会的相关规定认定并披露关联方。实践中,我们建议综合《企业会计准则第36号——关联方披露》《上市公司信息披露管理办法》《上市规则》的规定进行关联方的识别,以保证关联方认定的完整度。

2. 关于关联交易的必要性、合理性和公允性

拟上市公司应披露关联交易的交易内容、交易金额、交易背景以及相关交易与拟上市公司主营业务之间的关系;还应结合可比市场公允价格、第三方市场价格、关联方与其他交易方的价格等,说明并摘要披露关联交易的公允性,是否存在对拟上市公司或关联方的利益输送。

实践中不乏因无法说明“必要性、合理性和公允性”而IPO被否的案例,如2021年IPO被否的浙江天地环保科技股份有限公司(以下简称天地环保),就被质疑关联交易的公允性。天地环保相关业务毛利率高于同类非关联业务或其他可比公司相应毛利率,科创板上市委要求公司对上述交易的公允性发表明确意见。

对于控股股东、实际控制人与拟上市公司之间关联交易对应的收入、成本费用或利润总额占拟上市公司相应指标的比例较高(如达到30%)的,拟上市公司应结合相关关联方的财务状况和经营情况、关联交易产生的收入、利润总额合理性等,充分说明并摘要披露关联交易是否影响拟上市公司的经营独立性,是否构成对控股股东或实际控制人的依赖,是否存在通过关联交易调节拟上市公司收入利润或成本费用、对拟上市公司利益输送的情形。此外,拟上市公司还应披露未来减少与控股股东、实际控制人发生关联交易的具体措施。

2021年被否的北大荒垦丰种业股份有限公司(以下简称垦丰种业)就曾被问询到对关联方是否存在重大依赖。申报材料显示,垦丰种业的主要收入来源于KWS授权种子的销售收入,主要利润来源于发行人与KWS合资设立的垦丰科沃施公司。公司报告期关联交易金额较大,对申请人及垦丰科沃施的利润影响重大。中国证监会发审委要求发行人代表说明不认定KWS为发行人关联方以及发行人

不存在对 KWS 重大依赖的原因和合理性。①

3. 关于关联交易的决策程序

拟上市公司应当披露公司章程对关联交易决策程序的规定，已发生关联交易的决策过程是否与章程相符，关联股东或董事在审议相关交易时是否回避，以及独立董事和监事会成员是否发表不同意见等。

关联交易的决策程序核查对公司日常经营过程中的合规性提出了极高的要求，公司在对关联交易进行决策时，要保留完整的会议记录、决议文件等资料，避免因无法说明内部决策程序履行的完备性而对申报 IPO 造成影响。

4. 关于关联方和关联交易的核查

保荐机构及发行人律师应对拟上市公司的关联方认定，拟上市公司关联交易信息披露的完整性，关联交易的必要性、合理性和公允性，关联交易是否影响拟上市公司的独立性，是否可能对拟上市公司产生重大不利影响，以及是否已履行关联交易决策程序等进行充分核查并发表意见。

中介机构对关联交易的核查大致可以分为识别、论证和披露三步。即识别公司的关联方，然后结合交易事实，论证交易的必要性、合理性和公允性，说明关联交易是否影响拟上市公司的独立性、是否可能对拟上市公司产生重大不利影响，以及是否已履行关联交易决策程序，最后充分披露关联关系和交易数据，说明关联交易可能造成的影响及公司的应对之策。在这个过程中，中介机构需要企业的高度配合方能完成核查工作。

（二）北交所的核查要求

《上市规则指引第 1 号》也明确了在北交所上市中，对关联交易关注的重点和核查的必要内容。

根据《上市规则指引第 1 号》的规定，发行人应严格按照《企业会计准则第 36 号——关联方披露》《上市规则》以及相关业务规则中的有关规定，完整、准确地披

---

① 参见《第十八届发审委 2021 年第 69 次会议审核结果公告》，载中国证券监督管理委员会网 2021 年 7 月 2 日，http://www.csrc.gov.cn/pub/zjhpublic/G00306202/202107/t20210702_400802.htm。

露关联方关系及其交易。发行人的控股股东、实际控制人应协助发行人完整、准确地披露关联方关系及其交易。发行人与控股股东、实际控制人及其关联方之间的关联交易应根据业务模式控制在合理范围。

保荐机构、申报会计师及发行人律师应重点关注关联方的财务状况和经营情况;发行人报告期内关联方注销及非关联化的情况,非关联化后发行人与上述原关联方的后续交易情况;关联交易产生的收入、利润总额的合理性,关联交易是否影响发行人的经营独立性,是否构成对控股股东或实际控制人的依赖,是否存在通过关联交易调节发行人收入利润或成本费用、对发行人利益输送的情形;发行人披露的未来减少关联交易的具体措施是否切实可行。

核查手段方面,北交所要求保荐机构、申报会计师及发行人律师在核查发行人与其客户、供应商之间是否存在关联方关系时,不应仅限于查阅书面资料,应进行实地走访,核对工商、税务、银行等部门提供的资料,甄别客户和供应商的实际控制人及关键经办人员与发行人是否存在关联方关系。

保荐机构、申报会计师及发行人律师应对发行人的关联方认定,关联交易信息披露的完整性,关联交易的必要性、合理性和公允性,关联交易是否影响发行人的独立性,是否可能对发行人产生重大不利影响,以及是否已履行关联交易决策程序等进行充分核查并发表意见。

三、企业应当如何配合中介机构进行关联交易的核查

中介机构核查关联交易需要公司极高的配合度,这是因为部分关联关系存在隐秘性,单纯依靠网络核查、已有公司合同资料核查很难完全覆盖。那么公司应当如何配合关联交易的核查呢?

(一)提供完整的关联方名单

中介机构需要通过调查关联方名单上的人员和公司是否与企业的客户或供应商存在关联关系或进行过关联交易,是否存在人员兼职、相互持股、共同投资及其

他利益关联。因此,公司提供的关联方名单是中介机构核查关联交易的重要基础,公司应当尽可能提供完整、真实的关联方名单。

(二)与关联方积极沟通,配合尽职调查事项

在取得关联方名单、申明书或承诺函、关联方工商登记资料等相关资料后,中介机构会通过电话访谈、函证等形式进行进一步核查,必要时还会进行实地调研及约谈,并针对异常交易进行深入调查,防止遗漏公司通过多层嵌套的手段规避形式上的关联关系。关联方的数量往往较大,且涉及亲属关系等,公司应当做好关联方及中介机构间的"桥梁",保证中介机构的核查工作顺利进行,保证公司 IPO 的进程。

(三)切勿隐瞒关联交易的事实

实践中,公司可能会通过一些手段隐藏关联关系,达到虚构利润或利益输送的目的。如一些公司在关联交易发生之前,把关联方的股份转让给第三者,从而达到不构成关联交易的目的,使关联交易非关联化。或者有些公司不对一进一出的关联方资金往来进行记账,从而避免披露关联方的资金往来等。但中介机构在进行尽职调查的过程中,会通过突增的客户或供应商,或者是交易额较大的异常资金往来,或者交易对手从表面上看没有关联关系但是注册地址或联系地址与被尽职调查企业一致,或者企业与关联方间同时存在销售、采购的情况等细节发现端倪。

2019 年被否的深圳市中孚泰文化建筑建设股份有限公司,就曾被问询到是否存在关联方非关联化的情形。发审委要求发行人保荐机构说明:(1)结合发行人实际控制人及亲属控制的企业报告期内的经营情况,说明前述关联方是否存在分担成本、费用的情形;(2)说明万盖美式股权受让方的资金来源及合理性,是否存在关联方非关联化的情形。[①]

---

① 参见《第十八届发审委 2019 年第 84 次会议审核结果公告》,载中国证券监督管理委员会网 2019 年 7 月 18 日,http://www.csrc.gov.cn/pub/zjhpublic/G00306202/201907/t20190718_359483.htm。

事实上,中介机构与拟上市公的目标是一致的,即帮助公司顺利完成 IPO,因此公司应当对中介机构做到完全坦诚,中介机构可协助公司完整披露关联交易,必要时还可协助公司出具解决关联交易的承诺及措施,以保证上市成功。同时有意未来在北交所上市的公司,也应当在日常经营中建立关联交易的相关制度,尽量减少关联交易并保证关联交易的必要性、合理性和公允性。

第四章

Chapter Four

财 务 问 题

问 62 企业股份支付会涉及哪些问题?

为了能够吸引、稳定核心人才,降低现金支付压力,很多公司对核心人员实施股权激励,以低于公允价值的金额向员工支付股份取代现金工资,或者向其他为企业提供服务的主体支付股份取代现金付款。虽然这不失为减轻公司现金压力、维持发展的好方法,但是同样会引发与支付股权相关的法律问题。

一、什么是股份支付

根据《企业会计准则第 11 号——股份支付》的规定,股份支付,是指企业为获取职工和其他方提供服务而授予权益工具或者承担以权益工具为基础确定的负债的交易。股份支付分为以权益结算的股份支付和以现金结算的股份支付。以权益结算的股份支付,是指企业为获取服务以股份或其他权益工具作为对价进行结算的交易;以现金结算的股份支付,是指企业为获取服务以股份或其他权益工具为基础计算确定的交付现金或其他资产义务的交易。

需要注意的是,根据中国证监会《首发问答》以及实操案例,员工或者服务提供方从企业的控股股东或实际控制人处低价受让公司股份,也可能需要按照股份支付进行处理,这一点实际上突破了《会计准则》的定义,但是实质上也是符合股份支付的内在逻辑的。

二、股份支付造成的影响

股份支付通常会带来企业净利润的减少，这让很多企业家有点难以理解，控股股东或实际控制人将自己的股票低价转让给员工或其他提供服务方，是个人行为，公司面向员工或其他提供服务方低价定增有现金流入公司，怎么会造成公司的净利润减少呢？实际上确实如此。如上所述，股份支付通常确定要支付给员工或其他主体的股份的价格要低于市场价格，那么就会造成该次转让或者增资公司收获的现金少于正常情况下对外转让的市场价格，这中间就会产生差额，这部分差额其实就是股份支付。

从目前的上市实操来看，无论是主板、创业板、科创板，还是全国股转系统，都要求首发企业执行股份支付的相关规定，所以如果公司想要 IPO，就需要自查是否产生需要股份支付的情形，如果股份支付的金额过大，就会直接影响申报的财务数据。所以适当地掌握股份支付的相关监管要求是十分必要的。

三、什么情况下适用股份支付

根据保代培训及《首发问答》的相关要求，"根据发行人报告期内为获取职工和其他方提供服务而授予股份的交易，在编制申报会计报表时，应按照《企业会计准则第 11 号——股份支付》相关规定进行处理。包括，对于报告期内发行人向职工（含持股平台）、客户、供应商等新增股份，以及主要股东及其关联方向职工（含持股平台）、客户、供应商等转让股份，均应考虑是否适用《企业会计准则第 11 号——股份支付》。对于报告期前的股份支付事项，如对期初未分配利润造成重大影响，也应考虑是否适用《企业会计准则第 11 号——股份支付》。有充分证据支持属于同一次股权激励方案、决策程序、相关协议而实施的股份支付事项的，原则上一并考虑适用"。

适用股份支付必须符合以下几个条件：（1）股票来源于公司增发或者控股股

东或实际控制人直接或间接控制的股份;(2)支付股份的目的是换取员工或者其他服务方的服务;(3)支付对象是企业员工或者服务提供方;(4)对象取得的股票成本低于公允价值。根据上述条件就可以理解,为什么大股东转让股份也可能涉及股份支付了,如果大股东低于公允价格转让股权是为了企业换取服务,相当于大股东为公司承担了这部分换取服务的成本,在账务处理时将大股东承担的这部分成本作为股份支付,需要将大股东为公司承担的换取员工服务的成本从利润中扣除,以反映公司的真实管理费用和利润情况。

但是,在解决股份代持等规范措施导致股份变动,家族内部财产分割、继承、赠与等非交易行为导致股权变动,资产重组、业务并购、持股方式转换、向老股东同比例配售新股等导致股权变动等,在有充分证据支持相关股份获取与发行人获得其服务无关的情况下,一般无须作为股份支付处理。从《首发问答》的规定来看,还是如上文所述,股份支付必须满足几个条件,缺一则无须按股份支付处理。

《首发问答》还要求,对于为发行人提供服务的实际控制人/老股东以低于股份公允价值的价格增资入股事宜,如果根据增资协议,并非所有股东均有权按各自原持股比例获得新增股份,对于实际控制人/老股东超过其原持股比例而获得的新增股份,应属于股份支付;如果增资协议约定,所有股东均有权按各自原持股比例获得新增股份,但股东之间转让新增股份受让权且构成集团内股份支付,导致实际控制人/老股东超过其原持股比例获得的新增股份,也属于股份支付。对于实际控制人/老股东原持股比例,应按照相关股东直接持有与穿透控股平台后间接持有的股份比例合并计算。

四、如何确定股份支付的公允价值

如上所述,股份支付必然因为存在交易价值即提供服务的对象获得股票成本和公允价值的差额,支付对象获得股票的成本通常是明确的,因此公允价值的确定就成了判断是否存在股份支付及股份支付金额多少的关键。

根据《首发问答》的规定,存在股份支付事项的,拟上市公司及申报会计师应按照企业会计准则规定的原则确定权益工具的公允价值。在确定公允价值时,应综合考虑以下因素:(1)入股时间阶段、业绩基础与变动预期、市场环境变化;(2)行业特点、同行业并购重组市盈率水平;(3)股份支付实施或发生当年市盈率、市净率等指标等因素的影响;(4)熟悉情况并按公平原则自愿交易的各方最近达成的入股价格或相似股权价格确定公允价值,如近期合理的PE入股价,但要避免采用难以证明公允性的外部投资者入股价;(5)采用恰当的估值技术确定公允价值,但要避免采取有争议的、结果显失公平的估值技术或公允价值确定方法,如明显增长预期下按照成本法评估的每股净资产价值或账面净资产。发行人及申报会计师应在综合分析上述因素的基础上,合理确定股份支付相关权益工具的公允价值,充分论证相关权益工具公允价值的合理性。

对于计量方式,确认股份支付费用时,对增资或受让的股份立即授予或转让完成且没有明确约定服务期等限制条件的,原则上应当一次性计入发生当期,并作为偶发事项计入非经常性损益。对设定服务期的股份支付,股份支付费用应采用恰当的方法在服务期内进行分摊,并计入经常性损益,发行人及中介机构应结合股权激励方案及相关决议、入股协议、服务合同等有关服务期的条款约定,充分论证服务期认定的依据及合理性。

五、股份支付的核查与披露

根据《首发问答》的要求,发行人应在招股说明书及报表附注中披露股份支付的形成原因、具体对象、权益工具的数量及确定依据、权益工具的公允价值及确认方法。

保荐机构及申报会计师应对首发企业报告期内发生的股份变动是否适用《企业会计准则第11号——股份支付》进行核查,并对以下问题发表明确意见:(1)股份支付相关权益工具公允价值的计量方法及结果是否合理,与同期可比公司估值是否存在重大差异及原因;(2)对于存在与股权所有权或收益权等相关的限制性条件的,相关条件是否真实、可行,服务期的判断是否准确,服务期各年/期确认的员工服务成本或费用是否准确;(3)发行人报告期内股份支付相关会计处理是否符合企业会计准则的相关规定。

综上所述,股份支付是极为专业的财务和法律问题,其中涉及拟上市公司、控股股东或实际控制人、员工、提供服务方的企业等各个主体,形成的原因错综复杂。是否应当适用股份支付,如何确认股份支付金额,是否涉及会计差错更正事项等,都是将来审核的重点和要点,企业应当在准备股权激励或股权转让之前,先与中介机构进行充分的沟通讨论,避免因为急于解决眼前问题而饮鸩止渴,成为将来IPO路上的绊脚石。

六、参考案例:恒安嘉新(科创板)因股份支付IPO被否

2019年8月30日,中国证监会披露《关于不予同意恒安嘉新(北京)科技股份有限公司首次公开发行股票注册的决定》,[①]认为恒安嘉新"会计差错更正认定为特殊会计处理事项的理由不充分,不符合企业会计准则的要求,发行人存在会计基础工作薄弱和内控缺失的情形",并且"发行人未按招股说明书的要求对上述前期会计差错更正事项进行披露",这使得恒安嘉新成为科创板首个上交所放行、中国证监会否决的案例,引起市场上的轰动。其中的第二项问题,就是股份支付的问题,具体为:"2016年,发行人实际控制人金某将567.20万股股权分别以象征性1元的价格转让给了刘某等16名员工。在提交上海证券交易所科创板上市审核中心的申报材料、首轮问询回复、二轮问询回复中发行人都认定上述股权转让系解除股权代持,因此不涉及股份支付;三轮回复中,发行人、保荐机构、申报会计师认为时间久远,能够支持股份代持的证据不够充分,基于谨慎性考虑,会计处理上调整为在授予日一次性确认股份支付5970.52万元。发行人未按招股说明书的要求对上述前期会计差错更正事项进行披露"。

恒安嘉新在第一轮问询回复中表示,上述股权转让实质为通过股权转让形式将股份还原至真实出资人名下,并解除金某与上述16人之间的股权代持关系,故转让价格为象征性价格1元。基于代持解除的目的为规范公司治理、保持公司股权清晰,相关股份获取并非与发行人获得其服务相关,故不适用《企业会计准则第

① 参见《关于不予同意恒安嘉新(北京)科技股份有限公司首次公开发行股票注册的决定》,载中国证券监督管理委员会网2019年8月30日,http://www.csrc.gov.cn/pub/newsite/fxjgb/kcbzczl/kcbzcqkgs/201908/t20190830_361311.html。

11 号——股份支付》所规定的情形。同时还针对上述股权代持解除属于股份支付的情形进行模拟测算，认为测算结果需于 2016 年确认管理费用 5970.52 万元，同时确认资本公积，并表示模拟测算股份支付对其财务数据的影响不会影响其发行上市条件。[①]

恒安嘉新在第二轮问询回复中进一步说明股权代持认定的具体核查过程，并得出发行人上述代持事项系真实发生，不存在通过代持规避股份支付情形的结论。[②]

然而，恒安嘉新在第三轮问询回复中，将原认定为股份代持解除的情况进行股份支付处理："考虑到金某与刘某等 16 人形成股权代持时无银行转账记录，金某与吕某形成股权代持的银行转账记录未列明汇款用途。因此，从会计谨慎性考虑，将 2016 年 11 月金某对刘某等 16 人的股权转让视为股权激励，会计处理上调整为在授予日一次性确认的股份支付。在 2016 年授予日一次性确认股份支付，将调减 2016 年的归属于母公司的净利润 5970.52 万元，调整后 2016 年度合并净利润将减为 -2,054.47 万元。"[③]

结合收入调整带来的 IPO 申报过程中信息披露前后不一致且有实质性差异问题，中国证监会对恒安嘉新的上市注册进行否决，并于 2019 年 10 月 31 日"一口气"分别向公司、保荐机构、保荐代表人出具三张警示函。

问 63 拟上市公司的非流动性资产如何计提资产减值准备？

根据《企业会计准则第 8 号——资产减值》第 2 条的规定，资产减值，是指企业资产（包括单项资产和资产组）的可收回金额低于账面价值。资产减值的范围包

① 参见《恒安嘉新（北京）科技股份公司及中信建投证券股份有限公司关于审核问询函的回复》，载上海证券交易所网 2019 年 5 月 6 日，http://static.sse.com.cn/stock/information/c/201905/35520f3e320e4ce78445b79762dd9ec5.pdf。

② 参见《恒安嘉新（北京）科技股份公司及中信建投证券股份有限公司关于第二轮审核问询函的回复》，载上海证券交易所网 2019 年 5 月 24 日，http://static.sse.com.cn/stock/information/c/201905/14f4166703fb4209911da06a17620e13.pdf。

③ 参见《恒安嘉新（北京）科技股份公司及中信建投证券股份有限公司关于第三轮审核问询函的回复》，载上海证券交易所网 2019 年 6 月 16 日，http://static.sse.com.cn/stock/information/c/201906/c5d04a4679d24f6197844a1ab7ec4b47.pdf。

括固定资产、无形资产和一定特殊的资产的损失等。当企业资产发生减值时,就要计提资产减值准备以准确反映企业资产的现状。

一、企业计提资产减值准备的意义[①]

计提资产减值准备使企业的"资产"名副其实。企业的资产,是指过去的交易或事项形成的并由企业拥有或控制的能给企业带来经济效益的资源。市场经济条件下,企业面临的市场环境变化迥异,会存在各种各样的风险。因此,企业在进行会计记账时,应预期这些风险的发生,不可高估企业收益,也不可少计费用。企业一定要做到谨慎、严格按照企业会计准则对企业当前资源进行统计记账。

计提资产减值准备为企业领导和投资者提供未来资金的动向信息,可作为领导和投资者决策的参考。资产减值是企业所有的经济利益低于资产账面价值的一个风险估计,计提资产减值准备使得资产的计量接近真实价值,有助于投资者决策。资产减值准备在一定程度上保证了企业财务的真实性,不仅体现了谨慎性原则,还避免了企业利润的虚增。

二、计提资产减值准备的前提条件

计提资产减值准备,以资产出现减值迹象并达到减值标准为前提。《企业会计准则第8号——资产减值》第5条规定:"存在下列迹象的,表明资产可能发生了减值:(一)资产的市价当期大幅度下跌,其跌幅明显高于因时间的推移或者正常使用而预计的下跌。(二)企业经营所处的经济、技术或者法律等环境以及资产所处的市场在当期或者将在近期发生重大变化,从而对企业产生不利影响。(三)市场利率或者其他市场投资报酬率在当期已经提高,从而影响企业计算资产预计未来现金流量现值的折现率,导致资产可收回金额大幅度降低。(四)有证据表明资产已经陈旧过时或者其实体已经损坏。(五)资产已经或者将被闲

① 参见《企业会计制度中资产减值准备的几点思考》,载《现代经济信息》2015年第8期。

置、终止使用或者计划提前处置。(六)企业内部报告的证据表明资产的经济绩效已经低于或者将低于预期,如资产所创造的净现金流量或者实现的营业利润(或者亏损)远远低于(或者高于)预计金额等。(七)其他表明资产可能已经发生减值的迹象。"

当企业资产出现减值迹象时,应当估计其可收回金额。根据《企业会计准则第8号——资产减值》的规定,可收回金额应当根据资产的公允价值减去处置费用后的净额与资产预计未来现金流量的现值两者之间较高者确定。资产的公允价值减去处置费用后的净额与资产预计未来现金流量的现值,只要有一项超过了资产的账面价值,就表明资产没有发生减值,无须再估计另一项金额。

三、企业应如何计提资产减值准备?

资产减值准备的计提是会计政策的主要内容之一,直接影响企业的财务状况、经营成果、投资者所关心的资产实际价值等信息。企业在计提资产减值损失时,应注意以下两点。

(一)关注资产减值迹象

实践中,资产减值的发生一般会有明显的减值迹象。《企业会计制度》规定,企业的各项财产在取得时应当按照实际成本计量。其后,各项财产如果发生减值,应当按照该制度规定计提相应的减值准备。除法律、行政法规和国家统一的会计制度另有规定者外,企业一律不得自行调整其账面价值。《企业会计准则第8号——资产减值》规定,企业应当在资产负债表日判断资产是否存在可能发生减值的迹象。因企业合并所形成的商誉和使用寿命不确定的无形资产,无论是否存在减值迹象,每年都应当进行减值测试。对于商誉减值事项的会计处理、信息披露及审计评估情况,应严格按照《会计监管风险提示第8号——商誉减值》的要求执行。

(二)确定资产的可收回金额

根据《企业会计准则第8号——资产减值》规定,可收回金额应当根据资产的公允价值减去处置费用后的净额与资产预计未来现金流量的现值两者之间较高者确定。资产的公允价值减去处置费用后的净额与资产预计未来现金流量的现值,只要有一项超过了资产的账面价值,就表明资产没有发生减值,无须再估计另一项金额。

资产的公允价值减去处置费用后的净额,应当根据公平交易中销售协议价格减去可直接归属于该资产处置费用的金额确定。不存在销售协议但存在资产活跃市场的,应当按照该资产的市场价格减去处置费用后的金额确定。资产的市场价格通常应当根据资产的买方出价确定。在不存在销售协议和资产活跃市场的情况下,应当以可获取的最佳信息为基础,估计资产的公允价值减去处置费用后的净额,该净额可以参考同行业类似资产的最近交易价格或者结果进行估计。企业按照上述规定仍然无法可靠估计资产的公允价值减去处置费用后的净额的,应当以该资产预计未来现金流量的现值作为其可收回金额。

可收回金额的计量结果表明资产的可收回金额低于其账面价值的,应当将资产的账面价值减记至可收回金额,减记的金额确认为资产减值损失,计入当期损益,同时计提相应的资产减值准备。资产减值损失一经确认,在以后会计期间不得转回。

四、计提资产减值准备的核查要点

交易所及中国证监会对拟上市公司非流动资产的资产减值准备的计提十分关注,并提出明确要求。拟上市公司及中介机构在面对这一问题时,应严格遵守法律法规及会计准则的要求。

（一）计提资产减值准备时的谨慎性原则

谨慎性原则是会计核算的一项重要原则，要求企业在对经济业务进行会计处理时应持谨慎态度，在不影响合理选择的前提下，不能高估企业资产和收益，需要合理估计可能的损失和费用，避免虚增资产和利润，保证会计信息质量要求，维护投资人、债权人利益。[①]

拟上市公司在计提资产减值准备时应以谨慎性原则为指导，选择合理的方式进行资产减值测试、确定可回收金额，计提资产减值准备。通过资产减值准备的计提，准确反映资产现状。拟上市公司应在招股说明书中披露重要资产减值测试的过程与方法、可收回金额的确定方法、减值计提情况及对报告期和未来期间经营业绩的影响。

（二）对拟上市公司计提资产减值准备的核查要点

中介机构应结合资产持有目的、用途、使用状况等，核查拟上市公司的资产可收回金额确定方法是否恰当、资产减值相关会计处理是否谨慎、信息披露是否充分。

如果由于行业前景、监管政策等发生重大变化，导致生产线停产或资产闲置；或者由于技术迭代、持续更新等原因，导致相关设备、无形资产或开发支出失去使用价值，且无预期恢复时间，相关中介机构应结合该资产未来处置方案或处理计划，合理估计其可收回金额，核查拟上市公司资产减值相关会计处理是否恰当，减值测试方法、关键假设及参数是否合理。

相关中介机构应结合资产持有目的、用途、使用状况等，核查发行人可收回金额确定方法是否恰当、资产减值相关会计处理是否谨慎、信息披露是否充分。

---

① 参见李文秀：《谨慎性原则在资产减值核算中的运用》，载《市场周刊》2019年第4期。

五、参考案例：环球印务(002799)因计提资产减值准备被问询

2015 年中国证监会发布的《西安环球印务股份有限公司首次公开发行股票申请文件反馈意见》载明："发行人机器设备的综合成新率为 48.56%，部分设备的成新率低至 10%。请在招股说明书'管理层讨论与分析'中补充披露固定资产中机器设备的设备成新率是否与发行人的技术水平和行业地位相符，是否与报告期实际产能、产量和经营规模相符，及其对发行人未来盈利能力的影响。请会计师结合发行人机器设备的设备成新率和行业技术水平发展情况，说明对于发行人固定资产减值准备计提所履行的核查程序、核查的范围和手段，以及所履行的程序是否有效支持核查结论。"[①]

问 64 拟上市公司取得的税收优惠是否属于经常性损益?

税收优惠，是指国家为鼓励发展第三产业、鼓励环境保护和自然资源的综合利用、鼓励商品出口、吸引外商投资以及搞好经济特区等原因而制定的税收减免政策。税法规定的企业所得税税收优惠方式包括免税、减税、加计扣除、加速折旧、减计收入、税额抵免等。

《首发管理办法》第 27 条规定，发行人应当"依法纳税，各项税收优惠符合相关法律法规的规定。发行人的经营成果对税收优惠不存在严重依赖"。税收优惠与公司的净利润息息相关，若税收优惠可归于公司的经常性损益，则可直接计入净利润；若不可归于经常性损益，则在核算净利润时需要进行扣除非经常性损益的处理。因此税收优惠是否属于经常性损益，是公司 IPO 过程中的一个重要问题。

---

① 参见《西安环球印务股份有限公司首次公开发行股票申请文件反馈意见》，载中国证券监督管理委员会网，http://www.csrc.gov.cn/pub/newsite/fxjgb/scgkfxfkyj/201506/t20150626_279732.html。

一、关于税收优惠的相关规定

《税收征收管理法》第3条明确了我国的税收法定原则，"税收的开征、停征以及减税、免税、退税、补税，依照法律的规定执行；法律授权国务院规定的，依照国务院制定的行政法规的规定执行。任何机关、单位和个人不得违反法律、行政法规的规定，擅自作出税收开征、停征以及减税、免税、退税、补税和其他同税收法律、行政法规相抵触的决定"。

依照《企业所得税法》《企业所得税法实施条例》《税收征收管理法》《税收征收管理法实施细则》等有关规定，以及根据科技部、财政部、国家税务总局联合颁布的《高新技术企业认定管理办法》(2016年修订)、《国家重点支持的高新技术领域》认定的高新技术企业，可以申请享受税收优惠政策。国务院《关于加快科技服务业发展的若干意见》规定，对认定为高新技术企业的科技服务企业，减按15%的税率征收企业所得税。

关于自行开发、生产、销售软件产品(包括将进口软件产品进行本地化改造后对外销售)的增值税一般纳税人，软件产品取得著作权行政管理部门颁发的《计算机软件著作权登记证书》的，可以依据财政部、国家税务总局发布的《关于软件产品增值税政策的通知》(财税〔2011〕100号)、《关于调整增值税税率的通知》(财税〔2018〕32号)、财政部、税务总局、海关总署发布的《关于深化增值税改革有关政策的公告》(2019年第39号)之相关规定，依法享受税收优惠，即增值税一般纳税人销售其自行开发、生产的软件产品，按17%(自2018年5月1日起，原适用17%税率的调整为16%；自2019年4月1日起，原适用16%税率的税率调整为13%)税率征收增值税后，对其增值税实际税负超过3%的部分实行即征即退政策。

符合条件的文化企业可以根据财政部、税务总局、中央宣传部发布的《关于继续实施文化体制改革中经营性文化事业单位转制为企业若干税收政策的通知》(财税〔2019〕16号)、财政部、税务总局发布的《关于延续宣传文化增值税优惠政策的公告》(财政部、税务总局公告2021年第10号)等相关规定，依法享受减税、免税、退税、补税之税收优惠。

以《西部地区鼓励类产业目录》(2020年版)中规定的产业项目为主营业务,且其主营业务收入占企业收入总额60%以上的企业,根据《关于延续西部大开发企业所得税政策的公告》(财政部、税务总局、国家发展改革委公告2020年第23号),可自2021年1月1日至2030年12月31日享受减按15%的税率征收企业所得税。

二、关于非经常性损益的理解

根据中国证监会发布的《公开发行证券的公司信息披露解释性公告第1号——非经常性损益》(中国证监会公告〔2008〕43号)之规定,可知非经常性损益是指,"与公司正常经营业务无直接关系,以及虽与正常经营业务相关,但由于其性质特殊和偶发性,影响报表使用人对公司经营业绩和盈利能力作出正常判断的各项交易和事项产生的损益"。并且该公告要求,"公司在编报招股说明书、定期报告或发行证券的申报材料时,应对照非经常性损益的定义,综合考虑相关损益同公司正常经营业务的关联程度以及可持续性,结合自身实际情况作出合理判断,并作出充分披露"。

进而可知,经常性损益是指,与公司正常经营业务有直接关系以及与正常经营业务相关,影响报表使用人对公司经营业绩和盈利能力作出正常判断的各项交易和事项产生的损益。与非经常性损益相比,经常性损益是经常发生的正常交易,是企业的核心收益,具有持续性的特点;非经常性损益是不经常发生的事项,如资产处置与各种形式的政府补贴等,是非经常性业务,具有偶发的特点。

三、税收优惠是否属于非经常性损益的认定

企业依法取得的税收优惠,如高新技术企业、软件企业、文化企业及西部大开发等特定性质或区域性的税收优惠,在《公开发行证券的公司信息披露解释性公告第1号——非经常性损益》规定项目之外的,可以计入经常性损益。

根据"非经常性损益"这一监管指标的设置目的,在判断某一项目是否构成经

常性损益或非经常性损益时,除了判断其是否与正常经营业务有关以外,还有一个很重要的考虑因素就是该项损益项目能否在可预见的未来成为可预期的稳定收益来源,从而为报表使用者预测企业的未来收益状况提供依据。

部分税收优惠在可预见期间内可以持续享受,比如,持续满足高新技术企业资格而享受15%的企业所得税税率;符合条件的文化企业可以长期享受减税、免税、退税、补税之税收优惠;主营西部地区鼓励类产业且营业收入达标的企业可在10年内持续享受15%的企业所得税税率。此类税收优惠具有持续性,能够在可预见的未来成为可预期的稳定收益来源,可以被认定为经常性损益。

另一部分税收优惠则是短期的收益或一次性收益。比如,2020年以后,因新冠肺炎疫情的原因发布的部分阶段性减免税收的优惠,仅可在较短的时间内享受;北京、深圳、苏州等地关于新冠肺炎疫情的税收政策,明确表示为一次性奖励。此类税收优惠系在可预见的未来不会重复发生、具有偶发性的项目,作为非经常性损益处理相对合理。

除上述税收优惠政策以外,部分地方政府为招商引资、促进当地经济发展等,越权批准税收减免、缓缴、返还的现象屡见不鲜。而基于税收法定原则,合法的税收优惠明确需要有国家层面的文件依据,地方性的一些税收优惠政策并不符合法律法规,实质上属于地方财政的返还或奖励,故而地方政府的税收优惠属于非经常性损益。

根据《首发问答》的要求,在确定税收优惠属于经常性损益时,保荐机构、发行人律师及申报会计师应对照税收优惠的相关条件和履行程序的相关规定,对拟上市公司税收优惠相关事项的处理及披露是否合规、拟上市公司对税收优惠是否存在较大依赖、税收优惠政策到期后是否能够继续享受优惠进行专业判断,并发表明确意见。

同样,《上市规则指引第1号》也对税收优惠的认定和处理作出类似要求。根据《上市规则指引第1号》,发行人应遵循如下原则进行处理:(1)如果很可能获得相关税收优惠批复,按优惠税率预提、预缴,经税务部门同意,可暂按优惠税率预提并作风险提示,说明如果未来被追缴税款的处理安排;同时,发行人应在招股说明书中披露税收优惠的不确定性风险。(2)如果获得相关税收优惠批复的可能性较小,需基于谨慎性原则,按正常税率预提,未来根据实际的税收优惠批复情况进行相应调整。(3)发行人依法取得的税收优惠,在《公开发行证券的公司信息披露解释性公告第1号——非经常性损益》规定项目之外的,可以计入经常性损益。

拟上市公司及中介机构可以从以下角度进行披露:(1)核查拟上市公司享受税收优惠的政策文件、证明材料、入账凭证;(2)通过公开检索渠道验证相关政策性文件的准确性;(3)获取税务局出具的报告期内享受相关税收优惠政策符合相关法律法规的说明;(4)访谈公司管理层,查阅相关项目文件,了解相关项目相关政府补助的信息;(5)核查拟上市公司享受税收优惠的资质证书等。

四、参考案例:申昊科技(300853)两次申请均被问及税收优惠问题

2018年7月17日,中国证监会发布第十七届发审委2018年第103次会议审核结果公告,其中杭州申昊科技股份有限公司(以下简称申昊科技)(首发)未通过。问询的主要问题有客户集中度高、所处行业的经营环境是否已经或将发生重大变化以及发行人税收优惠和政府补助合计占当期利润总额的比例较高等5个问题。其中涉及税收优惠和政府补助问题的部分提问如下:"报告期内,发行人税收优惠和政府补助合计占当期利润总额的比例较高。请发行人代表说明报告期各期各项税收优惠及政府补助的具体内容以及对净利润的具体影响金额,发行人利润的可持续性,是否严重依赖税收优惠和政府补助。请保荐代表人说明核查方法、过程,并发表核查意见。"①

2019年5月,申昊科技再次冲击IPO,申请于深交所创业板首发。在2019年9月中国证监会公布的《杭州申昊科技股份有限公司创业板首次公开发行股票申请文件反馈意见》中,仍然提到了税收优惠和政府补助的问题。"据招股说明书披露,发行人2016年度、2017年度和2018年度减免所得税金额分别为573.05万元、936.29万元和968.57万元,分别占当期净利润的12.30%、14.33%和10.41%。2016年度、2017年度和2018年度收到上述软件产品增值税退税金额分别为

① 参见《第十七届发审委2018年第103次会议审核结果公告》,载中国证券监督管理委员会网,http://www.csrc.gov.cn/pub/zjhpublic/G00306202/201807/t20180717_341498.htm。

1903.52 万元、716.66 万元和 2467.75 万元，扣除相应所得税后分别占当期净利润的 34.73%、9.33% 和 22.27%。请发行人：(1) 补充披露软件产品收入的金额和占主营业务收入的比重；(2) 说明上述税收优惠政策是否符合相关法律法规的规定，是否具有可持续性；(3) 说明发行人的经营成果对税收优惠、政府补助是否存在严重依赖。请保荐机构、发行人律师核查并发表明确意见。"

最终，申昊科技于 2020 年 4 月 29 日经过第十八届发审委 2020 年第 60 次会议审核，成功"过会"。

问 65　现金交易如何处理？

现金交易问题在实务中普遍存在，比如，农业企业与农户之间因为采购原材料等存在大量使用现金交易的现象，又如，在我国一些经济欠发达的地区，部分公司与公司之间的交易还会使用现金支付。但企业如存在大量现金支付，可能会构成公司在交易所上市或在全国股转系统挂牌的根本性障碍，因为现金交易会导致企业财务不透明，因此对其进行收入确认将会十分困难，这就是有些企业盈利丰厚却很难上市的重要原因之一。

一、监管机构对拟上市企业现金交易的关注点

《首发管理办法》第 23 条、第 24 条要求拟上市公司的会计基础工作规范、财务报表能够公允地反映拟上市公司的财务状况、经营成果和现金流量，拟上市公司编制财务报表应以实际发生的交易或者事项为依据。这是公司上市的硬性要求。

《首发问答》规定："企业在正常经营活动中发生的现金销售或现金采购，通常情况下应考虑是否同时符合以下条件：(1) 现金交易情形符合行业经营特点或经营模式（如线下商业零售、向农户采购、日常零散产品销售或采购支出等）；(2) 现

金交易的客户或供应商不是关联方;(3)现金交易具有可验证性,且不影响发行人内部控制有效性,申报会计师已对现金交易相关内部控制有效性发表明确核查意见;(4)现金交易比例及其变动情况整体处于合理范围内,近三年一期一般不超过同行业平均水平或与类似公司不存在重大差异(如能获取可比数据);(5)现金管理制度与业务模式匹配且执行有效,如企业与个人消费者发生的商业零售、门票服务等现金收入通常能够在当日或次日缴存公司开户银行,企业与单位机构发生的现金交易仅限于必要的零星小额收支,现金收支业务应账账一致、账款一致"。

《上市规则指引第1号》中,审核机构对销售或采购环节现金交易提出了以下核查要求:(1)要求说明现金交易的合理性与必要性,是否与拟上市公司的经营模式或行业惯例相符,与同行业或类似公司的比较情况,是否存在重大差异,现金使用是否合法合规。(2)要求核查现金交易的客户或供应商的基本情况,是否为拟上市公司的关联方。如果对象是自然人,还应披露向自然人客户(或供应商)销售(或采购)的金额及占比。(3)现金交易相关收入确认及成本核算的原则和依据是否存在体外循环或者虚构业务的情况。(4)要求现金交易具有可验证性,即要求与现金交易相关的内部控制制度具有合理性、完备性和执行的有效性。要求拟上市公司的申报会计师已对经营活动中现金交易相关内部控制有效性发表明确核查意见。(5)要求现金交易流水的发生与相关业务发生真实一致,不存在异常分布。对于拟上市公司,还要求核查经营环节现金管理制度与业务模式匹配且执行有效。比如,企业与个人消费者发生的商业零售、门票服务等现金收入,通常能够在当日或次日缴存公司开户银行;企业与单位机构发生的现金交易仅限于必要的零星小额收支;现金收支业务应账账一致、账款一致。(6)关注实际控制人及公司董事、监事、高级管理人员等关联方是否与客户或供应商存在资金往来。(7)公司为减少现金交易所采取的改进措施及进展情况。

保荐机构及申报会计师应对发行人上述事项进行核查,说明对发行人现金交易可验证性及相关内控有效性的核查方法、过程与证据,以及发行人是否已在招股说明书中充分披露上述情况及风险,并对发行人报告期现金交易的真实性、合理性和必要性发表明确意见。

二、解决现金交易的有效措施

审核机构主要关注拟上市公司现金收入占营业收入的比例是否较高、现金交易存在的原因以及现金交易的合理性和必要性。此外,在现金交易占比较高的情况下,拟上市公司能否通过采取有效整改措施逐渐降低占比,以避免利益输送,保证上市公司的财务规范及透明是重中之重。实际操作过程中,可以根据企业实际情况灵活变通地采取以下措施,解决现金交易引起的财务不规范问题。

(一)制定降低现金交易比例的措施

如果拟上市公司现金交易占比较大,建议采取有效措施逐步降低。公司可通过各种方式降低现金交易比例,并且能够在报告期内取得一定成效,包括与供应商或客户沟通改变其资金支付或者收取形式,鼓励农户等通过微信或支付宝等电子付款方式收取货款,甚至可以在保证利润的情况下给予其一定的奖励;健全个人卡管理制度,与银行签订协议,设置资金自动归集功能,并限制收款的个人卡对外支付功能,能取缔的尽量取缔;在转账或其他方式不便的情况下,推广 POS 机的使用等。

(二)充分披露现金交易原因及金额等实际情况

无论采取何种措施解决现金交易引起的财务不规范问题,拟上市公司均需如实披露。若公司现金交易所占比重较大,应当在其招股说明书中进行风险提示,并且应当就其存在的原因、合理性和必要性以及金额波动等情况进行说明和分析。

(三)建立严谨有效的内控制度

企业与现金交易相关的内部控制制度的有效性是审核机构关注的重点。监管机构强调要从源头把控拟上市公司现金交易的内部控制制度,即要求企业销售和采购环节的收入确认及成本结转的内控设计、执行和运行具有有效性。此外,资金收付和现金管理内部控制制度的有效性也同样受到关注,必须要避免利益输送和财务报表报错等情况,保证现金流转的安全性及可求证性,能够反映公司的真实业绩。

(四)实际控制人承诺

除上述措施外,实际控制人承诺也是拟上市公司可以采取的补救措施和常规办法,即实际控制人承诺,其与因现金交易而产生的客户或供应商之间,不存在不当利益输送情形,并且承诺将公司现金交易比例降至一定比例之下。采用实际控制人承诺时应注意承诺情况必须属实,如构成虚假承诺,则对拟上市公司更加不利。

三、参考案例:神农集团(605296)用3年时间规范现金交易问题后第二次申请“过会”

2017年11月7日,第十七届发审委2017年第35次会议审核结果公告①显示云南神农产业集团股份有限公司(以下简称神农集团)因为现金交易问题首发未通过。发审委提道:“报告期内,发行人现金销售占营业收入的比重逐年上升,2016年占当年销售金额25.43%,2017年1~6月占比28.16%,发行人交易过程中免税环节较多。同时,发行人经销收入占比接近99%,客户较为分散且变动较大,大多为个体工商户,ERP系统不健全,保荐机构未取得经销商的进销存数据。请发行人代表说明:(1)现金交易的真实性、必要性以及逐年上升的原因,现金交易的流程及相关内部控制措施,未来拟降低现金交易的相关措施;(2)发行人实际控制人及其关联方,与发行人董事、监事、高级管理人员及其控制的企业或其他利益相关方、

① 参见《第十七届发审委2017年第35次会议审核结果公告》,载中国证券监督管理委员会网,http://www.csrc.gov.cn/pub/zjhpublic/G00306202/201711/t20171108_326653.htm。

主要客户、供应商之间是否存在资金往来,是否存在资金体外循环以及第三方向发行人输送利益的情形;(3)经销模式终端销售的真实性。请保荐代表人就上述问题明确发表核查意见。”2020 年 4 月,神农集团再次冲击 IPO,几经波折之后,于 2020 年 12 月 17 日第十八届发审委第 178 次会议审核通过。①

问 66 会计政策、会计估计变更或会计差错更正是否影响公司上市?

中介机构进场尽职调查,发现财务处理不规范引起的财务问题后,企业通常会陷入两难境地:掩盖问题将面临审查过程中被揭穿而被否决的风险;揭露问题进行调整,又担心被监管机构重点关注,使潜在风险变得不可回避。那么,如果企业在报告期内出现会计政策、会计估计变更或会计差错更正,是否会影响公司 IPO 呢?

一、会计政策、会计估计变更或会计差错更正产生的原因

根据《企业会计准则第 28 号——会计政策、会计估计变更和差错更正》的规定,会计政策是指企业在会计确认、计量和报告中所采用的原则、基础和会计处理方法。按照《企业会计准则第 28 号——会计政策、会计估计变更和差错更正》,每一会计期间和前后各期应当保持一致,不得随意变更,但下列情形除外:(1)法律、行政法规或者国家统一的会计制度等要求变更;(2)会计政策变更能够提供更可靠、更相关的会计信息。会计估计变更是指,由于资产和负债的当前状况及预期经济利益和义务发生了变化,从而对资产或负债的账面价值或者资产的定期消耗金额进行调整。企业据以进行估计的基础发生了变化,或者由于取得新信息、积累更

① 参见《第十八届发审委 2020 年第 178 次会议审核结果公告》,载中国证券监督管理委员会网,http://www.csrc.gov.cn/zjhpublic/G00306202/202012/t20201217_388783.htm。

多经验以及后来的发展变化，可能需要对会计估计进行修订。同时，《企业会计准则第28号——会计政策、会计估计变更和差错更正》也规定，企业难以对某项变更区分为会计政策变更或会计估计变更的，应当将其作为会计估计变更处理。前期差错是指，由于没有运用或错误运用下列两种信息，而对前期财务报表造成省略漏或错报：(1)编报前期财务报表时预期能够取得并加以考虑的可靠信息；(2)前期财务报告批准报出时能够取得的可靠信息。前期差错通常包括计算错误、应用会计政策错误、疏忽或曲解事实以及舞弊产生的影响，以及存货、固定资产盘盈等。

通过上述规定可知，会计政策变更及会计估计变更是由于客观因素发生变化而导致的财务处理的变化；而会计差错则是由于人为原因造成的记账错误，应当及时予以追溯更正。会计差错更正与前述二者在性质上完全不同。

二、监管机构对会计政策、会计估计变更或会计差错更正的要求

根据《首发问答》的规定，拟上市公司在发行上市申报前的上市辅导和规范阶段，如发现存在不规范或不谨慎的会计处理事项并进行审计调整的，应当符合《企业会计准则第28号——会计政策、会计估计变更和差错更正》和相关审计准则的规定，并保证拟上市公司提交首发申请时的申报财务报表能够公允地反映拟上市公司的财务状况、经营成果和现金流量。申报会计师应按要求对拟上市公司编制的申报财务报表与原始财务报表的差异比较表出具审核报告，并说明差异调整原因，保荐机构应核查差异调整的合理性与合规性。

拟上市公司在报告期内的会计政策和会计估计应保持一致性，不得随意变更，若有变更，应符合企业会计准则的规定。变更时，保荐机构及申报会计师应关注是否有充分、合理的证据表明变更的合理性，并说明变更会计政策或会计估计后，能够提供更可靠、更相关的会计信息的理由；对会计政策、会计估计的变更，应履行必要的审批程序。如无充分、合理的证据表明会计政策或会计估计变更的合理性，或者未经批准擅自变更会计政策或会计估计的，或者连续、反复地自行变更会计政策或会计估计的，视为滥用会计政策或会计估计。

拟上市公司发行上市材料申报后如存在会计政策、会计估计变更事项，应当依

据《企业会计准则第 28 号——会计政策、会计估计变更和差错更正》的规定,对首次提交的财务报告进行审计调整或补充披露,相关变更事项应符合专业审慎原则,与同行业上市公司不存在重大差异,不存在影响拟上市公司会计基础工作规范性及内控有效性情形。保荐机构和申报会计师应当充分说明专业判断的依据,对相关调整变更事项的合规性发表明确意见。在此基础上,拟上市公司应提交更新后的财务报告。

材料申报后,如出现会计差错更正事项,应充分考虑差错更正的原因、性质、重要性与累积影响程度。对此,保荐机构、申报会计师应重点核查以下方面并发表明确意见:(1)会计差错更正的时间和范围,是否反映拟上市公司存在故意遗漏或虚构交易、事项或者其他重要信息,滥用会计政策或者会计估计,操纵、伪造或篡改编制财务报表所依据的会计记录等情形;(2)会计差错更正对拟上市公司的影响程度,是否符合《企业会计准则第 28 号——会计政策、会计估计变更和差错更正》的规定,拟上市公司是否存在会计基础工作薄弱和内控缺失,相关更正信息是否已恰当披露等问题。如拟上市公司因会计基础薄弱、内控重大缺陷、盈余操纵、未及时进行审计调整的重大会计核算疏漏、滥用会计政策或者会计估计以及恶意隐瞒或舞弊行为,导致重大会计差错更正的,应视为拟上市公司在会计基础工作规范及相关内控方面不符合发行条件。此外,拟上市公司还应在招股说明书中披露重要会计政策、会计估计变更或会计差错更正情形及其原因。

《上市规则指引第 1 号》也对拟上市公司的“财务信息披露质量”提出了要求,“发行人申请文件中提交的财务报告应当已在法定期限内披露,且符合企业会计准则和相关信息披露规则的规定,在所有重大方面公允地反映了发行人的财务状况、经营成果和现金流量,由注册会计师出具无保留意见的审计报告。保荐机构及申报会计师应当严格按照执业准则勤勉尽责,审慎作出专业判断与认定,并对招股说明书的真实性、准确性和完整性承担连带责任”。

北交所审核要求除了按照《首发问答》的规定之外,还要求披露相关会计变更事项是否符合专业审慎原则,与同行业公众公司是否存在重大差异,是否存在对发行人会计基础工作规范及内控有效性产生重大影响的情形。此外还明确要求,“申报前后,发行人因会计基础薄弱、内控不完善、未及时进行审计调整的重大会计核算疏漏、滥用会计政策或者会计估计以及恶意隐瞒或舞弊行为，导致重大会计差错更正的，将依据相关制度采取自律监管措施或纪律处分，进行严肃处理；涉及财务会计文件虚假记载的，将依法移送中国证监会查处”。

会计政策、会计估计变更或会计差错更正是非常专业的技术问题，如拟上市公司在发行上市过程需要进行会计处理，应请中介机构专业人士整体分析后综合决策，以避免隐患。

三、参考案例：国科环宇因财务规范问题遭科创板上市委否决

2019年9月5日，科创板上市委召开的第21次审议会议上，上市委经过合议形成了不同意北京国科环宇科技股份有限公司（以下简称国科环宇）发行上市的审议意见，这是自科创板注册制实施后上交所上市委首次行使否决权。[①]

根据公开信息，国科环宇自受理后历时四个半月，经过三轮问询，最终被否决。根据公告披露，上市委在审议会上提出了国科环宇的三大软肋，其中之一就是财务规范性问题：“发行人2019年3月在北交所（北京产权交易所）申请挂牌时披露的2018年营业收入1.81亿元，净利润超2786万元，与本次申报的财务数据有重大差异。根据发行人解释，差异来源一是北交所挂牌时采用了母公司报表数据，二是本次编制申报有多个科目进行了审计调整。发行人两次申报均由瑞华会计师事务所出具审计报告，保荐机构认为该差异不属于会计差错更正事项。请发行人代表进一步说明发行人于2018年对以前年度的企业所得税进行重新申报的具体时间以及重新申报的原因，以及短时间内财务数据存在重大调整、母公司报表净利润存在995.91万元差异的原因。”最终，由于上市委认为国科环宇存在内控制度不健全、会计基础工作薄弱而否决其上市申请。

① 参见《科创板上市委2019年第21次审议会议结果公告》，载上海证券交易所网2019年9月5日，http://kcb.sse.com.cn/announcement/commiteeresult/index_pdf.shtml? fileId=0554c7f6260a4e689c9dcd0102ab4848&isType=jggg。

问 67 如何防范财务内控不规范?

注册制的核心内容主要包括信息披露和公司内控,其中财务内控又是公司内控的重中之重。建议拟在北交所上市的公司,至少应于报告期第一年就聘请中介机构,提前做好财务合规的相应工作。

一、拟上市公司财务内控不规范的情形

财务内控贯穿于企业资金的筹集、保存、使用以及记录的全过程,需要企业通过内控制度核查的内容具体包括:(1)资金的收入和支出是否真实、合法并有效记录;(2)银行账户及票据使用等是否合法合规;(3)合理保障企业采购、收付款、销售过程的资产管理、费用控制、合同管理、预算管理等。完善的财务内控手段可以使企业的业务管理活动和经营管理活动运行良好,控制有效,从而达到杜绝财务造假、营私舞弊的目标。

《首发问答》中列举了如下被重点关注的财务内控不规范的情形:(1)为满足贷款银行受托支付要求,在无真实业务支持的情况下,通过供应商等取得银行贷款或为客户提供银行贷款资金走账通道(以下简称转贷行为);(2)向关联方或供应商开具无真实交易背景的商业票据,通过票据贴现后获取银行融资;(3)与关联方或第三方直接进行资金拆借;(4)通过关联方或第三方代收货款;(5)利用个人账户对外收付款项;(6)出借公司账户为他人收付款项;(7)违反内部资金管理规定,对外支付大额款项、大额现金借支和还款、挪用资金等重大不规范情形。

对此,监管机构提出,保荐机构、会计师事务所等中介机构对发行人进行上市辅导期间,应当协助并且督促发行人,按照现行法律法规制度要求,对其涉及的上述财务内控不规范情形进行整改,以达到上市要求。

二、北交所对拟上市公司财务规范性的审核要求

从北交所上市条件来看，市值、利润、营收等要求相对不高，核心点无疑在于规范性，因此，对拟上市公司来说，财务规范性将是被重点审查的内容之一。根据《审核规则》第17条的规定，交易所在审核中重点关注的内容之一就是发行上市申请文件及信息披露内容是否一致、合理，且具有内在逻辑性，包括但不限于财务数据是否钩稽合理，是否符合发行人实际情况，财务信息与非财务信息是否相互印证，保荐机构、证券服务机构核查依据是否充分，能否对财务数据的变动或者与同行业公司存在的差异作出合理解释。

鉴于拟在北交所上市的"小巨人"均符合"专精特新"的要求，该类企业通常带有较为明显的科技创新类标签。在财务规范性的审核方面，企业需要特别注意研发投入不真实、核算不规范、分配不严格的问题，并且防范发行人及其高级管理人员存在重大违法行为，进而影响财务数据的情形，同时存在第三方回款，无法给出合理解释，或者"转贷"行为无法规范的问题，这些都是审核的重点。

事实上，财务内控在企业上市后更值得重视，在企业上市后的持续督导阶段，根据《上市规则》第3.2.1条的规定，保荐机构需要督导上市公司建立健全并有效执行公司治理制度、财务内控制度和信息披露制度。

三、中介机构应当重点关注的内控制度问题

根据《首发问答》的要求，发行人应严格按照现行法规、规则、制度要求对涉及问题进行整改或纠正，在提交申报材料前强化发行人内部控制制度建设及执行有效性检查。具体要求可从以下方面把握。

1. 对首次申报审计截止日前报告期内存在的财务内控不规范情形，中介机构应根据有关情形发生的原因及性质、时间及频率、金额及比例等因素，综合判断是否构成对内控制度有效性的重大不利影响，是否属于主观故意或恶意行为，并构成重大违法违规。

2. 发行人已按照程序完成相关问题整改或纠正的，中介机构应结合此前不规范情形的轻重或影响程度加以判断，全面核查、测试并确认发行人整改后的内控制度是否已合理、正常运行并持续有效，出具明确意见。

3. 首次申报审计截止日后，发行人原则上不能再出现上述内控不规范和不能有效执行的情形。

4. 发行人的对外销售结算应自主独立，内销业务通常不应通过关联方或第三方代收货款，外销业务如因外部特殊原因确有必要通过关联方或第三方代收货款的，应能够充分提供合理性证据，不存在审计范围受到限制的重要情形。

5. 连续 12 个月内银行贷款受托支付累计金额与相关采购或销售（同一交易对手或同一业务）累计金额是否基本一致或匹配，是否属于“转贷”行为。

对于“转贷”行为，北交所《上市规则指引第 1 号》有明确的审核指导意见。“转贷”行为通常是指，发行人为满足贷款银行受托支付要求，在无真实业务支持的情况下，通过供应商等取得银行贷款或为客户提供银行贷款资金走账通道。首次申报审计截止日后，发行人原则上不能再出现“转贷”情形。中介机构应关注发行人连续 12 个月内银行贷款受托支付累计金额与相关采购或销售（同一交易对手或同一业务）累计金额是否基本一致或匹配，是否属于“转贷”行为。

如发行人存在“转贷”行为，保荐机构、发行人律师及申报会计师应重点关注下列事项：（1）关注“转贷”行为的合法合规性，由中介机构对公司前述行为违反法律法规（如《贷款通则》等）的事实情况进行说明、认定，是否存在被处罚情形或风险，是否构成重大违法违规，是否满足相关发行上市条件的要求；（2）发行人对前述行为的财务核算是否真实、准确，与相关方资金往来的实际流向和使用情况是否通过体外资金循环粉饰业绩；（3）发行人是否已通过收回资金、完善制度、加强内控等方式积极整改，是否已建立针对性的内控制度并有效执行，且申报后未发生新的不合规资金往来等行为；（4）相关行为不存在后续影响，已排除或不存在重大风险隐患；（5）发行人前述行为信息披露的充分性，如相关交易形成原因、资金流向和使用用途、利息、违反有关法律法规具体情况及后果、后续潜在影响的承担机制、整改措施、相关内控建立及运行结果。

四、参考案例：普天铁心因财务内控不规范首发未通过

无锡普天铁心股份有限公司（以下简称普天铁心）主要从事电力变压器铁心及其中间产品的研发、生产和销售，是集上述产品设计、研发、生产和销售及售后服务于一体的专业变压器配件生产服务商。

发审委提出发行人需要对列出的财务内控规范问题补充说明，并且要求保荐机构、发行人律师核查该等问题并发表明确意见。主要包括："2013—2015年公司与关联方和非关联方之间存在多笔大额资金拆借的情形，其中通过往来单位取得银行贷款总额18,370.00万元，向供应商转让票据融资总额2241.94万元，向供应商额外开具票据融资总额1700.00万元，为客户获取银行贷款总额7600.00万元；其中，2014年发行人向关联方普天物流额外开具票据融资1,000.00万元，转让票据融资786.00万元；2014年度额外开出两张无真实交易背景的银行承兑汇票1700万元。"发审委要求普天铁心：(1)详细列示上述每一笔资金的发生原因及背景、相关合同内容的核查，包括借款利率及期限、还本付息情况；(2)资金往来单位的基本情况，资金往来单位与发行人的关系，是否存在利益输送等情形；(3)与关联方票据行为发生的时间、原因、背景及必要性等，开具无真实交易背景的银行承兑汇票具体原因及合理性、必要性等。发审委还要求普天铁心结合相关票据管理及银行贷款的法律法规、部门规章，详细说明上述每一笔往来资金的法律关系及法律性质，是否经过合法合规决策程序，是否违反相关法律法规或部门规章，是否因此受到过行政处罚，是否存在纠纷或潜在的法律风险，是否对本次发行上市构成法律障碍。并且要求普天铁心结合公司内部控制制度、资金管理制度内容及执行情况，详细说明公司治理及内部控制制度、资金管理制度是否存在缺陷；资金拆借行为及票据融资行为的规范纠正情况，相关制度的建立和执行情况；公司针对其股权结构特点是否建立防止控股股东、实际控制人或其他关联方侵占发行人利益并保障发行主体规范运行的长效机制；报告期内发行人"三会"是否有效运作；是否存在确保

发行人内控制度有效、公司治理完善的具体措施。[①]

不难看出,普天铁心由于上述财务内控不规范情形,导致监管部门对其交易背后的真实性、内控制度的健全性产生疑问,成为其首发被否的主要原因,最终闯关资本市场"折戟"。

问 68 经销商模式下如何确认收入?

经销商是公司产品与服务的销售渠道,因其与公司有重要的利益关系而合作紧密。为了使财务数据更加亮眼,可能存在部分拟上市公司经销商采取突击采购、压货等方式配合公司粉饰业绩的可能性。所以,经销商模式下,监管机构对拟上市公司的核查和披露尤为关注,而营业收入作为利润表的"排头兵",是最重要的报表科目之一,也是经销商模式下监管机构核查财务数据的重点。

一、经销商模式概述

经销商模式,是企业先将产品销售给经销商,再由经销商销售给终端客户的一种商品流通模式,经销商通过赚取中间差价盈利。经销商有两种合作方式,一种是买断式销售,另一种则是代销形式,主要的区别在于"谁来承担存货的风险",合作方式不同,会计处理也不同。买断式销售是指经销商作为生产商的客户,双方为购销关系,经销商是独立的经营主体。买断式销售属于正常的销售业务,收入确认政策与一般客户无异,在产品权属及风险转移至经销商时企业即可确认收入并结转成本,经销商的产品能否最终实现对外销售不会影响企业的收入。代销形式,是指双方不存在购销关系,生产商利用经销商的销售资源,经销商只履行代理销售的职

---

① 参见《第十七届发审委 2017 年第 23 次会议审核结果公告》,载中国证券监督管理委员会网,http://www.csrc.gov.cn/pub/zjhpublic/G00306202/201711/t20171101_326329.htm。

责,因为产品的真实销售对象是终端客户,此模式企业与经销商之间不存在购销关系,也就不涉及收入确认,企业通常应当在受托方出售商品时确认销售商品收入。

在企业对目标市场环境不熟悉、尚未形成成熟的自有销售网络、企业难以依靠自身的直销团队来全面覆盖客户时,可以通过借助经销商在当地的资源优势,迅速占领、开发市场,提升产品的市场占有率。对于初创企业,或者在白酒、汽车、医疗器械等适合经销商模式的企业来说,采取经销商模式,一方面,可以专注于研发、生产,继续提升产品或服务的竞争力;另一方面,由于经销商有着成熟的渠道建设、深厚的基础和丰富的资源,如果企业与合适的经销商建立了良好的合作关系,那么发行人销售规模实现大幅增长都是有可能的。

二、经销商模式下收入确认的相关风险

经销商模式与经销商的主要业务模式、产品类别、确认收入的方式等密切相关,监管机构关注经销商模式下的收入确认,主要是由于经销商模式较易产生财务风险。

首先是财务监管漏洞和审计风险。经销商一般属于散点式分布,且大多以个体工商户或者个人的形式存在,在销售结算中,可能会存在以现金或者个人卡进行结算的方式,进而对资产、收入的完整性产生影响。因此,对拟上市企业来说,以个人形式存在的经销商属于重点关注和核查的对象。

其次是利润舞弊风险。实践中,经销商模式存在企业虚增利润的可能性,如企业将产品销售给与其有关联的经销商后,虽相关产品存货未最终实现对外销售,企业却进行收入确认,从而达到虚增收入和利润的目的。例如,在买断式的经销商模式下,当企业将产品发货给经销商,经销商验收确认后立即确认收入,而经销商当年对外销售存货却远低于当年向上市公司采购的份额,或者当年无销售业绩。此种情况下,产品能否卖出的风险已经与企业无关,而关于收入的账务处理也较合理,这个过程中就很容易发生利润舞弊的行为。

三、监管机构对采取经销商模式企业的审核要点

(一)重点关注的问题

根据《首发问答》的要求,拟上市公司采取经销商销售模式的,应重点关注收入实现的真实性,包括:(1)详细核查经销商具体业务模式及采取经销商模式的必要性;(2)经销商模式下收入确认是否符合企业会计准则的规定;(3)经销商选取标准、日常管理、定价机制(包括营销、运输费用承担和补贴等)、物流(是否直接发货给终端客户)、退换货机制、销售存货信息系统等方面的内控是否健全并有效执行;(4)经销商是否与发行人存在关联关系;(5)对经销商的信用政策是否合理等。

北交所发布的《上市规则指引第1号》对采用经销商模式的拟上市公司的审核要求比上述《首发问答》的要求略有增加,主要包括:(1)采取经销商模式的必要性及经销商具体业务模式,经销商的主体资格及资信能力;(2)发行人报告期内经销商模式下的收入确认原则、费用承担原则及给经销商的补贴或返利情况,经销商模式下收入确认是否符合企业会计准则的规定;(3)发行人经销商销售模式及占比等情况,与同行业可比公众公司是否存在显著差异及原因;(4)经销商管理相关内控制度是否健全并有效执行;(5)经销商是否与发行人存在关联关系;(6)对经销商的信用政策是否合理;(7)结合经销商模式检查经销商与发行人的交易记录及银行流水记录;(8)经销商的存货进销存情况、退换货情况及主要客户情况,经销商所购产品是否实现终端客户销售。

(二)信息披露的相关要求

企业在北交所申请IPO上市时,需要就经销商模式的相关情况进行充分披露,主要包括:(1)经销商和发行人是否存在实质和潜在的关联关系;(2)发行人同行业可比上市公司采用经销商模式的情况;(3)发行人通过经销商模式实现的销售

比例和毛利是否显著大于同行业可比上市公司;(4)经销商是否专门销售发行人产品;经销商的终端销售及期末存货情况;(5)报告期内经销商是否存在较多新增与退出情况;(6)经销商是否存在大量个人等非法人实体;(7)经销商回款是否存在大量现金和第三方回款。

此外,出现以下情况时,拟上市公司也应充分披露相关情况:(1)通过经销商模式实现的销售毛利率和其他销售模式实现的毛利率的差异较大;(2)给予经销商的信用政策显著宽松于其他销售方式,对经销商的应收账款显著增大;(3)海外经销商毛利率与国内经销商毛利率差异较大。

(三)中介机构的核查要点及路径

监管机构要求保荐机构、律师和申报会计师对经销商业务进行充分核查,并说明发行人经销商销售模式、占比等情况与同行业上市公司是否存在显著差异及原因,对经销商业务的核查方式、核查标准、核查比例、核查证据等应足以支持核查结论。

保荐机构、律师及申报会计师应当合理利用电话访谈、合同调查、实地走访、发询证函等多种核查方法进行综合判断,核查发行人报告期内经销商模式下的收入确认原则、费用承担原则及给经销商的补贴或返利情况、经销商的主体资格及资信能力,核查关联关系,结合经销商模式检查与发行人的交易记录及银行流水记录、经销商存货进销存情况、经销商退换货情况,并对经销商模式下收入的真实性发表明确意见。

随着市场经济的深入发展,公司为提高自身产品和市场竞争力,不断积极探索适合公司发展的营销策略,选取不同销售模式和方法,以达到增加销售和利润,提高市场占有率的目标。对采取经销商模式的公司来说,需要关注经销商模式各方面的合法性、合规性,不可利用该模式进行舞弊。中介机构在对此类公司进行尽职调查时,也应当从各方面核查、判断其经销商模式的真实性、必要性、关联交易问题以及收入确认问题,最终对公司的业务及业绩利润发表意见。

四、参考案例："倍轻松"(837027)申请在全国股转系统挂牌时因其经销商模式被问询

如今在国内各大商场随处可见"倍轻松"的身影，以眼部、肩部小型按摩仪器为卖点的深圳市倍轻松科技股份有限公司(以下简称"倍轻松")，业务模式就包含经销商模式。"倍轻松"及其股票在股转系统挂牌并公开转让的申请文件中，股转系统就提出了如下反馈意见，值得企业参考并关注："(1)文字表述问题需公司确认(略)；(2)请公司补充披露报告期各期各种销售模式收入金额及占比情况；(3)请公司补充披露租赁直营店、商场联营店、电商平台直营销售、经销商、代销模式、ODM/OEM 销售情况，包括不限于合作模式、产品定价原则、交易结算方式，说明为买断销售或代理销售，相关退换货政策，报告期发生退换货金额及占比，退换货相关会计核算情况；(4)请公司结合业务详细披露报告期内的各类销售收入的具体确认原则和方法，具体条件、时点以及结算方式等，并详细披露成本核算的具体内容及其与收入的匹配性；(5)请会计师对报告期内各种销售模式下收入确认、成本结转的条件、方法是否符合企业会计准则，核查并发表意见；(6)请主办券商及申报会计师补充说明针对公司各种销售模式下销售收入的真实性及完整性执行的具体尽职调查及审计程序，确认的金额占总金额的比重，说明取得的相关的内外部证据，销售与收款相关内部控制及其有效性。"①

问 69 拟上市公司在审期间分红应注意哪些问题？

作为公司股东，最希望看到的就是公司为股东分红。分红虽好，但也要选择合

---

① 参见《关于深圳市倍轻松科技股份有限公司挂牌申请文件的第一次反馈意见》，载全国中小企业股份转让系统网，http://www.neeq.com.cn/disclosure/2018/2018-02-08/1518075911_767810.pdf。

适的时机，如果公司正在进行上市申报，这期间分红可能给公司上市进程埋下一定隐患。

一、拟上市公司在审期间分红会受到严格审查

在审期间分红主要是指，发行人申报前提出现金分红、分派股票股利或资本公积转增股本方案，并在中国证监会同意注册前执行完毕，或是指发行人在审期间提出分红方案。股东分红后，公司资产会因分红而减少，从而产生不符合发行上市条件的风险。例如，拟上市公司股东于发行申报前突击大额分红，则分红行为极易被判断为股东故意在上市前掏空拟上市公司“家底”，从而备受关注。因此，拟上市公司在审期间分红，会被监管机构严格审查。

（一）北交所对拟上市公司在申报上市前提出分红方案的要求

根据《上市规则指引第1号》，如果拟上市公司在发行上市申报前就已提出了现金分红、分派股票股利或资本公积转增股本方案的，应充分披露相关方案的执行是否对公司符合发行条件造成影响，相关方案应在中国证监会同意注册发行前执行完毕。拟上市公司及中介机构应对拟上市公司分红后，是否仍符合发行条件和上市条件发表明确意见。

（二）北交所对拟上市公司在审期间提出分红方案的要求

拟上市公司申报发行上市的申请被北交所受理后，原则上不应提出分派股票股利或资本公积转增股本的方案，但是可以提出现金分红方案。拟上市公司在申报发行上市审查期间提出现金分红方案的，保荐机构和拟上市公司应按重大事项报告要求及时进行报告，并遵循如下原则进行处理：（1）发行人如拟现金分红的，应依据公司章程和相关监管要求，充分论证现金分红的必要性和恰当性，以最近一期经审计的财务数据为基础，测算和确定与发行人财务状况相匹配的现金分

红方案,并履行相关决策程序。如存在大额分红并可能对财务状况和新老股东利益产生重大影响的,发行人应谨慎决策。(2)发行人的现金分红方案应在中国证监会同意注册前执行完毕。(3)已通过上市委员会审议的企业,在上市前原则上不应提出新的现金分红方案。(4)保荐机构应在审核期间对发行人现金分红的必要性、合理性、合规性进行专项核查,就实施现金分红对发行人财务状况、生产运营的影响,相关方案执行完毕后发行人是否符合发行条件发表明确意见。

二、企业应谨慎决策、认真核查在审期间分红

拟上市公司在审期间如进行现金分红、分派股票股利或资本公积转增股本,应保证符合监管机构的要求。中介机构应对现金分红、分派股票股利或资本公积转增股本后,是否仍符合北交所上市条件进行核查。

(一)拟上市公司应谨慎决策在审期间分红

拟上市公司在审期间现金分红的,可能影响发行人的期末净资产等财务数据;在审期间分派股票股利或资本公积转增股本,可能影响拟上市公司的股本总额等数据,从而影响拟上市公司是否满足北交所发行上市条件。

因此,如果在申报上市前就已提出现金分红、分派股票股利或资本公积转增股本方案的,拟上市公司应充分披露相关方案的执行是否符合拟上市公司股票发行条件,相关方案应在中国证监会同意注册前执行完毕。

拟上市公司申报后,如确有必要进行分红,只能以现金分红的方式进行,且应按重大事项报告要求及时报告。同时,拟上市公司应依据公司章程和相关监管要求,充分论证现金分红的必要性和恰当性,如存在大额分红并可能对财务状况和新老股东利益产生重大影响的,拟上市公司应谨慎决策。

(二)中介机构应认真核查分红行为

如果拟上市公司在申报上市申请前就已提出了现金分红、分派股票股利或资本公积转增股本方案的,保荐机构应对前述事项的披露情况和相关方案执行完毕后公司是否仍符合发行条件发表明确意见。

拟上市公司在审期间提出现金分红方案的,保荐机构应按重大事项报告要求及时进行报告,且应在审核期间对公司现金分红的必要性、合理性、合规性进行专项核查,就实施现金分红对发行人财务状况、生产运营的影响,相关方案执行完毕后公司是否符合发行条件发表明确意见。

三、参考案例:"醉清风"因在审期间大额分红终止上市

2021年7月4日,中国证监会公布了新一轮IPO现场检查的名单,19家拟上市公司被抽中,其中包含冲击创业板的上海醉清风健康科技股份有限公司(以下简称"醉清风")。[①] "醉清风"在2020年净利润下滑的情况下仍进行大额分红,且分红数额超当期归属于母公司的净利润,而后计划募集资金买楼,该等行为饱受争议。

招股说明书显示,2020年"醉清风"总共进行了三次现金分红。具体来看,2020年5月7日,经公司股东会审议通过,"醉清风"向全体股东分配现金红利3000万元(含税);2020年7月21日,经该公司股东会审议通过,公司向全体股东分配现金红利3000万元(含税);2020年9月4日,经股东会审议通过,公司向全体股东分配现金红利5000万元(含税)。综上,"醉清风"2020年共向全体股东派发10,400万元现金红利。[②]

---

① 参见《首发企业信息披露质量抽查抽签情况(2021年7月4日)》,载中国证券监督管理委员会网,http://www.csrc.gov.cn/pub/newsite/fxjgb/gzdt/sfqyxxplzlcccq/202107/t20210705_400903.html。

② 参见《上海醉清风健康科技股份有限公司招股说明书(申报稿)》,载中国证券监督管理委员会网2021年6月24日,http://reportdocs.static.szse.cn/UpFiles/rasinfodisc/RAS_00017A1681017D3FE0E30D39ADBAA63F.pdf。

分红最大的受益者无疑是“醉清风”实际控制人。招股说明书显示“醉清风”实际控制人杨某、叶某夫妇直接和间接持有公司83.43%的股份。从持股比例来看,“醉清风”大部分现金分红均被实际控制人收入囊中。受此影响,2021年7月19日,“醉清风”向深交所提交了《上海醉清风健康科技股份有限公司关于撤回首次公开发行股票并在创业板上市申请文件的申请》,深交所决定终止对“醉清风”首次公开发行股票并在创业板上市的审核。

问70 如何核查银行账户资金流水?

银行流水如同企业的血液,核查银行流水能够反映企业收支管理制度的完善性、财务内控制度的有效性以及账面资金余额的准确性,是保障投资者对企业财务信息知情权的重要手段之一。贯穿企业经营活动的银行流水向来是企业上市财务核查的重中之重,因为它可以反映出企业是否存在收入确认、成本结转、资金拆借和资金占用等影响上市的问题。

一、银行流水核查的有关规定

北交所在企业IPO的银行流水核查方面还未公布具体操作细则,但中国证监会发布的《首发问答》符合未来北交所上市财务规范相关审核的趋势,也可以为保荐机构和会计师核查企业银行流水方面提供详细的操作指引。

2020年6月10日发布了《中国证券监督管理委员会关于发行审核业务问答部分条款调整事项的通知》,对《首发问答》的部分条款进行补充和完善,其中新增的问题54“资金流水核查”,规定了保荐机构和申报会计师在充分评估和合理保证发行人财务报表不存在重大错报风险时,对发行人相关银行账户资金流水进行核查应关注的几个方面的问题,此举是严防发行人财务造假的重要举措。

中国证监会在《首发问答》中要求，保荐机构和申报会计师应当充分评估发行人所处经营环境、行业类型、业务流程、规范运作水平、主要财务数据水平及变动趋势、所处经营环境等因素，确定发行人相关资金流水核查的具体程序和异常标准，以合理保证发行人财务报表不存在重大错报风险。发行人及其控股股东、实际控制人、董事、监事、高级管理人员等相关人员应按照诚实信用原则，向中介机构提供完整的银行账户信息，配合中介机构核查资金流水。中介机构应勤勉尽责，采取可靠手段获取核查资料，在确定核查范围、实施核查程序方面保持应有的职业谨慎。

根据《首发问答》的规定，保荐机构和申报会计师在资金流水核查中，应重点核查报告期内发生的以下事项，这也是拟上市公司在经营和财务处理中需要关注的问题：(1)发行人资金管理相关内部控制制度是否存在较大缺陷。(2)是否存在银行账户不受发行人控制或未在发行人财务核算中全面反映的情况，是否存在发行人银行开户数量等与业务需要不符的情况。(3)发行人大额资金往来是否存在重大异常，是否与公司经营活动、资产购置、对外投资等不相匹配。(4)发行人与控股股东、实际控制人、董事、监事、高级管理人员、关键岗位人员等是否存在异常大额资金往来。(5)发行人是否存在大额或频繁取现的情形，是否无合理解释；发行人同一账户或不同账户之间，是否存在金额、日期相近的异常大额资金进出的情形，是否无合理解释。(6)发行人是否存在大额购买无实物形态资产或服务(如商标、专利技术、咨询服务等)的情形，如存在，相关交易的商业合理性是否存在疑问。(7)发行人实际控制人个人账户大额资金往来较多且无合理解释，或者频繁出现大额存现、取现情形。(8)控股股东、实际控制人、董事、监事、高级管理人员、关键岗位人员是否从发行人获得大额现金分红款、薪酬或资产转让款、转让发行人股权获得大额股权转让款，主要资金流向或用途存在重大异常。(9)控股股东、实际控制人、董事、监事、高级管理人员、关键岗位人员与发行人关联方、客户、供应商是否存在异常大额资金往来。(10)是否存在关联方代发行人收取客户款项或支付供应商款项的情形。

二、银行流水核查的详细攻略

(一)全面核查银行账户资金流水

根据规定,在符合银行账户查询相关规定的前提下,资金流水的核查范围应当进一步扩大,不应局限于发行人,还应当结合实际情况对发行人主要关联方、控股股东、实际控制人、董事、监事、高级管理人员及关键岗位人员等开立或者控制的银行流水进行核查,核查前述主体是否与发行人存在异常的资金往来并核查其原因。除核查上述银行账户外,还应当对与上述银行账户发生异常往来的员工或者发行人关联方、客户、供应商开立或控制的银行流水进行调查。此外,《中国证券监督管理委员会关于发行审核业务问答部分条款调整事项的通知》问题 54 还规定,当发行人在报告期内与同行业相比,存在较大异常的毛利率、经销模式占比较高等异常情况时,保荐机构及申报会计师应考虑扩大银行流水核查的范围。其总的原则就是要防范财务造假、利益输送等损害投资人、中小股东的权益等行为。

根据《首发问答》的要求,发行人在报告期内存在以下情形的,保荐机构和申报会计师应考虑是否需要扩大资金流水核查范围:(1)发行人备用金、对外付款等资金管理存在重大不规范情形;(2)发行人毛利率、期间费用率、销售净利率等指标各期存在较大异常变化,或者与同行业公司存在重大不一致;(3)发行人经销模式占比较高或大幅高于同行业公司,且经销毛利率存在较大异常;(4)发行人将部分生产环节委托其他方进行加工的,且委托加工费用大幅变动,或者单位成本、毛利率大幅异于同行业;(5)发行人采购总额中进口占比较高或者销售总额中出口占比较高,且对应的采购单价、销售单价、境外供应商或客户资质存在较大异常;(6)发行人重大购销交易、对外投资或大额收付款,在商业合理性方面存在疑问;(7)董事、监事、高级管理人员、关键岗位人员薪酬水平发生重大变化;(8)其他异常情况。

(二)认真核对资金流水真实性

保荐机构及申报会计师应当对流水的真实性进行详细核对,包括资金发生日期、流水金额与账面是否一致,流水中的收款单位与供应商客户是否一致,流水中回款单位与账面客户单位是否一致,收付款异常情况备注等。除对流水单上的数据和信息核对外,对流水印章、函证情况的真实合法有效也应当仔细核查。此外,还要核查资金流水与资产购置、对外投资等其他情形是否匹配。若部分银行流水与记账凭证不匹配,则需要核实资金往来的实际情况以及与账目不匹配的原因;若大额支出显示付给供货商,而实际核查不存在与相关供货商的采购合同等,应当进一步核查发行人是否存在其他利益相关方。同时,需要对控股股东、实际控制人、董事、监事、高级管理人员、财务负责人以及其他利益关联方的银行流水进行核查,追溯该笔交易真实的付款原因,避免相关利益输送等情形。

建议保荐人和注册会计师实地前往发行人各开户银行打印资金流水,或由保荐人或会计师陪同董事、监事、高级管理人员等其他人员前往银行打印资金流水,同时在打印流水的自助机和银行网点名称前对获取银行流水的过程拍照留档。拟上市公司及其他被核查的相关人员需要出具账户完整真实的承诺,表明自己所有的银行账户流水已提供完毕,保荐人和会计师应出具核查过程记录及结果分析。

监管机构对银行流水核查的要求日益严格,需要中介机构提高重视程度,帮助拟上市公司有效加强财务内控和财务规范程度,使之符合监管机构的要求。保荐机构和会计师应严谨、规范核查相关银行账户资金流水,就核查范围、异常情况、核查依据、核查程序等编制工作底稿,对核查中受到的限制、采取的替代措施一并记录,以确保出具的结论和意见有充分依据,同时防范发行人财务造假的连带责任风险。保荐人和会计师等中介机构还应根据监管机构监管政策的变化,更新对银行流水专项核查的重点和维度。

总之,申报会计师在对拟上市公司的财务报表数据进行充分评估和合理保证时,应当对其数据真实性充分核查,不仅要通过资金流水核查发行人与相关方是否存在利益输送等,对资金流水本身的真实性也应当抱有合理怀疑态度。在发行人提供的银行流水有不合规的情形时，应当进一步严格按照相关规定启动审计程序求证，切忌疏忽大意。

三、参考案例：京源环保（688096）认真对待银行账户资金终获批

江苏京源环保股份有限公司（以下简称京源环保）于 2020 年 2 月提交注册申请文件，中国证监会二轮问询中请保荐机构进一步核查，报告期内发行人与供应商之间采购价格的依据合理性及价格公允性，核查各供应商与发行人及其关联方是否存在关联关系或其他安排，核查实际控制人、发行人、董事、监事、高级管理人员及家庭关系密切成员是否存在账外支付供应商款项的情形，并发表明确核查意见。保荐机构回复："保荐机构访谈了公司采购负责人，查阅了公司采购相关制度文件，核查了主要供应商的采购合同，抽查了其他供应商的采购合同，以及部分主要供应商的询价比价资料；保荐机构查阅了主要供应商的工商信息、官方网站等公开信息资料，对主要供应商进行了走访并取得了相关声明承诺；保荐机构访谈了公司实际控制人、董事、监事及高级管理人员并取得了相关声明承诺，核查了公司实际控制人、董事、监事、高级管理人员及出纳的银行流水。经核查，保荐机构认为：报告期内公司与供应商之间的采购价格定价依据合理、采购价格公允；各供应商与发行人及其关联方不存在关联关系或其他安排；公司实际控制人、董事、监事、高级管理人员及关系密切的家庭成员不存在账外支付供应商款项的情形。"①

2020 年 3 月 4 日，中国证监会同意京源环保首次公开发行股票的注册申请，此次申请虽过程有点坎坷，但最终顺利"过会"。

---

① 参见《关于江苏京源环保股份有限公司首次公开发行股票并在科创板上市申请文件第二轮审核问询函的回复》，载上海证券交易所网，http://static.sse.com.cn/stock/information/c/201910/a6d222769bad4625ab77 da5aa0d3f9e2.pdf。

第五章
Chapter Five
合　规　性

问 71 如何理解最近 3 年无重大违法行为?

公司上市要求最近 3 年无重大违法行为,然而,对于什么是"重大违法行为"法律上并没有明确的界定,虽然在 2019 年修订的《证券法》中将"重大违法行为"改为具体的情形,但在发行审核过程中,前述问题的理解仍存在争议。公司在经营管理过程中难免因为各种各样的原因而受到处罚或者产生被处罚的法律风险,拟上市公司对此应当格外注意。

一、"重大违法行为"的相关规定

2005 年《证券法》对公司公开发行新股的条件增加了"最近三年财务会计文件无虚假记载,无其他重大违法行为"之规定。2019 年修订的《证券法》将该条件修改为"发行人及其控股股东、实际控制人最近三年不存在贪污、贿赂、侵占财产、挪用财产或者破坏社会主义市场经济秩序的刑事犯罪",对重大违法行为进一步明确。

《首发管理办法》要求发行人不得存在以下情形:(1)最近 36 个月内未经法定机关核准,擅自公开或者变相公开发行过证券;或者有关违法行为虽然发生在 36 个月前,但目前仍处于持续状态。(2)最近 36 个月内违反工商、税收、土地、环保、海关以及其他法律、行政法规,受到行政处罚,且情节严重。(3)最近 36 个月内曾向中国证监会提出发行申请,但报送的发行申请文件有虚假记载、误导性陈述或重大遗漏;或者不符合发行条件以欺骗手段骗取发行核准;或者以不正当手段干扰中国证监会及其发行审核委员会审核工作;或者伪造、变造发行人或其董事、监事、高级管理人员的签字、盖章。(4)本次报送的发行申请文件有虚假记载、误导性陈述或者重大遗漏。(5)涉嫌犯罪被司法机关立案侦查,尚未有明确结论意见。(6)严重损害投资者合法权益和社会公共利益的其他情形。

《上市规则》第2.1.4条规定,“发行人申请公开发行并上市,不得存在下列情形:(一)最近36个月内,发行人及其控股股东、实际控制人,存在贪污、贿赂、侵占财产、挪用财产或者破坏社会主义市场经济秩序的刑事犯罪,存在欺诈发行、重大信息披露违法或者其他涉及国家安全、公共安全、生态安全、生产安全、公众健康安全等领域的重大违法行为;(二)最近12个月内,发行人及其控股股东、实际控制人、董事、监事、高级管理人员受到中国证监会及其派出机构行政处罚,或因证券市场违法违规行为受到全国股转系统、证券交易所等自律监管机构公开谴责;(三)发行人及其控股股东、实际控制人、董事、监事、高级管理人员因涉嫌犯罪正被司法机关立案侦查或涉嫌违法违规正被中国证监会及其派出机构立案调查,尚未有明确结论意见;(四)发行人及其控股股东、实际控制人被列入失信被执行人名单且情形尚未消除;(五)最近36个月内,未按照《证券法》和中国证监会的相关规定在每个会计年度结束之日起4个月内编制并披露年度报告,或者未在每个会计年度的上半年结束之日起2个月内编制并披露中期报告;(六)中国证监会和本所规定的,对发行人经营稳定性、直接面向市场独立持续经营的能力具有重大不利影响,或者存在发行人利益受到损害等其他情形”。

二、“重大违法行为”的解读

(一)认定为“重大违法行为”的情形

《首发问答》将“重大违法行为”定义为发行人及其控股股东、实际控制人违反国家法律、行政法规,受到刑事处罚或情节严重行政处罚的行为,如存在贪污、贿赂、侵占财产、挪用财产或者破坏社会主义市场经济秩序等刑事犯罪,原则上应认定为重大违法行为。

根据《上市规则指引第1号》的规定,最近36个月内,发行人及其控股股东、实际控制人在国家安全、公共安全、生态安全、生产安全、公众健康安全等领域,存在以下违法行为之一的,原则上视为重大违法行为:(1)被处以罚款等处罚且情节严重;(2)导致严重环境污染、重大人员伤亡、社会影响恶劣等。

(二)不认定为"重大违法行为"的情形

根据《首发问答》的要求,被处以罚款以上行政处罚的违法行为,如有以下情形之一且中介机构出具明确核查结论的,可以不认定为"重大违法行为":(1)违法行为显著轻微,罚款数额较小;(2)相关处罚依据未认定该行为属于情节严重;(3)有权机关证明该行为不属于重大违法。但违法行为导致严重环境污染、重大人员伤亡、社会影响恶劣等并被处以罚款以上行政处罚的,不适用上述情形,仍认定为"重大违法行为"。

发行人合并报表范围内的各级子公司,若对发行人主营业务收入或净利润不具有重要影响(占比不超过5%),其违法行为可不视为发行人本身存在相关情形,但其违法行为导致严重环境污染、重大人员伤亡或社会影响恶劣的除外。

如被处罚主体为发行人收购而来,且相关处罚于发行人收购完成之前执行完毕,原则上不视为发行人存在相关情形。但发行人主营业务收入和净利润主要源于被处罚主体或违法行为社会影响恶劣的除外。

上述相关规定从主体、违反内容、例外情形及特别事项等方面对重大违法行为进行了界定。主体方面不仅包括发行人,还包括控股股东、实际控制人以及合并报表的各级子公司。违反的内容主要是指法律、行政法规,既有刑事责任,也有行政责任。无论企业是在哪个板块上市,均有两条红线存在:一是最近3年内,发行人及其控股股东、实际控制人不存在贪污、贿赂、侵占财产、挪用财产或者破坏社会主义市场经济秩序的刑事犯罪;二是不存在违法行为导致严重环境污染、重大人员伤亡、社会影响恶劣等并被处以罚款等处罚的。

(三)对“最近3年”的理解及起算时间

中国证监会发布的《首发问答》《首发管理办法》中规定的“最近一年”以12个月计;“最近二年”以24个月计;“最近三年”以36个月计;最近3年重大违法行为的起算时点,从刑罚执行完毕或行政处罚执行完毕之日起计算。

根据《首发问答》问题11,刑罚执行期满未逾3年的,视为近3年有重大违法行为。这里须注意,对控股股东、实际控制人判处缓刑的情况,缓刑考验期限从判决确定之日起计算,最近3年的起算点为缓刑考验期期满之日。

由此可见,拟上市公司应保证在递交申报材料前3年不存在重大违法行为,也不能通过实际控制人认定、关联交易非关联化等方式逃避重大违法行为。并且,除发行人及其控股股东、实际控制人不得存在重大违法行为外,董事、监事和高级管理人员也不得存在最近3年内受到中国证监会行政处罚,或者因涉嫌犯罪正在被司法机关立案侦查或者涉嫌违法违规正在被中国证监会立案调查且尚未有明确结论意见等情形。实务中,监管部门除了关注行政处罚是否构成重大违法行为外,还关注行政处罚是否会对公司持续经营构成重大不利影响。因此,为了成功发行并上市,拟上市公司应尽量避免行政处罚。若行政处罚已经存在,应如实详细披露,并取得有关机关非重大违法违规行为的证明文件。当然,排除企业存在重大违法行为风险的根本之道还是完善公司内控制度,合法合规经营。

三、参考案例:“每日互动”(300766)超范围经营未构成重大违法不影响上市,微众信科重大违法过会后依然“折戟”IPO

每日互动股份有限公司(以下简称“每日互动”)在2015年取得增值电信业务经营许可证之前,从事移动互联网营销服务业务,该事实在其申请创业板上市过程中被审核部门关注并就此进行了问询,最终律师论证并出具不构成重大违法的法律意见后成功上市。主办律师从以下方面进行了论证:(1)发行人已经取得了开展业务所必须的增值电信业务经营许可证,从2015年7月首次获取ICP证书至今已届满36个月;(2)发行人在报告期期初未取得增值电信业务经营许可证的情况下从事移动互联网营销服务业务,但业务开展时间短,业务收入占比低,该项业务不会对发行人业务开展合规性构成实质性影响;(3)发行人已经取得浙江省通信管理局出具的《情况说明》,证明发行人从事增值电信业务的经营行为没有因违反国家法律、法规规定而受到浙江省通信管理局行政处罚的情况;(4)根据中介机构对浙江省通信管理局的访谈说明,对发行人在2015年7月取得增值电信业务经营许可证之前所从事的具体业务,浙江省通信管理局不会给予处罚,因此不会对发行人本次发行造成实质障碍。①

2020年12月,深圳微众信用科技股份有限公司(以下简称微众信科)上交所在过会等待中国证监会注册发行期间,因公司及其控股股东、实际控制人涉嫌贪污、贿赂、侵占财产、挪用财产或者破坏社会主义市场经济秩序的犯罪,或者涉嫌欺诈发行、重大信息披露违法或其他涉及国家安全、公共安全、生态安全、生产安全、公众健康等领域的重大违法行为,微众信科被司法机关立案侦查,尚未结案。2021年2月1日,中国证监会不同意微众信科注册发行;上交所于2021年2月2日中止微众信科的发行上市审核;2021年4月15日,微众信科撤回发行上市申请,上交所终止其发行上市审核。在该案例中,即使发行人已经过会,但因其重大违法行为,止步于中国证监会注册阶段,公司终究没有完成IPO进程。②

问72 行政处罚和刑事处罚对公司上市有哪些影响?

拟上市公司在报告期内如出现被行政处罚或者企业及主要责任人员被刑事处

① 参见《北京市万商天勤律师事务所关于公司首次公开发行人民币普通股(A股)股票并在创业板上市的补充法律意见书(十一)》,载深圳证券交易所网2019年3月4日,http://www.szse.cn/disclosure/listed/bulletinDetail/index.html?fed8b38e-bfbb-4196-8d6e-bda7e0f53721。

② 参见深圳微众信用科技股份有限公司科创板股票审核项目动态,载上海证券交易所网2021年12月1日,http://kcb.sse.com.cn/renewal/xmxq/index.shtml?auditId=584&anchor_type=0。

罚的情形,将会对公司上市产生一定影响,甚至会终止上市之路。不过,在发生上述情况后,如果披露得当并做好善后工作,也可能化险为夷,顺利上市。

一、行政处罚对公司上市的影响

(一)行政处罚的概念

行政处罚是行政机关对违反行政法规的人或企业进行行政制裁的方式,目的在于对违法行为加以惩戒,避免再犯。我国行政处罚的实施主体为行政机关,可以对拟上市公司施以行政处罚的主体主要是其经营主管机关或业务指导机关,如工商、税务、检验检疫、环保、海关等。依据我国《行政处罚法》的规定,行政处罚主要分为以下几类:(1)警告、通报批评;(2)罚款、没收违法所得、没收非法财物;(3)暂扣许可证件、降低资质等级、吊销许可证件;(4)限制开展生产经营活动、责令停产停业、责令关闭、限制从业;(5)行政拘留;(6)法律、行政法规规定的其他行政处罚。

(二)行政处罚对 IPO 的影响

《首发管理办法》规定,发行人在最近 36 个月内不得有违反工商、税收、土地、环保、海关以及其他法律、行政法规的处罚。《上市规则》规定,最近 12 个月内,发行人及其控股股东、实际控制人、董事、监事、高级管理人员不得存在受到中国证监会及其派出机构行政处罚,或因证券市场违法违规行为受到全国股转系统、证券交易所等自律监管机构公开谴责的情形,亦不得存在因涉嫌犯罪正被司法机关立案侦查或涉嫌违法违规正被中国证监会及其派出机构立案调查,尚未有明确结论意见的情形。

监管机构对拟上市公司行政处罚的审核,主要围绕行政处罚的严重程度、对后续持续经营是否有影响这两点。根据中国证监会发布的《首发问答》,被处以罚款以上行政处罚的违法行为,如有以下情形之一且中介机构出具明确核查结论的,可以不认定为重大违法:(1)违法行为显著轻微,罚款数额较小;(2)相关处罚依据未认定该行为属于情节严重;(3)有权机关证明该行为不属于重大违法。但违法行为导致严重环境污染、重大人员伤亡、社会影响恶劣等并被处以罚款以上行政处罚的,不适用上述情形,仍认定为"重大违法行为",也就是说,从处罚内容上看,只要在罚款之上的都会被认定为情节严重,除非有以上特殊情形。

被行政处罚后应如何应对呢?首先要完善内控机制,避免多次被行政处罚。其次对已经存在的处罚要详细披露,向行政处罚作出机关取得非重大违法违规行为的证明,例如,在披露过程中要对行政处罚的原因、背景以及对发行人稳定经营的影响这几个层面进行描述,同时说明整改措施、结果。但是,拿到作出行政处罚机关出具的非重大违法违规证明并不代表拿到了"免死金牌",对出现法律明确规定的导致严重环境污染、重大人员伤亡、社会影响恶劣的违法违规行为,仍然会阻碍企业的发行进程。

二、刑事处罚对公司上市的影响

根据《首发管理办法》的规定,发行人在审查期间不得存在"涉嫌犯罪被司法机关立案侦查,尚未有明确结论意见的情形",实践中公司在申报期内被刑事处罚通常会终止IPO审查。

(一)员工被刑事处罚后对IPO的影响

根据《公司法》第146条的规定,存在因贪污、贿赂、侵占财产、挪用财产或者破坏社会主义市场经济秩序,被判处刑罚,执行期满未逾5年,或者因犯罪被剥夺政治权利,执行期满未逾5年情形的个人,不得担任公司的董事、监事、高级管理人员。根据《首发管理办法》第16条的规定,发行人的董事、监事和高级管理人员不得因涉嫌犯罪被司法机关立案侦查或者涉嫌违法违规被中国证监会立案调查,即上市公司的董事、监事以及高级管理人员涉及刑事案件被刑事处罚的,在上市前应当予以更换,以避免对企业上市造成障碍。

根据上述规定,如果违法犯罪或涉嫌违法犯罪的是一般员工而非拟上市公司的董事、监事、高级管理人员,那么该情形并不会直接导致企业因不符合交易所各板块的发行条件而构成发行障碍。但即便如此,员工犯罪依然可能引起监管机构对公司是否满足上市要求的质疑,因为员工犯罪可能同时伴随公司的重大违法行为,或可能影响公司的持续经营能力。

(二)如何判断公司是否存在重大违法违规行为

我国《刑法》对单位犯罪规定了双罚制,即公司犯罪后既对主要责任人员处以刑罚,公司也可能会被处以罚金。这里的主要责任人员包括公司控股的股东、董事、监事、高级管理人员或法定代表人,也包括公司项目或部门的主要负责人。如果公司员工被处以刑罚,监管机构会关注员工犯罪的原因是否与公司经营有关,从而判断公司是否符合上市条件。

如果作为拟上市公司主要责任人的员工涉嫌违法犯罪,拟上市公司应对案件情况进行披露,并从公司经营管理,被处罚员工是否为公司的实际控制人或公司董事、监事、高级管理人员,违法事实是否构成单位犯罪等角度,说明案件情况是否对上市构成实质性影响。

(三)如何判断员工犯罪是否影响公司的持续经营能力

"公司首次公开发行新股应当具有持续经营能力"是判断发行人能否进行上市的必要条件。持续经营能力也是一个相对综合、全面的判断标准,不但要求拟上市公司股权清晰、控制结构稳定、各生产要素具有可持续性,同时也要求公司的技术储备、业务模式或产品品种具有一定的抗风险能力。

如果公司的员工被处以刑罚,而该员工又可能是企业研发或销售的核心人员,那么很有可能会导致公司业务开拓能力下降,从而影响公司持续经营的能力。拟上市公司在披露过程中一定要强调该员工的工作岗位是否具有可替代性,以及制定相应的替代方案。同时应当进一步健全公司内部控制制度,并确保能够被有效执行,进而合理保证财务报告的可靠性、生产经营的合法性。公司应当在中介机构的配合下,采取积极的整改措施,以确保公司满足发行上市条件。

三、参考案例:三峡能源(600905)因子公司曾受到刑事处罚而被问询

中国证监会于 2020 年 12 月 17 日在网站上发布的《第十八届发审委 2020 年第 178 次会议审核结果公告》[①]显示,中国三峡新能源(集团)股份有限公司(以下简称三峡能源)(首发)获通过。但该公告第二部分“发审委会议提出询问的主要问题”中载明:“发行人部分子公司涉及刑事处罚或行政处罚。请发行人代表说明:(1)是否存在其他尚未披露的处罚或违法情形;上述处罚的整改情况,相关内控机制是否健全有效;(2)平泉公司、商都天汇、彰武公司(含王家项目、北沟项目)的违法行为导致森林或其他林木死亡或幼树死亡的情况,是否达到《最高人民法院、最高人民检察院关于办理环境污染刑事案件适用法律若干问题的解释》(法释〔2016〕29 号)的规定标准;发行人认为上述情形不属于重大违法违规行为、不构成严重污染环境情形的理由是否充分。请保荐代表人说明核查依据、过程,并发表明确核查意见。”

问 73　客户集中度高是否一定构成重大不利影响?

拟上市公司来自单一大客户主营业务收入或毛利贡献占比超过 50% 以上的,表明发行人对该单一大客户存在重大依赖,即客户集中度较高。客户集中度高虽然不是上市的实质性障碍,却是一个重要的审核风险。拟上市公司与中介机构应合理判断客户集中度较高是否对上市构成重大不利影响,并应注意避免因客户集中度较高对企业上市构成障碍。

---

① 参见《第十八届发审委 2020 年第 178 次会议审核结果公告》,载中国证券监督管理委员会网,http://www.csrc.gov.cn/pub/zjhpublic/G00306202/202012/t20201217_388783.htm。

一、监管机构关注客户集中度较高的原因

监管机构之所以会关注客户集中度，主要是因为客户集中度高，单个客户的销售量较大，会造成企业抗风险能力较差，如果客户发生风险或变化，可能会对公司销售产生重要不利影响；如果未来该客户不再向公司采购，则会对公司营业收入产生重大不利影响。此外，对客户存在重大依赖亦会导致公司独立性存在问题。更为致命的是，若该客户系关联方，或虽表面非关联方但实质存在关联关系，则该客户可能会涉嫌与公司进行“协作”，为公司“贡献”业绩，从而导致利润虚高，财务造假等问题。

基于此，在中国证监会过往的审核案例中，对客户集中度较高的问题也比较重视。《首发问答》和北交所《上市规则指引第 1 号》规定大致相同，均要求中介机构重点关注该情形的合理性、客户的稳定性和业务的持续性，是否存在重大不确定性风险，督促发行人做好信息披露和风险揭示。若该类公司无法就客户集中度高进行合理解释，且无法说明对公司业务持续性和独立性不会构成重大不利影响的，则 IPO 极有可能被否。

二、如何判断客户集中度高是否构成重大不利影响

很多公司因其行业特殊性、行业普遍性等，无法避免地导致客户集中度较高，例如，电力、电网、电信、石油、银行、军工等行业，这些公司由于下游客户的行业分布集中而导致客户集中具备合理性；而有的公司则不具备导致客户集中度较高的基础条件。因此需要对这两类公司分别讨论，在符合要求的情况下，一般不认为对发行条件构成重大不利影响。

（一）非因行业特殊性、行业普遍性导致客户集中度偏高的公司

对于此类公司，需要充分考虑该单一大客户是否为关联方或者存在重大不确

定性客户，是否为异常新增客户；客户高度集中是否可能对其未来持续盈利能力存在重大不确定性的疑虑，进而影响是否符合发行条件的判断。具体来说：

1. 该单一大客户存在重大不确定性。若单一客户销售额或者毛利超过公司相关指标的50%，则说明公司对这个客户存在依赖，而若这个客户存在重大不确定性，则说明公司未来的盈利能力存在重大不确定性。所谓“重大不确定性”，可以体现在很多方面，例如，已有案例中沃福百瑞的第一大客户遭遇诉讼，前进科技的第一大客户受疫情影响停产。除此之外，还包括拟上市公司可以预期的各种不确定风险，包括行业受国家政策限制、业务数据和财务指标恶化、重要资产或技术产生重大纠纷或诉讼、受到重大行政处罚、遭受反垄断或经营者集中审查等。

2. 客户集中度高是因为关联企业。拟上市公司的关联交易占比在50%以上几乎是不可能IPO成功的，这是“红线”，不仅涉及企业持续盈利能力，还涉及独立性、关联交易等一系列问题。

3. 该单一大客户是异常新增客户。实践中对于此类情况，交易所会要求公司说明新增客户的具体情况，包括客户名称、成立时间、注册资本、主营业务、股权结构、控股股东及实际控制人、主要业务；新增客户与发行人及其股东、实际控制人、董事、监事、高级管理人员、其他核心人员之间是否存在关联关系；新增客户的种类、数量、收入金额及其占比；主要新增客户的背景，与发行人是否存在关联关系；是否存在对单一客户的重大依赖情况等。如果该新增客户被判断为异常，如存在关联交易、不正常的突击交易等，则将构成重大不利影响。

4. 客户集中度高对企业未来持续盈利能力的影响。实践中，通过采取扣除该客户集中的经营业绩后，拟上市公司是否仍然符合发行条件的措施，对该问题作出初步的判断。企业也应当制定降低已有客户集中度，扩展更多新客户的相应经营计划，说服交易所相信即使没有该客户，企业也仍然具备持续盈利能力。

（二）由于行业特殊性、行业普遍性导致客户集中度偏高的企业

对拟上市公司因下游客户的行业分布集中而导致的客户集中具备合理性的特殊行业（如电力、电网、电信、石油、银行、军工等行业），应当综合分析考量以下因

素的影响。

1. 客户集中的原因与行业经营特点是否一致，是否存在下游行业较为分散而企业自身客户较为集中的情况及其合理性。行业特征很多时候能够解释客户集中的原因，这种对客户的依赖性来自行业本身的特有格局和现状，客户集中具备合理性。如石化领域的设备基本只能销售给中石油、中石化、中海油，这种集中性具有不可避免性，拟上市公司和中介机构可以对标同类行业上市公司的情况进行辅助分析判断。

从实践中拟上市公司回复反馈意见的口径来看，企业及中介机构一般会通过论述商业合理性、符合实际经营情况和行业共性来作出不存在下游行业客户较为分散而企业自身客户较为集中的情形的结论。如确实存在此种情形，则需要重点论述其合理性。

2. 客户在其行业中的地位、透明度与经营状况是否存在重大不确定性风险。一般来说，拟上市公司及中介机构需要核查该客户的基本情况，包括客户名称、成立时间、注册资本、主营业务、股权结构、控股股东及实际控制人、主要业务、市场占有率、行业地位；与拟上市公司的合作背景及渊源、订单获取方式；公司向其销售产品的内容、金额、销售单价、毛利率、各期末应收款情况；与拟上市公司及其股东、实际控制人、董事、监事、高级管理人员、其他核心人员之间是否存在关联关系、资金往来或其他利益安排；报告期内客户与拟上市公司持续交易情况；拟上市公司与客户之间主要的退换货条款，报告期各期发生的退换货金额、原因及会计处理。此外，还需要提供拟上市公司与前几大客户之间的合同，说明主要条款及变化情况。

3. 拟上市公司与客户合作的历史、业务稳定性及可持续性，相关交易的定价原则及公允性。拟上市公司及中介机构可以从多个角度判断“拟上市公司与客户的稳定，具有持续性”，如公司与客户的合作历史悠久，合作关系良好；公司与客户签署有长期战略合作协议，能够保证未来一段时间内的稳定合作；公司与客户是相互“依赖”的关系，客户是公司的主要客户，公司同样是客户采购占比较高的主要供应商；拟上市公司与其竞争对手相比具有明显的竞争优势等。

同时，拟上市公司与主要客户交易的定价公允性问题也是需要关注的重点，可以结合同行业上市公司的销售模式及数据，说明拟上市公司销售模式是否与同行业公司存在重大差异；说明不同销售模式下的定价方式、收入及其变化情况和匹配关系；说明是否存在同一产品在不同销售模式或定价方式下价格差异较大的情形等，并进行论证。

4. 拟上市公司与重大客户是否存在关联关系，如拟上市公司的业务获取方式是否影响独立性，是否具备独立面向市场获取业务的能力。从判断拟上市公司是否具备独立面向市场获取业务的能力来说，拟上市公司具有开拓新客户的能力本身即是其具有持续经营能力的表现之一，也是拟上市公司降低客户集中度的主要措施。

实践中，保荐机构如果能够提供充分的依据说明上述客户本身不存在重大不确定性，拟上市公司已与其建立长期稳定的合作关系，客户集中具有行业普遍性，拟上市公司在客户稳定性与业务持续性方面没有重大风险。拟上市公司亦如实在招股说明书中披露上述情况，充分揭示客户集中度较高可能带来的风险。符合上述要求，一般不认为对发行条件构成重大不利影响。

对于单一客户依赖问题，除了做好信息披露之外，还要重点说明公司虽然存在客户集中较高，但是该客户合作稳定，并不会对公司未来持续盈利能力产生影响。同时，公司需要具备开拓新客户的能力，最好对单一客户销售额的比例能够不断减小，最终即使没有该客户，公司未来的销售及利润也能够持续不断增长，仍然符合发行条件，对公司持续经营能力不会造成重大影响。

三、参考案例：前进科技因客户集中度较高被上市委否决

根据创业板上市委2020年第62次审议会议结果公告，浙江前进暖通科技股份有限公司（以下简称前进科技）不符合发行条件、上市条件和信息披露要求。上市委提出问询的主要问题为："1. 报告期各期发行人产品主要销往欧洲，其中对Ideal公司的销售收入占比超过80%。请发行人代表：（1）说明业务高度依赖第一大客户是否符合行业惯例；（2）结合Ideal公司的市场竞争力，说明发行人业务高度依赖是否会对持续经营能力产生重大不利影响。请保荐人代表发表明确意见。2. 发行人竞争对手明志科技于2019年成为Ideal公司供应商，后与发行人对Ideal

公司的销售收入差距缩小。请发行人代表结合产品研发、生产、技术创新能力，说明与明志科技相比的竞争优劣势，是否存在因竞争导致市场份额减少的风险。请保荐人代表发表明确意见。3. 发行人主要客户 Ideal 公司受疫情影响于 2020 年第二季度停产，对发行人订单大幅减少。请发行人代表结合最新的在手订单以及收入实现情况，进一步说明海外疫情是否对发行人未来经营业绩造成重大不利影响。请保荐人代表发表明确意见。4. 请发行人代表结合报告期内新客户拓展情况，说明发行人新客户开拓进展缓慢的原因及未来业务发展的成长性。请保荐人代表发表明确意见。"①

问 74 如何处理对赌协议？

对赌协议通常是指，投资方与融资方在达成股权性融资协议时，为解决交易双方对目标公司未来发展的不确定性、信息不对称等问题而设计的包含了股权回购、现金补偿等对未来目标公司的估值进行调整的协议。简单来说，对赌协议系投资人出于规避风险、激励创始股东等目的，对公司上市进程、业绩、估值等方面提出了发展目标，若该目标未能达成，则触发对赌条款的约定。

一、对赌协议的分类

（一）按触发条件分类

对赌协议的触发条件往往可以直接体现投资方在公司发展过程中所关注的重点或者可接受的底线。在投资实务中，对赌协议的触发条件通常与以下因素相关：

① 参见《创业板上市委 2020 年第 62 次审议会议结果公告》，载深圳证券交易所网 2020 年 12 月 30 日，http://reportdocs.static.szse.cn/upfiles/rasinfodisc/ras_000176b3b741d83fe8f7cdb68073513f.pdf。

(1)财务业绩;(2)资本进程;(3)公司经营;(4)股东行为;(5)其他特定情况。财务业绩具体包括净利润、每股收益、市盈率、业务量、业务收入等;资本进程具体包括被战略收购时间、提交上市审批材料时间、通过上市审批时间、转板上市时间等;公司经营具体包括主要人员的稳定性、规范运作、关联交易等。资本市场主体具备较强的多样性,不同企业的经营战略和投资方关注的重点都有所不同,因此对赌的触发条件也多种多样。

(二)按补偿方式分类

触发对赌协议的结果通常分为股权补偿、现金补偿、股权回购三种。股权补偿,指对赌条件触发后,额外给予投资人一定数量的股权作为补偿;现金补偿,指对赌条件触发后,额外给予投资人一定数量的现金作为补偿;股权回购,指对赌条件触发后,强制要求对赌义务人按照一定金额回购投资人所持有的一定数量的股份。

(三)按对赌义务人分类

对赌义务人,即对赌条件触发后,向投资方履行一定义务、承担责任的一方。通常分为发行人、控股或创始股东两种。以现金补偿为例,若对赌义务人为发行人,则需要发行人以公司财产对投资方进行现金补偿;若对赌义务人为控股股东,则需要控股股东以个人财产对投资方进行现金补偿。

二、监管部门对对赌协议的态度

根据《首发问答》针对对赌协议的解答内容,对赌协议原则上要求在申报前清理,但是同时满足以下四个条件的情况下可以不清理:(1)发行人不作为对赌当事人;(2)对赌协议不存在可能导致公司控制权变化的约定;(3)对赌协议不与市值挂钩;(4)对赌协议不存在严重影响发行人持续经营能力或者其他严重影响投资者权益的情形。从现有案例来看,该四项豁免原则广泛适用于主板、科创板、全国股转系统市场,是监管机构所关注的重点。同时,《挂牌公司股票发行常见问题解答(三)——募集资金管理、认购协议中特殊条款、特殊类型挂牌公司融资》《全国中小企业股份转让系统股票定向发行业务规则适用指引第1号》亦针对对赌协议等特殊投资条款作出了类似上述四项豁免原则的规定,对特殊投资条款的披露以及中介机构的核查亦作出了相应规定。

此外,《股转系统业务规则》第2.1条规定,企业在全国股转系统挂牌应当满足"具有持续经营能力""股权明晰""公司治理机制健全"等条件。北交所《上市规则》第2.1.4条规定,对存在对拟上市公司经营稳定性、直接面向市场独立持续经营的能力具有重大不利影响的情形,不得在北交所公开发行上市。上述规定作为挂牌及上市的条件,对对赌协议的内容亦有约束作用。

综上所述,从现有的规则文件来看,无论是全国股转系统还是北交所,均未强制禁止挂牌或要求上市公司在审查前清理对赌协议,而是对对赌协议的内容作出了一定范围的限制。

三、对赌协议在实务中的处理

在公司挂牌或上市过程中,对赌协议的处理一般有终止对赌协议、增加效力恢复条款以及保留对赌协议三种方式。

(一)终止对赌协议

虽然股转系统以及北交所并未强制要求发行人在提交审查前必须清理对赌协议,但是为了提高上市进程,避免节外生枝,基于审慎的角度,发行人与投资方共同协商终止对赌协议依然是最佳选择。

(二)增加效力恢复条款

部分拟上市公司会采取签订"效力恢复条款"的方式,即双方约定"自提交上市审查材料之日起,相关对赌协议中止履行;若成功上市,则彻底解除相关对赌协议;若发生撤回申请或申请被驳回等情形时,相关对赌协议恢复效力”。在主板、科创板等市场,已有公司采取该种方式通过审查的成功案例,例如,拓斯达、铂力特、福光股份等,但是,采取该种方式通过审查的拟上市公司仍占少数。如果企业采取该种方式,建议对赌协议的内容仍应遵循《首发问答》中规定的四项豁免原则。

(三)保留对赌协议

根据前述对规则的分析,我们认为,公司若要保留对赌协议,则应当保证对赌协议符合以下条件:(1)发行人不作为对赌当事人;(2)不存在可能导致公司控制权变化的约定;(3)不与市值挂钩;(4)不存在严重影响发行人持续经营能力或者其他严重影响投资者权益的情形;(5)不得限制未来股票发行融资的价格;(6)不含有强制要求发行人进行权益分派或不进行权益分派的内容;(7)对赌各方不存在纠纷或潜在纠纷;(8)对赌义务人有能力履行股权回购、现金补偿等义务;(9)不存在其他违反中国证监会、全国股转公司、北交所规定的情形。

需要说明的是,无论最终是否选择终止对赌协议,发行人均应当将特殊投资条款的相关事宜予以真实、准确、完整地披露。另外,根据上述相关规定及案例,我们认为,中介机构除应当核查并说明上文中列明的九项内容以外,还应当对下列情况进行说明并发表核查意见:(1)对赌协议的签署和执行情况;(2)对赌协议是否为各方真实意思表示,是否具备法律效力;(3)对赌协议是否经过发行人董事会、股东大会审议通过;(4)对赌协议对发行人控制权稳定、经营决策、公司治理、生产经营、财务状况等方面的影响;(5)是否存在对赌协议已经触发的情形,若已触发,各方的履行情况以及对公司持续经营等方面的影响;(6)对赌内容是否符合监管机构的监管要求;(7)作出风险提示;(8)核查过程和程序;(9)中介机构认为需要说明的其他问题;(10)中国证监会、全国股转公司、北交所要求的其他事项。

综上,监管部门对对赌协议由不容忍、必须清理到现在包容、有条件存在的变化,不仅体现了监管水平和能力的提高,更体现了以信息披露为核心的监管理念的转变,这样的变化将有力推动中国证券市场健康、有序地发展。

四、参考案例：欧迅体育(430617)携带对赌协议挂牌全国股转系统

根据北京欧迅体育文化股份有限公司(以下简称欧迅体育)全国股转系统挂牌后披露的文件，2013年5月进行第三次增资时，欧迅体育的实际控制人朱某东分别与三家新增法人股东签署了以业绩目标作为触发条件的对赌协议，补偿方式为现金补偿和股权回购。此外，对赌协议中还约定自欧迅体育向股转公司提交全国股转系统挂牌申请之日起，投资人的特别条款自行失效。[①] 在此情况下，欧迅体育在2014年1月依然成功挂牌全国股转系统。欧迅体育的对赌协议有以下几个特点：(1)欧迅体育不作为对赌的任何一方，不承担对赌义务；(2)即便触发对赌后投资人要求回购股权，实际控制人朱某东的所持股权比例只可能会增加，因此欧迅体育的控制权不会产生变动；(3)各方约定申请挂牌时对赌协议自行解除。

问 75 如何区分委托/受托加工和独立购销？

创新型中小规模企业，尤其是生产加工型企业，常常存在客户先向企业提供原材料或向企业指定原材料供应商，企业将原材料生产加工后向客户销售；或企业向加工商提供原材料，加工商加工形成成品后，企业再购回并向客户出售的情形。前述诸业务，究竟是按照委托/受托加工业务进行财务处理，还是按照独立购销业务进行财务处理，不同财务处理方法的结果有很大不同。

---

① 参见《北京欧迅体育文化股份有限公司公开转让说明书》，载全国中小企业股份转让系统网，http://www.neeq.com.cn/disclosure/2014/0122/63490655.pdf。

一、委托/受托加工和独立购销定义上的区分

通常来讲,委托加工,是指由委托方提供原材料和主要材料,受托方按照委托方的要求制造货物并收取加工费和代垫部分辅助材料加工的业务。从形式上看,双方一般签订委托加工合同,合同价款表现为加工费,且加工费与受托方持有的主要材料价格变动无关。购销则是商业上的买进与卖出,即通常意义上的买卖,存在法律上所有权和风险的转移。

二、监管机构对委托/受托加工和独立购销的识别

《首发问答》规定:"发行人由客户提供或指定原材料供应,或向加工商提供原材料,加工后予以购回,应根据其交易业务实质区别于受托/委托加工业务进行会计处理。两者区别主要体现在以下方面:(1)双方签订合同的属性类别,合同中主要条款,如价款确定基础和定价方式、物料转移风险归属的具体规定;(2)生产加工方是否完全或主要承担了原材料生产加工中的保管和灭失、价格波动等风险;(3)生产加工方是否具备对最终产品的完整销售定价权;(4)生产加工方是否承担了最终产品销售对应账款的信用风险;(5)生产加工方对原材料加工的复杂程度,加工物料在形态、功能等方面变化程度等。对于由发行人将原材料提供给加工商之后,加工商仅进行简单的加工工序,物料的形态和功用方面并没有发生本质性的变化,并且发行人向加工商提供的原材料的销售价格由发行人确定,加工商不承担原材料价格波动的风险。对于此类交易,通常按照委托加工业务处理,发行人按照原材料销售和回购的差额确认加工费,对于提供给加工商的原材料不应确认销售收入。由客户提供或指定供应商的原材料采购价格由双方协商确定且与市场价格基本一致,购买和销售业务相对独立,双方约定所有权转移条款,公司对存货进行后续管理和核算,该客户没有保留原材料的继续管理权,产品销售时,公司与客户签订销售合同,销售价格包括主要材料、辅料、加工费、利润在内的全额销售价格,对于此类交易,通常应当按照实质重于形式原则,以控制权转移认定是否为购销业

务处理,从而确定是以全额总额法确认加工后成品的销售收入,还是仅将加工费确认为销售收入。”

根据保代培训,区分委托/受托加工和独立购销应考虑如下因素:(1)生产加工的复杂程度,是否涉及复杂的工艺,产品变动是否巨大;(2)风险报酬是否转嫁,如在交易对方既是供应商又是客户的情况下,向其采购的原材料只能专门用于给其生产的产品,协议签署时采购价和回售的价格已经确定,受托方不实质上承担风险,作为委托/受托加工比较合适。

《上市规则指引第1号》中也把“委托加工”作为一种特殊经营模式予以关注,其审核中区分委托/受托加工还是独立购销的关注要点与《首发问答》基本一致,同时要求,“如为委托加工,保荐机构及申报会计师应核查以下事项并发表明确意见:委托加工的主要合同条款、具体内容及必要性、交易价格是否公允,会计处理是否合规,是否存在受托方代垫成本费用的情形;受托加工方的基本情况、与发行人的合作历史以及是否与发行人及其关联方存在关联关系;发行人委托加工产品质量控制的具体措施以及公司与受托加工方关于产品质量责任分摊的具体安排;结合委托加工产品的产量占比量化分析报告期内委托加工价格变动情况以及对发行人经营情况的影响”。

三、两种模式的认定对财务处理结果的影响

委托/受托加工和独立购销的模式在财务上的主要区别在于,是以总额法还是净额法来确认收入,并直接体现公司的收入规模。

中国证监会发布的《监管规则适用指引——会计类第1号》中“1-15按总额或净额确认收入”部分规定,“公司(委托方)与无关联第三方公司(加工方)通过签订销售合同的形式将原材料‘销售’给加工方并委托其进行加工,同时,与加工方签订商品采购合同将加工后的商品购回。在这种情况下,公司应根据合同条款和业务实质判断加工方是否已经取得待加工原材料的控制权,即加工方是否有权主导该原材料的使用并获得几乎全部经济利益,例如原材料的性质是否为委托方的产品所特有、加工方是否有权按照自身意愿使用或处置该原材料、是否承担

除因其保管不善之外的原因导致的该原材料毁损灭失的风险、是否承担该原材料价格变动的风险、是否能够取得与该原材料所有权有关的报酬等。如果加工方并未取得待加工原材料的控制权,该原材料仍然属于委托方的存货,委托方不应确认销售原材料的收入,而应将整个业务作为购买委托加工服务进行处理;相应地,加工方实质是为委托方提供受托加工服务,应当按照净额确认受托加工服务费收入"。

根据《企业会计准则第 14 号——收入》(2017 年修订)第 34 条的规定,企业应当根据其在向客户转让商品前是否拥有对该商品的控制权,来判断其从事交易时的身份是主要责任人还是代理人。企业在向客户转让商品前能够控制该商品的,该企业为主要责任人,应当按照已收或应收对价总额确认收入;否则,该企业为代理人,应当按照预期有权收取的佣金或手续费的金额确认收入,该金额应当按照已收或应收对价总额扣除应支付给其他相关方价款后的净额,或者按照既定的佣金金额或比例等确定。

企业向客户转让商品前能够控制该商品的情形包括:(1)企业自第三方取得商品或其他资产控制权后,再转让给客户;(2)企业能够主导第三方代表本企业向客户提供服务;(3)企业自第三方取得商品控制权后,通过提供重大的服务,将该商品与其他商品整合成某组合商品转让给客户。在具体判断向客户转让商品前是否拥有对该商品的控制权时,企业不应仅局限于合同的法律形式,而应当综合考虑所有相关事实和情况,这些事实和情况包括:(1)企业承担向客户转让商品的主要责任;(2)企业在转让商品之前或之后承担了该商品的存货风险;(3)企业有权自主决定所交易商品的价格;(4)其他相关事实和情况。

可以看出,会计准则对商品控制权的认定和要求,与《首发问答》、北交所对独立购销还是委托/受托加工模式的要求本质相通,核心在于风险的承担、定价的主动权、责任义务方的归属。通常认为,如果企业对收入规模没有要求,从节省税收成本等考虑,通常按净额法确认收入,而对营业收入规模有要求的公司偏好按总额法确认收入。拟上市公司则大多为了满足上市的财务指标,倾向选择总额法确认收入,但也经常被审核部门关注和问询。

四、参考案例:工业互联(601138)独立购销业务被问询

2018 年 2 月 9 日,富士康工业互联网股份有限公司(以下简称工业互联)在中国证监会网站上预披露招股说明书,准备登陆上交所。中国证监会就“发行人部分原材料采用 Buy and Sell 模式采购”提出:“(1)请说明 Buy and Sell 采购模式下的采购金额和占比。(2)请结合以下方面,说明按照购销并采用总额法核算的合理性:双方签订合同的属性类别,合同中主要条款,如价款确定基础、定价方式、物流转移风险归属的具体规定;发行人是否完全或主要承担了原材料生产加工中的保管和灭失、价格波动等风险;发行人是否具备对最终产品的完整销售定价权;发行人对原材料加工的复杂程度,加工物料在形态、功能等方面的变化程度等。请保荐机构和会计师核查上述事项并发表核查意见。”[①]

本案例招股说明书披露了部分原材料采购采取 Buy and Sell 模式的风险,后续回复说明了作为独立购销业务而不是委托加工业务的合理性,以及核查采用总额核算符合企业会计准则要求的依据,特别说明了公司 Buy and Sell 模式采用总额确认涉及的重要判断过程及结论,发审会便没有继续追问。

企业由客户提供或指定原材料供应,生产加工后向客户销售;或企业向加工商提供原材料,加工后再予以购回,这些业务场景下的财务处理既是专业的财务问题,又是法律问题。拟上市公司在进行财务记账时应采取正确并经得起推敲的处理方法,甚至在拟定合同时,即按照监管要求进行文本设计,防止在真的遇到反馈时,无法给出充分、翔实的答复。打有准备之仗,这样 IPO 的胜算也大了许多。

---

① 参见《富士康工业互联网股份有限公司首次公开发行申请文件反馈意见》,载中国证券监督管理委员会网,http://www.csrc.gov.cn/pub/newsite/fxjgb/scgkfxfkyj/201802/t20180209_334031.html。

第六章
Chapter Six

过程中的信息披露

问 76 拟上市公司股东股份存在质押、冻结、拍卖或发生诉讼、仲裁应如何披露?

股份质押,是指为担保债务的履行,出质人(债务人或者第三人)将其持有的公司股份质押给质权人,当债务人发生不能履行到期债务或者发生约定的实现质权的情形时,质权人有权就该质押股份优先受偿。股份质押将引起上市公司的股权结构,甚至控制权变动的不确定性,给公众投资者带来潜在风险。因此,拟上市公司股东如存在股份质押、司法冻结、拍卖以及诉讼、仲裁等情形时,应及时做好信息披露工作。

一、拟上市公司股东股份存在质押、冻结或发生诉讼、仲裁的监管规定

1.《首发问答》明确要求发行人的控制权应当保持稳定,并作出如下要求:(1)控股股东、实际控制人支配的发行人股权出现质押、冻结或诉讼、仲裁的,发行人应当按照招股说明书准则要求予以充分披露;(2)保荐机构、发行人律师应当充分核查发生上述情形的原因,相关股权比例,质权人、申请人或其他利益相关方的基本情况,约定的质权实现情形,控股股东、实际控制人的财务状况和清偿能力,以及是否存在股份被强制处分的可能性、是否存在影响发行人控制权稳定的情形等;(3)对被冻结或发生诉讼纠纷的股权达到一定比例或被质押的股权达到一定比例

且控股股东、实际控制人明显不具备清偿能力,导致发行人控制权存在不确定性的,保荐机构及发行人律师应充分论证,并就是否符合发行条件审慎发表意见;(4)对发行人的董事、监事及高级管理人员所持股份发生被质押、冻结或发生诉讼纠纷等情形的,发行人应当按照招股说明书准则的要求予以充分披露,并向投资者揭示风险。

2.《准则第46号——招股说明书》第41条规定:“发行人应披露持有发行人5%以上股份或表决权的主要股东及发行人实际控制人的基本情况,主要包括:……(二)控股股东和实际控制人及持有发行人5%以上股份或表决权的主要股东直接或间接持有发行人的股份是否存在涉诉、质押、冻结或其他有争议的情况;……”

3.《上市规则指引第1号》规定:“发行人控股股东和受控股股东、实际控制人支配的股东所持有的发行人股份不存在重大权属纠纷”。

综上,拟上市公司如发生股东股份质押、冻结或发生诉讼、仲裁等影响控制权稳定的情形必须充分披露。

二、拟上市公司股东的股份存在质押情况的披露

(一)披露质押的股份是否符合书面要式并依法登记

《民法典》第443条规定:“以基金份额、股权出质的,质权自办理出质登记时设立。基金份额、股权出质后,不得转让,但是出质人与质权人协商同意的除外。出质人转让基金份额、股权所得的价款,应当向质权人提前清偿债务或者提存。”拟上市公司股份出质的,质权人与出质人应当签订书面的质押合同明确各方的权利义务,不得以口头形式确定股份质押。质押合同签订后,必须依法办理质押登记。因此,如股东持有的股份存在质押情况,应当至少披露是否签订质押合同、质押合同的主要内容以及股份质押的登记情况。

（二）披露质押的股份是否存在权利限制

根据《公司法》第141条的规定，股份公司发起人持有的本公司股份，自公司成立之日起1年内不得转让。公司公开发行股份前已发行的股份，自公司股票在证券交易所上市交易之日起1年内不得转让。公司董事、监事、高级管理人员应当向公司申报所持有的本公司的股份及其变动情况，在任职期间每年转让的股份不得超过其所持有本公司股份总数的25%。公司董事、监事、高级管理人员所持本公司股份自公司股票上市交易之日起1年内不得转让。上述人员离职后半年内，不得转让其所持有的本公司股份。此外，公司章程还可能对公司董事、监事、高级管理人员转让其所持有的本公司股份作出其他限制性规定。因此，还要审查拟上市公司的《公司章程》是否对股份质押、转让等有其他限制性规定。

因此，如果质押股份有锁定期，将来质权人实现质权可能受到影响，所以要披露股份质押的期限是否在限制股份转让的期限或发起人设定的法定期限以内，必须充分预见可能会发生的债务违约导致提前行使质权的问题。

（三）其他需要披露的具体事项

拟上市公司股东进行股份质押的，不仅需要依法披露质押股数、明确所涉及的股份是否为限售股、质押起始日和到期日、质权人的名称以及质押股份占其所持股份比例和占公司总股本比例，还应披露质押融资资金的用途。除披露当期质押信息外，拟上市公司控股股东累计质押股份比例达到或超过50%的，还应当披露如下信息：(1)控股股东未来半年和1年内将分别到期的质押股份数量、质押股份占其所持股份比例、质押股份占公司总股本比例及对应融资余额，并说明控股股东资金偿还能力、还款资金来源及具体安排。(2)披露控股股东是否存在通过非经营性资金占用、违规担保、关联交易等侵害上市公司利益的情况以及控股股东质押事项对拟上市公司的影响；拟上市公司控股股东累计质押股份比例达到或超过80%的，还应当披露控股股东本次质押所融资金的具体用途、预计还款资金来源、详细的控股股东资信情况、控股股东与拟上市公司交易情况。

此外,还需要披露股份质押行为的程序是否合法,是否已经取得公司股东会或董事会决议批准,是否存在公司为公司股东或者实际控制人提供担保的情形。如果存在前述担保行为,则需披露担保行为是否经股东会决议,在决议中被担保股东或者受实际控制人支配的股东是否参加了该事项的表决。质权人在接受公司为其股东或实际控制人提供担保时,对担保事项是否经过公司股东会决议是否履行过审查义务,未尽审查义务的,将产生担保合同无效的法律风险。

三、拟上市公司股东的股份存在司法冻结、拍卖情形的披露

拟上市公司股东的股份被司法冻结,会对公司上市造成重大影响。股份如果被冻结或拍卖处置,可能造成公司控制权或第一大股东发生变更,因此交易所对股份冻结中涉及的冻结申请人、冻结原因等要素以及拍卖程序、成交确认信息等作出披露要求。拟上市公司股份被冻结的,需要披露被冻结股份的股东名称、是否为控股股东、股份数量、是否为限售股、占其所持股份比例、占公司总股本比例、冻结起始日与到期日、冻结申请人以及冻结原因等信息。

控股股东存在以下三种情形之一时,拟上市公司应披露相关事项:(1)持股扣除被冻结股份数量后可能导致公司控制权或第一大股东发生变更;(2)被冻结股份数量占所持股数量比例达到50%以上时;(3)被冻结股份数量占拟上市公司总股本比例达到30%以上时,拟上市公司还应当披露以下信息:①控股股东最近1年是否存在债务逾期或违约记录及其对应金额、是否存在主体和债项信用等级下调的情形;②控股股东因债务问题涉及的重大诉讼或仲裁情况;③控股股东是否存在非经营性资金占用、违规担保等侵害公司利益的情况。

拟上市公司还应披露控股股东股份被冻结事项对拟上市公司生产经营、控制权、股权结构、公司治理、业绩补偿义务履行等可能产生的影响,以及拟采取的防控应对措施等信息。因司法拍卖后强制过户导致股东权益发生变动,或公司控制权、第一大股东发生变更的,也应依法履行信息披露义务。

四、拟上市公司股东存在重大诉讼、仲裁的披露

拟上市公司股东存在重大诉讼、仲裁时，拟上市公司及中介机构至少应当披露以下信息：(1)该次诉讼或仲裁的受理情况；(2)诉讼或仲裁案件的具体情况；(3)诉讼或仲裁的预判结果及对股东持有拟上市公司股份可能产生的影响；(4)拟上市公司股东需要简要说明是否有其他尚未披露的诉讼仲裁事项，包括是否有尚未披露的小额诉讼、仲裁事项。其中，对诉讼或仲裁受理情况的披露，应当将其受理日期、诉讼或仲裁机构名称及所在地以及向股东送达诉状或申请材料的时间等内容一一进行披露；对诉讼或仲裁案件具体情况的披露，应包括诉讼或仲裁各方当事人、代理人及其单位的姓名或名称，相关纠纷的起因以及诉讼或仲裁的请求与依据。

问 77 安全合规使用数据需要符合哪些要求？

随着企业数字化转型，新兴技术、智能应用的迭代，以及新生数字商业模式的纵深发展，网络安全和数据合规越来越受到中国证监会重点关注，并且成为影响互联网、大数据相关企业能否成功上市的最重要因素之一。从事大数据相关业务的拟上市公司，应从数据的收集、存储、使用、加工、传输、提供、公开环节入手，使数据处理活动符合我国法律、行政法规、部门规章、司法解释、规范性文件、政策文件和相关国家技术标准、行业技术标准的规定。

一、数据合规的主要规定

2016 年 7 月 27 日，中共中央办公厅、国务院办公厅发布《国家信息化发展规划纲要》，2016 年 12 月 17 日，国家互联网信息办公室发布《国家网络空间安全战

略》，标志着中国开始走向以信息化驱动现代化、建设网络强国之路。此后，我国陆续出台了《网络安全法》《个人信息保护法》《数据安全法》《密码法》《电子商务法》等多部法律。同时，还有最高人民法院、最高人民检察院《关于办理非法利用信息网络、帮助信息网络犯罪活动等刑事案件适用法律若干问题的解释》《网络音视频信息服务管理规定》《网络信息内容生态治理规定》《儿童个人信息网络保护规定》《微博客信息服务管理规定》《区块链信息服务管理规定》《互联网新闻信息服务新技术新应用安全评估管理规定》《互联网用户公众账号信息服务管理规定》《互联网群组信息服务管理规定》《互联网跟帖评论服务管理规定》《互联网论坛社区服务管理规定》《互联网新闻信息服务管理规定》《互联网新闻信息服务许可管理实施细则》《云计算服务安全评估办法》《互联网新闻信息服务单位内容管理从业人员管理办法》《互联网域名管理办法》《App 违法违规收集使用个人信息行为认定方法》等司法解释、行政法规、部门规章等规范性文件。随着 2017 年《网络安全法》的出台，公安部也发布了网络安全等级保护制度 2.0 国家标准族群，国家网络安全等级保护工作步入新时代。

（一）网络安全等级保护相关规定

网络安全等级保护是国家网络安全领域的基本制度和基本国策，其实施环节包括定级备案、建设整改、等级测评、监督检查。《网络安全法》第 21 条规定："国家实行网络安全等级保护制度。网络运营者应当按照网络安全等级保护制度的要求，履行下列安全保护义务，保障网络免受干扰、破坏或者未经授权的访问，防止网络数据泄露或者被窃取、篡改：（一）制定内部安全管理制度和操作规程，确定网络安全负责人，落实网络安全保护责任；（二）采取防范计算机病毒和网络攻击、网络侵入等危害网络安全行为的技术措施；（三）采取监测、记录网络运行状态、网络安全事件的技术措施，并按照规定留存相关的网络日志不少于六个月；（四）采取数据分类、重要数据备份和加密等措施；（五）法律、行政法规规定的其他义务。"我国网络安全等级保护标准自 2007 年起由公安部牵头研究制定，于 2019 年扩展至包含云计算、移动互联、工业控制系统、物联网、大数据等新技术和新应用安全问题的

2.0版本。拟上市公司应当按照《网络安全法》相关规定,全面落实国家网络安全等级保护制度。

(二)个人信息保护相关规定

与大数据和互联网有关的商业活动,往往与个人信息数据的处理活动密切相关。而个人信息数据因其承载的人格权和财产权双重属性,而备受个人信息主体、立法机关、执法机关和司法机关的关注。因此,对个人信息数据的合规使用,已经越来越成为监管机构核查的重点方向,也是拟上市公司需重点关注的内容。对大数据相关行业公司个人信息保护合规的要求,贯穿于其业务活动中对个人信息数据的收集、处理(存储、加工、披露、使用、分析、利用)、传输、对外提供和转让、删除等数据全生命周期、全流程,主要体现在《网络安全法》《个人信息保护法》《儿童个人信息网络保护规定》《App违法违规收集使用个人信息行为认定方法》《信息安全技术个人信息安全规范》(GB/T 35273—2020,以下简称《个人信息安全规范》)等法律法规和技术标准中。

其中《网络安全法》规定了个人信息合规的一般性原则。《网络安全法》第41条规定:"网络运营者收集、使用个人信息,应当遵循合法、正当、必要的原则,公开收集、使用规则,明示收集、使用信息的目的、方式和范围,并经被收集者同意。网络运营者不得收集与其提供的服务无关的个人信息,不得违反法律、行政法规的规定和双方的约定收集、使用个人信息,并应当依照法律、行政法规的规定和与用户的约定,处理其保存的个人信息。"第44条规定:"任何个人和组织不得窃取或者以其他非法方式获取个人信息,不得非法出售或者非法向他人提供个人信息。"

《个人信息保护法》则详细规定了个人信息处理的一般性规则、敏感个人信息的处理规则、国家机关处理个人信息的特别规定、个人信息跨境提供的规则、个人在个人信息处理活动中的权利、个人信息处理者的义务、履行个人信息保护职责的部门,以及违反个人信息保护的法律责任。其中,拟上市公司需要重点关注个人信息获取的合法性、对个人敏感信息的保护、公开采集和使用个人信息自动化决策和定向推送的边界、委托处理或共同处理个人数据的责任边界、合理使用个人信息的权责和范围。《个人信息保护法》目前是拟上市公司遵守个人信息保护合规要求的最重要依据。《儿童个人信息网络保护规定》主要对通过网络从事收集、存储、使用、转移、披露 14 岁以下儿童个人信息等活动作出规定和要求。

除前述法律外,国家互联网信息办公室秘书局、工业和信息化部办公厅、公安部办公厅、市场监管总局办公厅于 2019 年 11 月 28 日联合发布的《App 违法违规收集使用个人信息行为认定方法》规定了"未公开收集使用规则"、"未明示收集使用个人信息的目的、方式和范围"、"未经用户同意收集使用个人信息"、"违反必要原则,收集与其提供的服务无关的个人信息"、"未经同意向他人提供个人信息"、"未按法律规定提供删除或更正个人信息功能"或"未公布投诉、举报方式等信息"几类违法收集个人信息的行为,这是对互联网、大数据相关业务企业个人信息收集合规性进行评估的重要依据。此外,推荐性国家标准《个人信息安全规范》也可以作为拟上市公司个人信息处理的重要评估依据。

(三)违法有害信息治理相关规定

对网络违法有害信息进行识别和处置,是互联网管理的重要组成部分,也是互联网大数据相关企业需要遵守的重要合规义务。2019 年 12 月 20 日,国家互联网信息办公室审议通过并公布《网络信息内容生态治理规定》,该规定从治理信息类型、内容生态治理机制、平台生态治理细则、治理团队组建、不良信息处置、主流价值观展示、用户干预和自主选择机制、未成年人身心保护、违法广告巡查和处理、平台规则公示、年度报告编制、协助执法等角度,详细规定了互联网内容治理的合规要求,是从事网络信息内容服务相关业务公司需要遵守的重要规范性文件。

(四)数据安全保护相关规定

数据安全使用和安全开发利用,不仅与个人、组织的合法权益密切相关,更关系到国家主权、国家安全和国家及人民的发展利益。除《网络安全法》网络安全保护的一般性规定以外,全国人大常委会于 2021 年 6 月 10 日发布的《数据安全法》,

对在中华人民共和国境内开展数据处理活动及其安全监管作出专门规定。其中第27条规定:“开展数据处理活动应当依照法律、法规的规定,建立健全全流程数据安全管理制度,组织开展数据安全教育培训,采取相应的技术措施和其他必要措施,保障数据安全。利用互联网等信息网络开展数据处理活动,应当在网络安全等级保护制度的基础上,履行上述数据安全保护义务。重要数据的处理者应当明确数据安全负责人和管理机构,落实数据安全保护责任。”第30条规定:“重要数据的处理者应当按照规定对其数据处理活动定期开展风险评估,并向有关主管部门报送风险评估报告。风险评估报告应当包括处理的重要数据的种类、数量,开展数据处理活动的情况,面临的数据安全风险及其应对措施等。”第31条规定:“关键信息基础设施的运营者在中华人民共和国境内运营中收集和产生的重要数据的出境安全管理,适用《中华人民共和国网络安全法》的规定;其他数据处理者在中华人民共和国境内运营中收集和产生的重要数据的出境安全管理办法,由国家网信部门会同国务院有关部门制定。”第32条规定:“任何组织、个人收集数据,应当采取合法、正当的方式,不得窃取或者以其他非法方式获取数据。法律、行政法规对收集、使用数据的目的、范围有规定的,应当在法律、行政法规规定的目的和范围内收集、使用数据。”前述规定与大数据、互联网相关业务拟上市公司的经营管理活动有直接关系,是其开展经营搞活动需要遵守的重要合规义务。

(五)数据本地化与跨境传输相关规定

拟上市公司在中国境内收集和产生个人信息、重要数据,需要遵守数据本地化及跨境传输的规则。《网络安全法》第37条规定:“关键信息基础设施的运营者在中华人民共和国境内运营中收集和产生的个人信息和重要数据应当在境内存储。因业务需要,确需向境外提供的,应当按照国家网信部门会同国务院有关部门制定的办法进行安全评估;法律、行政法规另有规定的,依照其规定。”第77条规定:“存储、处理涉及国家秘密信息的网络的运行安全保护,除应当遵守本法外,还应当遵守保密法律、行政法规的规定。”《个人信息保护法》第40条规定:“关键信息基础设施运营者和处理个人信息达到国家网信部门规定数量的个人信息处理者,应当将在中华人民共和国境内收集和产生的个人信息存储在境内。确需向境外提供的,应当通过国家网信部门组织的安全评估;法律、行政法规和国家网信部门规定可以不进行安全评估的,从其规定。”第 41 条规定:“中华人民共和国主管机关根据有关法律和中华人民共和国缔结或者参加的国际条约、协定,或者按照平等互惠原则,处理外国司法或者执法机构关于提供存储于境内个人信息的请求。非经中华人民共和国主管机关批准,个人信息处理者不得向外国司法或者执法机构提供存储于中华人民共和国境内的个人信息。”《数据安全法》第 36 条规定:“中华人民共和国主管机关根据有关法律和中华人民共和国缔结或者参加的国际条约、协定,或者按照平等互惠原则,处理外国司法或者执法机构关于提供数据的请求。非经中华人民共和国主管机关批准,境内的组织、个人不得向外国司法或者执法机构提供存储于中华人民共和国境内的数据。”第 40 条规定:“国家机关委托他人建设、维护电子政务系统,存储、加工政务数据,应当经过严格的批准程序,并应当监督受托方履行相应的数据安全保护义务。受托方应当依照法律、法规的规定和合同约定履行数据安全保护义务,不得擅自留存、使用、泄露或者向他人提供政务数据。”

(六)其他数据使用相关监管指引

除前述网络安全等级保护、个人信息保护、违法有害信息治理、数据安全保护、数据本地化与跨境传输相关法律法规、部门规章和技术标准以外,监管机构还对拟上市公司引用第三方数据作出相应指引。北交所发布的《准则第 46 号——招股说明书》第 9 条第 2 项规定,公司应准确引用与本次发行有关的中介机构的专业意见或报告,引用第三方数据或结论的,应注明资料来源,确保有权威、客观、独立的依据并符合时效性要求。《首发问答》及《上市规则指引第 1 号》指明第三方数据主要指涉及发行人及其交易对手之外的第三方相关交易信息,如发行人的交易对手与其客户或供应商之间的交易单价及数量、可比公司或可比业务财务数据等。考虑到第三方数据一般较难获取并具有一定隐私性,发行人及中介机构在公开披露的文件中引用的第三方数据可以限于公开信息,并注明资料来源,一般不要求披露未公开的第三方数据。

二、互联网大数据相关业务核查要点

参考境内A股上市案例，大数据、互联网有关公司面临的上市风险因素主要有技术升级迭代与创新、技术人员流失、泄密及网络安全、资质认证、产品与客户集中、市场竞争加剧、用户拓展、业务模式、核心业务系统安全、主营业务规模、行业政策环境变化、授权合作合规。该类公司在数据安全领域被反馈问询的范围主要集中在经营资质、数据采集使用和数据安全保障落实。

(一)互联网大数据相关业务的经营资质

根据《电信条例》《互联网信息服务管理办法》的相关规定，拟上市公司从事经营性互联网信息服务的，应当向省、自治区、直辖市电信管理机构或国务院信息产业主管部门申请办理互联网信息服务增值电信业务经营许可证。拟上市公司是否具备互联网大数据业务相关资质，是企业开展相关业务的前提和基础，因此也是监管机构最为关心的问题，中介机构应注意核查拟上市公司是否取得相关资质、资质的有效期限，以及资质期限届满后的续期情况。如果拟上市公司提供网络安全相关产品或服务、商用密码产品、无线电产品，或存在其网络安全产品或服务需进入军队等情形，则还应核查其是否取得相关资质证书或满足强制性认证要求。

(二)数据采集和使用行为的合法合规性

监管机构对拟上市公司数据采集和使用行为的合法合规性尤为关注，其审核重点主要集中在拟上市公司大数据相关经营业务的数据来源是否合法合规，以及对数据的使用是否符合被用户授权的范围两个方面。中介机构应注意拟上市公司互联网终端用户数据的获取方式，如为直接从用户处取得，应注意重点核查隐私政策是否全面和规范、是否获得用户明示同意、互联网终端获取用户数据的界面表达形式是否符合规范、是否存在未经授权获取或超授权获取的行为。通常情况下，拟上市公司经隐私政策取得用户同意后,再通过 App 或网页终端获取用户数据,但以下五种情形下,需要采用隐私政策以外的弹窗等显著方式单独取得用户的同意:(1)处理用户的敏感个人信息;(2)对处理用户的个人信息进行公开;(3)向其他个人信息处理者提供其处理的用户个人信息;(4)出于维护公共安全以外的目的,在公共场所安装图像采集、个人身份识别设备收集用户个人图像、身份识别信息;(5)向中华人民共和国境外提供用户个人信息。如拟上市公司为通过其他 App 开发者获取用户信息(如嵌入 SDK),则应注意核查拟上市公司与 App 开发者之间的协议约定是否合法合规、App 开发者与用户之间的协议约定是否合法合规,以及 App 开发者获取用户数据是否得到合法充分地授权、拟上市公司对用户数据的使用是否在用户的授权范围内。同时,还应注意合理限定收集信息的范围,做到采集内容与产品或服务具有直接关联性,并将采集的频率和获取的数量控制在合理限度内,尽量避免不必要的过度采集。如果拟上市公司存在向第三方提供用户个人信息的情况,无论是直接向第三方提供、经后台服务器提供还是经第三方应用提供,均需要获得用户同意。此外,中介机构还应注意拟上市公司是否存在利用爬虫技术突破互联网平台协议超范围、超限制搜集数据的情形,排除拟上市公司因违规使用技术手段获取数据。

总之,拟上市公司、中介机构需确保大数据相关业务的数据采集和使用行为合法合规,严格遵照《网络安全法》《个人信息保护法》《数据安全法》《App 违法违规收集使用个人信息行为认定方法》等法律法规的规定,并结合国家和行业相关技术标准,全面落实数据采集和使用的合规性。

(三)数据安全保障落实情况

监管机构对大数据类拟上市公司数据安全保护手段及有效性也十分关注,包括但不限于:拟上市公司是否已经建立完善的保障网络安全的内部管理制度、该制度的执行是否有效;公司在业务开展等方面是否符合《网络安全法》的规定;拟上市公司的网络安全责任承担范围、发生网络安全事故和安全事件的风险及应对等。中介机构可从拟上市公司的信息安全保护情况、网络安全等级保护情况、数据安全相关制度及措施,包括但不限于:数据的备份机制、防范数据窃取及泄密的措施、对用户隐私数据加密措施以及对于到期数据的处理机制等方面进行核查,并作出充分说明。

实务中,建议拟上市公司在以下方面加强对数据安全的保障:(1)加强网络安全等级保护测评,建立严格的网络安全保障及数据合规体系,如企业因所从事业务可能被认定为关键基础设施运营者,则应尽早按照相应标准建立更严格的保障合规体系。(2)确保采购使用的网络关键设备和网络安全专用产品取得安全检测和认证标志。(3)加强对个人信息数据的自主管理,做到个人信息存储最小化并进行去标志化处理、设置加密措施及访问权限、及时删除用户已经收回授权的数据等。(4)网络安全内控制度完善建立并确保执行到位。包括但不限于:加强介质、设备、机器环境、产数据存储及处理等方面的管理,信息系统操作、数据库访问等方面的记录以及数据备份、用户认证,建立完善的数据风险识别机制等。企业应通过制定个人信息保护合规政策、网络安全保障合规政策、员工手册,实施合规承诺制度,与员工签署保密协议,通过制度来规范及约束员工的行为。(5)制定网络安全事件应急预案,定期组织内部相关人员进行应急响应培训和应急演练。(6)设立个人信息保护负责人和个人信息保护工作机构并通过培训、演习等方式提高应对能力。(7)及时部署并更新必要网络安全防范技术设施和设备等。

三、参考案例:木瓜移动因引用第三方数据不合规IPO被否

北京木瓜移动科技股份有限公司(以下简称木瓜移动)曾于2016年在新三板挂牌过一段时间,于2019年3月29日申请科创板上市。根据木瓜移动于2019年5月22日作出的《中天国富证券有限公司关于北京木瓜移动科技股份有限公司首次公开发行股票并在科创板上市申请文件的审核问询函的回复》可知,科创板上市委对木瓜移动的首轮问询第16问中对其引用的第三方数据进行了询问,并要求其补充披露:“(1)公司所运用的大数据得主要来源,数据获取方式及成本、上述数据的所有权具体归属、相关数据主要内容或者标签、数据存储方式及管理、数据分析功能实现路径、公司流量供应商是否向公司开放了相关底层数据或者相关数据;

(2)保障数据安全的措施,相关数据获取、使用过程是否存在违反国内及数据内容所在地法律法规的情形;(3)历史投放数据是否能够对其他公司形成一定数据资源壁垒。请保荐机构和发行人律师核查公司业务经营活动中使用的数据是否拥有所有权、数据来源及途径、数据来源是否合规、是否存在侵犯第三方合法权益的情形、是否存在争议或潜在纠纷,并发表核查意见。"①

木瓜移动的答复为:发行人数据来源合法合规,对经营活动中使用的数据拥有所有权;报告期内,发行人未发生因数据使用侵犯个人隐私、侵犯他方权益或数据权属引发的诉讼或仲裁,发行人不存在因数据使用侵犯第三方合法权益的情形。

然而,上市委仍对木瓜移动的第三方数据存疑,进而在二轮问询的第7问中要求其补充披露:"(1)经营所使用的大数据是否来源于'脸书''谷歌'等媒体,发行人开展生产经营主要依靠自身长期积累的数据还是'脸书''谷歌'等媒体提供的数据,发行人拥有的具体大数据内容;(2)营销成效数据的来源和获取方式、获得的有效营销结果数据量、营销结果数据与展示请求数据的差异;……"②然而,木瓜移动的二轮问询答复与首次问询答复并无差异。最终木瓜移动于2019年7月4日向上交所提交了终止审核并撤回首发的申请文件,上交所于2019年7月8日发布了《关于终止对北京木瓜移动科技股份有限公司首次公开发行股票并在科创板上市审核的决定》。

问 78 怎样履行财务信息披露义务?

上交所的科创板、深交所的创业板及刚刚成立的北交所均稳步试行注册制,而注册制以信息披露为核心,要求发行人应当诚实守信,所披露信息必须真实、准确、

① 参见《中天国富证券有限公司关于北京木瓜移动科技股份有限公司首次公开发行股票并在科创板上市申请文件的审核问询函的回复》,载上海证券交易所网,http://static.sse.com.cn/stock/information/c/201905/53cab38a0ae3433d85fc4d386a495b9e.pdf。

② 参见《关于北京木瓜移动科技股份有限公司首次公开发行股票并在科创板上市申请文件的第二轮审核问询函的回复》,载上海证券交易所网,http://static.sse.com.cn/stock/information/c/201906/6804de751ef4481781ff1a6d5dca89e7.pdf。

完整，不得有虚假记载、误导性陈述或者重大遗漏，信息披露的内容、质量及披露的及时性，事关投资者合法权益的保护及证券市场秩序的维护。而财务信息更是拟上市公司在申请公开发行股票并上市过程中进行信息披露的重点内容，财务信息可以反映出发行人的财务状况、经营成果和现金流量等重要内容，是公司发行上市审核机构审查的重点，也是投资者进行价值判断和投资决策的依据。

一、财务信息披露的一般规定

（一）《首发管理办法》

《首发管理办法》（2020年修正）第23条规定："发行人会计基础工作规范，财务报表的编制符合企业会计准则和相关会计制度的规定，在所有重大方面公允地反映了发行人的财务状况、经营成果和现金流量，并由注册会计师出具了无保留意见的审计报告"。可知，拟上市公司在申请公开发行并上市过程中，应保证达到上述财务规范性要求，在提交上市申请文件时应提交无保留意见的审计报告。《首发管理办法》第24条规定："发行人编制财务报表应以实际发生的交易或者事项为依据；在进行会计确认、计量和报告时应当保持应有的谨慎；对相同或者相似的经济业务，应选用一致的会计政策，不得随意变更"。可知，拟上市公司披露的财务报表应当真实，会计政策需要保持一致性，不得随意变更。《首发管理办法》第29条规定，发行人披露的上市申报文件中不得故意遗漏或虚构交易、事项或者其他重要信息，不得滥用会计政策或者会计估计，也不得操纵、伪造或篡改编制财务报表所依据的会计记录或者相关凭证。

同时，《首发管理办法》第44条对发行人招股说明书中披露的财务报表有效期作出了规定："招股说明书中引用的财务报表在其最近一期截止日后6个月内有效，特殊情况下发行人可申请适当延长，但至多不超过3个月。财务报表应当以年度末、半年度末或者季度末为截止日。"

（二）北交所的监管规定

根据《发行注册办法》第 33 条的规定："北交所受理注册申请文件后，发行人应当按规定将招股说明书、发行保荐书、上市保荐书、审计报告和法律意见书等文件在北交所网站预先披露"，从上述规定可知，审计报告是公司申请公开发行股票时需要预先披露的财务信息。《发行注册办法》第 25 条规定："中国证监会作出予以注册决定后、发行人股票上市交易前，发行人应当及时更新信息披露文件内容，财务报表已过有效期的，发行人应当补充财务会计报告等文件；保荐人以及证券服务机构应当持续履行尽职调查责任；发生重大事项的，发行人、保荐人应当及时向北交所报告。北交所应当对上述事项及时处理，发现发行人存在重大事项影响发行条件、上市条件的，应当出具明确意见并及时向中国证监会报告"。

《上市规则》第 2.1.6 条第 6 项规定，发行人提交股票上市申请时应提交"公开发行后至上市前，按规定新增的财务资料和有关重大事项的说明（如适用）"，从上述规定可知，中国证监会在作出同意发行人公开发行股票的注册决定后、发行人股票上市交易前，发行人仍应当及时更新、补充财务信息，保证财务信息披露的及时性、有效性。

（三）《关于首次公开发行股票并上市公司招股说明书财务报告审计截止日后主要财务信息及经营状况信息披露指引》

《关于首次公开发行股票并上市公司招股说明书财务报告审计截止日后主要财务信息及经营状况信息披露指引》（中国证券监督管理委员会公告〔2020〕43 号，2020 年修订）规定："申请首次公开发行股票并上市的公司提交中国证监会注册或中国证监会发审委审核的招股说明书，应充分披露财务报告审计截止日后的财务信息及主要经营状况，保荐机构应关注发行人在财务报告审计截止日后经营状况是否发生重大变化，并督促发行人做好信息披露工作。"

二、发行人在发行上市过程中的财务信息披露

(一)提交上市申请文件时应披露的财务信息

北交所成立后,相较于科创板、创业板两板块,减少了部分发行上市申请文件,有效缩短企业申报上市的时间,其中在财务信息的披露文件上进行了明显的减负,但并不代表审核机构因此放松了对拟上市公司的财务规范性要求。根据中国证监会发布的《准则第47号——上市申请文件》,发行人在北交所提交发行上市申请文件时应当披露的财务信息包括最近3年及一期的财务报告和审计报告、盈利预测报告及审核报告(如有)、内部控制鉴证报告、经注册会计师鉴证的非经常性损益明细表、会计师事务所关于发行人前次募集资金使用情况的报告(如有)以及发行人控股股东、实际控制人最近1年及一期的财务报告及审计报告(如有)等。

(二)招股说明书中财务报告审计截止日后的信息披露

根据《上市规则指引第1号》的要求,发行人提交的招股说明书应当充分披露财务报告审计截止日后的财务信息及主要经营状况,保荐机构应关注发行人在财务报告审计截止日后经营状况是否发生重大变化,并督促发行人就审计截止日后经营状况变化情况做好信息披露工作。

1. 如果发行人财务报告审计截止日至招股说明书签署日之间超过1个月,应在招股说明书重大事项提示中披露审计截止日后的主要经营状况。相关情况披露的截止时点应尽可能接近招股说明书签署日。如果发行人生产经营的内外部环境发生或将要发生重大变化,应就该情况及其可能对发行人经营状况和未来经营业绩产生的不利影响进行充分分析,并就相关风险作重大事项提示。

2. 如果发行人财务报告审计截止日至招股说明书签署日之间超过4个月,应补充提供经会计师事务所审阅的期间1个季度的财务报表;超过7个月的,应补充

提供经会计师事务所审阅的期间2个季度的财务报表。发行人提供季度经审阅的财务报表的，应在招股说明书管理层分析中以列表方式披露该季度末和上年末、该季度和上年同期及年初至该季度末和上年同期的主要财务信息，包括但不限于：总资产、所有者权益、营业收入、营业利润、利润总额、净利润、归属于母公司股东的净利润、扣除非经常性损益后归属于母公司股东的净利润、经营活动产生的现金流量净额等，披露纳入非经常性损益的主要项目，并披露纳入非经常性损益的主要项目和金额。若该期的主要会计报表项目与财务报告审计截止日或上年同期相比发生较大变化，应披露变化情况、变化原因以及由此可能产生的影响，并在重大事项提示中披露相关风险。发行人应在招股说明书重大事项提示中提醒投资者，发行人已披露财务报告审计截止日后经会计师事务所审阅的主要财务信息（如有）及经营状况。

3. 发行人应在招股说明书重大事项提示中补充披露下一报告期业绩预告信息，主要包括：年初至下一报告期末营业收入、扣除非经常性损益前后净利润的预计情况、同比变化趋势及原因等；较上年同期可能发生重大变化的，应分析披露其性质、程度及对持续经营的影响。若审计截止日后发行人经营状况发生较大不利变化，或经营业绩呈下降趋势，应在风险因素及重大事项提示中披露相关风险。

4. 前述经会计师事务所审阅的季度财务报表应当在申报、回复问询等阶段提交申请文件或发行阶段更新招股说明书，提供上述文件时需一并完成相关信息披露文件的更新。

（三）监管机构对发行人及中介机构的监管要求

1. 发行人及其董事、监事、高级管理人员需出具专项声明，保证审计截止日后的财务报告不存在虚假记载、误导性陈述或者重大遗漏，并对其内容的真实性、准确性及完整性承担连带责任。发行人单位负责人、主管会计工作负责人及会计机构负责人（会计主管人员）应出具专项声明，保证该等财务报告的真实、准确、完整。会计师事务所就该财务报表出具审阅意见的，应当切实履行审阅责任，保持应有的职业谨慎。

2. 前述经审阅财务报表与对应经审计财务报表存在重大差异的，保荐机构及申报会计师应在15个工作日内向中国证监会、北交所报告，说明差异原因、性质及影响程度。按照规定，发行人因终止审核等事项拟申请复牌或者因公开发行股票完毕拟上市的，如前述经审阅财务报表尚未完成审计，保荐机构及申报会计师应当结合当前审计程序执行情况，就经审阅财务报表与将完成的对应经审计财务报表（如有）的差异情况进行核查并出具专项说明，在申请复牌或上市时提交公司监管部门并同步报送上市审核机构；如存在较大差异，发行人应依规及时披露修正公告，并在修正公告中向投资者致歉、说明差异原因。

3. 保荐机构应督促发行人切实做好审计截止日后主要财务信息及经营状况信息披露，核查发行人生产经营的内外部环境是否发生或将要发生重大变化，包括但不限于：产业政策重大调整，进出口业务受到重大限制，税收政策出现重大变化，行业周期性变化，业务模式及竞争趋势发生重大变化，主要原材料的采购规模及采购价格或主要产品的生产、销售规模及销售价格出现大幅变化，新增对未来经营可能产生较大影响的诉讼或仲裁事项，主要客户或供应商出现重大变化，重大合同条款或实际执行情况发生重大变化，重大安全事故以及其他可能影响投资者判断的重大事项等。保荐机构应当在发行保荐书中说明相关结论，并在发行保荐工作报告中详细说明核查的过程、了解并收集到的相关情况、得出结论的依据，并在此基础上就发行人审计截止日后经营状况是否出现重大不利变化出具核查意见。

（四）与挂牌公司定期报告和临时报告信息披露的衔接

1. 发行人提供经审阅的季度财务报表前，应先按照挂牌公司信息披露相关监管规定，通过临时公告或在法定期限内披露的定期报告披露经审阅的季度财务报表。

发行人拟提供经审阅的第一季度财务报表的，其公告披露时间不得早于上一年的年度报告的披露时间；发行人拟提供经审阅的第二季度财务报表的，其公告披露时间不得早于对应的半年度报告的披露时间。

2. 发行人在财务报告审计截止日至发行启动前披露年度报告的，招股说明书引用的财务报表应当包括该定期报告对应年度经审计的财务报表。发行人应及时更新招股说明书对应期间的财务信息及经营状况，依规做好信息披露和风险揭示。

发行人的财务会计信息是各证券交易所上市审核问询的重点内容，拟上市公司应积极履行财务信息的披露义务，保证所披露信息的真实性、准确性和完整性，满足及时性要求，并披露相关风险。保荐机构、申报会计师及律师应共同保障发行人财务信息的披露质量，与发行人共同努力，通过审核问询大关。

三、参考案例：纳芯微（838551）因营业收入增速问题被问询①

苏州纳芯微电子股份有限公司（以下简称纳芯微）成立于 2013 年 5 月 17 日，2016 年 8 月在全国股转系统挂牌，2018 年 9 月终止挂牌，2021 年 5 月 28 日披露了《招股说明书》等上市文件，转申请上交所科创板上市。

根据纳芯微披露的《招股说明书》，纳芯微报告期为 2018 年度、2019 年度及 2020 年度，披露的财务报告审计截止日为 2020 年 12 月 31 日，纳芯微在重大事项提示"……三、财务报告审计截止日后主要经营情况"披露了财务报告审计截止日后主要经营状况、2021 年 1 ~3 月经营业绩预告，说明该业绩预计情况未经会计师审计或审阅，不构成公司盈利预测或业绩承诺；纳芯微在第二节概览"……三、发行人报告期的主要财务数据和财务指标"披露了最近 3 年的主要财务数据和财务指标；纳芯微在第八节"财务会计信息与管理层分析"披露了最近 3 年的财务报表、天健会计师事务所的审计意见、关键审计事项及与财务会计信息相关的重大事项或重要性水平的判断标准、影响公司经营业绩的主要因素以及对业绩变动具有较强预示作用的财务指标、财务报表的编制基础、遵循企业会计准则的声明、合并财务报表范围及变化情况、重要会计政策和会计估计、经注册会计师核验的非经常性损益表、主要财务指标等主要财务会计信息。

---

① 参见苏州纳芯微电子股份有限公司科创板股票审核项目状态，载上海证券交易所网 2021 年 12 月 1 日，http://kcb.sse.com.cn/renewal/xmxq/index.shtml? auditId = 900&anchor_type = 0。

上交所对纳芯微的第一轮问询时，对其营业收入进行了关注，请发行人说明：“……(5)2020 年一季度收入较 2019 年度第三、第四季度增长的原因，营业收入集中在下半年的原因以及是否符合行业惯例。请申报会计师对上述事项进行核查并发表明确意见。”纳芯微对报告期内各季度营业收入情况、各季度收入增长情况、同行业可比上市公司各季度营业收入情况分别以图表的形式并结合文字进行了说明，表示发行人营业收入集中于下半年主要系下游客户需求及销量逐步扩张所致；报告期内发行人下半年收入占全年的比重高于上半年，与同行业可比上市公司相比不存在显著差异，符合行业惯例。申报会计师通过核查报告期内公司收入明细，分析各季度收入波动的原因，并与同行业可比上市公司季度收入波动情况进行对比分析，认为报告期内，发行人尚处于快速成长期，营业收入集中于下半年主要系下游客户需求及销量逐步增长所致，符合行业惯例。

上交所对纳芯微进行第二轮审核问询时，对发行人营业收入快速增长的情况进行了关注，请发行人说明：“……(6)2021 年 1～6 月营业收入较 2020 年同期大幅上升的原因。请申报会计师对上述事项进行核查并发表明确意见。”纳芯微对 2021 年 1～6 月各类产品营业收入金额及同比变动情况、各类产品主要客户收入变动情况以列表并结合文字的形式进行说明，从而分析了 2021 年 1～6 月营业收入较 2020 年同期大幅上升的原因。申报会计师取得纳芯微 2021 年 1～6 月收入明细，并访谈纳芯微销售负责人、财务负责人，了解收入大幅增长的原因，对报告期内营业收入实施细节测试程序采取分层抽样的方式确定收入细节测试的核查样本，从销售收入的记录中选取样本，核实纳芯微账目收入的真实性和准确性，对主要客户执行独立函证程序和访谈程序等，核实销售收入的真实性，从而解释了收入大幅上升的原因。

2021 年 10 月 25 日，纳芯微在上会稿中披露的《招股说明书》已经将财务报告审计截止日更新为 2021 年 6 月 30 日，业绩预计情况更新为 2021 年 1～9 月；披露的《审计报告》增加了 2021 年 1～6 月的财务报表，保荐机构、会计师事务所、律师事务所等中介机构出具的文件也及时进行了更新。

问 79 如何核查和披露发行人的诉讼或仲裁事项？

公司在生产经营过程中难免会有类似合同纠纷、知识产权纠纷、劳动纠纷等，通常情况下公司选择与争议方达成和解，但有些时候公司不得不借助诉讼或仲裁方式解决。此时，公司涉诉信息的核查和披露就显得尤为重要，如果处理不当将会对公司 IPO 上市产生消极影响。

一、公司涉诉信息披露的相关规定

《首发管理办法》第 28 条要求拟上市公司不存在重大偿债风险，不存在影响持续经营的担保、诉讼以及仲裁等重大或有事项，也就是说，若公司涉诉构成重大事项时，则很有可能导致企业 IPO 上市困难。

对何种情形构成诉讼、仲裁的重大事项，北交所在《上市规则》第 8.3.3 条明确规定："涉案金额超过 1000 万元，且占公司最近一期经审计净资产绝对值 10% 以上；股东大会、董事会决议被申请撤销或者宣告无效；可能对公司控制权稳定、生产经营或股票交易价格产生较大影响的其他诉讼、仲裁。"上市公司发生的重大诉讼、仲裁事项应当采取连续 12 个月累计计算的原则，经累计计算达到上述标准的，适用上述规定。已经按照上述规定履行披露义务的，不再纳入累计计算范围。上市公司应当及时披露重大诉讼、仲裁事项的重大进展情况及其对公司的影响，包括但不限于诉讼案件的一审和二审判决结果、仲裁裁决结果以及判决、裁决执行情况等。

同时，北交所在其发布的《准则第 46 号——招股说明书》第 81 条中也对公司需要披露的事项进行了明确规定，即"发行人应披露对财务状况、经营成果、声誉、业务活动、未来前景等可能产生重大影响的诉讼或仲裁事项，以及控股股东或实际控制人、控股子公司，发行人董事、监事、高级管理人员和核心技术（业务）人员作为一方当事人可能对发行人产生影响的刑事诉讼、重大诉讼或仲裁事项，主要包括：案件受理情况和基本案情；诉讼或仲裁请求；判决、裁决结果及执行情况；诉讼、仲裁案件对发行人的影响。”

二、对公司涉诉信息披露的相关规定的解读

中国证监会发布的《首发问答》中，对公司涉及诉讼或仲裁案件，公司应如何披露及中介机构应如何进行审查作出了明确解答：

1. 发行人应当在招股说明书中披露对股权结构、生产经营、财务状况、未来发展等可能产生较大影响的诉讼或仲裁事项，包括案件受理情况和基本案情，诉讼或仲裁请求，判决、裁决结果及执行情况，诉讼或仲裁事项对发行人的影响等。如诉讼或仲裁事项可能对发行人产生重大影响，应当充分披露发行人涉及诉讼或仲裁的有关风险。

2. 保荐机构、发行人律师应当全面核查报告期内发生或虽在报告期外发生但仍对发行人产生较大影响的诉讼或仲裁的相关情况，包括案件受理情况和基本案情，诉讼或仲裁请求，判决、裁决结果及执行情况，诉讼或仲裁事项对发行人的影响等。发行人提交首发申请至上市期间，保荐机构、发行人律师应当持续关注发行人诉讼或仲裁的进展情况、发行人是否新发生诉讼或仲裁事项。发行人诉讼或仲裁的重大进展情况以及新发生的对股权结构、生产经营、财务状况、未来发展等可能产生较大影响的诉讼或仲裁事项，应当及时补充披露。

3. 发行人控股股东、实际控制人、控股子公司、董事、监事、高级管理人员和核心技术人员涉及的重大诉讼或仲裁事项比照上述标准执行。

4. 涉及主要产品、核心商标、专利、技术等方面的诉讼或仲裁可能对发行人生产经营造成重大影响，或者诉讼或仲裁有可能导致发行人实际控制人变更，或者其他可能导致发行人不符合发行条件的情形，保荐机构和发行人律师应在提出明确依据的基础上，充分论证该等诉讼、仲裁事项是否构成本次发行的法律障碍并审慎发表意见。

总体来说，对拟上市公司涉及诉讼、仲裁事项，以及对公司生产经营具有重大

影响的诉讼、仲裁的相关信息披露要真实、全面、完整,争取在反馈环节不再被交易所和中国证监会关注及问询。如果相关诉讼被反馈,需要深刻分析监管机构对相关问题的关注点,然后以翔实的证据、缜密的分析和充分的底稿解释清楚相关问题。一般而言,多数情况下对涉诉问题的反馈属于常规事项。截至目前,直接因涉及重大诉讼而被否的案例相对较少。

三、公司涉诉、仲裁信息的具体披露

(一)已决诉讼、仲裁的披露

对拟上市公司已经生效的重大诉讼、仲裁进行披露时,应当披露如下信息:(1)诉讼或仲裁案件的具体情况;(2)诉讼或仲裁结果对公司本期利润或者后期利润可能产生的影响。其中,对诉讼或仲裁案件具体情况的披露,应包括诉讼或仲裁各方当事人、代理人及其单位的姓名或名称,相关纠纷的起因,诉讼或仲裁的请求与依据,以及判决结果。

(二)未决诉讼、仲裁的披露

根据《民事诉讼法》的规定,一般民事诉讼包括起诉、受理、审理前准备、开庭审理、结案五大流程,一审、二审结案前的诉讼为未决诉讼。

根据《会计法》第19条的规定,单位提供的担保、未决诉讼等或有事项,应当在财务报告中予以说明。而未决诉讼基于其不确定性可能体现为"或有负债"与"预计负债"。由于预计负债较或有负债有更明确的负债确定性,所以非常有必要对预计负债进行合理预估,并将其纳入负债表予以披露。在司法实践中,如果法院已经就该诉讼作出判决且赔偿金额明确;或者法院并未判决但案件有可能败诉,且能够预估支付金额,上述两种情形都可将其认定为预计负债。因此拟上市公司如存在涉诉金额较大的诉讼,除非有证据足以证明其为或有债务,否则将其认定为预计债务予以披露是较为稳妥的做法。从谨慎的角度考虑,对不确定的或有负债的还是按强制性信息披露的要求做好披露工作。

(三)是否存在其他诉讼、仲裁

拟上市公司需要简要说明是否有其他尚未披露的诉讼或仲裁事项,包括是否有尚未披露的小额诉讼、仲裁事项。

四、参考案例:乔丹体育等因知识产权诉讼案被问询

对于具有一定品牌影响的企业以及依赖某项专利技术的高科技企业,如果其所涉及的商标或专利尚在诉讼或仲裁的“泥潭”,则上市之路就注定坎坷。最著名的是“乔丹体育案”,历时4年的美国篮球明星迈克尔·乔丹与中国乔丹体育股份有限公司(以下简称乔丹体育)之间针对“乔丹”商标所产生的争议及行政纠纷系列案件,最高人民法院最终判决乔丹体育对争议商标“乔丹”的注册损害迈克尔·乔丹在先姓名权,违反《商标法》的相关规定。这一判决将乔丹体育的IPO推向死亡之路。

因商标涉及的诉讼,而被中国证监会反馈的案例较多,如朗新科技股份有限公司,中国证监会要求其补充披露商标权人变更至发行人名下手续办理以及“朗新天霁”商标转让给发行人手续办理的进展情况,报告期内是否存在因在相同或相似商品或服务上使用相同或近似商标而被指控侵权诉讼的情形。[①]

科技类企业当涉及专利诉讼时,中国证监会通常在反馈时会进一步要求企业披露相关事项,包括:发行人涉诉专利及产品的具体情况;相关专利诉讼的进展情况;发行人涉及诉讼的产品数量及占比;若败诉对发行人生产经营的影响;发行人核心专利技术是否存在纠纷或潜在争议等。相关案例如浙江大元泵业股份有限公司、[②]

---

① 参见《朗新科技股份有限公司创业板首次公开发行股票申请文件反馈意见》,载中国证券监督管理委员会网,http://www.csrc.gov.cn/pub/newsite/fxjgb/scgkfxfkyj/201705/t20170515_316696.html。

② 参见《浙江大元泵业股份有限公司首次公开发行股票申请文件反馈意见》,载中国证券监督管理委员会网,http://www.csrc.gov.cn/newsite/fxjgb/scgkfxfkyj/201705/t20170519_317060.html。

杰克缝纫机股份有限公司。[1]

问 80 发行人环境保护问题如何核查及披露？

随着人们对幸福生活水平要求的日益提高，政府、企业及社会公众越来越重视环境治理与生态保护。实现绿色发展、建设美丽中国，成为社会的共同愿望。证券监管机构也在践行绿色金融发展理念，加强拟上市公司环保要求，加快发展绿色金融，环境保护问题也因此成为上市审核的重点关注问题之一。

一、我国企业环保法律体系

针对环保问题，我国主要从环境保护、清洁生产、水、大气、噪声、环境影响等方面颁布了法律、法规，同时针对建设项目、污染物排放等方面通过行政立法进一步细化规定。

相关法律主要包括《环境保护法》《清洁生产促进法》《水法》《水污染防治法》《大气污染防治法》《环境噪声污染防治法》《放射性污染防治法》《环境影响评价法》《环境保护税法》等。

行政法规及部门规章主要包括《建设项目环境保护管理条例》(2017 年修订)、《环境保护税法实施条例》(国务院令第 693 号)、《生态环境部关于进一步完善建设项目环境保护“三同时”及竣工环境保护自主验收监管工作机制的意见》(环执法〔2021〕70 号)等。

---

① 参见《杰克缝纫机股份有限公司首次公开发行股票申请文件反馈意见》，载中国证券监督管理委员会网，http://www.csrc.gov.cn/pub/newsite/fxjgb/scgkfxfkyj/201611/t20161116_305987.html。

二、环保问题是公司上市的审核重点

《上市规则》第4.7.3条规定,“上市公司应当积极践行绿色发展理念,将生态环保要求融入发展战略和公司治理过程,并根据自身生产经营特点和实际情况,承担环境保护责任”。

《准则第46号——招股说明书》第48条规定:“发行人应清晰、准确、客观地披露主营业务、主要产品或服务的情况,包括:……(五)生产经营中涉及的主要环境污染物、主要处理设施及处理能力”。

此外,北交所对上市公司中期报告及年度报告均提出了关于环境保护问题的披露要求。《准则第53号——年度报告》第22条第12款规定:“属于环境保护部门公布的重点排污单位的公司或其重要子公司,应当根据法律、法规及部门规章的规定披露主要环境信息,包括排污信息、防治污染设施的建设和运行情况、建设项目环境影响评价及其他环境保护行政许可情况、突发环境事件应急预案、环境自行监测方案及其他应当公开的环境信息。鼓励公司自愿披露报告期内为减少其碳排放所采取的措施及效果”。

上市公司的环境保护问题日益受到重视,对于以上市为目标的发行人来说,环境保护问题的披露与核查也是申请上市过程中需要重点关注的问题。从目前法律规定来看,发行人是否属于重污染行业,需要披露与核查的程度与内容不尽相同。

三、对公司环保问题的披露及核查要求

(一)发行人应在招股说明书中做好相关信息披露

根据《首发问答》的要求,发行人应当在招股说明书中充分做好相关信息披露,包括:生产经营中涉及环境污染的具体环节、主要污染物名称及排放量、主要处理设施及处理能力;报告期内,发行人环保投资和相关费用成本支出情况,环保设施实际运行情况,报告期内环保投入、环保相关成本费用是否与处理公司生产经营

所产生的污染相匹配；募投项目所采取的环保措施及相应的资金来源和金额等；公司生产经营与募集资金投资项目是否符合国家和地方环保要求，发行人若发生环保事故或受到行政处罚，应披露原因、经过等具体情况，发行人是否构成重大违法行为，整改措施及整改后是否符合环保法律法规的有关规定。

（二）中介机构应全面核查并发表明确意见

保荐机构和发行人律师应对发行人的环保情况进行核查，包括：是否符合国家和地方环保要求，已建项目和已经开工的在建项目是否履行环评手续，公司排污达标检测情况和环保部门现场检查情况，公司是否发生环保事故或重大群体性的环保事件，有关公司环保事项的媒体报道。

在对发行人全面系统核查的基础上，保荐机构和发行人律师应对发行人生产经营总体是否符合国家和地方环保法规和要求发表明确意见。发行人曾发生环保事故或因环保问题受到处罚的，保荐机构和发行人律师应对是否构成重大违法行为发表明确意见。

另外，根据《首发管理办法》第 18 条的规定，发行人不得存在“最近 36 个月内违反工商、税收、土地、环保、海关以及其他法律、行政法规，受到行政处罚，且情节严重”的情形。

（三）重污染行业企业申报上市需经环保部门核查

除上述一般规定外，根据《国家环境保护总局关于对申请上市的企业和申请再融资的上市公司进行环境保护核查的通知》（环发〔2003〕101 号）的规定，为督促重污染行业企业认真执行国家环境保护法律、法规和政策，避免上市公司因环境污染问题带来投资风险，重污染行业申请上市的公司，还需要经过环保部门的核查。根据该规定，重污染行业暂定为冶金、化工、石化、煤炭、火电、建材、造纸、酿造、制药、发酵、纺织、制革和采矿业。

《国家环境保护总局关于对申请上市的企业和申请再融资的上市公司进行环

境保护核查的通知》规定,“申请上市的重污染行业企业应向登记所在地省级环保行政主管部门提出核查申请,并申报以下基本材料:(1)企业(含本企业紧密型成员单位)基本情况;(2)报中国证监会待批准的上市方案;(3)证明符合核查要求的相关文件,包括但不限于建设项目环评审批和“三同时”环保验收制度执行情况等;(4)企业登记所在地省级环保行政主管部门要求的其他有关材料。

省级环境保护行政主管部门自受理企业核查申请后组织有关专家或委托有关机构对申请上市的企业所提供的材料进行审查和现场核查,将核查结果在有关新闻媒体上公示。此后,省级环境保护行政主管部门结合公示情况提出核查意见及建议,以局函的形式报送中国证监会,并抄报生态环境部。

火力发电企业申请上市应由省级环保部门提出初步核查意见上报生态环境部,生态环境部组织核定后,将核定结果在总局政府网站上公示之后,生态环境部结合公示情况提出核查意见及建议,以局函的形式报送中国证监会。

对于跨省从事重污染行业生产经营活动的申请上市公司,其登记所在地省级环境保护行政主管部门应与有关省级环境保护行政主管部门进行协调,将核查意见及建议报生态环境部,由生态环境部报送中国证监会。

综上,加强对发行人环保问题的核查及披露要求,是践行绿色发展理念,加快发展绿色金融的重要内容,发行人应就环保问题全面核查并披露,对重污染行业企业还应经环保部门核查。中介机构应根据中国证监会的要求全面核查,并发表明确意见。发行人曾发生环保事故或因环保问题受到处罚的,中介机构还需要对其是否构成重大违法行为发表明确意见。

四、参考案例:广信农化因环保问题被拒绝上市

2011年,中国证监会发布《关于不予核准安徽广信农化股份有限公司首次公开发行股票申请的决定》不予核准安徽广信农化股份有限公司(以下简称广信农化)首次公开发行股票申请,其中记载:“根据招股说明书披露,2010年1月9日,你公司甲基硫菌灵车间反应釜发生底阀堵料故障,因处置不当导致3名人员死亡;安徽省环保厅出具的《污染环境问题调查处理情况》中提到你公司的东川岭、蔡家

山厂区曾不同程度存在环境管理制度不完善、卫生防护距离内尚有部分居民未搬离等环境问题。根据上述情况，无法判断你公司在安全生产管理和环境保护方面的内部控制制度是否健全并且有效执行。发审委认为，上述情形与《首次公开发行股票并上市管理办法》（证监会令第 32 号）第 24 条的规定不符。发审委会议以投票方式对你公司的首次公开发行股票申请进行了表决，同意票数未达到 5 票，申请未获通过。根据《证券法》、《首次公开发行股票并上市管理办法》及《中国证券监督管理委员会发行审核委员会办法》（证监会令第 62 号）等有关规定，现依法对你公司的首次公开发行股票申请作出不予核准的决定。”①

问 81 从事军工等涉及国家秘密业务的企业如何豁免信息披露？

军工企业，是指电子工业部、航空工业总公司、航天工业总公司、兵器工业总公司、核工业总公司、船舶工业总公司、中国工程物理研究院及各省国防工业办公室所属的承担国家下达的军事装备、产品研制、生产计划任务的企、事业单位。

我国军工企业承担国防、科研、生产任务，为国家武装力量（中国人民解放军和中国人民武装警察部队）提供各种武器装备研制和生产经营活动，是具有独立法人资格的企业。鉴于军工行业属涉密行业，因此，在信息披露上享有部分内容的豁免披露权利。

一、国家秘密信息披露豁免相关规定

《上市规则》及《准则第 46 号——招股说明书》第 8 条规定，发行人有充分依

① 参见《关于不予核准安徽广信农化股份有限公司首次公开发行股票申请的决定》，载中国证券监督管理委员会网，http://www.csrc.gov.cn/pub/zjhpublic/G00306202/201112/t20111214_203514.htm。

据证明《准则第 46 号——招股说明书》要求披露的信息涉及国家秘密、商业秘密及其他因披露可能导致其违反国家有关保密法律法规或严重损害公司利益的,发行人可申请豁免按《准则第 46 号——招股说明书》披露。

(一)国家秘密的范围

《保守国家秘密法》第 9 条对国家秘密的范围进行了规定,包括:(1)国家事务重大决策中的秘密事项;(2)国防建设和武装力量活动中的秘密事项;(3)外交和外事活动中的秘密事项以及对外承担保密义务的秘密事项;(4)国民经济和社会发展中的秘密事项;(5)科学技术中的秘密事项;(6)维护国家安全活动和追查刑事犯罪中的秘密事项;(7)经国家保密行政管理部门确定的其他秘密事项;(8)符合前款规定的政党的秘密事项。综上,军工企业在信息披露时需密切关注。

(二)国家秘密相关财务信息的披露

《军工企业对外融资特殊财务信息披露管理暂行办法》对国家秘密相关财务信息的披露作出了规定,对涉密信息,要求在相关文件中采用代称、打包或者汇总等方式进行脱密处理。[①]

二、涉国家秘密信息披露豁免的相关监管政策解读

《首发问答》及《上市规则指引第 1 号》明确规定,公司的信息披露需要符合国家相关规定,因此公司在信息披露时不但要符合上市发行的相关披露准则,还不得违反《保守国家秘密法》等相关规定。在公司有充分依据证明要求披露的某些信息涉及国家秘密、商业秘密及其他因披露可能导致其违反国家有关保密法律法规或严重损害公司利益的,公司可以向中国证监会申请豁免披露。

---

① 由于《军工企业对外融资特殊财务信息披露管理暂行办法》涉密无法公开获取,相关要求系从已公开的上市公司招股说明书或年报等信息获取。

中国证监会在《首发问答》中表明,“我会不对发行人申请豁免披露的信息是否涉密进行判断,主要依据国家有关主管部门的书面确认”,也就是说,向中国证监会申请豁免披露并非公司需要进行的第一步,在此之前,公司应当首先获得涉及的国家秘密的有关主管部门的批复或意见,再将此批复或意见提交中国证监会审核。根据《首发问答》的要求,公司在履行一般信息披露程序的同时,对存在涉密信息申请豁免披露的,需要落实的重要工作是提供国家主管部门关于公司申请豁免披露的信息为涉密信息的认定文件。

公司关于信息豁免披露的申请文件应逐项说明需要豁免披露的信息、认定涉密的依据及理由,并说明相关信息披露文件是否符合有关保密规定和《准则第 46 号——招股说明书》的要求,涉及军工的是否符合《军工企业对外融资特殊财务信息披露管理暂行办法》,豁免披露后的信息是否对投资者决策判断构成重大障碍。公司全体董事、监事、高级管理人员出具关于首次公开发行股票并上市的申请文件不存在泄密事项且能够持续履行保密义务的声明。公司控股股东、实际控制人对其已履行和能够持续履行相关保密义务出具承诺文件。对中国证监会审核过程提出的信息豁免披露或调整意见,公司应相应回复、补充相关文件的内容,有实质性增减的,应当说明调整后的内容是否符合相关规定、是否存在泄密风险。

公司还应说明内部保密制度的制定和执行情况,是否符合《保守国家秘密法》等相关法律法规的规定,是否存在因违反保密规定受到处罚的情形。保荐机构、律师应当对企业信息豁免披露符合相关规定、不影响投资者决策判断、不存在泄密风险出具意见明确、依据充分的专项核查报告;申报会计师应当出具对企业审计范围是否受到限制及审计证据的充分性以及对企业豁免披露的财务信息是否影响投资者决策判断的核查报告;涉及军工企业的,中介机构应当说明开展军工涉密业务咨询服务是否符合国防科技工业管理部门等军工涉密业务主管部门的规定。《上市规则指引第 1 号》的要求与上述《首发问答》的规定基本一致。

三、律师建议

拟上市军工企业在信息披露过程中需要解决国家安全和投资者利益的冲突问

题,两种利益的平衡要在动态中实现,要体现在实体规范和程序规则两个方面,在必要时应有所侧重。具体而言,拟上市军工企业在确定信息披露的范围、把握信息披露的质量标准、履行信息披露义务时都应设法谋求国家安全和投资者利益之间的平衡。

作为军工企业的一部分,上市军工企业具有很强的军事属性和有别于一般民用企业的特殊性,这些特殊属性源于保障国家安全的需要。就信息披露而言,为了更好地维护国家安全,上市军工企业最好尽可能少地披露相关信息,因为军工企业的任何信息都可能被他人不正当地利用,成为国内外敌对势力对我国军事、国防情况进行推断的依据,因此,对上市军工企业所披露的信息,最好是比较模糊、简单的,时间上力求滞后。虽然从投资者的角度来看,上市军工企业披露的信息越丰富越好,但是从国家安全的角度考虑,上市军工企业的信息路径越封闭越好。这样,就在上市军工企业的信息披露方面形成了国家安全和投资者利益之间的冲突。上市军工企业的双重属性使它们的信息披露事务既关系国家安全的保障,又关系广大投资者利益的维护,而国家安全和投资者的利益对上市军工企业的信息披露分别提出了不同的要求,这两方面的要求有时甚至是相反的。

此外,建议涉及军工的企业认真学习《保守国家秘密法》《国家安全法》,即便平时的保密安全教育持续不断,也要时刻谨防泄密事件的发生。

四、参考案例:长城军工(601606)IPO豁免信息披露成功上市

安徽长城军工股份有限公司(以下简称长城军工)2013年提交上交所上市申请,其在招股说明书中表示,由于公司为军工企业,因此产生了涉密信息脱密披露和豁免披露影响投资者对公司价值判断的风险。长城军工表示,公司主要从事军品业务,部分生产、销售和技术信息属于国家秘密,不宜披露或直接披露。根据《军工企业对外融资特殊财务信息披露管理暂行办法》的相关规定,公司部分涉密信息采取脱密处理的方式进行披露,部分无法进行脱密处理或者进行脱密处理后仍存在泄密风险的信息,在取得国防科工局批复同意后豁免披露。

2013年5月27日,发布《国防科工局关于安徽长城军工股份有限公司上市特

殊财务信息豁免披露有关事项的批复》(科工财审〔2013〕613号),2013年10月18日,发布《国防科工局关于安徽长城军工股份有限公司上市第二次特殊财务信息豁免披露有关事项的批复》(科工财审〔2013〕1342号),2014年3月17日,发布《国防科工局关于安徽长城军工股份有限公司上市特殊财务信息豁免披露有关事项的批复》(科工财审〔2014〕256号),分别同意发行人豁免披露军品市场占有率、竞争对手、产能、产量、销量以及军品募集资金投资项目新增产能、产量等信息。[①] 2016年第112次发审委会议上,长城军工首发申请获通过。

问82 董事、监事、高级管理人员如何在信息披露方面勤勉尽责?

上市公司的中小股东无法参与公司的经营管理和决策,而上市公司董事、监事、高级管理人员等核心人员(以下统称董监高),能够第一时间接触和验证上市公司披露信息的真伪,并通过上市公司的信息披露机制最终呈现给公众投资者信息披露的结果。信息披露是上市公司董监高勤勉尽责义务的核心要义,信息披露制度是股票发行与上市注册制的核心制度之一。尽管2019年修订的《证券法》增加了董监高的异议声明制度,但异议声明制度并不能完全免除董监高的勤勉尽责,董监高仍应按照监管机构的要求履行职责。

一、董监高勤勉尽责义务的内涵

《公司法》规定,"董事、监事、高级管理人员应当遵守法律、行政法规和公司章程,对公司负有忠实义务和勤勉义务"。其中,忠实义务,是指董监高在履职时应当

---

① 参见《安徽长城军工股份有限公司首次公开发行股票招股说明书》,载巨潮资讯网,http://static.cninfo.com.cn/finalpage/2018-07-24/1205225127.PDF。

以公司利益为最高目标和准则,不得为自己或为他人谋取私利,从而损害公司的利益;勤勉义务是指,董监高在处理公司事务时,应当尽到一个谨慎的人处于同等地位与情形之下对待自己事务的关心和注意义务。在上市公司的语境下,董监高的忠实义务和勤勉义务有着更深的内涵,即董监高围绕着上市公司信息披露的履职行为。

董监高的法定信息披露义务,主要在《证券法》第82条中有所体现:“发行人的董事、高级管理人员应当对证券发行文件和定期报告签署书面确认意见。发行人的监事会应当对董事会编制的证券发行文件和定期报告进行审核并提出书面审核意见。监事应当签署书面确认意见。发行人的董事、监事和高级管理人员应当保证发行人及时、公平地披露信息,所披露的信息真实、准确、完整。董事、监事和高级管理人员无法保证证券发行文件和定期报告内容的真实性、准确性、完整性或者有异议的,应当在书面确认意见中发表意见并陈述理由,发行人应当披露。发行人不予披露的,董事、监事和高级管理人员可以直接申请披露。”从第82条可以看出,董监高的法定信息披露义务包含了以下几项内容:首先,要求董监高对信息披露文件签署书面确认意见;其次,要求信息披露应当具备及时性、公平性及真实性、准确性、完整性;再次,将信息披露的文件范围扩大至证券发行文件;最后,更为重要的一点是,新增了董监高对信息披露文件发表异议的权利。

但是,对披露文件发表异议的权利,并不是董监高免除责任的“护身符”,董监高不能简单援引《上市公司章程指引》第98条关于“及时了解公司业务经营管理状况”的条款来说明自己已履行勤勉义务。[①] 而是要发表明确、充分、具体的意见并陈述理由,否则难以说服监管机构认可其已经履行勤勉尽职义务。实践中,监管机构仍然可能基于更加综合性的考量,对发表异议声明的董监高予以处罚。

二、董监高勤勉尽责义务的责任边界

(一)监管规则的规定

北交所上市公司董监高勤勉尽责义务的责任边界,目前主要体现在《上市规

① 参见郭锋主编:《证券法律评论》(2021年卷),中国法制出版社2021年版,第76页。

则》和《指引第1号——独立董事》两部规则之中。

董监高履行勤勉尽职义务,应遵守法律法规、北交所业务规则和公司章程的规定。《上市规则》第4.2.10条规定:“董事、监事、高级管理人员应当遵守法律法规、本所业务规则和公司章程,对公司负有忠实义务和勤勉义务,严格履行其作出的公开承诺,不得损害公司利益。”

董监高履行勤勉尽职义务,应注意审议事项的内容合规和流程合规。《上市规则》第4.2.11条、第4.2.12条、第4.2.13条对董事审议事项的内容合规和流程合规作出了规定。其中,审议事项的内容合规是指:(1)董事应当充分考虑所审议事项的合法合规性、对公司的影响以及存在的风险,审慎履行职责并对所审议事项表示明确的个人意见;(2)董事对所审议事项有疑问的,应当主动调查或者要求董事会提供决策所需的进一步信息;(3)董事在审议定期报告时,应当认真阅读定期报告全文,重点关注定期报告内容是否真实、准确、完整,是否存在重大编制错误或者遗漏,主要会计数据和财务指标是否发生大幅波动及波动原因的解释是否合理,是否存在异常情况,是否全面分析了公司报告期财务状况与经营成果,并且充分披露了可能影响公司未来财务状况与经营成果的重大事项和不确定性因素等。审议事项的流程合规是指,董事应当充分关注董事会审议事项的提议程序、决策权限、表决程序等相关事宜,包括:(1)董事应当亲自出席董事会会议,因故不能出席的,可以书面形式委托其他董事代为出席;(2)涉及表决事项的,委托人应当在委托书中明确对每一事项发表同意、反对或者弃权的意见;(3)董事不得作出或者接受无表决意向的委托、全权委托或者授权范围不明确的委托;(4)董事对表决事项的责任不因委托其他董事出席而免责;(5)一名董事不得在一次董事会会议上接受超过两名董事的委托代为出席会议。独立董事不得委托非独立董事代为投票。

对于独立董事,当其未履行北交所规定的勤勉尽职义务时,北交所可以通过监管工作提示等方式对独立董事进行提醒教育。《指引第1号——独立董事》第4条规定:“独立董事对上市公司及全体股东负有诚信与勤勉义务。独立董事应当按照相关法律法规、部门规章、规范性文件、本所业务规则及公司章程的要求,认真履行职责,维护公司整体利益,尤其要关注中小股东的合法权益不受损害。独立董事应当独立履行职责,不受上市公司主要股东、实际控制人或者其他与上市公司存在利害关系的单位或个人的影响。"《指引第1号——独立董事》第28条规定,对独立董事以下未尽勤勉义务的行为,北交所可以通过监管工作提示等方式对其进行提醒教育:(1)任职期间连续两次未亲自出席董事会会议;(2)任职期间最近12个月内未亲自出席董事会会议次数超过期间董事会会议总次数的1/2;(3)披露的独立意见或年度述职报告内容不充分但情节轻微的;(4)发表独立意见不及时但情节轻微的;(5)其他未尽勤勉义务但情节轻微的行为。

(二)审判实践中的标准

在审判实务中,北京市高级人民法院认为,判断董事的勤勉义务应当采取适度标准。在欣泰电气外部董事胡某勇与中国证监会的二审行政判决中,北京市高级人民法院指出,法律对公司董事的勤勉义务规定较为原则,没有相应的细化标准,但是没有可操作性的细化标准不等于没有标准。准确界定董事对董事会决议承担的责任,既要严格,又要严而有度,既不能要求董事承担无限责任(只要董事会决议违反法律法规的规定就推定董事未尽勤勉尽责义务),也不能让董事责任虚置导致董事只享有权利而不承担义务,因此判断董事的勤勉义务应当采取适度标准。这个适度的标准,就是董事应当善意、合理、审慎地履行自己的职责,尽到处于相似位置上的普通谨慎的人在相同或类似情况下所需要的注意义务,而且当董事会决议违反法律法规时,董事如果认为自己尽到了勤勉尽责义务,应当就自己善意、合理、审慎地履行职责承担相应的举证责任。[①]

三、对上市公司董监高勤勉尽责的建议

首先,建议上市公司董监高及时、主动了解公司经营状况和财务状况,尤其在公司年度报告编制期间,对年度报告编制及所涉事项予以高度重视和持续关注,密切留意进展情况,及早发现并勤勉尽职处理有碍年度报告真实、准确、完整、及时、

---

① 北京市高级人民法院行政判决书,(2017)京行终3225号。

公平披露的事项。

其次,在履行职责的过程中,遵守监管机构对董监高职责的程序性规定,尽量做到亲自出席,并慎重接受其他董监高的授权;此外,当认为无法保证定期报告内容的真实性、准确性、完整性或者有异议的,应具有充分而合理的理由。

最后,对公司不合理的年度报告审议安排,应当及时指出并纠正,必要时应当向监管机构报告;发现公司未及时提供年度报告审议稿或时间安排不合理时,应当及时沟通,不能以此为由推卸应尽的勤勉尽责义务。

四、参考案例:宜华生活(600978)董监高不勤勉尽责被中国证监会处罚

宜华生活科技股份有限公司(以下简称宜华生活)多年连续实施重大财务造假,2016 年至 2019 年连续 4 年虚增利润分别占当期披露利润总额的 88.24%、98.67%、192.78%和 99.37%(按利润总额绝对值计算)。该案已进入告知程序,系目前对拟上市公司信息披露违法罚款额最高的案件。告知书认定宜华生活在 2016 年至 2019 年,通过虚构销售业务、虚增销售额等方式虚增利润 27 亿余元;通过伪造银行单据、不记账或虚假记账等方式虚增银行资金 86 亿余元;未按规定披露与关联方资金往来 320 亿余元。中国证监会认为,根据相关会议纪要、电子邮件、绩效管理文件等在案证据,任副总经理和董事会秘书的刘某宏应当知悉宜华生活披露的收入、利润等数据与事实不符。且刘某宏自 2019 年 3 月参与宜华生活资金情况自查,明知公司货币资金、关联交易披露不实,仍然在存在虚假记载、重大遗漏的相关定期报告上签字并保证报告内容的真实、准确、完整。

中国证监会拟对该案违法主体合计罚款 3980 万元,对宜华生活处以 600 万元罚款,对实际控制人兼董事长罚款 930 万元并采取终身市场禁入,对主要责任人员处以 250 万元至 450 万元不等的罚款并采取最高 10 年证券市场禁入。①

① 参见《中国证监会行政处罚决定书(宜华生活科技股份有限公司及其 19 名责任人员)》,载中国证券监督管理委员会网,http://www.csrc.gov.cn/pub/zjhpublic/G00306212/202111/t20211108_408227.htm。

第七章

Chapter Seven

其　他

问 83 社会保险问题如何把握？

依法为与企业存在劳动关系的职工缴纳社会保险、住房公积金是企业的法定义务。根据《首发管理办法》的规定，发行人不得在最近 36 个月内有违反工商、税收、土地、环保、海关以及其他法律、行政法规，受到行政处罚，且情节严重的情形。故而拟上市公司缴纳社会保险、住房公积金的合法性、合规性也是上市审核的一项内容。

但实践中，企业往往因各种原因存在少缴、漏缴或根据相关政策减免缴纳社会保险或住房公积金的情形。因此，企业需要做好相关披露工作，以便应对中国证监会、交易所的审核与问答。

一、有关社会保险、住房公积金的相关规定

《劳动法》明确规定，劳动者享受的社会保险必须按时足额支付，企业无故不缴纳社会保险费的，由劳动行政部门责令其限期缴纳；逾期不缴的，可以加收滞纳金。这是对企业依法缴纳社会保险的根本性要求。

《社会保险法》进一步将社会保险分为基本养老保险、基本医疗保险、失业保险、生育保险、工伤保险五项险种。企业应当在成立之日起或用工之日起 30 日内

办理社会保险登记并按月为员工缴纳，社会保险的缴费数额应当按照员工的工资情况以法定的费率计算，个人缴纳的部分由企业负责代扣代缴。《社会保险法》第86条规定："用人单位未按时足额缴纳社会保险费的，由社会保险费征收机构责令限期缴纳或者补足，并自欠缴之日起，按日加收万分之五的滞纳金；逾期仍不缴纳的，由有关行政部门处欠缴数额一倍以上三倍以下的罚款。"

国务院颁布的《住房公积金管理条例》第20条规定："单位应当按时、足额缴纳住房公积金，不得逾期缴存或少缴。对缴存住房公积金确有困难的单位，经本单位职工代表大会或者工会讨论通过，并经住房公积金管理中心审核，报住房公积金管理委员会批准后，可以降低缴存比例或者缓缴；待单位经济效益好转后，再提高缴存比例或者补缴缓缴。"第37条、第38条规定，对于未办理住房公积金缴存登记或者不为本单位职工办理住房公积金账户设立手续的，由住房公积金管理中心责令限期办理；逾期不办理的，处1万元以上5万元以下的罚款。而对于已办理住房公积金缴存登记但存在逾期不缴或者少缴住房公积金的，由住房公积金管理中心责令限期缴存；逾期仍不缴存的，可以申请人民法院强制执行。从上述规定可以看出，企业未办理住房公积金缴存登记的，则有受到行政罚款处罚的风险，而已办理缴存登记但仅是逾期不缴或少缴的便不存在此问题。

2005年，原建设部、财政部、中国人民银行联合发布《关于住房公积金管理若干具体问题的指导意见》，要求国家机关、国有企业、城镇集体企业、外商投资企业、城镇私营企业及其他城镇企业、事业单位、民办非企业单位、社会团体(以下统称单位)及其在职职工，应当按《住房公积金管理条例》的规定缴存住房公积金。有条件的地方，城镇单位聘用进城务工人员，单位和职工可缴存住房公积金；城镇个体工商户、自由职业人员可申请缴存住房公积金，月缴存额的工资基数按照缴存人上一年度月平均纳税收入计算。故此，对企业具有城镇户口的在职职工，应当缴纳住房公积金，而对进城务工人员，也即农业户口的职工，企业可以缴纳住房公积金，也可以不缴纳。

二、对社会保险、住房公积金相关监管政策的解读

中国证监会在2020年6月发布的《首发问答》中，对企业缴纳社会保险、住房

公积金的披露及中介机构的重点核查内容进行了阐述："发行人报告期内存在应缴未缴社会保险和住房公积金情形的，应当在招股说明书中披露应缴未缴的具体情况及形成原因，如补缴对发行人的持续经营可能造成的影响，揭示相关风险，并披露应对方案。保荐机构、发行人律师应对前述事项进行核查，并对是否属于重大违法行为出具明确意见。"结合该规定，拟上市公司对于社会保险、住房公积金缴纳方面需要重点关注以下方面：

1. 企业未缴、欠缴社会保险、住房公积金的原因。如企业于2020年依照各地因新冠肺炎疫情颁布的阶段性减免社保的相关政策而存在上述情形的，又如未缴社保的员工系在校大学生（实习生与企业之间不存在劳动关系）、退休返聘人员以及企业内部的劳务外包人员等依法不需要缴纳社保。

2. 企业是否已为所有符合条件的员工缴纳社会保险、住房公积金以及缴存的基数、比例是否符合规定。若存在未缴、欠缴的情形，但不存在减免政策的，则企业需要依法进行补缴。还需关注补缴后是否会造成业绩下滑从而导致企业不满足上市条件。

3. 企业未缴、欠缴社会保险、住房公积金的情形是否属于重大违法行为或可能构成重大违法行为。关于社会保险的欠缴、未缴问题，《社会保险法》明确规定，未按时足额缴纳，亦未在社保机构要求的期限内补缴的，将受到罚款的行政处罚。根据《首发问答》的相关规定，若拟上市公司受到罚款，则有较大可能被认定为构成重大违法行为，进而影响企业上市。关于住房公积金的欠缴、未缴问题，《住房公积金管理条例》对未办理住房公积金缴存登记和已办理缴存登记但逾期不缴或少缴的处罚进行了区分，对企业已办理缴存登记但仅是逾期不缴或少缴的，又未在住房公积金管理中心要求的期限内补缴的后果仅为强制执行；而对企业未办理住房公积金缴存登记的，才会涉及可能受到罚款处罚，进而产生重大违法的风险。

三、对社会保险、住房公积金缴纳情况的核查

首先，需要查看发行人报告期内的员工花名册和工资表。员工花名册包含员工基本信息，如员工人数、入职时间、岗位等，可以体现员工是否签署正式劳动合

同、是否属于实习生、是否为退休返聘或劳务派遣等;工资表则可体现社会保险、住房公积金的缴纳情况,包括缴纳基数、缴纳金额。此外,还需要获取发行人社会保险、住房公积金缴费记录,与员工花名册、工资表进行核对,包括完税证明和汇缴通知书、汇缴明细、银行收款凭证、付款回单等单据,关注缴纳人数和金额能否相互对应。

其次,核查发行人缴纳社会保险、住房公积金的合规性。对发行人可能存在的缴纳问题,查询发行人所在地的地方规定,比如,地方对缴费基数、比例或时间等规定,又或者地方为促进中小企业发展而发布的减免政策等,以此判断发行人的用工制度、企业规模等情况是否符合相关规定,最好的方式是对当地人社局以及住房公积金管理中心进行走访,取得其开具的守法证明。

再次,需要对发行人在报告期内是否因为社保公积金问题受到过处罚进行网络核查,做好核查记录。报告期内若受到过处罚,则要查验相关的行政处罚文书和罚款缴纳凭证、整改情况证明等,并取得管理部门开具的不属于重大违法违规行为的证明。

最后,对劳务派遣用工较多的发行人,需要核查劳务派遣协议、劳务派遣单位的资质和劳务派遣单位的社会保险、住房公积金缴纳情况。如果认为发行人可能存在较大问题,中介机构还需要对劳务派遣单位进行走访,并让劳务派遣单位出具由其负责缴纳被派遣劳动者的社会保险、住房公积金的承诺,或者劳务派遣单位已按规定缴纳社会保险和住房公积金的说明。同时还应注意,劳务派遣单位与发行人之间是否存在关联关系。

四、对拟上市公司的建议

公司有义务为员工足额逐项缴纳社会保险与住房公积金。拟上市公司如存在未足额逐项缴纳员工社会保险与住房公积金的问题,可从以下方面进行补正:

首先,公司于报告期内尽早开始为全体员工足额、逐项缴纳“五险一金”。如实在无法实现足额缴纳,应尽量按照当地最低社会保险与公积金基数进行缴纳。其次,如公司无法为部分员工办理社会保险或住房公积金,则应详细披露无法办理社会保险的原因。再次,在提交上市申报文件之前,公司应取得当地社保主管部门、住房公积金主管部门出具的发行人报告期内不存在因违反劳动保障、住房公积金管理相关法律法规而受到行政处罚的证明文件。最后,公司控股股东、实际控制人应出具《承诺函》,承诺因未足额、按时为公司全体员工缴纳社会保险或住房公积金,导致公司被相关行政主管机关或司法机关处罚,或被任何他方索赔的,控股股东、实际控制人将无条件补足公司应缴差额并承担公司因此受到的全部经济损失。

五、参考案例:翔宇医疗(688626)存在社会保险和住房公积金问题仍然成功上市

2021年3月31日,河南翔宇医疗设备股份有限公司(以下简称翔宇医疗)首次公开发行股票并在科创板上市。其在审核期间收到了审核部门关于社会保险及公积金部分的反馈意见:"招股说明书披露,2017年年底前,公司及子公司员工社保、公积金缴纳比例较低,其中报告期内住房公积金缴纳人数占比分别为0、68.08%、71.33%。主要原因系公司部分员工因缴纳社保意愿不强,及部分公司的社会保险、公积金未开户。请发行人说明:(1)2017年年底,发行人住房公积金缴纳人数占比为0的原因,对2017年度住房公积金是否进行补缴,相关员工就缴纳住房公积金事项与发行人之间是否存在纠纷;(2)2017年度缴纳社保、公积金比例较低是否符合法律法规相关规定,是否存在被主管机构处罚的风险,是否构成重大违法违规行为;(3)测算2017年度发行人应缴纳社保、公积金的金额及测算过程,对报告期内业绩的影响,是否影响发行上市条件。"

翔宇医疗针对反馈意见回复称,2017年公司社会保险、公积金缴纳比例较低,主要系报告期期初公司对员工社会保险、公积金缴纳管理不规范,且员工个人缴纳意愿不高。自2018年起,公司对该情况积极规范整改,社会保险和住房公积金缴纳比例分别达到约88%和约74%。并且公司取得主管人力资源和社会保障局出具的证明,证明"报告期内翔宇医疗社保缴纳不存在重大违法违规行为,本部门不会因历史上不规范情形对该企业予以处罚,且该公司无受到本部门行政处罚的记

录”。同时,发行人测算因2017年度社会保险、公积金缴纳不规范未来可能导致经济利益流出企业的金额,对税后利润的影响金额为350.14万元,占当期净利润的比例为5.43%。考虑该因素后,公司业绩仍符合科创板上市指标。[①]

为减小上述或有事项对小股东利益的影响,发行人控股股东和实际控制人就相关事项作出承诺,即使发生监管部门依据相关法规要求发行人缴纳或补足的情况,亦可通过由实际控制人履行承诺的方式予以弥补。

结合近三年案例来看,并无所谓社会保险最低缴纳比例的说法,需结合具体情况进行分析,但多数企业为员工缴纳社会保险的比例在90%以上。另外,针对部分农村户口员工较多的企业,在计算缴纳比例时可合并计算新农村社会保险缴纳人数。

问 84 企业劳务外包情形需重点关注哪些问题?

实践中,企业可以根据自身在生产过程中的实际情况,把非核心的、辅助性的、季节性强的、不定期性生产的生产环节或是生产线外包出去,由外包公司负责组织人员按计划和指标进行生产,也叫劳务外包。这样,企业就可以集中主要的精力、人力和财力等从事核心业务或增值业务,以实现企业运营效益的最大化。就拟上市公司而言,应与中介机构共同注意监管机构对劳务外包的监管要求和信息披露要求。

一、监管机构对劳务外包的监管要求

根据中国证监会2020年6月发布的《首发问答》,部分拟上市公司存在将较多的劳务活动交由专门劳务外包公司实施的情况,中介机构应当充分关注以下方面:

---

① 参见《关于河南翔宇医疗设备股份有限公司首次公开发行股票并在科创板上市申请文件的审核问询函的回复》,载上海证券交易所网2020年8月18日,http://static.sse.com.cn/stock/information/c/202008/6d6a9672a2dc4987bff4b93b94b575c3.pdf。

1. 该劳务公司的经营合法合规性等情况，比如，是否为独立经营的实体，是否具备必要的专业资质，业务实施及人员管理是否符合相关法律法规，发行人与其发生业务交易的背景及是否存在重大风险。

2. 劳务公司是否专门或主要为发行人服务，如存在主要为发行人服务的情形的，应关注其合理性及必要性、关联关系的认定及披露是否真实、准确、完整。中介机构对该类情形应当从实质重于形式的角度按关联方的相关要求进行核查，并特别考虑其按规范运行的经营成果对发行人财务数据的影响，以及对发行人是否符合发行条件的影响。

3. 劳务公司的构成及变动情况，劳务外包合同的主要内容，劳务数量及费用变动是否与发行人经营业绩相匹配，劳务费用定价是否公允，是否存在跨期核算情形。

中介机构应当就上述方面进行充分论证，并发表明确意见。

二、对劳务外包的核查要点

首先，劳务外包的信息披露是否充分。这是中国证监会关注的首要问题，尤其是在劳务外包费用占比较高时，则要求企业对相关信息的披露更详尽。不仅应披露劳务外包业务的具体情况（交易内容、交易金额、价格、定价依据）及外包原因，还应披露劳务外包单位的具体情况（名称、注册地、注册时间、注册资本、经营范围、股权结构）、劳务外包单位变动情况及变动原因等内容。

其次，劳务外包实质上是否为劳务派遣，是否通过劳务外包的形式规避劳务派遣的相关法律和监管规定。《劳务派遣暂行规定》对劳务派遣用工比例、岗位及薪酬等内容作出了具体规定，即（1）用人单位使用的被派遣劳动者数量不得超过其用工总量的10%，该比例同样适用于用人单位以承揽、外包等名义按劳动派遣用工形式使用劳动者的情形；（2）用工单位只能在临时性（指存续时间不超过6个月的岗位）、辅助性（指为主营业务岗位提供服务的非主营业务岗位）或者替代性（指用工单位的劳动者因脱产学习、休假等原因无法工作的一定期间内，可以由其他劳动者替代工作的岗位）的工作岗位上使用被派遣劳动者；（3）被派遣劳动者享有与用工单位的劳动者同工同酬的权利，发行人使用的被派遣劳动者与同岗位签订劳动合同的正式员工薪酬不存在重大差异，不存在不平等待遇的情形。

再次，劳务外包公司是否具有相关的专业资质，如劳务派遣经营许可等。因此，应特别注意劳务外包单位是否具有承接拟上市公司相关业务的资质，否则劳务外包不合规，将可能导致申请不能过会。

最后，是劳务外包单位与发行人及其关联人关系。中国证监会及交易所对发行人及其关联人与劳务外包单位的关系较为关注，公司在选择劳务外包单位时，应注意避免存在关联关系，发行人及其关联人应避免直接指定劳务外包单位。如确实存在关联关系，则应详细披露关联劳务外包业务的详细交易情况，包括交易内容、具体项目、交易金额及占发行人该项目总成本的比例、占交易方营业收入的比例；应确保劳务外包业务的必要性、合理性和真实性；应特别关注关联劳务外包交易定价依据及其公允性。在证明定价公允性时，可按具体项目逐一比较发行人与关联方交易价格、发行人向市场第三方采购价格以及关联方向市场第三方销售价格的差异情况及原因。

三、参考案例：海波重科（300517）合理使用劳务外包成功上市

海波重型工程科技股份有限公司（以下简称海波重科）于2015年向深交所创业板申请上市，2015年6月中国证监会向其出具《海波重型工程科技股份有限公司首次公开发行股票并在创业板上市申请文件反馈意见》，要求海波重科补充披露发行人为中仑钢构工程有限公司代发工资的具体情况，包括代发工资的工人数量、平均工资、所属单位，认定该工人属于中仑钢构工程有限公司的依据及充分性，发行人是否在中仑钢构工程有限公司提供劳务的所有项目中为其工人代发工资及相关情况，双方2011年交易金额较2012年相差75.60%，而2011年代发工资金额较2012年仅相差8.53%的原因及合理性，发行人为中仑钢构工程有限公司代发工资行为的合法合规性及对发行人独立性和本次发行上市是否构成实质性障碍等。

海波重科在深交所网站披露的《北京市金杜律师事务所关于公司首次公开发

行股票并在创业板上市的补充法律意见书(六)》[①]中答复,发行人劳务外包行为、代发工资行为等不会对本次发行上市构成实质性障碍,并说明未来将不再与中仑钢构工程有限公司发生代为支付工资款事项。中国证监会创业板发审委于2015年12月4日召开2015年第92次发审委会议,海波重科首发审核通过。

问 85 企业上市前做员工持股计划需要注意什么?

员工持股计划,即企业内部部分或全部员工出资认购本企业部分股权的行为,是让员工持有本公司股权的一种长期激励计划,也是企业所有者与员工一起分享企业所有权和企业未来收益的制度安排。对于创新型、创业型、成长型中小企业吸引人才,建立长效激励约束机制具有重要的作用。

一、员工持股计划的监管要求

(一)对激励对象的要求

根据《首发问答》的要求,发行人首发申报前实施员工持股计划的,原则上应当全部由公司员工构成,体现增强公司凝聚力、维护公司长期稳定发展的导向,建立健全激励约束长效机制,有利于兼顾员工与公司长远利益,为公司持续发展夯实基础。

已经在全国股转系统挂牌的企业,则可参照适用中国证监会于2020年3月20日发布的《监管指引》,虽为征求意见稿,却有一定的参考价值。《监管指引》要求

① 参见《北京市金杜律师事务所关于公司首次公开发行股票并在创业板上市的补充法律意见书(六)》,载深圳证券交易所网2016年6月6日,http://www.szse.cn/disclosure/listed/bulletinDetail/index.html? bbb8f15d-e12b－4a50－9dfe－8e920186994e。

员工持股计划的参与对象为已签订劳动合同的员工,包括管理层人员,参与持股计划的员工与其他投资者权益平等、盈亏自负、风险自担。

该项要求也体现了员工持股计划和股权激励计划的不同。不少企业对两者概念存在混同,实际上两者最重要的区别之一即激励的对象不同:股权激励计划必须面向公司的董事、高级管理人员及核心人员;而员工持股计划则是面向公司全部签订劳动合同的员工。

(二)对股票来源的要求

根据《监管指引》的规定,员工持股计划可以通过以下方式解决股票来源:(1)挂牌公司回购本公司股票;(2)通过全国股转系统购买;(3)认购定向发行股票;(4)股东自愿赠与;(5)法律、行政法规允许的其他方式。其中向员工持股计划定向发行股票的,应当符合《证券法》《非上市公众公司监督管理办法》的规定。

(三)对出资方式的要求

根据《监管指引》的规定,员工持股应以货币出资,并按约定及时足额缴纳,可以员工合法薪酬和法律、行政法规允许的其他方式出资。《首发问答》则要求,员工入股应主要以货币出资,并按约定及时足额缴纳。按照国家有关法律法规,员工以科技成果出资入股的,应提供所有权权属证明并依法评估作价,及时办理财产权转移手续。

可见,除货币出资方式外,监管机构也允许其他形式出资入股,但是相应的手续和程序可能烦琐复杂一些。在上市过程中,为了避免被质疑出资不实等情形出现,一般中介机构均会建议企业股东采用货币出资。

(四)对管理方式的要求

根据《监管指引》及《首发问答》的规定,挂牌公司实施员工持股计划,可以自行管理,也可以委托给具有资产管理资质的机构管理。自行管理的公司,应当由公司员工通过直接持有公司制企业、合伙制企业的股份(份额)或者员工持股计划的相应权益进行间接持股,并建立健全股份在员工持股计划内部的流转、退出机制以及日常管理机制。自行管理的员工持股计划还应符合以下要求:(1)自设立之日锁定至少36个月;(2)股份锁定期间,员工所持相关权益转让退出的,只能向员工持股计划内员工或其他符合条件的员工转让;(3)股份锁定期满后,员工所持相关权益转让退出的,按照员工持股计划的约定处理。委托给具有资产管理资质的机构管理的,持股期限应在12个月以上,并按照有关法律法规的规定在中国证券投资基金业协会备案。

参加员工持股计划的员工,可通过员工持股计划持有人会议选出代表或设立相应机构监督员工持股计划的日常管理,代表员工持股计划持有人行使股东权利或者授权资产管理机构行使股东权利。

(五)对决策程序的要求

根据《首发问答》的要求,发行人实施员工持股计划,应当严格按照法律、法规、规章及规范性文件要求履行决策程序,并遵循公司自主决定、员工自愿参加的原则,不得以摊派、强行分配等方式强制实施员工持股计划;《监管指引》则更加具体地要求挂牌公司实施员工持股计划前,应当通过职工代表大会等组织充分征求员工意见,董事会提出员工持股计划草案并提交股东大会表决,监事会和独立董事则需发表专项意见。

员工持股计划草案至少应包含以下内容:(1)员工持股计划的参加对象及确定标准、资金与股票来源;(2)员工持股计划的设立形式、存续期限、管理模式、持有人会议的召集及表决程序;(3)员工持股计划的变更、终止,员工发生不适合参加持股计划情况时所持股份权益的处置办法;(4)员工持股计划持有人代表或机构的选任程序;(5)员工持股计划管理机构的选任、管理协议的主要条款、管理费用的计提及支付方式;(6)员工持股计划期满后员工所持有股份的处置办法;(7)其他重要事项。监事会负责对拟参与对象进行核实,对员工持股计划是否有利于公司的持续发展，是否存在损害公司及全体股东利益，是否存在摊派、强行分配等方式强制员工参与员工持股计划等情形发表意见。挂牌公司聘任独立董事的，独立董事应当对上述事项发表意见。

挂牌公司变更、终止员工持股计划，应当经持有人会议通过后，由董事会提交股东大会审议。

二、员工持股计划如何计算股东人数

根据《首发问答》的要求，依法以公司制企业、合伙制企业、资产管理计划等持股平台实施的员工持股计划，在计算公司股东人数时，按一名股东计算；参与员工持股计划时为公司员工，离职后按照员工持股计划章程或协议约定等仍持有员工持股计划权益的人员，可不视为外部人员。

另外，2019 年修订的《证券法》施行之前（2020 年 3 月 1 日之前）设立的员工持股计划，参与人包括少量外部人员的，可不作清理，在计算公司股东人数时，公司员工部分按照一名股东计算，外部人员按实际人数穿透计算。

三、员工持股计划的信息披露要求

发行人应在招股说明书中充分披露员工持股计划的人员构成、人员离职后的股份处理、股份锁定期等内容。

虽然《首发问答》中只对员工持股计划的披露作出简单规定，但在实践中监管机构往往会对此作出最详细的问询。以员工持股计划的人员构成为例，实践中至少要披露持股人员的构成名单、各自对应的学历背景、职业背景、入职时间、公司职务以及任职期限等。对人员离职后的股份处理，则至少需要披露员工持股平台内部的流转、退出机制以及股权管理机制、退出原因、转让价格等。在以信息披露为主要监管导向的背景下，企业对相关信息披露得越详细，越能使审核机构打消疑虑，从而加快审核进程。

四、中介机构的核查要求

根据《首发问答》的要求，中介机构应对员工持股计划的设立背景、具体人员构成、价格公允性、员工持股计划在公司章程或相关协议的约定情况、员工减持承诺情况、规范运行情况及备案情况进行充分核查，并就员工持股计划实施是否合法合规、是否存在损害发行人利益的情形发表明确意见。

五、参考案例：合规的员工持股平台成功上市；不合规的持股平台因主动撤回而终止审核

（一）新光光电（688011）员工持股平台成功上市

2019年7月，首批25家之一登陆科创板的哈尔滨新光光电科技股份有限公司成为黑龙江省首家、东北地区唯一一家首批科创板上市公司，其在审核过程中员工持股平台虽被问询但仍成功过会："发行人前十大股东中包括盈新龙飞（持股比例1.9%）及哈博永新（持股比例1.38%）两个员工持股平台。请发行人披露：（1）员工持股计划人数、员工持股计划的人员构成（包括任职岗位）；（2）员工持股在平台内部的流转、退出机制，以及股权管理机制；（3）是否遵循'闭环原则'、是否履行登记备案程序、股份锁定期安排。"反馈回答中，企业及中介机构通过具体披露及详细分析该两个员工持股平台的决策程序、内部流转机制、退出机制、股权管理机制、锁定期安排等内容，最终通过了审核，成功登陆科创板。[①] 但是，另一家拟上市公司则没有这么幸运。

① 参见《关于哈尔滨新光光电科技股份有限公司首次公开发行股票并在科创板上市申请文件审核问询函的回复》，载上海证券交易所网2019年4月30日，http://static.sse.com.cn/stock/information/c/201904/61f78462b7524f51ab62dc153c27204a.pdf。

（二）卡恩文化遇抽检撤回上市申请

2021 年 7 月 4 日，上海卡恩文化传播股份有限公司（以下简称卡恩文化）被抽中信息披露质量现场检查。2021 年 7 月 19 日，卡恩文化撤回了上市申请，其在创业板的审核状态变更为“终止”。虽然具体原因并未明确，但据市场分析，其中之一的原因与员工持股平台的构成不符合监管要求有重大关系。

根据招股说明书，[①]卡恩文化的控股股东和实际控制人为陆某 1，股东中存在一个持股平台，即上海濮榜投资管理合伙企业（有限合伙）（以下简称濮榜投资）。濮榜投资持有卡恩文化 500 万股股份，持股比例为 18.46%。然而根据已公开信息，濮榜投资持股最高者陆某 2 持有 275 万元出资额，出资比例为 55%，进而间接持有卡恩文化 10.15% 的股份。陆某 2 为陆某 1 的胞兄，未在公司任职，未参与公司经营，是实实在在的外部投资者。虽然根据《业务问答》，2019 年修订的《证券法》实施前存在的少量外部人员可以不作清理，但仅限于“少量”，而卡恩文化的员工持股平台的最大投资者确是实际控制人的胞兄，不在公司任职，且有如此高的持股比例，无疑背离了员工持股的设立目的及立法宗旨，同时，陆某 2 入股价格是否公允，是否有利益输送及侵害公司利益的嫌疑尚无从得知，这样的“员工持股平台”实际上名不副实，很难说服审核机构和公众，IPO“折戟”也是必然结果。

员工持股平台作为企业激励员工、实现与员工长期捆绑共同分享红利的一项重要手段已经被监管部门认可，但前提条件是必须符合该项措施的立法精神及制度要求，任何的违规或者隐瞒均会成为企业 IPO 路上的绊脚石。

---

① 参见《上海卡恩文化传播股份有限公司首次公开发行股票并在创业板上市招股说明书》，载中国证券监督管理委员会网 2021 年 4 月 21 日，http://reportdocs.static.szse.cn/UpFiles/rasinfodisc/RAS_000178CFA46E543FE7549C2D6100C13F.pdf。

问86 公司上市前的股权激励应该怎么做?

除员工持股平台外,股权激励计划也是激励员工的重要手段。在北交所上市的创新层企业需要理解北交所相关股权激励制度安排的用意,采取更加切合自身实际的激励模式,以满足稳定团队、持续发展的需求。股权激励是一把“双刃剑”,运用的好可以“刃迎缕解”,运用的不好则“刃树剑山”。

根据《首发问答》的要求,发行人首发申报前制定、上市后实施的期权激励计划,应体现增强公司凝聚力、维护公司长期稳定发展的导向。要求包括但不限于激励对象应当符合相关上市板块的规定;激励计划的必备内容与基本要求、激励工具的定义及权利限制、行权安排、回购或终止行权、实施程序等内容,应参考《上市公司股权激励管理办法》的相关规定予以执行;在制订期权激励计划时应充分考虑实际控制人稳定,避免上市后期权行权导致实际控制人发生变化;激励对象满足交易所的减持规则等。

一、北交所关于股权激励的规定

根据《上市规则》的规定,上市公司以限制性股票、股票期权实行股权激励,应当遵守《上市公司股权激励管理办法》、《持续监管办法》和中国证监会发布的其他相关规定,以及北交所业务规则的相关要求。

(一)股权激励模式

《上市规则》对限制性股票与股票期权这两种主流股权激励模式的激励对象及定价作出规定,企业应当注意按照《上市公司股权激励管理办法》、《持续监管办法》和中国证监会发布的其他相关规定,以及《上市规则》的有关要求进行,并注意完善履行信息披露等工作。

1. 股票期权

股票期权是一种选择权,被授予的对象可以选择在规定的时期内以行权价格和其他条件购买公司一定数量的股票,也可以选择不买,即放弃行权。

2. 限制性股票

限制性股票,是指公司按照预先确定的条件授予激励对象一定数量的本公司股票。限制性股票有锁定期,激励对象在达到业绩考核标准等条件后可出售限制性股票并从中获益。

拟上市公司应根据公司发展目标和规划,结合被激励对象的主客观条件等因素设置合理的激励模式、行权条件,以维持长效激励机制。

(二)股权激励对象范围

《上市规则》第 8.4.2 条规定,激励对象可以包括上市公司的董事、高级管理人员、核心技术人员或者核心业务人员(经法定程序认定的核心员工),以及公司认为应当激励的对公司经营业绩和未来发展有直接影响的其他员工,独立董事和监事除外。单独或合计持有上市公司 5% 以上股份的股东或实际控制人及其配偶、父母、子女以及上市公司外籍员工,在上市公司担任董事、高级管理人员、核心技术人员或者核心业务人员的,可以成为激励对象。但拟上市公司应当充分说明前述人员成为激励对象的必要性、合理性。

根据《上市规则》的规定,下列人员不得成为激励对象:(1)最近 12 个月内被证券交易所认定为不适当人选;(2)最近 12 个月内被中国证监会及其派出机构认定为不适当人选;(3)最近 12 个月内因重大违法违规行为被中国证监会及其派出机构行政处罚或者采取市场禁入措施;(4)具有《公司法》规定的不得担任公司董事、高级管理人员情形的;(5)法律法规规定不得参与上市公司股权激励的;(6)中国证监会认定的其他情形。

(三)持股模式

股权激励的持股模式有两种:一种是直接持股模式;另一种是通过持股平台等间接持股模式。若为避免股权分散及控制权不稳定等影响上市的因素出现,可采用通过有限合伙企业的模式间接持股。这种持股模式的优势在于实际控制人可以通过担任持股平台的普通合伙人而掌握持股平台的控制权,只需要持有较少的合伙份额即可;也可以通过合伙协议约束激励对象,其加入和退出都可以避免引起公司股权的频繁变动。若为规避实际控制人作为普通合伙人需要承担的无限连带责任,还可以成立有限责任公司作为持股平台。

(四)股权激励对象的资金来源

《上市公司股权激励管理办法》中明确规定,上市公司不得为激励对象依股权激励计划获取有关权益提供贷款以及其他任何形式的财务资助,包括为其贷款提供担保。因此拟上市公司实施股权激励,应当避免在财务上体现出以任何形式给予激励对象资金支持,严格按照监管部门的要求执行。

(五)激励股份数量

根据《上市规则》第8.4.4条的规定,上市公司全部在有效期内的股权激励计划所涉及的标的股票总数,累计不得超过公司股本总额的30%。经出席会议的股东所持表决权的2/3以上通过,单个激励对象通过全部在有效期内的股权激励计划获授的本公司股票,累计可以超过公司股本总额的1%。

(六)价格及定价依据

通常情况下,被激励对象认购或者受让公司股份一般低于或远低于市场公允价值,根据《上市规则》的规定,限制性股票授予价格可以低于市场参考价的 50%,或者股票期权行权价格低于市场参考价。股票行权价格和市场价格之间的差价,这在本质上讲具有股份支付的特征,需要拟上市公司根据企业会计准则的相关规定进行处理。实务中,被审核机构问询较多的问题是激励股权行权价格的确定依据和公允性,包括相关定价依据和定价方法的合理性、是否有利于公司持续发展、是否损害股东利益、是否涉及股份支付、股份支付的会计处理、是否符合会计准则规定等。

除上述几点外,股权激励方案还要对股票来源、时间安排、税务处理作出全面妥善的设计。

二、发行人信息披露要求

根据要求,发行人应在招股说明书中充分披露期权激励计划的有关信息,包括:(1)期权激励计划的基本内容、制订计划履行的决策程序、目前的执行情况;(2)期权行权价格的确定原则,以及和最近 1 年经审计的净资产或评估值的差异与原因;(3)期权激励计划对公司经营状况、财务状况、控制权变化等方面的影响;(4)涉及股份支付费用的会计处理等。

《准则第 46 号——招股说明书》第 43 条规定,发行人应披露本次公开发行申报前已经制定或实施的股权激励及相关安排(如限制性股票、股票期权等),以及发行人控股股东、实际控制人与其他股东签署的特殊投资约定等可能导致股权结构变化的事项,并说明其对公司经营状况、财务状况、控制权变化等方面的影响。

三、中介机构核查要求

根据《首发问答》的要求,保荐机构及申报会计师应对下述事项进行核查并发表核查意见:(1)期权激励计划的制订和执行情况是否符合以上要求;(2)发行人是否在招股说明书中充分披露期权激励计划的有关信息;(3)股份支付相关权益工具公允价值的计量方法及结果是否合理;(4)发行人报告期内股份支付相关会计处理是否符合企业会计准则相关规定。

四、参考案例:沪硅产业(688126),首家带着股权激励方案在科创板上市的企业①

上海硅产业集团股份有限公司(以下简称沪硅产业)IPO 申报材料中的股权激励条款如下:(1)激励对象:共计 267 人,包括发行人及其控股子公司的核心管理人员、核心业务或技术人员,不包括独立董事或监事。(2)定价:行权价格依据最近一次投资者增资的交易价格确定,并且不低于每股评估价,行权价格为 3.4536 元/股。(3)发行数量:计划授予期权数量不超过公司总股本的 5.87%,即不超过 9506.34 万股。(4)行权时限:①期权授予后等待期 24 个月,等待期内不得行权;②等待期后分三批行权,每批行权比例占授予期权总量的 1/3;③每期期权行权后 3 年承诺不减持,禁售期结束后,所有激励对象比照公司董事、监事、法定高级管理人员的相关减持规定执行。(5)实际控制人:根据授予期权总数,公司不会因上市期权行权导致实际控制人发生变化。(6)其他:未来期权的行权仍需满足一定的行权条件,可行权条件同时需要满足公司具体类别产品的销量、营业收入、净利润增长率等业绩考核指标。

上交所就其股权激励计划首轮问询重点关注事项如下:“(1)补充披露:区分董事、监事、高级管理人员、核心技术人员和其他员工等,披露授予股票期权等人员名单、授予的股票期权数量及占比;(2)细化业绩考核指标的行权条件:包括具体类别的产品销量、营业收入、净利润增长率等指标;(3)补充披露:激励计划对发行人成本、期间费用、净利润和资本公积等财务报表科目的影响,并做重大风险提示;(4)具体说明:股票期权的公允价值及相关假设依据,拟确认的股份支付费用和各期摊销的具体金额;(5)具体说明:未授予部分股票期权是否属于预留收益;(6)具体说明:行权价格的确定依据为最近一次投资者增资沪硅产业的交易价格,是否合理。”

上交所就其股权激励计划第二轮问询重点问题如下:股权激励对发行人未来

① 参见上海硅产业集团股份有限公司科创板股票审核项目动态,载上海证券交易所网 2021 年 12 月 3 日,http://kcb.sse.com.cn/renewal/xmxq/index.shtml?auditId=139&anchor_type=0。

每股收益、稀释每股收益和加权平均净资产收益率的影响。

从问询意见来看,对于沪硅产业的期权激励计划内容,主要关注三点:一是涉及业绩考核指标的行权条件需要细化;二是激励计划对发行人成本、期间费用、净利润和资本公积等财务报表科目的影响;三是股份支付费用的计算方式需要重点披露,其中沪硅产业采用的 Black-Scholes 期权定价模型,获上交所认可。

问 87 同股不同权可以在北交所上市吗?

多年以来,沪深交易所的上市公司遵循的基本原则是"同股同权",以此来防止表决权被大股东滥用,而损害中小股东利益。但随着科创板、创业板的制度"破冰",允许接纳"同股不同权"架构的优秀企业进入 A 股市场,开创了 A 股"同股不同权"的先河,全国股转系统也同样对"同股不同权"敞开了怀抱。而北交所面向中小型创新型企业,在差异化表决权的制度安排上基本与科创板、创业板接轨,形式上允许其存在,管理上严格信息披露,同时要求存在特别表决权股份的公司建立健全运行和管理机制,以防止特别表决权的滥用。

一、差异表决权安排的设立时间

《上市规则》专门一节对于拟上市公司"表决权差异安排"进行了明确约定。根据其第 2.1.5 条的规定:"发行人具有表决权差异安排的,该安排应当平稳运行至少一个完整会计年度,且相关信息披露和公司治理应当符合中国证监会及全国股转系统相关规定"。第 4.4.1 条规定:"存在特别表决权股份的上市公司,应当规范履行持续信息披露义务,完善公司治理,保护投资者合法权益。特别表决权股东不得滥用其享有的特别表决权损害上市公司或者其他股东的利益。上市前不具有表决权差异安排的公司,不得在上市后以任何方式设置此类安排"。

可见，上市前已经设立差异化表决权的企业并未被北交所拒之门外，但至少应在上市前1年以上实施该制度并保证企业平稳运行。笔者认为，拟上市公司至少应在实施差异化表决制度时，不存在股东关于表决权问题的纠纷和其他大股东损害中小股东利益的情形，否则将难以被上市审核机构认定为拟上市公司"股权不存在争议"或"内控制度完善"，更谈不上"平稳运行"。

二、特别表决权的适用范围

根据《上市规则》的规定，特别表决权仅适用于公司章程约定的股东大会特定决议事项。除上述约定事项外，特别表决权股东与持有普通股份的股东享有的权利完全相同。由此可知，特别表决权来源于股东的特殊约定，且适用于股东大会特定决议事项。但根据《上市规则》第4.4.5条的规定，上市公司股东大会对下列事项进行决议时，每一特别表决权股份享有的表决权数量应当与每一普通股份的表决权数量相同：(1)修改公司章程中与表决权差异安排相关的内容；(2)合并、分立、解散或者变更公司形式；(3)选举和更换非由职工代表担任的监事；(4)决定非由职工代表担任的董事、监事的报酬事项；(5)选举或罢免独立董事；(6)聘请或解聘为上市公司定期报告出具审计意见的会计师事务所；(7)股票从本所退市；(8)公司章程规定的其他事项。

通过检索已有上市公司关于特别表决权的案例，适用权限方面基本都严格按照交易所的监管要求设定，如科创板上市公司优刻得科技股份有限公司(优刻得，688158)在招股说明书中披露，根据特别表决权设置安排，共同实际控制人季某华、莫某峰及华某持有的A类股份每股拥有的表决权数量为其他股东(包括本次公开发行对象)所持有的B类股份每股拥有的表决权的5倍。为何设置为5倍？在设置特别表决权前，优刻得量化分析了每股A类股票表决权分别对应每股B类股票表决权2~10倍情况下，对本次发行前后表决权比例的边际变动影响。如每股A类股票对应每股B类股票表决权低于4倍，则可能使得上市后共同实际控制人表决权比例低于1/2；如每股A类股票对应每股B类股票表决权高于5倍，则使上市前共同实际控制人表决权比例超过2/3。因此，全体股东经充分协商，同意将每股

A 类股票表决权数量与每股 B 类股票表决权数量的比例设置为 5∶1，在控股股东对发行人的控制权和其他股东的表决权之间形成适中、合理的平衡。

特别表决权的适用方面，按照科创板相关上市规则的要求，在股东大会审议以下重大事项时，每一特别表决权股份享有的表决权数量与每一普通股份的表决权数量相同：（1）对公司章程作出修改；（2）改变 A 类股份享有的表决权数量；（3）聘请或者解聘公司的独立董事；（4）聘请或者解聘为公司定期报告出具审计意见的会计师事务所；（5）公司合并、分立、解散或者变更公司形式。

三、特别表决权的限制

（一）比例限制

根据《上市规则》的规定，特别表决权的设置比例不能过高，上市公司应当保证普通表决权比例不低于 10%。除同比例配送股、转增股本方式外，不得在境内外新发行特别表决权股份，不得提高特别表决权比例。因股份回购、减少注册资本等原因，可能导致特别表决权比例提高的，公司应当同时采取将相应数量特别表决权股份转换为普通股份等措施，保证特别表决权比例不高于原有水平。

（二）交易限制

除有特别规定外，特别表决权股份不得进行交易。

四、差异表决权与普通表决权的转换

特别表决权股东可以申请将特别表决权股份按照 1∶1 的比例转换为普通股。出现下列情形之一时，特别表决权股份应当按照 1∶1 的比例转换为普通股：（1）特别表决权股东丧失相应履职能力、离任或者死亡；（2）特别表决权股份因司法裁决、离婚、继承等原因需要办理过户；（3）特别表决权股东以协议转让方式向他人转让所持有的特别表决权股份；(4)表决权差异安排的实施期限届满或者失效事由发生；(5)特别表决权股东不再符合设置表决权差异安排时有关规则规定的资格和最低持股要求；(6)上市公司实际控制人发生变更；(7)上市公司股东大会作出取消表决权差异安排的决议，或者上市公司不再符合设置表决权差异安排时有关规则规定的行业要求。发生上述第(4)、(6)、(7)项情形的，上市公司全部特别表决权股份均应当转换为普通股份。

五、特别表决权的特殊监督措施

(一)主动披露

除在上市时，拟上市公司应完整详细披露有关表决权差异安排的特殊制度外，公司上市后还应当披露以下信息：(1)存在特别表决权股份的上市公司应当在年度报告、中期报告中披露表决权差异安排的运行情况、特别表决权股份的变动情况以及投资者保护措施的落实情况等。(2)上市公司表决权差异安排的变更，应当按照设置表决权差异安排时有关规则履行相应程序并披露，变更后的安排应当符合设置时的规定。上市公司应当聘请律师事务所出具专项意见。(3)表决权差异安排运行中出现重大变化的，上市公司及相关信息披露义务人应当及时披露。

(二)内部监督

上市公司监事会、独立董事应当在年度报告、中期报告中，就下列事项出具专项意见：(1)特别表决权股东是否持续符合设置表决权差异安排时有关规则规定的资格要求；(2)特别表决权股份是否出现应及时转换为普通股份的情形；(3)上市公司特别表决权比例是否持续符合其设置所依据的有关规定；(4)特别表决权股东是否存在滥用特别表决权或者其他损害投资者合法权益的情形；(5)公司及特别表决权股东遵守《上市规则》其他关于表决权差异安排规定的情况。

(三)外部监督

外部监督具体包括:(1)保荐机构等中介机构在为上市公司提供服务的过程中发现特别表决权股东直接或者间接占用公司资金、资产以及利用控制地位损害其他股东权益等情形的,应当及时告知上市公司,并向北交所报告;(2)上市公司应当在年度股东大会向股东说明表决权差异安排的运行情况、公司生产经营状况等,回应股东质询。

第四篇 规范运营

IPO上市100问

Part Four

第一章
Chapter One
股 票 交 易

问 88 投资者合规性有哪些要求?

为维护投资者的合法权益,保障证券市场规范发展,中国证监会和北交所均制定了投资者适当性管理制度,引导投资者理性参与证券交易,维护证券市场交易秩序,保障交易安全。本问介绍投资者参与北交所市场证券申购和交易适当性管理的主要规定。

一、投资者适当性准入条件

北交所对投资者证券交易提出适当性准入条件,符合相应条件的投资者可开通交易权限并进行股票交易。

(一)个人投资者

根据《投资者管理办法》第 5 条第 1 款的规定:“个人投资者参与本所市场股票交易,应当符合下列条件:(一)申请权限开通前 20 个交易日证券账户和资金账户内的资产日均不低于人民币 50 万元(不包括该投资者通过融资融券融入的资金和证券);(二)参与证券交易 24 个月以上。”50 万元的准入条件相较原来的全国股权系统投资者的准入标准大大降低,有利于更多投资者进入北交所,增强上市公司股票的流动性和活跃度,帮助上市公司实现融资目的。

投资者参与北交所证券交易等相关业务,由其委托的证券经营机构对其切实履行适当性管理职责。证券经营机构为投资者开通北交所交易权限,应当对投资者是否符合投资者适当性条件进行严格核查。《投资者管理指南》对《投资者管理办法》规定的个人投资者适当性准入条件进行了细化,其中第1.1条对"个人投资者证券账户和资金账户的认定"进行了规定:"可用于计算个人投资者资产的证券账户和资金账户,包括中国证券登记结算有限责任公司(以下简称中国结算)开立的证券账户、投资者在会员开立的账户、投资者交易结算资金账户、股票期权保证金账户以及本所认可的其他账户。其中,中国结算开立的账户包括A股账户、B股账户、封闭式基金账户、开放式基金账户、衍生品合约账户及中国结算根据业务需要设立的其他证券账户。"第1.2条对"可计入个人投资者资产的财产认定"进行了规定:"可计入个人投资者资产的资产包括在中国结算开立的账户内的证券资产、在会员开立的账户内的资产、投资者资金账户内的资金,以及本所认可的其他资产……"第1.3条对"参与证券交易经验的认定"进行了规定:"个人投资者参与全国中小企业股份转让系统挂牌股票、A股、B股、存托凭证交易的,均可计入其参与证券交易的时间。相关交易经历自个人投资者本人一码通账户下任一证券账户在上海证券交易所、深圳证券交易所、本所及全国中小企业股份转让系统发生首次交易起算。首次交易日期可通过会员向中国结算查询。"

(二)机构投资者

北交所对新增机构投资者参与股票交易暂无资产门槛要求,仅要求机构投资者参与北交所股票交易的,应符合法律法规及北交所业务规则的规定。

(三)公司在全国股转系统挂牌时的原始股东及已在全国股转系统开通交易权限的投资者

根据《投资者管理办法》第6条的规定:"公司上市前的股东、通过股权激励持有公司股份的股东等，如不符合本办法规定的投资者准入条件，只能买卖其持有或曾持有的上市公司股票。”该规定主要针对公司上市前已经持有公司股份的股东，其在公司上市后可能出现不符合北交所合格投资者要求的情况，即使其有相应全国股转系统挂牌公司股票记录，其股票在公司上市后进行交易也会存在一定限制。

根据北交所2021年9月17日发布的新闻“北京证券交易所发布投资者适当性管理办法即日起启动投资者预约开户”，在北交所开市前已开通精选层交易权限的投资者，其交易权限将自动平移至北交所。北交所将坚持与全国股转系统创新层、基础层一体发展和制度联动，具有全国股转系统创新层和基础层交易权限的投资者，其交易权限范围将包含北交所股票。

二、证券经营机构对投资者的核查要求

根据《投资者管理办法》第3条的规定，证券经营机构应当切实履行投资者适当性管理职责，对委托其参与北交所证券交易的投资者进行适当性管理，引导投资者在充分了解北交所市场特性的基础上审慎参与北交所的市场交易。

证券经营机构应当：(1)了解投资者的身份、财务状况、证券投资经验等相关信息，评估投资者的风险承受能力和风险识别能力，并对个人投资者是否符合条件进行核查；(2)重点评估个人投资者是否了解北交所股票交易的业务规则与流程，以及是否充分知晓北交所股票投资风险，评估结果及适当性匹配意见应当告知投资者；(3)认真审核投资者提交的相关材料，并要求首次委托买入北交所股票的投资者，以纸面或电子形式签署风险揭示书，风险揭示书应当充分揭示北交所股票交易风险；(4)告知投资者，在其提供的信息发生重要变化、可能影响投资者分类的，应当及时告知证券经营机构，证券经营机构应当建立投资者评估数据库，结合所了解的投资者信息和其参与证券交易的情况，及时对评估数据库进行更新，留存评估结果备查；(5)动态跟踪和持续了解个人投资者交易情况和北交所市场业务变化情况，主动调整投资者适当性匹配意见，并告知投资者上述情况；对于投资者不予配合证券经营机构适当性管理工作或提供信息不真实、不准确、不完整的，应当告知投资者其行为的后果，并拒绝为其办理交易相关业务或者限制其交易权限。

三、投资者的风险意识与证券经营机构的风险揭示

根据《投资者管理办法》第4条的规定，投资者参与北交所证券交易等相关业务前，应当熟悉北交所业务规定，了解上市公司风险特征，结合自身风险偏好确定投资目标，客观评估自身的心理和生理承受能力、风险识别能力及风险控制能力，审慎决定是否参与证券交易等业务。根据第10条的规定，证券经营机构应当制定投资者服务方案和管理流程，根据投资者的不同特点，有针对性地开展风险揭示、投资者知识普及和投资者服务等工作。

首次委托买入北交所股票的投资者，应当签署风险揭示书。根据《投资者管理办法》第9条第2款的规定："投资者未签署风险揭示书的，会员不得接受其申购或买入委托。"

证券经营机构应当向投资者做好风险揭示工作，了解投资者的风险承受能力，确认风险揭示书的签署情况。根据《投资者管理指南》第1.4条的规定："会员应当做好投资者适当性综合评估和风险揭示，在评估个人投资者对本所股票交易规则及风险的了解情况时，可以通过知识测评等形式进行。通过网上方式为投资者开通交易权限的，应当核实投资者身份，确认投资者已经以电子形式签署风险揭示书，并以适当方式向投资者明确反馈交易权限开通结果。"

四、异常交易或违法违规行为处理

（一）投资者存在异常交易或违法违规行为时的处理方法

根据《投资者管理办法》的规定，证券经营机构发现客户存在异常交易行为或者违法违规行为时，应当根据北交所相关规定及时提醒客户，并向北交所报告。北交所对出现异常交易行为的投资者，可以暂停或限制其交易，证券经营机构应当予以配合。证券经营机构应当及时与被采取监管措施的投资者取得联系，告知其相关监管要求和采取的监管措施。

证券经营机构为投资者提供合理的投诉渠道,指定专门部门受理投诉,妥善处理与投资者的矛盾和纠纷。

(二)北交所对证券经营机构的自律监管措施和纪律处分

根据《投资者管理办法》的规定,北交所可以对会员及其相关业务人员采取的自律监管措施包括:(1)口头警示;(2)约见谈话;(3)要求提交书面承诺;(4)出具警示函;(5)限期改正;(6)北交所规定的其他自律监管措施。北交所可以对会员及其相关业务人员采取的纪律处分包括:(1)通报批评;(2)公开谴责;(3)限制、暂停其从事相关业务;(4)北交所规定的其他纪律处分。

问 89 《交易规则》有哪些主要规定?

北交所的《交易规则》整体延续精选层以连续竞价为核心的交易制度,涨跌幅限制、申报规则、价格稳定机制等其他主要规定均保持不变,不改变投资者交易习惯,不增加市场负担,体现中小企业股票交易特点,确保市场交易的稳定性和连续性。与精选层交易制度相比,北交所的《交易规则》仅做了发布主体、体例等适应性调整,内容没有根本变化。

一、T+1 交易制度

自 1995 年 1 月 1 日起,为了保证股票市场的稳定,防止过度投机,股市实行"T+1"交易制度,即当日买进的股票,要到下一个交易日才能卖出。"T+1"中"T"指的是当天交易日,"T+1"指的是当天交易日的第二天。北交所也采用该种交易制度,《交易规则》第 3.1.4 条规定:"投资者买入的证券,买入当日不得卖出,但本所另有规定的除外。”

二、交易方式

北交所股票可以采取竞价交易、大宗交易、盘后固定价格交易和中国证监会批准的其他交易方式。因收购、股份权益变动或引进战略投资者等原因需要进行股票转让的,可以申请协议转让,具体办法另行规定。

其中,竞价交易分为集合竞价和连续竞价。集合竞价,是指对一段时间内接受的买卖申报一次性集中撮合的竞价方式;连续竞价,是指对买卖申报逐笔连续撮合的竞价方式。通过竞价交易买卖股票的,单笔申报数量应当不低于 100 股,最大数量应当不超过 100 万股,卖出股票时,余额不足 100 股的部分应当一次性申报卖出。经中国证监会批准,竞价交易可以引入做市商机制,具体事宜由北交所另行规定。

三、交易时间

根据《交易规则》的规定,北交所交易日为每周一至周五。国家法定节假日和北交所公告的休市日,北交所市场休市。

采取竞价交易方式的,每个交易日的 9 时 15 分至 9 时 25 分为开盘集合竞价时间,9 时 30 分至 11 时 30 分、13 时 00 分至 14 时 57 分为连续竞价时间,14 时 57 分至 15 时 00 分为收盘集合竞价时间。

经中国证监会批准,北交所可以调整交易时间。交易时间内因故停市,交易时间不做顺延。

四、交易申报

北交所接受交易参与人竞价交易申报的时间为每个交易日 9 时 15 分至 9 时 25 分、9 时 30 分至 11 时 30 分、13 时 00 分至 15 时 00 分。在每个交易日 9 时 20 分至9时25分的开盘集合竞价阶段、14时57分至15时00分的收盘集合竞价阶段，交易主机不接受撤销申报；在其他接受申报的时间内，未成交申报可以撤销。北交所可视情况调整接受申报的时间。

北交所股票买卖申报的最低数量为100股，每笔申报可以1股为单位递增。卖出股票时，余额不足100股的部分应当一次性申报卖出。股票竞价交易单笔申报最大数量应当不超过100万股。股票交易的计价单位为“每股价格”。股票交易的申报价格最小变动单位为0.01元人民币。

除另有规定外，北交所接受交易参与人的限价申报和市价申报，市价申报仅适用于有价格涨跌幅限制证券连续竞价期间的交易。开盘集合竞价期间、收盘集合竞价期间和盘中临时停牌期间，交易主机不接受市价申报。北交所接受下列类型的市价申报：其一，对手方最优价格申报，即该申报以其进入交易主机时，对手方最优价格为其申报价格；对手方无申报的，申报自动撤销；其二，本方最优价格申报，即该申报以其进入交易主机时，本方最优价格为其申报价格；本方无申报的，申报自动撤销；其三，最优5档即时成交剩余撤销申报，即该申报在对手方最优5个价位内以对手方价格为成交价依次成交，剩余未成交部分自动撤销；其四，最优5档即时成交剩余转限价申报，即该申报在对手方最优5个价位内以对手方价格为成交价依次成交，剩余未成交部分按本方申报最新成交价转为限价申报；如该申报无成交的，按本方最优价格转为限价申报；如无本方申报的，该申报撤销。

五、涨跌幅限制

北交所对股票交易实行价格涨跌幅限制，涨跌幅限制比例为30%。价格涨跌幅限制以内的申报为有效申报，超过价格涨跌幅限制的申报为无效申报。经中国证监会批准，可以调整股票的涨跌幅限制比例。

涨跌幅限制价格的计算公式为

$$涨跌幅限制价格 = 前收盘价 \times (1 \pm 涨跌幅限制比例)$$

根据《交易规则》第3.3.12条的规定：“具有下列情形之一的，股票交易无价格涨跌幅限制：(一)向不特定合格投资者公开发行的股票上市交易首日；(二)退市整理期首日;(三)中国证监会或本所规定的其他情形。前款第一项情形不包括上市公司增发的股票。”

六、大宗交易

大宗交易为协议交易,需满足单笔申报数量不低于10万股,或交易金额不低于100万元的要求。申报时间为每个交易日的9时15分至11时30分、13时00分至15时30分,成交确认时间为15时00分至15时30分。大宗交易的成交价格范围与其价格涨跌幅限制保持一致。

有价格涨跌幅限制的股票,大宗交易的成交价格由买卖双方在当日价格涨跌幅限制范围内确定。无价格涨跌幅限制的股票,大宗交易的成交价格应当不高于前收盘价的130%或当日已成交的最高价格中的较高者,且不低于前收盘价的70%或当日已成交的最低价格中的较低者。

七、成交原则

(一)竞价交易的成交原则

根据《交易规则》的规定,竞价交易按价格优先、时间优先的原则撮合成交。价格优先的原则为:较高价格买入申报优先于较低价格买入申报,较低价格卖出申报优先于较高价格卖出申报。时间优先的原则为买卖方向、价格相同的,先申报者优先于后申报者,先后顺序按交易主机接受申报的时间确定。

(二)集合竞价的成交原则

集合竞价时所有交易以同一价格成交,成交价的确定原则为:(1)可实现最大成交量;(2)高于该价格的买入申报与低于该价格的卖出申报全部成交;(3)与该价格相同的买方或卖方至少有一方全部成交。两个以上价格符合上述条件的,取在该价格以上的买入申报累计数量与在该价格以下的卖出申报累计数量之差最小的价格为成交价。若买卖申报累计数量之差仍存在相等情况的,取最接近最近成交价的价格为成交价;当日无成交的,取最接近前收盘价的价格为成交价。集合竞价的所有交易以同一价格成交。

(三)连续竞价的成交原则

连续竞价时,成交价的确定原则为:(1)最高买入申报与最低卖出申报价格相同,以该价格为成交价;(2)买入申报价格高于集中申报簿当时最低卖出申报价格时,以集中申报簿最低卖出申报价格为成交价;(3)卖出申报价格低于集中申报簿当时最高买入申报价格时,以集中申报簿最高买入申报价格为成交价。

问 90　控股股东、实际控制人股票锁定期是怎么安排的?

为了确保发行人控股股东、实际控制人的稳定,避免主要股东减持股份给新上市公司的股价带来冲击而损害其他股东权益,以及保持发行人业务及经营的持续性,法律对股东在发行人上市前所取得的股份一直规定强制锁定期。锁定期内,股份持有人所持股份的性质为"有限售条件的股份",锁定期满后,股份持有人所持股份的性质转为"无限售条件的流通股份"。北交所上市公司同样需要遵守我国法律法规及北交所对股票锁定期的规定。

一、北交所对控股股东、实际控制人所持股票锁定期的要求

(一)股票锁定期的一般性要求

《公司法》第 141 条第 1 款规定:"发起人持有的本公司股份,自公司成立之日

起一年内不得转让。公司公开发行股份前已发行的股份,自公司股票在证券交易所上市交易之日起一年内不得转让”。

《上市规则》第 2.4.2 条规定:“上市公司控股股东、实际控制人及其亲属,以及上市前直接持有 10%以上股份的股东或虽未直接持有但可实际支配 10%以上股份表决权的相关主体,持有或控制的本公司向不特定合格投资者公开发行前的股份,自公开发行并上市之日起 12 个月内不得转让或委托他人代为管理。前款所称亲属,是指上市公司控股股东、实际控制人的配偶、子女及其配偶、父母及配偶的父母、兄弟姐妹及其配偶、配偶的兄弟姐妹、子女配偶的父母以及其他关系密切的家庭成员。”

(二)锁定期延长的情形

根据中国证监会《关于进一步推进新股发行体制改革的意见》的规定,公司上市后 6 个月内如公司股票连续 20 个交易日的收盘价均低于发行价,或者上市后 6 个月期末收盘价低于发行价,持有公司股票的锁定期限自动延长至少 6 个月。

二、控股股东、实际控制人应当如何作出锁定期安排

控股股东、实际控制人应当出具关于锁定期的承诺,并在承诺书上盖章、签字。拟上市公司应当在公开发行意向书、公开发行说明书等文件中披露前述承诺内容。

同时,北交所允许控股股东及实际控制人自愿作出更长时间的锁定期承诺,拟上市公司可依据企业自身的规划和需求进行自愿的锁定期承诺。实践中,有部分企业在 IPO 上市时,控股股东及实际控制人为了公司长期发展考虑、增强股东的信心、展示其并不想通过二级市场减持来获利等原因,会自愿作出关于股份锁定期的承诺。以无锡隆盛科技股份有限公司(隆盛科技,300680)为例,基于对公司未来发展的信心和公司价值的认可,本着对中小股东负责的态度,公司控股股东、实际控制人倪某生、倪某承诺,自愿将各自所持有的公司首次公开发行限售股 2078.66 万股、692.15 万股自 2020 年 7 月 24 日限售期满之日起延长锁定期 6 个月,至 2021

年 1 月 23 日。[①]

三、控股股东及实际控制人股票锁定期满后的减持

根据《上市规则》第 2.4.7 条的规定，上市公司申请有限售条件的股份解除限售，应当按照北交所相关规定办理，并在规定期限内披露提示性公告。上市公司控股股东、实际控制人在限售期届满后减持公开发行并上市前所持股份的，应当明确并披露未来 12 个月的控制权安排，保证公司持续稳定经营。

（一）关于申请解除限售股票的程序

北交所尚未发布具体指引，企业可参考深交所和上交所的相关要求，并持续关注北交所新发布的相关规定。根据深交所和上交所的要求，解除限售应当向交易所提交申请。提交文件包括：(1)申请文件；(2)持股和托管情况说明；(3)符合解锁条件的证明文件（承诺及履行情况）；(4)保荐机构或独立财务顾问出具的核查意见；(5)上市提示性公告。在交易所审核同意解除限售后，应当向中登公司进行申请完成解除锁定预登记，在交易所完成提示性公告，完成解除锁定变更登记。

（二）减持计划的合规披露

北交所上市公司控股股东、实际控制人减持股份，需要按照《上市规则》规定的时间提前披露减持计划，还应当在减持计划中披露上市公司是否存在重大负面事项、重大风险、控股股东或实际控制人认为应当说明的事项，以及北交所要求披露的其他内容。

---

① 参见《无锡隆盛科技股份有限公司关于控股股东、实际控制人自愿延长限售股锁定期的公告》，载巨潮资讯网，http://static.cninfo.com.cn/finalpage/2020-04-10/1207480401.PDF。

四、控股股东及实际控制人不得减持股票的情形

根据《上市规则》第2.4.8条的规定："具有下列情形之一的，上市公司控股股东和持股5%以上的股东（以下统称大股东）、实际控制人不得减持其所持有的本公司股份：（一）上市公司或其大股东、实际控制人因涉嫌证券期货违法犯罪，在被中国证监会及其派出机构立案调查或者被司法机关立案侦查期间，以及在行政处罚决定、刑事判决作出之后未满6个月的；（二）大股东、实际控制人因违反本所业务规则，被本所公开谴责未满3个月的；（三）中国证监会及本所规定的其他情形。大股东、公司实际控制人通过本所和全国股转系统的竞价或做市交易买入本公司股份，其减持不适用前款规定。"

此外，根据《上市规则》第2.4.12条的规定："上市公司可能触及本规则第十章规定的重大违法强制退市情形的，自相关行政处罚事先告知书或者司法裁判作出之日起至下列任一情形发生前，公司控股股东、实际控制人以及董事、监事、高级管理人员不得减持公司股份：（一）公司股票终止上市并摘牌；（二）公司收到相关行政处罚决定或者人民法院司法裁判生效，显示公司未触及重大违法强制退市情形。"

根据《上市规则》第2.4.15条的规定，上市公司控股股东、实际控制人在下列期间不得买卖本公司股票：（一）公司年度报告公告前30日内，因特殊原因推迟年度报告公告日期的，自原预约公告日前30日起算，直至公告日日终；（二）公司业绩预告、业绩快报公告前10日内；（三）自可能对公司股票交易价格、投资者投资决策产生较大影响的重大事件发生之日或者进入决策程序之日，至依法披露之日内；（四）中国证监会、本所认定的其他期间。

五、控股股东及实际控制人锁定期内违规减持的风险

中国证监会《上市公司股东、董监高减持股份的若干规定》对上市公司控股股东、实际控制人违规减持作出了详细规定，处罚方式包括但不限于：（1）书面警示

等监管措施;(2)通报批评、公开谴责等纪律处分措施;(3)证券交易所可以通过限制交易的处置措施禁止相关证券账户 6 个月内或 12 个月内减持股份;(4)中国证监会依照有关规定可以采取责令改正等监管措施;(5)构成欺诈、内幕交易和操纵市场的,依法予以查处;(6)情节严重的,中国证监会可以依法采取证券市场禁入措施。

根据《上市规则》及《自律监管措施和纪律处分实施细则》的规定,上市公司控股股东、实际控制人违反锁定期承诺提前减持股票的,将视情节轻重给予通报批评、公开谴责以及北交所规定的其他纪律处分。同时企业在全国股转系统挂牌期间仍可参考《全国中小企业股份转让系统自律监管措施和纪律处分实施细则》的规定,以提前规避违规减持风险。

对于在北交所上市的创新型中小企业来说,1 年时间基本可以度过上市发展期,这 1 年锁定期有利于保持企业控制权的稳定,有利于统一企业家和资本市场的利益,对资本市场稳定发展意义重大。拟在北交所上市企业的控股股东、实际控制人应当综合考虑自身情况,作出符合企业发展规划的锁定期承诺并严格执行。

六、参考案例:贝特瑞(835185)成首家披露触发锁定期延长事项

全国股转系统挂牌公司贝特瑞新材料集团股份有限公司(以下简称贝特瑞)是精选层第一家披露触发锁定期延长事项的公司。公告显示,贝特瑞在精选层挂牌后 6 个月期末收盘价低于首发价格 41.80 元/股,触发了锁定期延长承诺的履行条件。[①] 公司股东中国宝安集团股份有限公司(000009)、宝安控股持有公司股票的锁定期限自动延长 6 个月,涉股份股数占总股本之比为 68.36%。

① 参见《贝特瑞新材料集团股份有限公司关于延长公司股东股份锁定期的公告》,载北京证券交易所网,http://www.bse.cn/disclosure/2021/2021-01-28/1611826169_293506.pdf。

问 91 上市股票有哪些限售规定?

上市公司股份变动是资本市场非常常见的事情,但是有些股票不能随便卖,有些人不能随便买卖上市公司的股票,北交所上市公司的控股股东、实际控制人以及董事、监事、高级管理人员等人员需要遵守相关股票限售要求。本问介绍北交所上市股票限售和减持限制的主要规定。

一、公开发行并上市引起的股份限售

北交所根据国家相关法律法规的规定,对控股股东、实际控制人及公司董事、监事、高级管理人员等人员的股份设置了锁定期,锁定期内所持股份为有限售条件股份,公开发行并上市引起的股份限售主要有以下情形:

(一)控股股东、实际控制人及其近亲属等的股份限售

《上市规则》第2.4.2条第1款规定:"上市公司控股股东、实际控制人及其亲属,以及上市前直接持有10%以上股份的股东或虽未直接持有但可实际支配10%以上股份表决权的相关主体,持有或控制的本公司向不特定合格投资者公开发行前的股份,自公开发行并上市之日起12个月内不得转让或委托他人代为管理。"

根据《上市规则》第2.4.2条的规定,以下人员在公司上市后将受到一定限售限制:(1)上市公司控股股东;(2)实际控制人;(3)上市公司控股股东及实际控制人的亲属;(4)上市前直接持有10%以上股份的股东;(5)上市前实际支配10%以上表决权的主体。其中,亲属是指上市公司控股股东、实际控制人的配偶、子女及其配偶、父母及配偶的父母、兄弟姐妹及其配偶、配偶的兄弟姐妹、子女配偶的父母

以及其他关系密切的家庭成员。

(二)上市前的公司股份限售

公司上市前持有公司股份的其他股东在公司上市后将受到一定限售限制。《公司法》第 141 条第 1 款规定:“发起人持有的本公司股份,自公司成立之日起一年内不得转让。公司公开发行股份前已发行的股份,自公司股票在证券交易所上市交易之日起一年内不得转让。”

(三)董事、监事、高级管理人员的股份限售

上市公司董事、监事、高级管理人员在公司上市后将受到一定限售限制。根据《公司法》第 141 条第 2 款的规定,公司董事、监事、高级管理人员所持本公司股份自公司股票上市交易之日起 1 年内不得转让。

《上市规则》第 2.4.3 条规定:“上市公司董事、监事、高级管理人员持有的本公司股份,按照《公司法》的上述规定,自上市之日起 12 个月内不得转让……”

(四)核心员工及战略投资者的股份限售

发行人高级管理人员、核心员工以及其他投资者持有的公司股份,在公司上市后将受到一定限售限制。《上市规则》第 2.4.5 条规定:“发行人高级管理人员、核心员工通过专项资产计划、员工持股计划等参与战略配售取得的股份,自公开发行并上市之日起 12 个月内不得转让或委托他人代为管理。其他投资者参与战略配售取得的股份,自公开发行并上市之日起 6 个月内不得转让或委托他人代为管理。”

二、公司上市后的股份限售和减持限制

公司上市后,为继续维护上市公司的经营稳定,保护中小股东利益以及投资者

的合法权益,一定情形下公司的控股股东、实际控制人、持股较多的大股东、董事、监事、高级管理人员等人员仍需遵守股份限售和减持限制的规定。

(一)董事、监事、高级管理人员任职期间和离职后的股份限售

上市公司董事、监事、高级管理人员任职期间和离职后,买卖股票将受到限制。《上市规则》第2.4.3条规定,上市公司董事、监事、高级管理人员在任职期间每年转让的股份不超过其所持本公司股份总数的25%,离职后6个月内不得转让。

(二)特殊时期控股股东、实际控制人、董事、监事、高级管理人员的交易限售

上市公司控股股东、实际控制人、董事、监事、高级管理人员在公司出具定期报告、业绩预告、业绩快报及发生重大事件时,买卖股票将受到限制。《上市规则》第2.4.14条规定:"上市公司董事、监事和高级管理人员在下列期间不得买卖本公司股票:(一)公司年度报告、中期报告公告前30日内及季度报告公告前10日内;因特殊原因推迟年度报告、中期报告公告日期的,自原预约公告日前30日起算,直至公告日日终;(二)公司业绩预告、业绩快报公告前10日内;(三)自可能对公司股票交易价格、投资者投资决策产生较大影响的重大事件(以下简称重大事件或重大事项)发生之日或者进入决策程序之日,至依法披露之日内;(四)中国证监会、本所认定的其他期间。"《上市规则》第2.4.15条规定:"上市公司控股股东、实际控制人在下列期间不得买卖本公司股票:(一)公司年度报告公告前30日内,因特殊原因推迟年度报告公告日期的,自原预约公告日前30日起算,直至公告日日终;(二)本规则第2.4.14条第二项至第四项规定的期间。"

(三)公司上市时未盈利至实现盈利前相关人员的减持限制

公司上市后未盈利期间,北交所对控股股东、实际控制人与董事、监事、高级管理人员的减持限制内容未作出区分规定。《上市规则》第2.4.6条第1款规定:"公司上市时未盈利的，在实现盈利前，控股股东、实际控制人、董事、监事、高级管理人员自公司股票上市之日起2个完整会计年度内，不得减持公开发行并上市前股份；公司实现盈利后，可以自当年年度报告披露后次日起减持公开发行并上市前股份，但应遵守本节相关规定。”

公司的董事、监事、高级管理人员在上述规定期间内离职的，也应当继续遵守该限制规定。

（四）上市公司大股东、实际控制人因违法违规导致的减持限制

上市公司控股股东、持股5%以上的股东、实际控制人存在违法违规情形，将受到一定减持限制。《上市规则》第2.4.8条第1款规定："具有下列情形之一的，上市公司控股股东和持股5%以上的股东（以下统称大股东）、实际控制人不得减持其所持有的本公司股份：（一）上市公司或其大股东、实际控制人因涉嫌证券期货违法犯罪，在被中国证监会及其派出机构立案调查或者被司法机关立案侦查期间，以及在行政处罚决定、刑事判决作出之后未满6个月的；（二）大股东、实际控制人因违反本所业务规则，被本所公开谴责未满3个月的；（三）中国证监会及本所规定的其他情形。”

上市公司控股股东、持股5%以上的股东、公司实际控制人通过北交所和全国股转系统的竞价或做市交易买入本公司股份，其减持不受上述限制规定。

（五）上市公司董事、监事、高级管理人员因违法违规导致的减持限制

上市公司董事、监事、高级管理人员存在违法违规情形，将受到一定减持限制。《上市规则》第2.4.9条规定："上市公司董事、监事、高级管理人员具有下列情形之一的，不得减持其所持有的本公司股份：（一）因涉嫌证券期货违法犯罪，在被中国证监会及其派出机构立案调查或者被司法机关立案侦查期间，以及在行政处罚决定、刑事判决作出之后未满6个月的；（二）因违反本所规则，被本所公开谴责未满3个月的；（三）中国证监会及本所规定的其他情形。”

(六)上市公司因重大违法强制退市导致相关人员的减持限制

上市公司出现重大违法强制退市情形的,公司控股股东、实际控制人以及董事、监事、高级管理人员将受到一定减持限制。《上市规则》第 2.4.12 条规定:“上市公司可能触及本规则第十章规定的重大违法强制退市情形的,自相关行政处罚事先告知书或者司法裁判作出之日起至下列任一情形发生前,公司控股股东、实际控制人以及董事、监事、高级管理人员不得减持公司股份:(一)公司股票终止上市并摘牌;(二)公司收到相关行政处罚决定或者人民法院司法裁判生效,显示公司未触及重大违法强制退市情形。”

综上所述,北交所上市公司的股份限售和减持限制的规定总体上与全国股转系统精选层的要求保持一致,同时根据《公司法》的相关规定,以及借鉴上交所和深交所关于上市公司的股份限售和减持限制规定,《上市规则》针对北交所“专精特新”企业的特点进行了相应调整,使其更贴合北交所上市公司的特性。

问 92 北交所停牌和复牌制度是怎么规定的?

股票停牌和复牌制度是资本市场的基础交易制度,我国目前已经形成多个层次的规则体系来规范上市公司的股票停牌和复牌行为,包括法律、部门规章、部门规范性文件、行业规定等。北交所的停牌和复牌制度针对“专精特新”中小企业,在稳定证券交易价格,维护证券市场交易秩序,促进上市公司规范治理,确保信息披露的及时性、准确性,保护广大中小投资者的合法权益等方面起到重要作用。

一、上市公司股票停牌和复牌的基本原则

根据我国《证券法》的相关规定，上市公司应向证券交易所申请其上市交易股票的停牌或复牌，证券交易所根据业务规则作出决定，也可以依职权决定上市交易股票的停牌和复牌。因此，国家放权证券交易所对上市公司停牌和复牌的审核监管。为维护证券市场交易秩序，督促上市公司积极履行信息披露义务，保护投资者的合法权益，上市公司股票停牌和复牌遵循下列基本原则。

（一）审慎停牌原则

上市公司应当审慎停牌，以不停牌为原则、停牌为例外，短期停牌为原则、长期停牌为例外，间断性停牌为原则、连续性停牌为例外，不得随意停牌或者无故拖延复牌时间，并应采取有效措施防止出现长期停牌等情况。

（二）分阶段披露原则

上市公司发生重大事项，持续时间较长的，应当按照及时披露的原则，分阶段披露有关事项进展的具体情况。上市公司不应以相关事项结果尚不确定为由随意申请股票停牌。

（三）严格保密原则

上市公司及其股东、实际控制人，董事、监事、高级管理人员和其他交易各方，以及提供服务的证券公司、证券服务机构等相关主体，在筹划、实施可能对公司股票交易价格产生较大影响的重大事项过程中，应当切实履行法定保密义务，建立健全保密制度，做好信息管理和内幕信息知情人登记工作，不得以申请上市公司股票停牌代替相关各方的保密义务。

二、北交所上市公司股票停牌和复牌的情形

(一) 一般规定

北交所根据《证券法》的相关规定,同时遵循中国证监会《关于完善上市公司股票停复牌制度的指导意见》确定的基本原则,在其发布的《上市规则》中对上市公司股票停牌和复牌制度作出了一般规定。

1. 停牌、复牌申请与决定

上市公司应通过证券公司向北交所提出停牌、复牌申请,北交所根据相关业务规则予以办理,北交所也可根据其业务规则决定对公司股票及其衍生品种实施停牌或者复牌。证券市场交易出现极端异常情况,北交所可根据中国证监会的决定或市场实际情况,暂停办理停牌申请。

2. 保密义务

上市公司在筹划重大事项过程中,应履行保密义务,做好信息管理和内幕信息知情人登记工作,不得以停牌代替公司及有关各方在筹划重大事项过程中的信息保密义务。

3. 审慎停牌与分阶段信息披露

上市公司筹划重大事项,应当以不停牌为原则,分阶段披露所筹划事项的具体情况,不得随意申请停牌;确需申请停牌,应当明确停牌的事由,合理确定停牌时间,缩短停牌时长,停牌期间应当分阶段披露所筹划的重大事项的进展情况,避免笼统、概括性披露,且应至少每5个交易日披露一次进展公告。

4. 及时复牌与信息披露

上市公司完成重大事项筹划、停牌期限届满或者终止筹划重大事项,应当立即申请复牌,并及时披露停牌期间筹划事项的具体情况;终止筹划重大事项的,应当披露终止筹划的具体原因及决策程序,充分提示相关事项的风险和不确定性。

(二)股票停牌和复牌的情形

1. 上市公司因筹划重大资产重组或发行股份购买资产等事项申请停牌或复牌

(1)停牌规则及时间。可以停牌,但停牌时间不得超过10个交易日;可在披露重组预案或报告书后,以对相关方案作出重大调整为由申请停牌,但停牌时间不得超过5个交易日;国家有关部门对停牌和复牌时间另有要求的,上市公司可以向北交所申请延期复牌,但连续停牌时间原则上不得超过25个交易日。

(2)信息披露与申请复牌。上市公司应当在停牌期限届满前披露经董事会审议通过的重组预案或报告书,并申请复牌,未能按期披露的,应当终止筹划本次重组并申请复牌;以相关方案作出重大调整为由申请停牌,应当及时披露重大调整的具体情况、当前进展、后续安排以及尚需履行的程序等事项,并在停牌期限届满前申请复牌。

(3)保密义务。上市公司不停牌筹划重大资产重组的,应当做好信息保密工作,在按规定披露重组预案或者报告书等文件前,不得披露所筹划重组的相关信息;相关信息泄露的,公司应当及时申请停牌。

2. 上市公司因筹划控制权变更、要约收购、破产重整等事项申请停牌或复牌

(1)停牌规则及时间。原则上不停牌,确有需要申请停牌,停牌时间不得超过5个交易日;国家有关部门对停牌和复牌时间另有要求的,上市公司可以向北交所申请延期复牌,但连续停牌时间原则上不得超过25个交易日。

(2)信息披露。上市公司筹划控制权变更、要约收购事项的,原则上应当分阶段披露筹划进展;破产重整期间,应当分阶段披露重整事项进展,并充分提示相关风险,停牌期间应当披露停牌具体事由、重整事项进展和预计复牌时间等内容。

3. 上市公司因被要约收购而停牌或复牌

(1)停牌制度及时间。上市公司被要约收购的,应当停牌;停牌时间为要约收购期限届满后的次一交易日至披露要约收购查询结果之日;根据收购结果,被收购上市公司不符合上市条件的,公司股票应当继续停牌。

(2)复牌制度。根据收购结果,被收购上市公司股权分布仍符合上市条件的,

公司应当于要约收购结果公告日申请复牌。

4. 上市公司因申请股票转板而停牌或复牌

(1)停牌制度及时间。上市公司向境内其他证券交易所申请股票转板,应当申请股票于向境内其他证券交易所提交申报材料的次一交易日停牌。

(2)复牌制度。上市公司在收到境内其他证券交易所不予受理决定、终止审核决定等文书后,应当申请股票复牌。

5. 上市公司因存在重大不确定性而申请停牌

上市公司发生风险事件等存在重大不确定性,可能严重影响市场秩序、损害投资者合法权益的事项,中国证监会或北交所认为有必要的,公司可以申请停牌。

6. 北交所强制上市公司股票停牌或复牌

上市公司出现下述情形,将被北交所强制停牌或复牌,公司应当及时披露相关内容,向市场作出解释说明:(1)上市公司严重违反法律法规、北交所业务规则,且在规定期限内拒不按要求改正;(2)上市公司信息披露存在重大遗漏或者误导性陈述,且拒不按照要求就有关内容进行更正、解释或者补充;(3)上市公司运作和信息披露方面涉嫌违反法律法规、北交所业务规则,情节严重而被有关部门调查;(4)上市公司无法保证与北交所的有效联系,或者拒不履行信息披露义务。

7. 上市公司因季度报告未及时披露而停牌

上市公司未在规定期限内披露季度报告,公司股票应当于报告披露期限届满的次一交易日停牌1天。

8. 上市公司因被强制退市而停牌或复牌

(1)交易类强制退市中的停牌制度

上市公司连续60个交易日出现下列情形之一,应当在相应情形出现当日披露相关信息,公司股票自公告披露日的次一交易日起停牌:第一,股票每日收盘价均低于每股面值;第二,股东人数均少于200人;第三,以预计市值不低于15亿元,最近2年研发投入合计不低于5000万元的市值及财务指标上市的公司,股票交易市值均低于3亿元。

(2)财务类强制退市中的停牌制度

上市公司如果出现下列情形之一,北交所将对其实施退市风险警示,公司股票应当于退市风险警示公告披露日的次一交易日起停牌1天:第一,最近一个会计年度经审计的净利润为负值且营业收入低于5000万元,或追溯重述后最近一个会计年度净利润为负值且营业收入低于5000万元;第二,最近一个会计年度经审计的期末净资产为负值,或追溯重述后最近一个会计年度期末净资产为负值;第三,最近一个会计年度的财务会计报告被出具无法表示意见或否定意见的审计报告;第四,中国证监会及其派出机构行政处罚决定书表明公司已披露的最近一个会计年度经审计的年度报告存在虚假记载、误导性陈述或者重大遗漏,导致该年度相关财务指标实际已触及上述第一、第二项情形。

北交所决定对上市公司撤销退市风险警示的,公司应当披露公司股票撤销退市风险警示公告,公司股票在公告后停牌1天。被实施退市风险警示的上市公司,如出现可能被北交所终止其股票上市的情形,应该及时披露公司股票可能被终止上市的风险提示公告,并立即向北交所报告,公司股票于公告披露日的次一交易日起停牌。

(3)规范类强制退市中的停牌、复牌制度

上市公司如果出现下列情形之一,北交所将对其实施退市风险警示,公司股票自改正期限或者法定期限届满之日的次一交易日起停牌:第一,未在法定期限内披露年度报告或者中期报告,且在公司股票停牌2个月内仍未披露;第二,半数以上董事无法保证公司所披露年度报告或中期报告的真实性、准确性和完整性,且未在法定期限内改正,股票停牌2个月内仍未改正;第三,财务会计报告存在重大会计差错或者虚假记载,被中国证监会及其派出机构责令改正,但公司未在要求期限内改正,且在公司股票停牌2个月内仍未改正;第四,信息披露或者规范运作等方面存在重大缺陷,被北交所限期改正但公司未在规定期限内改正,且公司在股票停牌2个月内仍未改正。上市公司在股票停牌后2个月内完成改正或者披露相关定期报告的,应当及时公告,公司股票自公告披露日的次两个交易日起复牌;上市公司在股票停牌后2个月内仍未完成改正或者披露的,公司应当在停牌2个月届满的次一交易日披露股票被实施退市风险警示的公告,公司股票自公告披露日的次一交易日起复牌。

上市公司股本总额或公众股东持股比例发生变化,导致连续60个交易日不再具备上市条件,且公司在股票停牌 1 个月内仍未解决,北交所将对其实施退市风险警示,公司股票自该情形出现的次一交易日起停牌。公司在股票停牌后 1 个月内披露解决股本总额或者公众股东持股比例问题的方案,同时应当披露股票被实施退市风险警示的公告,公司股票自公告披露日的次一交易日起复牌;公司未在股票停牌后 1 个月内披露解决方案,应当在停牌 1 个月届满的次一交易日,披露股票被实施退市风险警示的公告,公司股票自公告披露日的次一交易日起复牌;公司停牌期间,股本总额或者公众股东持股比例重新具备上市条件的,上市公司应当及时披露并申请股票复牌。

上市公司出现公司可能被依法强制解散或被法院依法受理公司重整、和解或破产清算申请的情形,北交所将对其实施退市风险警示,公司应当在该情形出现的次一交易日披露相关信息,公司股票于公告后停牌 1 天。

被实施退市风险警示的上市公司,如出现可能被北交所终止其股票上市的情形,应当及时披露公司股票可能被终止上市的风险提示公告,并立即向北交所报告,公司股票于公告披露日的次一交易日起停牌。

(4)重大违法类强制退市中的停牌制度

上市公司如出现重大违法行为可能被强制退市的,应当于知悉相关行政机关行政处罚事先告知书或者人民法院作出司法裁判当日向北交所报告,并及时披露有关内容,就其股票可能被实施重大违法强制退市进行风险提示。公司股票于公告披露日的次一交易日起停牌 1 天。

上市公司在股票被实施退市风险警示期间,收到相关行政机关相应行政处罚决定或者人民法院生效司法裁判,但未触及重大违法强制退市情形的,应当及时披露相关信息,公司股票在公告披露日的次一交易日起停牌 1 天;可能触及重大违法强制退市情形的,应当及时披露有关内容,就其股票可能被实施重大违法强制退市进行风险提示,公司股票自公告披露日的次一交易日起停牌。

9. 上市公司因主动终止上市而停牌或复牌

上市公司向北交所申请终止其股票上市的,应当申请其股票自审议终止上市事项的股东大会股权登记日的次一交易日起停牌,且董事会决议公告日至股东大会股权登记日期间,复牌时间不得少于 5 个交易日。终止上市决议未获股东大会审议通过的,上市公司应当申请其股票自披露股东大会决议公告之日起 2 个交易日内复牌。

三、北交所上市公司股票停牌和复牌程序

1. 上市公司申请办理股票停牌和复牌业务,应当按照《上市规则》的规定,通过证券公司向北交所提交申请文件。申请文件包括:(1)加盖公司公章或董事会章的停牌/复牌申请表,或变更停牌事项申请表,或延期复牌申请表;(2)拟披露的停牌公告,或复牌公告,或停牌事项变更公告,或延期复牌公告。

2. 证券公司应当对上市公司停牌或复牌业务申请文件进行审阅,确认无误后在日常业务系统提交申请文件及拟披露公告,经北交所同意后,在停牌或复牌业务生效前披露相关公告。

3. 上市公司需要停牌一个交易日的,应当在 T－1 日(T 日为停牌生效日)向北交所提交停牌申请及停牌一个交易日的公告,股票停牌一个交易日后自动复牌。因筹划重大事项申请股票停牌的,应当在 T－1 日向北交所提出申请,并在申请中预计复牌日期;因向境内其他证券交易所申请股票转板的,应当在向境内其他证券交易所提交申报材料的当日申请公司股票于次一交易日起停牌;因发生强制退市情形而停牌的,应当在 T－1 日向北交所提出申请;因主动终止上市而停牌的,应在不晚于 T－1 日向北交所提出申请。

4. 上市公司股票停牌期间,停牌事项发生变化、新增停牌事项或停牌事项减少的,应在相关事实发生后,在停牌期限届满前及时向北交所提出申请。

5. 上市公司股票所有停牌情形消除后,应当在不晚于 T－1 日(T 日为复牌生效日)向北交所提出复牌申请,并提交相应的证明文件(如有)。上市公司因筹划重大资产重组或发行股份购买资产停牌的,应当在披露经董事会审议通过的重组预案或报告书、方案重大调整情况公告或终止筹划重组事项公告后,申请股票于披露后的次两个交易日复牌;因筹划其他重大事项停牌的,如完成事项筹划或终止筹划的,应当申请股票于上述事实发生后的次两个交易日复牌;如停牌期限届满且不符合继续停牌条件的,应当在期限届满前申请股票于原定预计复牌日期复牌;因申

请转板停牌的,应当在收到境内其他证券交易所不予受理决定、终止审核决定等文书后,申请股票于收到上述文件的次两个交易日复牌。

6. 上市公司无法在停牌期限届满前完成相关事项筹划,如符合继续停牌条件的,可以在不晚于 T－2 日(T 日为原预计复牌日期)向北交所申请股票延期复牌,并提交相应的证明文件。

北交所停牌和复牌制度繁多且复杂,需要上市公司及其督导券商对该制度进行充分了解,在公司达到停牌条件或者复牌条件后,及时提出停牌或复牌申请,与证券交易所一起共同维护证券市场交易的连续性和流动性,积极履行信息披露义务,保护投资者正当的交易权利与合法权益。

第二章
Chapter Two
规 范 运 营

问 93 信息披露主要有哪些要求？

对拟在北交所上市的企业来说，申报过程中需要兼顾全国股转公司和北交所关于信息披露的要求，再加上注册制以信息披露为核心的要求，信息披露质量的好坏将直接影响企业上市进程，上市后还将影响企业融资成本和融资效率。证券市场是信息市场，市场效率完全取决于信息的真实性、准确性和完整性。拟上市公司如何在北交所 IPO 过程中做好信息披露工作，如何在上市后持续保证信息披露的质量，是公司信息披露义务人必学的一课。

一、信息披露的一般性规定

信息披露，是指上市公司及相关信息披露义务人根据法律、行政法规、部门规章、规范性文件、交易所业务规则、指引和通知等相关规定，及时、公平地披露信息，并保证所披露的信息真实、准确、完整，不得有虚假记载、误导性陈述或重大遗漏。对拟在北交所上市的企业来说，通常需要遵守以下规定：

《证券法》第 78 条第 1 款规定："发行人及法律、行政法规和国务院证券监督管理机构规定的其他信息披露义务人，应当及时依法履行信息披露义务。"

《信息披露管理办法》第 3 条第 1 款规定："信息披露义务人应当及时依法履行

信息披露义务,披露的信息应当真实、准确、完整,简明清晰、通俗易懂,不得有虚假记载、误导性陈述或者重大遗漏。"第4条规定:"上市公司的董事、监事、高级管理人员应当忠实、勤勉地履行职责,保证披露信息的真实、准确、完整,信息披露及时、公平。"

《上市规则》第5.1.1条规定:"上市公司及相关信息披露义务人应当及时、公平地披露所有可能对公司股票交易价格、投资者投资决策产生较大影响的信息,并保证信息披露内容的真实、准确、完整,不存在虚假记载、误导性陈述或重大遗漏"。第5.1.2条规定:"上市公司的董事、监事、高级管理人员应当忠实、勤勉地履行职责,保证公司及时、公平地披露信息,所披露的信息真实、准确、完整"。

信息披露是投资者作出价值判断和投资决策的重要依据,上市公司作为信息披露第一责任人,应当严守真实、准确、完整、及时、公平的法律原则,以保障中小投资者的利益。

二、信息披露的范围及时间要求

根据《上市规则》《信息披露管理办法》等规定,上市公司的信息披露文件包括定期报告、临时报告、招股说明书等。定期报告包括年度报告、中期报告和季度报告;临时报告包括业绩预报、业绩快报、重大交易、关联交易、股票异常波动和传闻澄清、股份质押和司法冻结等。关于上市公司的信息披露时间,监管机构有明确时间要求的,应当按照规定时间按时披露;对于监管机构没有明确的时间要求,但要求及时披露的,应当满足及时性要求。根据《信息披露管理办法》第62条的规定,"及时"是指自起算日起或者触及披露时点的2个交易日内。

(一)定期报告

公司应当披露的定期报告包括年度报告、中期报告和季度报告。应当按照中国证监会及北交所相关规定编制并披露定期报告,并按照企业会计准则的要求编制财务报告披露在年度报告中。

1. 定期报告披露的时间要求

根据《上市规则》第六章“定期报告”的规定，公司应当在规定的期限内编制并披露定期报告，在每个会计年度结束之日起 4 个月内编制并披露年度报告；在每个会计年度的上半年结束之日起 2 个月内编制并披露中期报告；在每个会计年度前 3 个月、9 个月结束后的 1 个月内编制并披露季度报告。第一季度报告的披露时间不得早于上一年的年度报告。公司预计不能在规定期限内披露定期报告的，应当及时向北交所报告，并公告不能按期披露的原因、解决方案及延期披露的最后期限。

2. 定期报告的责任主体

(1)董事会。公司董事会应当编制和审议定期报告，确保公司定期报告按时披露，董事会因故无法对定期报告形成决议的，应当以董事会公告的方式披露具体原因和存在的风险，并披露独立董事意见。公司不得披露未经董事会审议通过的定期报告，董事会已经审议通过的，不得以董事、高级管理人员对定期报告内容有异议为由不按时披露定期报告。(2)监事会。上市公司监事会应当对董事会编制的定期报告进行审核并提出书面审核意见，说明董事会对定期报告的编制和审核程序是否符合法律法规、中国证监会和北交所的规定，报告的内容是否能够真实、准确、完整地反映公司实际情况。(3)董事、监事、高级管理人员。上市公司董事、监事、高级管理人员应当对公司定期报告签署书面确认意见，董事、监事、高级管理人员不得以任何理由拒绝对定期报告签署书面意见，董事、监事和高级管理人员无法保证定期报告内容的真实性、准确性、完整性或者有异议的，应当在书面确认意见中发表意见并陈述理由，公司应当在定期报告中披露相关情况。公司不予披露的，董事、监事和高级管理人员可以直接申请披露。

3. 会计师事务所审计

正常情况下，上市公司的年度财务报告经会计师审计后，出具无保留意见的标准审计意见，但是在某些上市公司编制的财务报告不符合审计要求的情况下，也可能被出具非标准的审计意见。根据《上市规则》的规定，公司财务会计报告被会计师事务所出具非标准审计意见的，按照中国证监会关于非标准审计意见处理的相关规定，公司在披露定期报告的同时，应当披露董事会对审计意见涉及事项的专项说明和决议、独立董事对审计意见涉及事项发表的意见、监事会对董事会专项说明的意见和决议、会计师事务所和注册会计师出具的专项说明及其他文件。

公司财务报告的非标准审计意见涉及事项属于违反会计准则及相关信息披露规范性规定的应当进行纠正,并及时披露纠正后的财务会计资料和会计师事务所出具的审计报告或专项鉴证报告等有关材料。上市公司定期报告存在差错或者虚假记载,被有关机构要求改正或者董事会决定更正的,应当在被要求改正或者董事会作出相应决定后,按照中国证监会关于财务信息更正与披露的相关规定及时披露。

(二)临时报告

1. 业绩快报和业绩预告

公司定期报告披露前出现业绩泄露,或者出现业绩传闻且公司股票交易出现异常波动的,应当及时披露业绩快报。公司预计不能在会计年度结束之日起2个月内披露年度报告的,应当在该会计年度结束之日起2个月内披露业绩快报。业绩快报中的财务数据包括但不限于营业收入、净利润、总资产、净资产以及净资产收益率。

公司在年度报告披露前,预计上一会计年度净利润发生重大变化的,应当在北交所规定的时间内进行业绩预告;预计半年度和季度净利润发生重大变化的,可以进行业绩预告。业绩预告应当披露净利润的预计值以及重大变化的原因,重大变化的情形包括净利润同比变动超过50%且大于500万元、发生亏损或者由亏损变为盈利。

公司业绩快报、业绩预告中的财务数据与实际数据差异幅度达到20%以上的,应当及时披露修正公告,并在修正公告中向投资者致歉、说明差异的原因。

2. 重大交易

发生可能对公司股票交易价格、投资者投资决策产生较大影响的重大事件,上市公司及相关信息披露义务人应当及时披露临时报告。交易事项是临时报告披露的关键内容,包含重大交易、关联交易等。“交易”包括下列事项:购买或者出售资产(不包括购买原材料、燃料和动力,以及出售产品或者商品等与日常经营相关的交易)、对外投资(含委托理财、对子公司投资等,设立或者增资全资子公司及购买银行理财产品除外)、提供担保(上市公司为他人提供的担保,含对控股子公司的担保)、提供财务资助、租入或者租出资产、签订管理方面的合同(含委托经营、受托经营等)、赠与或者受赠资产、债权或者债务重组、研究与开发项目的转移、签订许可协议、放弃权利,中国证监会及北交所认定的其他交易。

当公司的交易达到下列标准之一的,公司即应当及时披露:(1)交易涉及的资产总额(同时存在账面值和评估值的,以孰高为准)占上市公司最近一期经审计总资产的10%以上;(2)交易的成交金额占上市公司最近一期经审计净资产的10%以上,且超过1000万元;(3)交易标的(如股权)最近一个会计年度相关的营业收入占上市公司最近一个会计年度经审计营业收入的10%以上,且超过1000万元;(4)交易产生的利润占上市公司最近一个会计年度经审计净利润的10%以上,且超过150万元;(5)交易标的(如股权)最近一个会计年度相关的净利润占上市公司最近一个会计年度经审计净利润的10%以上,且超过150万元。上述指标计算中涉及的数据如为负值,取其绝对值计算。

上市公司提供担保的,应当提交公司董事会审议并对外披露。董事会审议担保事项时,必须经出席董事会会议的2/3以上董事审议同意。上市公司为全资子公司提供担保,或者为控股子公司提供担保且控股子公司其他股东按所享有的权益提供同等比例担保的,应当在年度报告和中期报告中汇总披露。

上市公司提供财务资助,应当经出席董事会会议的2/3以上董事同意并作出决议,及时履行信息披露义务。

3. 关联交易

根据《上市规则》第7.2.1条的规定,上市公司的关联交易,是指上市公司或者其控股子公司等其他主体与上市公司关联方发生《上市规则》第7.1.1条规定的交易和日常经营范围内发生的可能引致资源或者义务转移的事项。上市公司应当在公司章程中规定关联交易的回避表决要求,规范履行审议程序,并在董事会、股东大会决议公告中披露关联交易的表决情况及表决权回避制度的执行情况。

上市公司发生符合以下标准的关联交易(除提供担保外),应当及时披露:(1)公司与关联自然人发生的成交金额在 30 万元以上的关联交易;(2)与关联法人发生的成交金额占公司最近一期经审计总资产 0.2% 以上的交易,且超过 300 万元。

上市公司与关联方发生的成交金额(除提供担保外)占公司最近一期经审计总资产 2% 以上且超过 3000 万元的交易,应当比照《上市规则》第 7.1.17 条的规定提供评估报告或者审计报告,提交股东大会审议。与日常经营相关的关联交易可免于审计或者评估。关联交易事项提交董事会审议前,应当取得独立董事事前认可意见,独立董事事前认可意见应当取得全体独立董事的半数以上同意,并在关联交易公告中披露。

上市公司为关联方提供担保的,应当具备合理的商业逻辑,在董事会审议通过后及时披露,提交股东大会审议。

对于每年与关联方发生的日常性关联交易,上市公司可以在披露上一年度报告之前,对本年度将发生的关联交易总金额进行合理预计,根据预计金额分别提交董事会或者股东大会审议。实际执行超出预计金额的,上市公司应当就超出金额所涉及事项履行相应审议程序并披露。

4. 股票异常波动和传闻澄清

上市公司股票交易出现北交所业务规则规定或北交所认定的异常波动的,公司应当于次一交易日开盘前披露异常波动公告。如次一交易日开盘前无法披露,上市公司应当向北交所申请停牌直至披露后复牌。保荐机构应当督促上市公司按照规定及时进行核查,履行相应信息披露义务。

上市公司异常波动应当包括以下内容:(1)股票交易异常波动的具体情况;(2)对信息披露相关重要问题的关注、核实情况说明;(3)是否存在应当披露而未披露重大信息的声明;(4)董事会核实公司及控股股东、实际控制人、董事、监事、高级管理人员异常波动期间是否存在交易公司股票的情况;(5)向市场提示异常波动股票投资风险;(6)北交所要求的其他内容。

上市公司和相关信息披露义务人应当密切关注公共媒体关于公司的重大报道、市场传闻(以下统称传闻)。相关传闻可能或者已经对公司股票交易价格或者投资决策产生较大影响的,公司应当及时核实,并视情况披露或者澄清。北交所认为相关传闻可能对公司股票交易价格产生较大影响的,可以要求公司予以核实、澄清。公司应当在北交所要求的期限内核实，及时披露传闻澄清公告。

5. 股份质押和司法冻结

上市公司任一股东所持公司5%以上的股份被质押、冻结、司法拍卖、托管、设定信托或者被依法限制表决权的，应当及时通知公司并予以披露。对于股份质押的情形，质押股东是上市公司控股股东、实际控制人及其一致行动人的，应当说明股份质押的目的、资金偿还能力、可能引发的风险及应对措施等。

对于股份司法冻结的情形，被冻结人是上市公司控股股东、实际控制人及其一致行动人的，应当披露：(1)股份冻结对上市公司控制权稳定和日常经营的影响；(2)是否存在侵害公司利益的情形以及其他未披露重大风险；(3)被冻结人拟采取的应对措施等。

上市公司控股股东、实际控制人及其一致行动人质押股份占其所持股份的比例达到50%以上，以及之后质押股份的，应当及时通知公司，并披露质押股份情况、质押融资款项的最终用途及资金偿还安排。上市公司控股股东、实际控制人及其一致行动人出现质押处置风险的，应当披露以下事项：(1)是否可能导致上市公司控制权发生变更；(2)拟采取的措施，如补充质押、提前还款、提前购回被质押股份、暂不采取措施等；(3)可能面临的相关风险。控股股东、实际控制人及其一致行动人质押股份被强制处置或处置风险解除的，应当持续披露进展。

6. 其他应予披露的重大事项

除前述定期报告、业绩预告和业绩快报、重大交易、关联交易、股票异常波动和传闻澄清、股份质押和司法冻结等应予披露外，上市公司还应披露以下其他重大事项：

(1)上市公司董事会就股票发行、申请转板或向境外其他证券交易所申请股票上市、或者发行其他证券品种作出决议，应当自董事会决议之日起及时披露相关公告。

(2)上市公司涉及重大诉讼、仲裁的，应当及时披露进展情况及对公司的影响包括但不限于诉讼案件的一审和二审判决结果、仲裁裁决结果，以及判决、裁决执行情况等。

(3)上市公司应当在董事会审议通过利润分配或资本公积转增股本方案后，

及时披露方案具体内容,并于实施方案的股权登记日前披露方案实施公告。

(4)限售股份解除限售前,应当披露相关公告。

(5)直接或间接持有公司5%以上股份的股东,所持股份占上市公司总股本的比例每增加或减少5%时,投资者应当按规定及时告知公司,并配合上市公司履行信息披露义务,上市公司应当及时披露股东持股变动情况。

(6)上市公司应当及时披露义务人承诺事项的履行进展情况。公司未履行承诺的,应当及时披露原因及相关当事人可能承担的法律责任;相关信息披露义务人未履行承诺的,公司应当主动询问,并及时披露原因以及董事会拟采取的措施。

(7)上市公司出现下列重大风险情形之一的,应当自事实发生之日起及时披露:①停产、主要业务陷入停顿;②发生重大债务违约;③发生重大亏损或重大损失;④主要资产被查封、扣押、冻结,主要银行账号被冻结;⑤公司董事会、股东大会无法正常召开会议并形成决议;⑥董事长或者经理无法履行职责,控股股东、实际控制人无法取得联系;⑦公司其他可能导致丧失持续经营能力的风险。

(8)上市公司出现以下情形之一的,应当自事实发生或董事会决议之日起及时披露:①变更公司名称、证券简称、公司章程、注册资本、注册地址、主要办公地址、联系电话等,其中公司章程发生变更的,还应在股东大会审议通过后披露新的公司章程;②经营方针和经营范围发生重大变化;③上市公司控股股东、实际控制人及其一致行动人,或第一大股东发生变更;④上市公司控股股东、实际控制人及其关联方占用公司资金;⑤上市公司控股股东、实际控制人及其控制的其他企业从事与公司相同或者相似业务的情况发生较大变化;⑥法院裁定禁止控股股东、实际控制人转让其所持上市公司股份;⑦上市公司董事、监事、高级管理人员发生变动;⑧上市公司减资、合并、分立、解散及申请破产,或者依法进入破产程序、被责令关闭;⑨订立重要合同、获得大额政府补贴等额外收益,可能对公司的资产、负债、权益和经营成果产生重大影响;⑩上市公司提供担保,被担保人于债务到期后15个交易日内未履行偿债义务,或者被担保人出现破产、清算或其他严重影响其偿债能力的情形;⑪营业用主要资产的抵押、质押、出售或者报废一次超过该资产的30%;⑫上市公司发生重大债务;⑬上市公司变更会计政策、会计估计(法律法规或者国家统一会计制度要求的除外),变更会计师事务所;⑭上市公司或其控股股东、实际控制人、董事、监事、高级管理人员被纳入失信联合惩戒对象;⑮上市公司取得或丧失重要生产资质、许可、特许经营权,或生产经营的外部条件、行业政策发生重大变化;⑯上市公司涉嫌违法违规被中国证监会及其派出机构或其他有权机关调查,被移送司法机关或追究刑事责任,受到对公司生产经营有重大影响的行政处罚,或者被中国证监会及其派出机构采取行政监管措施或行政处罚;⑰上市公司董事、监事、高级管理人员、控股股东或实际控制人涉嫌违法违规被中国证监会及其派出机构或其他有权机关调查、采取留置、强制措施或者追究重大刑事责任,被中国证监会及其派出机构处以证券市场禁入、认定为不适当人员等监管措施或行政处罚,受到对公司生产经营有重大影响的其他行政处罚;或者因身体、工作安排等原因无法正常履行职责达到或者预计达3个月以上;⑱因已披露的信息存在差错、虚假记载或者未按规定披露,被有关机构要求改正或者经董事会决定进行更正;⑲法律法规规定的,或者中国证监会、北交所认定的其他情形。

(9)上市公司出现以下情形之一的,应当自事实发生或董事会决议之日起及时披露:①开展与主营业务行业不同的新业务;②重要在研产品或项目取得阶段性成果或研发失败;③主要产品或核心技术丧失竞争优势。

(三)自愿信息披露

《上市规则》第5.2.10条第1款规定:"除依法或者按照本所业务规则需要披露的信息外,上市公司及相关信息披露义务人可以自愿披露与投资者作出价值判断和投资决策有关的信息。"

上市公司及相关信息披露义务人进行自愿性信息披露的,具体披露要求如下:(1)遵守公平信息披露原则,保持信息披露的完整性、持续性和一致性;(2)避免选择性信息披露,不得与依法披露的信息相冲突;(3)不得误导投资者,不得利用自愿性信息披露从事市场操纵、内幕交易或者其他违法违规行为;(4)已披露的信息发生重大变化,有可能影响投资决策的,应当及时披露进展公告,直至该事项完全结束;(5)在发生类似事件时,应当按照同一标准予以披露。

(四)暂缓或豁免信息披露

根据《上市规则》第5.2.11条的规定,被认定为商业秘密及国家秘密的拟披露信息可以暂缓或豁免披露。

1.商业秘密、商业敏感信息。按照《上市规则》披露或者履行相关义务可能引致不当竞争、损害公司及投资者利益或者误导投资者的,可以按照北交所相关规定暂缓或者豁免披露该信息。

2.拟披露的信息被依法认定为国家秘密。按照《上市规则》披露或者履行相关义务可能导致其违反法律法规或危害国家安全的,可以按照北交所相关规定豁免披露。

需要注意的是,上市公司和相关信息披露义务人应当审慎确定信息披露暂缓、豁免事项,不得随意扩大暂缓、豁免事项的范围。暂缓披露信息的,相关内幕信息知情人应当书面承诺做好保密;已经泄露的,应当及时披露。

信息披露对于上市公司来说,是一件极为重要的事情,高质量的信息披露不但可以降低资本市场的信息不对称程度,还可以降低交易成本,从而提高资本市场的效率。对上市公司及相关信息披露义务人来说,只要是纳入披露范围的信息,都必须严谨、认真、细心地对待,保证信息披露的及时、真实、准确、完整,以维护上市公司的整体利益及全体股东的合法权益。

问94 信息披露的编制有哪些要求?

上市公司及相关信息披露义务人披露的信息包括定期报告和临时报告。上市公司应当披露的定期报告又包括年度报告、中期报告和季度报告。

为了协助上市公司做好信息披露工作,监管部门陆续出台了关于信息披露文件编制的规定，明确各类信息披露文件的内容及格式，包括中国证监会发布的《公开发行证券的公司信息披露内容与格式准则第2号——年度报告的内容与格式》《公开发行证券的公司信息披露内容与格式准则第3号——半年度报告的内容与格式》《准则第53号——年度报告》《准则第54号——中期报告》，以及北交所发布的《信息披露管理办法》《上市规则》《北京证券交易所上市公司业务办理指南第7号——信息披露业务办理》等规则。

根据上述规则，上市公司及相关信息披露义务人应当及时、公平地披露所有可能对公司股票交易价格、投资者投资决策产生较大影响的信息，并保证信息披露内容的真实、准确、完整，不存在虚假记载、误导性陈述或重大遗漏。披露的信息编制应当使用明确、贴切的语言和简明扼要、通俗易懂的文字，内容应易于理解，不得含有任何宣传、广告、恭维或者夸大等性质的词句，不得有误导性陈述。公司披露预测性信息及其他涉及公司未来经营和财务状况等信息时，应当合理、谨慎和客观，并充分披露相关信息所涉及的风险因素，以明确的警示性文字提示投资者可能出现的风险和不确定性。披露时还应当同时向所有投资者公开，确保所有投资者可以平等地获取同一信息，不得实行差别对待政策，不得提前向特定对象单独披露、透露或者泄露未公开的重大信息。

另外，《北京证券交易所上市公司业务办理指南第7号——信息披露业务办理》第2.1.1条第1款规定，上市公司董事会秘书应按照中国证监会、北交所信息披露有关规定及配套报告模板，在编制端使用信息披露文件编制工具填写披露内容，生成信息披露文件。编制工具中未提供模板的临时报告，由上市公司根据有关规定自行编制。

一、年度报告的编制要求

（一）编制年度报告的一般要求

根据《准则第53号——年度报告》第7条的规定，公司在编制年度报告时应遵循以下一般要求：(1)年度报告中引用的数字应当采用阿拉伯数字，有关货币金额除特别说明外，通常指人民币金额，并以元、万元或亿元为单位；(2)年度报告正文前可刊载宣传本公司的照片、图表或致投资者信，但不得刊登任何祝贺性、推荐性的词句、题字或照片，不得含有夸大、欺诈、误导或内容不准确、不客观的词句；(3)年度报告中若涉及行业分类，应遵循中国证监会、北交所行业分类的有关规定；(4)年度报告披露内容应侧重说明本准则要求披露事项与上一年度披露内容上的重大变化之处，如无变化，亦应说明；(5)在不影响信息披露完整性和不致引起阅读不便的前提下，公司可以采取相互引证的方法，对年度报告相关部分进行适当的技术处理，以避免不必要的重复和保持文字简洁。

中国证监会、北交所对特殊行业公司信息披露另有规定的，公司应当遵循其规定。国家有关部门对公司另有规定的，公司在编制和披露年度报告时还应当遵循其规定。

(二)年度报告的内容

根据《准则第53号——年度报告》第二章的要求，年度报告至少应当包含以下内容：第一节重要提示、目录和释义；第二节公司概况；第三节会计数据和财务指标；第四节管理层讨论与分析；第五节重大事件；第六节股份变动及股东情况；第七节融资与利润分配情况；第八节董事、监事、高级管理人员及员工情况；第九节行业信息；第十节公司治理、内部控制和投资者保护；第十一节财务会计报告；第十二节备查文件目录。

二、中期报告的编制要求

(一)编制中期报告的一般要求

根据《准则第54号——中期报告》第7条的规定，公司在编制中期报告时应遵循以下一般要求：(1)中期报告中引用的数字应当采用阿拉伯数字，有关货币金额除特别说明外，通常指人民币金额，并以元、万元或亿元为单位；(2)中期报告正文前可刊载宣传本公司的照片、图表或致投资者信,但不得刊登任何祝贺性、推荐性的词句、题字或照片,不得含有夸大、欺诈、误导或内容不准确、不客观的词句;(3)中期报告中若涉及行业分类,应遵循中国证监会、北交所行业分类的有关规定;(4)中期报告披露内容应侧重说明本准则要求披露事项与上年同期或上年期末披露内容上的重大变化之处,如无变化,亦应说明;(5)在不影响信息披露完整性和不致引起阅读不便的前提下,公司可以采取相互引证的方法,对中期报告相关部分进行适当的技术处理,以避免不必要的重复和保持文字简洁。

(二)中期报告的内容

根据《准则第 54 号——中期报告》第二章的要求,中期报告至少应当包含以下内容:第一节重要提示、目录和释义;第二节公司概况;第三节会计数据和经营情况;第四节重大事件;第五节股份变动和融资;第六节董事、监事、高级管理人员及员工变动情况;第七节财务会计报告;第八节备查文件目录。

三、季度报告及其他重大事项信披的编制要求

北交所对季度报告没有像年度报告、中期报告那样以专门的文件“公开发行证券的公司信息披露内容与格式准则第 × × 号——北京证券交易所上市公司季度报告”的形式,对季度报告信息披露内容与格式提出编制要求,而是以《北京证券交易所上市公司持续监管指引第 2 号——季度报告》的形式提出监管要求,所以季度报告的编制按一般规定的要求即可。

其他重大事项主要是指上市公司重大资产重组,以及上市公司收购及相关股份权益变动等事项,针对上市公司重大资产重组以及上市公司收购及相关股份权益变动的信息披露,北交所制定了专门的准则对这两类事项的信息披露的编制提出具体要求。其中,(1)上市公司重大资产重组信息披露的编制,根据《公开发行证券的公司信息披露内容与格式准则第 56 号——北京证券交易所上市公司重大资产重组》的规定,上市公司重大资产重组应披露重大资产重组预案、重大资产重

组报告书、中介机构的意见、声明及附件，同时应履行持续披露义务；（2）上市公司收购及相关股份权益变动信息披露的编制，根据《内容与格式准则第55号》的规定，信息披露义务人应按照《上市公司收购管理办法》和《内容与格式准则第55号》的规定，编制和披露权益变动报告书、上市公司收购报告书、要约收购报告书或者被收购公司董事会报告书。

另外，其他没有列示的重大事项需要披露信息时，该等信息披露的编制因为北交所没有对此有具体的要求，公司按照北交所关于信息披露的一般规定进行编制即可。

特殊情况下，由于国家秘密、商业秘密等特殊原因导致某些信息确实不便披露的，公司可以不予披露，但应当在相关章节详细说明未按《准则第53号——年度报告》《准则第54号——中期报告》等规则进行披露的原因。中国证监会、北交所认为需要披露的，公司应当披露，公司在编制和披露报告时应当严格遵守国家有关保密的法律法规，不得泄露国家保密信息。

问 95 持续督导有哪些主要规定？

公司在北交所上市后的一定期限内需要进行持续督导，即由具有保荐业务资格，且取得北交所会员资格的证券公司遵循勤勉尽责、诚实守信的原则，在公司上市后继续对公司的日常经营、内部控制、信息披露、募集资金使用等方面进行专业的规范、引导和督促。相较于全国股转系统精选层，北交所主体责任更加清晰，不再实行主办券商“终身”持续督导，而是3年的发行上市的督导期。

一、持续督导期限

根据《上市规则》第3.1.2条及第3.2.3条的规定，保荐机构履行持续督导职责的期限(见表4-1)。

表4-1 保荐机构履行持续督导职责的期限

公开发行并上市	上市后发行新股	因保荐机构被撤销保荐资格而另聘保荐机构
股票上市当年剩余时间及其后3个完整会计年度	股票上市当年剩余时间及其后2个完整会计年度	另行聘请的保荐机构持续督导的时间不少于1个完整的会计年度

需要注意的是,《上市规则》第3.2.16条规定,保荐机构持续督导期届满,上市公司募集资金尚未使用完毕的,保荐机构应继续履行募集资金相关的持续督导职责,如有其他尚未完结的保荐工作,保荐机构应当继续完成。

二、保荐机构的持续督导职责

(一)持续督导事项

根据《上市规则》第三章第二节的相关规定,保荐机构应当督导上市公司建立健全并有效执行的公司治理制度、财务内控制度和信息披露制度,督导上市公司按照北交所业务规则的规定,履行信息披露及其他相关义务,审阅信息披露文件及其他相关文件,并保证制作、出具的文件真实、准确和完整,不存在虚假记载、误导性陈述和重大遗漏。同时,保荐机构及其保荐代表人应当督导上市公司的控股股东、实际控制人、董事、监事和高级管理人员遵守北交所业务规则,履行其所作出的承诺。具体来说,保荐机构的重点督导事项主要包括以下几个方面:

1. 日常经营的合规性。保荐机构需要关注包括但不限于公司经营环境和业务、控股股东及实际控制人、管理层、采购和销售、核心技术、财务状况等方方面面的细节。

2. 信息披露的完整性。保荐机构及其保荐代表人发现上市公司拟披露信息或已披露信息存在任何错误、遗漏或者误导的,或者发现存在应当披露而未披露事项的,应当要求公司进行更正或补充。上市公司拒不配合的,保荐机构将按照要求向北交所报告,并发布风险揭示公告。

3. 募集资金的使用。保荐机构及其保荐代表人应当按照中国证监会和北交所的相关规定做好募集资金使用的督导、核查工作,出具核查报告。

4. 上市公司或其控股股东、实际控制人的承诺。保荐机构及其保荐代表人应当督促上市公司或其控股股东、实际控制人切实履行所作出的公开承诺。发行人或其控股股东、实际控制人披露、履行或者变更承诺事项,不符合中国证监会和北交所相关规定的,保荐机构及其保荐代表人应当及时提出督导意见,并督促相关主体进行补正。

5. 对出现的特定事项进行专项现场核查。如上市公司出现控股股东、实际控制人或其他关联方涉嫌违规占用或转移上市公司的资金、资产及其他资源;存在重大财务造假嫌疑等重大违法违规事项时,保荐机构及其保荐代表人应进行专项现场核查。

(二)保荐机构履行督导职责的手段

1. 日常督导手段

保荐机构及其保荐代表人在督导期内会持续关注上市公司运作情况,充分了解公司及其业务,通过日常沟通、定期或不定期回访、查阅资料、列席股东大会、董事会、监事会等方式,关注公司日常经营、股票交易和媒体报道等情况,督促相关信息披露义务人履行信息披露义务。

2. 对重大事项发表意见

保荐机构及其保荐代表人对上市公司出现的以下重大事项发表意见:(1)关联交易;(2)提供担保;(3)变更募集资金用途;(4)主要业务停滞或出现可能导致主要业务停滞的重大风险事件;(5)公司经营业绩异常波动;(6)控股股东、实际控制人及其一致行动人所持股份被司法冻结且可能导致控制权发生变动;(7)控股股东、实际控制人及其一致行动人质押公司股份比例超过所持股份的80%或者被强制处置;(8)北交所、保荐机构认为需要发表意见的其他事项。

当出现上述事项时,上市公司在披露临时报告前应当告知保荐机构及其保荐代表人。保荐机构及其保荐代表人应当督促上市公司按规定履行信息披露义务，同时就信息披露是否真实、准确和完整，对公司经营的影响，以及是否存在其他未披露重大风险等内容发表意见，并于上市公司披露公告时予以披露。无法按时履行上述职责的，应当披露尚待核实的事项及预计发表意见的时间，并充分提示风险。

3. 专项现场核查

上市公司出现下列情形之一的，保荐机构及其保荐代表人应自知道或应当知道之日起 15 个交易日内进行专项现场核查：(1)未在规定期限内披露年度报告或中期报告；(2)控股股东、实际控制人或其他关联方涉嫌违规占用或转移上市公司的资金、资产及其他资源；(3)关联交易显失公允或未履行审议程序和信息披露义务；(4)违规使用募集资金；(5)违规为他人提供担保或借款；(6)上市公司及其董事、监事、高级管理人员、控股股东、实际控制人涉嫌重大违法违规；(7)存在重大财务造假嫌疑；(8)北交所或保荐机构认为应当进行核查的其他情形。

保荐机构进行现场核查的，应当就核查情况、提请上市公司及投资者关注的问题、本次现场核查结论等事项出具现场核查报告，并在现场核查结束后 15 个交易日内披露。

三、保荐机构变更后的持续督导

《上市规则》第 3.2.3 条规定："除中国证监会和本所规定情形外，上市公司原则上不得变更履行持续督导职责的保荐机构。上市公司因再次发行证券另行聘请保荐机构的，另行聘请的保荐机构应当履行剩余期限的持续督导职责。保荐机构被撤销保荐资格的，上市公司应当在 1 个月内另行聘请保荐机构，履行剩余期限的持续督导职责。另行聘请的保荐机构持续督导的时间不得少于 1 个完整的会计年度。原保荐机构在履行持续督导职责期间未勤勉尽责的，其责任不因保荐机构的更换而免除或者终止。"

公司在北交所上市后的督导期内，主办券商要扮演企业"管家"的角色，监督公司的经营过程，发现问题需及时向公司提出，并进行相关信息披露，指导公司进行整改，如果公司出现严重问题，主办券商也要承担相应责任。上市公司应当配合保荐机构的督导工作，保证保荐机构帮助其尽快熟悉资本市场，为公司持续发展奠定良好的基础。

问 96 “三会”的核心规则有哪些？

“三会”，即股东大会、董事会、监事会。“三会”作为上市公司运作的基石，其运作是否规范、高效直接影响上市公司的经营情况，牵扯广大投资者的利益，也因此受到监管机构的重点关注。《公司法》《上市规则》《持续监管办法》《指引第1号——独立董事》等相关法律规定中对于“三会”的规范运作作出了详细的规定。

一、“三会”的人员组成应符合法律及规则的要求

（一）股东大会

《公司法》第98条规定，股份有限公司的股东大会由全体股东组成。上市公司作为股份有限公司，股东大会的构成和职权首先应当符合《公司法》的规定。

另外，根据中国证监会《上市公司章程指引》第30条的规定，上市公司需要依据证券登记机构提供的凭证建立股东名册，股东名册是证明股东持有公司股份的充分依据。

（二）董事及董事会

根据《公司法》的规定，股份有限公司设董事会，其成员为5人至19人。此外，董事会成员中可以有公司职工代表，董事会中的职工代表由公司职工通过职工代

表大会、职工大会或者其他形式民主选举产生。董事会设董事长一人,可以设副董事长。董事长和副董事长由董事会以全体董事的过半数选举产生。董事由股东大会选举或者更换。董事可以由经理或者其他高级管理人员兼任,但兼任经理或者其他高级管理人员职务的董事以及由职工代表担任的董事,总计不得超过公司董事总数的1/2,公司应当在章程中确定董事会人数。

存在下列情形之一的不得担任董事:(1)无民事行为能力或者限制民事行为能力;(2)因贪污、贿赂、侵占财产、挪用财产或者破坏社会主义市场经济秩序,被判处刑罚,执行期满未逾5年,或者因犯罪被剥夺政治权利,执行期满未逾5年;(3)担任破产清算的公司、企业的董事或者厂长、经理,对该公司、企业的破产负有个人责任的,自该公司、企业破产清算完结之日起未逾3年;(4)担任因违法被吊销营业执照、责令关闭的公司、企业的法定代表人,并负有个人责任的,自该公司、企业被吊销营业执照之日起未逾3年;(5)个人所负数额较大的债务到期未清偿。中国证监会发布的《上市公司章程指引》规定,公司董事为自然人,但被中国证监会处以证券市场禁入处罚,期限未满的不得担任董事。

根据《上市规则》的规定,董事候选人的任职资格应当符合法律法规、北交所业务规则和公司章程等规定。存在以下情形的不得担任董事:(1)《公司法》规定不得担任董事、监事和高级管理人员的情形;(2)被中国证监会及其派出机构采取证券市场禁入措施或者认定为不适当人选,期限尚未届满;(3)被证券交易所或者全国股转公司认定其不适合担任公司董事、监事、高级管理人员,期限尚未届满;(4)中国证监会和北交所规定的其他情形。

(三)独立董事

根据《指引第1号——独立董事》的规定,在北交所上市的公司需要设立独立董事,独立董事及独立董事候选人应当符合法律法规、部门规章、规范性文件及北交所业务规则有关独立董事任职资格、条件和要求的相关规定。上市公司独立董事的人数应当符合中国证监会相关规定,其中应至少包括一名会计专业人士。

独立董事应满足以下条件:(1)具备上市公司运作相关的基本知识,熟悉相关法律法规、部门规章、规范性文件及北交所业务规则;(2)具有5年以上法律、经济、财务、管理或者其他履行独立董事职责所必需的工作经验。以会计专业人士身份被提名为独立董事候选人的,应具备较丰富的会计专业知识和经验,并至少符合下列条件之一:(1)具有注册会计师职业资格;(2)具有会计、审计或者财务管理专业的高级职称、副教授及以上职称或者博士学位;(3)具有经济管理方面高级职称,且在会计、审计或者财务管理等专业岗位有5年以上全职工作经验。

独立董事及独立董事候选人应当具有独立性,下列人员不得担任独立董事或被提名为独立董事候选人:(1)在上市公司或者其控制的企业任职的人员及其直系亲属和主要社会关系;(2)直接或间接持有上市公司1%以上股份或者是上市公司前十名股东中的自然人股东及其直系亲属;(3)在直接或间接持有上市公司5%以上股份的股东单位或者在上市公司前五名股东单位任职的人员及其直系亲属;(4)在上市公司控股股东、实际控制人及其控制的企业任职的人员;(5)为上市公司及其控股股东、实际控制人或者其各自控制的企业提供财务、法律、咨询等服务的人员,包括但不限于提供服务的中介机构的项目组全体人员、各级复核人员、在报告上签字的人员、合伙人及主要负责人;(6)在与上市公司及其控股股东、实际控制人或者其各自控制的企业有重大业务往来的单位担任董事、监事或者高级管理人员,或者在有重大业务往来单位的控股股东单位担任董事、监事或者高级管理人员;(7)最近12个月内曾经具有前六项所列情形之一的人员;(8)存在《公司法》规定的不得担任董事、监事、高级管理人员的情形的;(9)被中国证监会采取证券市场禁入措施,期限尚未届满的;(10)被证券交易所或者全国股转公司采取认定其不适合担任公司董事、监事、高级管理人员的纪律处分,期限尚未届满的;(11)最近36个月内因证券期货违法犯罪,受到中国证监会行政处罚或者司法机关刑事处罚的;(12)因涉嫌证券期货违法犯罪,被中国证监会立案调查或者被司法机关立案侦查,尚未有明确结论意见的;(13)最近36个月内受到证券交易所或者全国股转公司公开谴责或三次以上通报批评的;(14)根据国家发改委等部委相关规定,作为失信联合惩戒对象被限制担任董事或独立董事的;(15)在过往任职独立董事期间因连续三次未亲自出席董事会会议或者因连续两次未能出席也不委托其他董事出席董事会会议被董事会提请股东大会予以撤换,未满12个月的。前述第4~6项的上市公司控股股东、实际控制人控制的企业,不包括《上市规则》第12.1条规定的与上市公司不构成关联关系的企业。

(四)监事及监事会

根据《公司法》的规定,上市公司设监事会,其成员不得少于3人。监事会应当包括股东代表和适当比例的公司职工代表,其中职工代表的比例不得低于1/3,具体比例由公司章程规定。监事会中的职工代表由公司职工通过职工代表大会、职工大会或者其他形式民主选举产生。监事会设主席一人,可以设副主席。监事会主席和副主席由全体监事过半数选举产生。

董事、高级管理人员不得兼任监事。另外,存在以下情形的不得担任监事:(1)无民事行为能力或者限制民事行为能力;(2)因贪污、贿赂、侵占财产、挪用财产或者破坏社会主义市场经济秩序,被判处刑罚,执行期满未逾5年,或者因犯罪被剥夺政治权利,执行期满未逾5年;(3)担任破产清算的公司、企业的董事或者厂长、经理,对该公司、企业的破产负有个人责任的,自该公司、企业破产清算完结之日起未逾3年;(4)担任因违法被吊销营业执照、责令关闭的公司、企业的法定代表人,并负有个人责任的,自该公司、企业被吊销营业执照之日起未逾3年;(5)个人所负数额较大的债务到期未清偿。中国证监会发布的《上市公司章程指引》规定,被中国证监会处以证券市场禁入处罚,期限未满的不得担任监事。

根据《上市规则》的规定,监事候选人的任职资格应当符合法律法规、北交所业务规则和公司章程等规定。存在以下情形的不得担任监事:(1)《公司法》规定不得担任董事、监事和高级管理人员的情形;(2)被中国证监会及其派出机构采取证券市场禁入措施或者认定为不适当人选,期限尚未届满;(3)被证券交易所或者全国股转公司认定其不适合担任公司董事、监事、高级管理人员,期限尚未届满;(4)上市公司董事、高级管理人员的配偶、父母和子女在公司董事、高级管理人员任职期间不得担任公司监事。

二、“三会”的定期会议和临时会议

(一)定期会议

《公司法》《上市规则》以及其他相关规定中,均对定期股东大会、董事会、监事会的召开作出了相应规定,北交所上市公司应当严格按照规定,召开定期会议,否则将可能受到监管机构的处罚。

根据《上市规则》第4.1.3条的规定,年度股东大会每年召开一次,应当在上一会计年度结束后的6个月内召开。第4.1.26条规定,董事会每年度至少召开两次会议。第4.1.33条规定,监事会每6个月至少召开一次会议。

(二)临时会议

定期会议受到频率、召集程序等方面的限制,无法对不确定性及突发性事件进行及时表决,因此《公司法》《上市规则》中对召开临时会议的情形作出了相关规定。

1. 股东大会

根据《上市规则》第4.1.3条、《公司法》第100条的规定,临时股东大会不定期召开,出现下列情形之一的,应当在2个月内召开:(1)董事人数不足《公司法》规定人数或者公司章程所定人数的2/3时;(2)公司未弥补的亏损达实收股本总额1/3时;(3)单独或者合计持有公司10%以上股份的股东请求时;(4)董事会认为必要时;(5)监事会提议召开时;(6)公司章程规定的其他情形。在上述期限内不能召开股东大会的,上市公司应当及时向公司所在地中国证监会派出机构和北交所报告,说明原因并公告。

监事会有权向董事会提议召开临时股东大会,并应当以书面形式提出。董事会不同意召开,或者在收到提议后10日内未作出书面反馈的,监事会应当自行召集和主持临时股东大会。单独或者合计持有公司10%以上股份的股东可以书面提议董事会召开临时股东大会；董事会不同意召开，或者在收到提议后10日内未作出反馈的，上述股东可以书面提议监事会召开临时股东大会。监事会同意召开的，应当在收到提议后5日内发出召开股东大会的通知；未在规定期限内发出通知的，视为监事会不召集和主持股东大会，连续90日以上单独或者合计持有公司10%以上股份的股东可以自行召集和主持临时股东大会。在股东大会决议公告之前，召集股东大会的股东合计持股比例不得低于10%。监事会或者股东依法自行召集股东大会的，上市公司董事会、董事会秘书应当予以配合，并及时履行信息披露义务。上市公司章程中应当载明监事会或者股东依法自行召集股东大会产生的必要费用由上市公司承担。根据《指引第1号——独立董事》第15条的规定，独立董事有权向董事会提请召开临时股东大会。

2. 董事会

根据《公司法》第110条的规定，代表1/10以上表决权的股东、1/3以上董事或者监事会，可以提议召开董事会临时会议。董事长应当自接到提议后10日内，召集和主持董事会会议。

3. 监事会

根据《上市规则》第4.1.33条的规定，监事会临时会议可以根据监事的提议召开。

三、会议的召集和召开程序合法

（一）会议的召集程序

1. 股东大会

根据《上市规则》第4.1.6~4.1.9条的规定，上市公司召开股东大会应当将会议召开的时间、地点和审议的事项以公告的形式向全体股东发出通知。股东大会通知中应当列明会议时间、地点，并确定股权登记日。股权登记日与会议日期之间的间隔不得多于7个交易日，且应当晚于公告的披露时间。股权登记日一旦确定，不得变更。

上市公司应当在年度股东大会召开 20 日前或者临时股东大会召开 15 日前，以临时报告方式向股东发出股东大会通知。单独或者合计持有公司 3% 以上股份的股东可以在股东大会召开 10 日前提出临时提案并书面提交召集人；召集人应当在收到提案后 2 日内发出股东大会补充通知，并将该临时提案提交股东大会审议。股东大会通知和补充通知中应当充分、完整地披露提案的具体内容，以及为使股东对拟讨论事项作出合理判断所需的全部资料或解释。

股东大会通知发出后，无正当理由，不得延期或者取消，股东大会通知中列明的提案不得取消。确需延期或者取消的，公司应当在股东大会原定召开日前至少 2 个交易日公告，并说明延期或者取消的具体原因；延期召开的，应当在公告中说明延期后的召开日期。

2. 董事会

根据《上市规则》第 4.1.26 条的规定，董事会每次年度会议应当于会议召开 10 日前通知全体董事和监事；董事会召开临时会议，应当按照公司章程的规定发出会议通知。董事会会议议题应当事先拟定，并提供足够的决策材料。两名及以上独立董事认为资料不完整或者论证不充分的，可以联名书面向董事会提出延期召开会议或者延期审议该事项，董事会应当采纳，上市公司应当及时披露。

3. 监事会

根据《上市规则》第 4.1.33 条的规定，监事会的会议通知应当符合公司章程的规定。

(二)会议主持和召开

1. 股东大会

根据《上市规则》第 4.1.11 条的规定，股东大会由董事长主持。董事长不能履行职务或者不履行职务时，由副董事长主持；副董事长不能履行职务或者不履行职务时，由半数以上董事共同推举一名董事主持。监事会自行召集的股东大会，由监事会主席主持。监事会主席不能履行职务或者不履行职务时，由监事会副主席主持；监事会副主席不能履行职务或不履行职务时，由半数以上监事共同推举一名监事主持。股东依法自行召集的股东大会,由召集人推选代表主持。

2. 董事会

根据《公司法》第 109 条第 2 款的规定,董事长召集和主持董事会会议,检查董事会决议的实施情况。副董事长协助董事长工作,董事长不能履行职务或者不履行职务的,由副董事长履行职务;副董事长不能履行职务或者不履行职务的,由半数以上董事共同推举一名董事履行职务。

3. 监事会

根据《公司法》第 117 条的规定,监事会主席召集和主持监事会会议;监事会主席不能履行职务或者不履行职务的,由监事会副主席召集和主持监事会会议;监事会副主席不能履行职务或者不履行职务的,由半数以上监事共同推举一名监事召集和主持监事会会议。

(三)回避表决

1. 股东大会

根据《上市规则》第 4.1.13 条的规定,股东与股东大会拟审议事项有关联关系的,应当回避表决,其所持有表决权的股份不计入出席股东大会有表决权的股份总数。

2. 董事会

根据《上市规则》第 4.1.27 条的规定,董事与董事会会议决议事项有关联关系的,应当回避表决,不得对该项决议行使表决权,也不得代理其他董事行使表决权。该董事会会议由过半数的无关联关系董事出席即可举行。

3. 监事会

截至 2012 年 12 月,监管机构并未出台有关联关系的监事回避表决的规定,但在实践中,绝大多数上市公司会在章程中约定监事的回避表决条款。

(四)累积投票制

根据《上市规则》第 4.1.16 条的规定,股东大会选举董事、监事时,应当充分反映中小股东意见。鼓励上市公司股东大会在董事、监事选举中推行累积投票制。上市公司单一股东及其一致行动人拥有权益的股份比例在 30% 及以上的,股东大会在董事、监事选举中应当推行累积投票制。采用累积投票制的公司应当在公司章程中规定具体实施办法。

四、会议的表决结果合法有效

(一)股东大会

根据《公司法》第 103 条、《上市公司章程指引》第 75 ~ 77 条的规定,股东大会决议分为普通决议和特别决议。股东大会作出普通决议,应当由出席股东大会的股东(包括股东代理人)所持表决权的 1/2 以上通过。股东大会作出特别决议,应当由出席股东大会的股东(包括股东代理人)所持表决权的 2/3 以上通过。下列事项由股东大会以普通决议通过:(1)董事会和监事会的工作报告;(2)董事会拟定的利润分配方案和弥补亏损方案;(3)董事会和监事会成员的任免及其报酬和支付方法;(4)公司年度预算方案、决算方案;(5)公司年度报告;(6)除法律、行政法规规定或者《上市公司章程指引》规定应当以特别决议通过以外的其他事项。下列事项由股东大会以特别决议通过:(1)公司增加或者减少注册资本;(2)公司的分立、合并、解散和清算;(3)章程的修改;(4)公司在 1 年内购买、出售重大资产或者担保金额超过公司最近一期经审计总资产 30% 的;(5)股权激励计划;(6)法律、行政法规或《上市公司章程指引》规定的,以及股东大会以普通决议认定会对公司产生重大影响的、需要以特别决议通过的其他事项。

上市公司召开股东大会,应当聘请律师对股东大会的召集、召开程序、出席会议人员的资格、召集人资格、表决程序和结果等事项是否合法有效出具法律意见书。

(二)董事会

根据《公司法》第111条、《上市规则》第4.1.27条的规定,董事会作出决议,必须经无关联关系董事过半数通过。出席董事会的无关联关系董事人数不足3人的,应将该事项提交上市公司股东大会审议。

(三)监事会

根据《公司法》第119条第3款的规定,监事会决议应当经半数以上监事通过。

总之,"三会"制度是现代企业制度的核心,是法人治理结构的具体体现,也是监管机构、交易所的具体要求。只有"三会"的人员构成合法,召集、召开、表决的程序合法,具有出席会议资格的人的表决结果才合法、有效,合法、有效的表决结果才是上市公司合法、规范、持续运营的根本基础。

问97 募集资金的管理有哪些要求?

募集资金,是指上市公司公开发行证券(包括首次公开发行股票、配股、增发、发行可转换公司债券、发行分离交易的可转换公司债券等)以及非公开发行证券向投资者募集的资金,但不包括上市公司股权激励计划募集的资金。募集资金的存放实行专户存储制度。公司应当在银行设立专用账户存储募集资金,并与开户银行签订募集资金专用账户管理协议。

为规范上市公司募集资金管理,提高募集资金的使用效率,上市公司应当建立并完善募集资金存储、使用、变更、监督和责任追究的内部控制制度,《指引第2号——募集资金管理和使用》及北交所《上市规则》《持续监管办法》对上市公司募集资金管理进行了明确的规定。

一、建立募集资金制度、专用账户

根据《持续监管办法》第8条的规定,上市公司应当建立完善募集资金管理使用制度。募集资金的存放、使用、变更和持续披露等具体规则由北交所制定。北交所《指引第2号——募集资金管理和使用》与《上市规则》的规定基本相同,根据《上市规则》第2.3.1条、第2.3.2条的规定,上市公司应当建立募集资金存储、使用、监管和责任追究的内部制度,明确募集资金使用的分级审批权限、决策程序、风险防控措施和信息披露要求。上市公司募集资金应当存放于募集资金专项账户,该账户不得存放非募集资金或用作其他用途,在募集资金到位后1个月内应当与保荐机构、存放募集资金的商业银行签订三方监管协议。

二、募集资金用途

在募集资金用途方面,《指引第2号——募集资金管理和使用》与《上市规则》的规定大致相同。根据《上市规则》第2.3.3条的规定,上市公司募集资金应当用于主营业务及相关业务领域。暂时闲置的募集资金可以进行现金管理,投资于安全性高、流动性好、可以保障投资本金安全的理财产品。上市公司使用闲置募集资金投资理财产品的,应当经公司董事会审议通过并披露,独立董事和保荐机构应当发表明确同意意见并披露。除金融类企业外,募集资金不得用于持有交易性金融资产、其他权益工具投资、其他债权投资或借予他人、委托理财等财务性投资,不得直接或间接投资于以买卖有价证券为主营业务的公司,不得用于股票及其衍生品种、可转换公司债券的交易,不得通过质押、委托贷款或其他方式变相改变募集资金用途。

三、募集资金的使用规范

(一)改变募集资金用途

根据《指引第2号——募集资金管理和使用》《上市规则》的规定,上市公司应当按照公开披露的用途使用募集资金。改变募集资金用途的,应当经公司董事会、股东大会审议通过并披露,独立董事和保荐机构应当发表明确同意意见并披露。存在下列情形的,视为募集资金用途变更:(1)取消或者终止原募集资金项目,实施新项目;(2)变更募集资金投资项目实施主体(实施主体在发行人及其全资子公司之间变更的除外);(3)变更募集资金投资项目实施方式;(4)北交所认定为募集资金用途变更的其他情形。发行人仅改变募集资金投资项目实施地点的,可免于提交股东大会审议。

(二)暂时闲置的募集资金使用

根据《上市规则》的规定,暂时闲置的募集资金可暂时用于补充流动资金。暂时补充流动资金,仅限于与主营业务相关的生产经营使用,不得直接或间接用于新股配售、申购,或用于股票及其衍生品种、可转换公司债券等的交易。

闲置募集资金暂时用于补充流动资金的,应当经上市公司董事会审议通过并披露,独立董事和保荐机构应当发表明确同意意见并披露。单次补充流动资金最长不得超过12个月。补充流动资金到期日之前,发行人应当将该部分资金归还至募集资金专户,并在资金全部归还后及时公告。

此外,《指引第2号——募集资金管理和使用》还规定暂时闲置的募集资金可进行现金管理,其投资的产品须符合以下条件:(1)安全性高,满足保本要求,产品发行主体能够提供保本承诺。(2)流动性好,不得影响募集资金投资计划正常进行。投资产品不得质押,产品专用结算账户(如适用)不得存放非募集资金或用作其他用途,开立或注销产品专用结算账户的,上市公司应当及时报交易所备案并公告。

使用闲置募集资金投资产品的,应当经上市公司董事会审议通过,独立董事、监事会、保荐机构发表明确同意意见。上市公司应当在董事会会议后2个交易日内公告下列内容:(1)本次募集资金的基本情况,包括募集时间、募集资金金额、募集资金净额及投资计划等;(2)募集资金使用情况;(3)闲置募集资金投资产品的额度及期限,是否存在变相改变募集资金用途的行为和保证不影响募集资金项目正常进行的措施;(4)投资产品的收益分配方式、投资范围及安全性;(5)独立董事、监事会、保荐机构出具的意见。

(三)超募资金的使用

在实践中,如上市公司实际募集资金净额超过计划募集资金金额,则超过的部分(超募资金)按《上市规则》和《指引第2号——募集资金管理和使用》的规定可以用于永久补充流动资金和归还银行借款,但是应当经公司董事会、股东大会审议通过并披露,独立董事和保荐机构应当发表明确同意意见并披露。《指引第2号——募集资金管理和使用》还规定,用于永久补充流动资金和归还银行借款的,每12个月内累计金额不得超过超募资金总额的30%。

上市公司应当承诺在补充流动资金后的12个月内不进行股票及其衍生品种、可转换公司债券等高风险投资,或者为他人提供财务资助。

(四)自筹资金置换

根据《上市规则》的规定,上市公司以自筹资金预先投入公开披露的募投项目后,以募集资金置换自筹资金的,应当经公司董事会审议通过并披露,独立董事和保荐机构应当发表明确同意意见并披露。上市公司应当及时披露募集资金置换公告,以及保荐机构关于上市公司前期资金投入具体情况或安排的专项意见。《指引第2号——募集资金管理和使用》在此基础上,还需要求会计师事务所出具鉴证报告,监事会发表明确同意意见并披露。

（五）上市公司与中介机构专项核查

根据《上市规则》的规定，上市公司董事会应当每半年度对募集资金使用情况进行自查，出具自查报告，并在披露年度报告及中期报告时一并披露。

上市公司董事会应当聘请会计师事务所对募集资金存放和使用情况出具鉴证报告，并在上市公司披露年度报告时一并披露。

保荐机构每年就上市公司募集资金存放和使用情况至少进行一次现场核查（《指引第 2 号——募集资金管理和使用》要求保荐机构应当至少每半年度对上市公司募集资金的存放与使用情况进行一次现场核查），出具核查报告，并在公司披露年度报告时一并披露。

此外，《指引第 2 号——募集资金管理和使用》规定，独立董事应当关注募集资金实际使用情况与上市公司信息披露情况是否存在差异。经 1/2 以上独立董事同意，独立董事可以聘请会计师事务所对募集资金存放与使用情况出具鉴证报告，上市公司应当积极配合，并承担必要的费用。

第五篇 退市与风险

IPO上市100问

Part Five

第一章
Chapter One
退　市

问 98 退市风险警示有哪几种情形？

北交所上市公司出现财务状况异常情况或者其他异常情况导致其股票存在被强制退市风险的，由北交所对该公司股票实施风险警示。上市公司股票被实施退市风险警示的，在公司股票简称前冠以“＊ST”字样。《上市规则》对实施风险警示的情形作出了详细规定。

一、以财务指标作为触发依据的退市风险警示

（一）净利润为负且营业收入过低

根据《上市规则》第10.3.1条第1款第1项的规定，上市公司最近一个会计年度经审计的净利润为负值且营业收入低于5000万元，或追溯重述后最近一个会计年度净利润为负值且营业收入低于5000万元的，北交所对其股票实施退市风险警示。前述净利润以扣除非经常性损益前后孰低者为准，营业收入应当扣除不具备商业实质的收入。负责审计的会计师事务所应当就公司营业收入扣除事项是否符合前述规定及扣除后的营业收入金额出具专项核查意见。

需要注意的是，按照《上市规则》第2.1.3条第1款第2～4项规定的上市的公

司,不适用前述规定,这类公司包括:(1)预计市值不低于4亿元,最近2年营业收入平均不低于1亿元,且最近1年营业收入增长率不低于30%,最近1年经营活动产生的现金流量净额为正;(2)预计市值不低于8亿元,最近1年营业收入不低于2亿元,最近2年研发投入合计占最近2年营业收入合计比例不低于8%;(3)预计市值不低于15亿元,最近2年研发投入合计不低于5000万元。前款所称预计市值是指以发行人公开发行价格计算的股票市值。

(二)净资产为负值

根据《上市规则》第10.3.1条第1款第2项的规定,上市公司最近一个会计年度经审计的期末净资产为负值,或追溯重述后最近一个会计年度期末净资产为负值的,北交所对其股票实施退市风险警示。

(三)被出具无法表示意见或否定意见的审计报告

根据《上市规则》第10.3.1条第1款第3项的规定,上市公司最近一个会计年度的财务会计报告被出具无法表示意见或否定意见的审计报告的,北交所对其股票实施退市风险警示。被出具无法表示意见的审计报告的情形一般包括:(1)审计证据不充分适当,未发现错报对财务报表可能产生重大且具有广泛性的影响;(2)多个不确定事项可能存在相互影响以及可能对财务报表产生累计影响;(3)未发现错报可能对财务报表产生重大且具有广泛性的影响,出具审计报告之前解除业务约定被禁止或不可行。否定意见的审计报告,是指审计人员经过审计后,认为被审计单位的会计报表不能公允地反映其财务状况、经营成果和现金流量情况,从而提出否定其会计报表合规性、完整性和逻辑性的审计意见的一种审计报告。

(四)年度报告存在虚假、误导或遗漏,导致财务指标实质已达触发退市风险警示条件

根据《上市规则》第10.3.1条第1款第4项的规定,中国证监会及其派出机构行政处罚决定书表明公司已披露的最近一个会计年度经审计的年度报告存在虚假记载、误导性陈述或者重大遗漏，导致该年度的净利润及营业收入或净资产已经触及退市风险警示情形的，北交所对其股票实施退市风险警示。

二、以违反法律规范作为触发依据的退市风险警示

（一）未按规定披露定期报告

根据《上市规则》第 10.4.1 条第 1 款第 1 项的规定，上市公司未在法定期限内披露年度报告或者中期报告，且在公司股票停牌 2 个月内仍未披露的，北交所对其股票实施退市风险警示。年度报告应当在每个会计年度结束之日起 4 个月内披露；中期报告应当在每个会计年度的上半年结束之日起 2 个月内编制完成并披露。

（二）无法保证报告的真实性、准确性和完整性

根据《上市规则》第 10.4.1 条第 1 款第 2 项的规定，半数以上董事无法保证公司所披露年度报告或者中期报告的真实性、准确性和完整性，且未在法定期限内改正，此后股票停牌 2 个月内仍未改正的，北交所对其股票实施退市风险警示。

（三）财务报告出现重大差错或虚假记载

根据《上市规则》第 10.4.1 条第 1 款第 3 项的规定，上市公司财务会计报告存在重大会计差错或者虚假记载，被中国证监会及其他派出机构责令改正，但公司未在要求期限内改正，且在公司股票停牌 2 个月内仍未改正的，北交所对其股票实施退市风险警示。

(四)信息披露或者规范运作存在重大缺陷

根据《上市规则》第10.4.1条第1款第4项的规定,上市公司信息披露或者规范运作等方面存在重大缺陷,被北交所限期改正但公司未在规定期限内改正,且公司在股票停牌2个月内仍未改正的,北交所对其股票实施退市风险警示。信息披露或规范运作存在重大缺陷具体包括北交所失去公司有效信息来源、公司拒不披露应当披露的重大信息、公司严重扰乱信息披露秩序并造成恶劣影响、北交所认为公司存在其他信息披露或者规范运作缺陷且情节严重的情形。该情形由北交所上市委审议,北交所结合上市委的审议意见作出认定。

(五)股本总额或公众股东持股比例不再具备上市条件

根据《上市规则》第10.4.1条第1款第5项的规定,上市公司股本总额或公众股东持股比例发生变化,导致连续60个交易日不再具备上市条件,且公司在股票停牌1个月内仍未解决的,北交所对其股票实施退市风险警示。在北交所上市,公司股本总额不得少于3000万元,公众股东持股比例不低于公司股本总额的25%。

(六)公司可能被依法强制解散

根据《上市规则》第10.4.1条第1款第6项的规定,上市公司可能被依法强制解散的,北交所对其股票实施退市风险警示。根据《公司法》第180条和第182条的规定,公司依法被吊销营业执照、责令关闭或者被撤销时,或公司经营管理发生严重困难,继续存续会使股东利益受到重大损失,通过其他途径不能解决的,持有公司全部股东表决权10%以上的股东向人民法院请求解散公司时,公司可能被依法强制解散。

(七)公司可能出现重整、破产等情形

根据《上市规则》第 10.4.1 条第 1 款第 7 项的规定,法院依法受理上市公司重整、和解或破产清算的申请时,北交所对其股票实施退市风险警示。

三、以重大违法情形作为触发依据的退市风险警示

根据《上市规则》第 10.5.2 条的规定,上市公司可能触及以下情形的,应当于知悉相关行政机关行政处罚事先告知书或者人民法院作出司法裁判当日向北交所报告,及时披露有关内容,就其股票可能被实施重大违法强制退市进行风险提示。公司股票于公告披露日的次一交易日起停牌 1 天,北交所自复牌之日起对公司股票实施退市风险警示:

1. 涉及国家安全、公共安全、生态安全、生产安全和公众健康安全等领域的重大违法行为被追究法律责任,导致上市公司或其主要子公司依法被吊销营业执照、责令关闭或者被撤销,依法被吊销主营业务生产经营许可证,或存在丧失继续生产经营法律资格的其他情形。

2. 上市公司公开发行并上市,申请或者披露文件存在虚假记载、误导性陈述或重大遗漏,被中国证监会及其派出机构依据《证券法》第 181 条作出行政处罚决定,或者被人民法院依据《刑法》第 160 条作出有罪生效判决。

3. 上市公司发行股份购买资产并构成重组上市,申请或者披露文件存在虚假记载、误导性陈述或者重大遗漏,被中国证监会及其派出机构依据《证券法》第 181 条作出行政处罚决定,或者被人民法院依据《刑法》第 160 条作出有罪生效判决。

4. 上市公司披露的年度报告存在虚假记载、误导性陈述或者重大遗漏,根据中国证监会及其派出机构行政处罚决定认定的事实,导致连续会计年度财务类指标已实际触及北交所规定的财务类强制退市标准。

问99 什么情况下触发强制退市程序?

上市公司退市,是指公司股票在证券交易所终止上市交易,上市公司退市制度是资本市场重要的基础性制度。一方面,上市公司基于实现发展战略、维护合理估值、稳定控制权以及成本效益法则等方面的考虑,认为不再需要继续维持上市地位,或者继续维持上市地位不再有利于公司发展,可以主动向证券交易所申请其股票终止交易。另一方面,证券交易所为了维护公开交易股票的总体质量和市场信心,依照规则要求交投不活跃、股权分布不合理、市值过低而不再适合公开交易的股票终止交易,特别是对于存在严重违法违规行为的公司,证券交易所可以依法强制其股票退出市场交易。《上市规则》中对触发强制退市程序的情形作出了详细规定。

一、交易类强制退市

根据《上市规则》第10.2.1条的规定,上市公司连续60个交易日出现下列情形之一的,由北交所决定终止其股票上市:(1)股票每日收盘价均低于每股面值;(2)股东人数均少于200人;(3)按照《上市规则》第2.1.3条第1款第4项(预计市值不低于15亿元,最近2年研发投入合计不低于5000万元)规定上市的公司,股票交易市值均低于3亿元;(4)北交所认定的其他情形。前述"交易日"不包含公司股票停牌日和公开发行股票并上市之日起的20个交易日。

二、财务类强制退市

根据《上市规则》第10.3.9条的规定,上市公司出现下列情形之一的,由北交所决定终止其股票上市交易：(1)最近一个会计年度经审计的净利润为负值且营业收入低于5000万元，或追溯重述后最近一个会计年度净利润为负值且营业收入低于5000万元，被实施退市风险警示后，首个会计年度净利润继续为负值且营业收入继续低于5000万元。按照《上市规则》第2.1.3条第1款第2～4项规定的上市公司（预计市值不低于4亿元，最近2年营业收入平均不低于1亿元，且最近1年营业收入增长率不低于30%，最近1年经营活动产生的现金流量净额为正；预计市值不低于8亿元，最近1年营业收入不低于2亿元，最近2年研发投入合计占最近2年营业收入合计比例不低于8%；预计市值不低于15亿元，最近2年研发投入合计不低于5000万元）不适用本项规定。(2)最近一个会计年度经审计的期末净资产为负值，或追溯重述后最近一个会计年度期末净资产为负值，被实施退市风险警示后，首个会计年度净资产继续为负值。(3)中国证监会及其派出机构行政处罚决定书表明公司已披露的最近一个会计年度经审计的年度报告存在虚假记载、误导性陈述或者重大遗漏，导致该年度相关财务指标实际已触及上述净利润和营业收入指标或净资产指标，被实施退市风险警示后，实际触及退市风险警示指标相应年度的次一年度仍然继续触及上述第1项或第2项情形的。(4)因触及财务类指标，被实施退市风险警示后，首个会计年度的财务会计报告被出具保留意见、无法表示意见或否定意见的审计报告。(5)虽满足撤销退市风险警示的条件，但公司未在规定期限内向北交所申请撤销的。(6)因不满足撤销退市风险警示的条件，北交所决定不予撤销的。(7)北交所认定的其他情形。

三、规范类强制退市

根据《上市规则》第10.4.12条的规定，上市公司出现下列情形之一的，由北交所决定终止其股票上市交易：(1)因未在法定期限内披露年度报告或者中期报告，且在公司股票停牌2个月内仍未披露，被实施退市风险警示之日起的2个月内仍未披露过半数董事保证真实、准确、完整的相关年度报告或者中期报告；(2)因半数以上董事无法保证公司所披露年度报告或中期报告的真实性、准确性和完整性，且未在法定期限内改正，此后股票停牌2个月内仍未改正，被实施退市风险警示之日起的 2 个月内仍有半数以上董事无法保证年度报告或者中期报告真实、准确、完整；(3)因财务会计报告存在重大会计差错或者虚假记载，被中国证监会及其派出机构责令改正，但公司未在要求期限内改正，且在公司股票停牌 2 个月内仍未改正，被实施退市风险警示之日起的 2 个月内仍未披露经改正的财务会计报告；(4)因信息披露或者规范运作等方面存在重大缺陷，被北交所限期改正但公司未在规定期限内改正，且公司在股票停牌 2 个月内仍未改正，被实施退市风险警示之日起的 2 个月内仍未按要求完成改正；(5)因公司股本总额或公众股东持股比例发生变化，导致连续 60 个交易日不再具备上市条件，且公司在股票停牌 1 个月内仍未解决，被实施退市风险警示之日起的 6 个月内仍未解决股本总额或公众股东持股比例问题；(6)因公司可能被依法强制解散或法院依法受理公司重整、和解或破产清算申请，股票被实施退市风险警示的，公司依法被吊销营业执照、被责令关闭或者被撤销等强制解散条件成就，或者法院裁定公司破产；(7)虽满足撤销退市风险警示的条件，但公司未在规定期限内向北交所申请撤销的；(8)因不满足撤销退市风险警示的条件，北交所决定不予撤销的；(9)北交所认定的其他情形。

四、重大违法类强制退市

根据《上市规则》第 10.5.1 条的规定，重大违法类强制退市包括下列情形：(1)涉及国家安全、公共安全、生态安全、生产安全和公众健康安全等领域的重大违法行为被追究法律责任，导致上市公司或其主要子公司依法被吊销营业执照、责令关闭或者被撤销，依法被吊销主营业务生产经营许可证，或存在丧失继续生产经营法律资格的其他情形；(2)上市公司公开发行并上市，申请或者披露文件存在虚假记载、误导性陈述或重大遗漏，被中国证监会及其派出机构依据《证券法》第 181 条作出行政处罚决定，或者被人民法院依据《刑法》第 160 条作出有罪生效判决；(3)上市公司发行股份购买资产并构成重组上市，申请或者披露文件存在虚假记载、误导性陈述或者重大遗漏，被中国证监会及其派出机构依据《证券法》第 181 条作出行政处罚决定，或者被人民法院依据《刑法》第 160 条作出有罪生效判决；(4)上市公司披露的年度报告存在虚假记载、误导性陈述或者重大遗漏，根据中国证监会及其派出机构行政处罚决定认定的事实,导致连续会计年度财务类指标已实际触及北交所《上市规则》规定的财务类强制退市标准;(5)北交所认定的其他情形。

根据规定,上市公司因上述重大违法行为在股票被实施退市风险警示期间,收到相关行政机关相应行政处罚决定或者人民法院生效司法裁判,可能触及重大违法强制退市情形的,应当及时披露有关内容,就其股票可能被实施重大违法强制退市进行风险提示。公司股票自公告披露日的次一交易日起停牌1天。

问100 公司退市以后怎么办?

上市公司被强制退市之后,并不代表公司彻底脱离北交所及证券监管机构的管理,公司仍需履行相应的法律义务。此外,被强制退市后,公司仍有重新上市的机会。

一、上市公司应按规定披露终止上市

根据《上市规则》第10.6.4条的规定,上市公司应当在收到终止上市决定后的次一交易日内披露相应公告,公告中应当包括以下内容:(1)终止上市决定的主要内容;(2)公司股票进入退市整理期的停复牌安排(如有)和终止上市日期;(3)终止上市后的信息披露或保障股东依法查阅公司财务会计报告等知情权的具体安排、股东权益保护相关安排;(4)终止上市后其股票登记、挂牌交易或转让事宜;(5)公司联系人与联系方式;(6)北交所要求的其他内容。

二、上市公司有权在规定期限内申请复核

根据《上市规则》第10.6.5条的规定,上市公司被北交所作出强制终止上市决

定的,可以根据相关规定申请复核。上市公司未提出复核申请的,应当在复核期限届满当日,披露关于未提出复核申请的提示性公告。上市公司提出复核申请的,应在当日披露关于已提出复核申请的公告,并在收到北交所复核决定当日披露公告,说明复核决定的主要内容以及公司股票停复牌的具体安排。北交所经复核作出撤销强制终止上市决定的,公司股票自作出撤销强制终止上市决定的次两个交易日起复牌。

三、进入退市整理期

根据《上市规则》的规定,北交所根据财务类强制退市或规范类强制退市或重大违法类强制退市的相关规定作出终止上市的决定后,适用退市整理期的相关规定。

退市整理期的交易期限为15个交易日。上市公司股票在退市整理期全天停牌的,停牌期间不计入退市整理期,但停牌天数不超过5个交易日。

北交所作出强制终止上市决定后,上市公司未提出复核申请的,公司股票自申请复核期限届满后的第6个交易日起复牌,进入退市整理期,并于退市整理期届满的次一交易日终止上市。上市公司提出复核申请,北交所作出维持强制终止上市决定的,公司股票自作出维持终止上市决定后的第6个交易日起复牌,进入退市整理期,并于退市整理期届满的次一交易日终止上市。股票在退市整理期,上市公司应当于每个交易日开盘前披露一次股票将被终止上市的风险提示公告,北交所对股票进行特殊标识,证券简称为“××退”。

四、重新上市

上市公司退市后,仍然有机会重新上市。根据《上市规则》第10.8.1条的规定,上市公司股票终止上市后,其终止上市情形已消除,符合重新上市条件的可以向北交所申请重新上市。重新上市的具体条件,将由北交所另行规定。

根据《上市规则》第10.8.2条的规定,上市公司因触发重大违法强制退市情形，其股票被终止上市后，作为上市公司重大违法强制退市认定依据的行政处罚决定、司法裁判被依法撤销、确认无效或者因对违法行为性质、违法事实等的认定发生重大变化被依法变更的，公司可以在知道相关行政机关决定或者人民法院生效司法裁判后的10个交易日内，向北交所申请撤销对公司股票作出的终止上市决定。北交所撤销终止上市决定的，公司可以向北交所申请重新上市。财务类强制退市涉及的相关行政处罚决定被依法撤销或确认无效，或者因对违法行为性质、违法事实等的认定发生重大变化被依法变更的，参照重大违法强制退市的规定。

此外，根据《上市规则》的规定，上市公司因以下两种情形被实施重大违法类强制退市，其股票终止上市后，不得向北交所申请重新上市：

1. 申请或者披露文件存在虚假记载、误导性陈述或重大遗漏，被中国证监会及其派出机构依据《证券法》第181条作出行政处罚决定，或者被人民法院依据《刑法》第160条作出有罪生效判决。

2. 发行股份购买资产并构成重组上市，申请或者披露文件存在虚假记载、误导性陈述或者重大遗漏，被中国证监会及其派出机构依据《证券法》第181条作出行政处罚决定，或者被人民法院依据《刑法》第160条作出有罪生效判决。

被实施重大违法类强制退市，其股票终止上市后，除前述情形外，不得向北交所申请重新上市。

退市公司提交重新上市申请后，北交所上市委将对股票重新上市申请进行审议，由北交所结合上市委的审议意见，作出是否同意公司股票重新上市的决定。

问 101 公司退市去哪里？

主板上市公司退市后可以转入全国股转系统代为管理的退市公司板块。与主板上市公司不同，由于北交所上市公司均来自全国股转系统，因此北交所上市公司退市后，其股票仍有机会在全国股转系统进行交易。

一、进入全国股转系统

根据《上市规则》第 10.6.9 条的规定,上市公司股票终止上市后,符合全国股转系统挂牌条件或进入创新层条件的,可以转入相应层级挂牌交易。根据《股转系统挂牌指引》的规定,在全国股转系统挂牌必须满足以下条件:(1)依法设立且存续满 2 年;(2)业务明确,具有持续经营能力;(3)公司治理机制健全,合法规范经营;(4)股权明晰,股票发行和转让行为合法合规;(5)主办券商推荐并持续督导。

根据《分层管理办法》第 11 条的规定,挂牌公司进入创新层,应当符合下列条件之一:(1)最近 2 年净利润均不低于 1000 万元,最近 2 年加权平均净资产收益率平均不低于 8%,股本总额不少于 2000 万元;(2)最近 2 年营业收入平均不低于 6000 万元,且持续增长,年均复合增长率不低于 50%,股本总额不少于 2000 万元;(3)最近有成交的 60 个做市或者集合竞价交易日的平均市值不低于 6 亿元,股本总额不少于 5000 万元;采取做市交易方式的,做市商家数不少于 6 家。

根据《分层管理办法》第 12 条的规定,挂牌公司进入创新层还应当符合以下条件:(1)公司挂牌以来完成过定向发行股票(含优先股),且发行融资金额累计不低于 1000 万元;(2)符合全国股转系统基础层投资者适当性条件的合格投资者人数不少于 50 人;(3)最近 1 年期末净资产不为负值;(4)公司治理健全,制定并披露股东大会、董事会和监事会制度、对外投资管理制度、对外担保管理制度、关联交易管理制度、投资者关系管理制度、利润分配管理制度和承诺管理制度;设立董事会秘书;(5)中国证监会和全国股转系统规定的其他条件。

二、转入全国股转系统代为管理的退市公司板块

根据《上市规则》第 10.6.9 条的规定,上市公司股票终止上市后,不符合全国股转系统挂牌条件,且股东人数超过 200 人的,转入全国股转系统代为管理的退市公司板块,其股份转让和信息披露按相关规定办理。

上市公司退市后转入全国股转公司代为管理的退市公司板块,应当聘请证券

公司担任其主办券商,协助公司办理相关业务。公司无法自行聘请主办券商,原则上由北交所随机抽选证券公司担任;因下列两种情形被强制退市的公司,原则上由其公开发行并上市或重组上市的保荐机构担任主办券商:(1)上市公司公开发行并上市,申请或者披露文件存在虚假记载、误导性陈述或重大遗漏,被中国证监会及其派出机构依据《证券法》第 181 条作出行政处罚决定,或者被人民法院依据《刑法》第 160 条作出有罪生效判决;(2)上市公司发行股份购买资产并构成重组上市,申请或者披露文件存在虚假记载、误导性陈述或者重大遗漏,被中国证监会及其派出机构依据《证券法》第 181 条作出行政处罚决定,或者被人民法院依据《刑法》第 160 条作出有罪生效判决。

需要说明的是,公司退市并非意味着被宣告死亡,其作为公司法人的主体依然存在,依然可以像过去一样正常地生产经营,只是公司信誉大打折扣,融资可能会受到很大的限制。但是对于北交所上市公司来说,考虑到全国股转系统创新层与北交所间特殊的关系与制度设计,如果公司能够反思自己的退市原因,总结经验教训,改正错误,仍然有重新上市的机会。

第二章
Chapter Two
风　险

问 102 信息披露违规的法律后果有哪些?

信息披露是上市公司的立足之本,是资本市场发展的基石,全体信息披露义务人均应当勤勉尽责,确保上市公司信息披露的真实、准确和完整。实践中,上市公司信息披露违规行为形式多样,动机各异,不当信息披露会破坏上市公司的诚信形象、侵害股东利益、破坏投资者信心,上市公司及相关责任人员还需承担相应的法律责任。

一、信息披露常见的违规情形

上市公司的信息披露涉及公司治理、重大交易、股票波动等方方面面的内容,需要上市公司信息披露义务人有足够强的业务水平和合法合规意识,否则稍有疏忽便会构成信息披露违规。常见的信息披露违规主要包括信息披露不及时和信息披露存在虚假记载、重大遗漏等。

(一)信息披露不及时

该种违规行为主要体现在未按期披露定期报告。以年度报告为例,年度报告是公司过去 1 年财务状况、经营成果的集中反映，做好年度报告编制、审议及披露工作，保障年度报告真实、准确、完整、及时和公平披露，是上市公司和全体董事、监事、高级管理人员的法定义务。上市公司未按期披露定期报告，会严重损害投资者利益，影响投资者全面、及时获取上市公司信息的合理预期。仅 2020 年度，上交所就查处了多家公司未按期披露年度报告的违规行为，公司及相关董事、监事、高级管理人员被公开谴责。

（二）信息披露存在虚假记载、重大遗漏

信息披露存在虚假记载、重大遗漏是信息披露的常见违规类型。虚假记载通常表现为虚增业务收入、虚减应付票据、多确认营业外收入等，而重大遗漏则体现在未依法披露关联关系及关联交易、未披露对外担保、未披露控股股东及其关联方非经营性占用资金事项、未披露诉讼事项等，其中财务造假及未依法披露关联关系及关联交易是重灾区。*ST 德威就因 2018 年和 2019 年年度报告以及 2020 年半年度报告信息披露存在虚假记载、为关联方提供担保事项信息披露存在重大遗漏、重大诉讼事项信息披露存在重大遗漏等问题，公司、实际控制人、时任财务总监被罚共计 680 万元。[①]

二、信息披露违规的法律后果

信息披露违规的背后是上市公司内控失灵，或者是实际控制人“一股独大”，又或者是董事、监事、高级管理人员等信息披露义务人未对上市公司尽到勤勉尽责的管理义务，上市公司信息披露违规，上市公司本身以及相关责任人员均会被追责。

---

① 参见《江苏德威新材料股份有限公司关于收到行政处罚决定书的公告》，载巨潮资讯网，http://static.cninfo.com.cn/finalpage/2021-11-05/1211493131.PDF。

（一）被交易所采取工作措施

根据《上市规则》第11.1条的规定，北交所可以对监管对象采取的工作措施有：(1)要求作出解释和说明；(2)要求提供相关备查文件或者材料；(3)要求聘请保荐机构、相关证券服务机构进行核查并发表意见；(4)对相关人员进行监管工作谈话；(5)调阅、查看工作底稿、证券业务活动记录及相关资料；(6)发出监管工作提示；(7)向中国证监会报告有关情况；(8)向有关单位通报相关情况；(9)其他措施。

（二）被交易所实施自律监管措施

根据《上市规则》第11.3条的规定，北交所可以对监管对象采取的自律监管措施包括：(1)口头警示；(2)约见谈话；(3)要求提交书面承诺；(4)出具警示函；(5)限期改正；(6)要求公开更正、澄清或说明；(7)要求公开致歉；(8)要求限期参加培训或考试；(9)要求限期召开投资者说明会；(10)暂停解除上市公司控股股东、实际控制人的股票限售；(11)建议上市公司更换相关任职人员；(12)北交所规定的其他自律监管措施。

（三）被交易所给予纪律处分

根据《上市规则》第11.5~11.7条的规定，北交所可以对不同的监管对象给予以下纪律处分：(1)通报批评；(2)公开谴责；(3)认定其不适合担任上市公司董事、监事、高级管理人员；(4)暂不受理相关机构或其人员出具的文件；(5)北交所规定的其他纪律处分。

（四）被中国证监会采取监管措施

根据《信息披露管理办法》第52条的规定，信息披露义务人及其董事、监事、高级管理人员存在信息披露违规行为的，中国证监会可以采取责令改正、监管谈话、出具警示函、责令公开说明、责令定期报告、责令暂停或者终止并购重组活动等监管措施。

业绩连年亏损、信披违规"伤痕累累"的ST通葡就在2021年11月收到了警示函，公司为实际控制人及公司第一大股东吉林省吉祥嘉德投资有限公司等累计提供4.35亿元担保，但前述行为未履行必要的决策程序且未及时履行信息披露义务，吉林证监局决定对ST通葡、实际控制人、时任董事长、时任财务总监采取出具警示函的监管措施。①

（五）被中国证监会行政处罚

《证券法》对"未按照规定报送有关报告或者履行信息披露义务"及"信息披露存在虚假记载、误导性陈述或者重大遗漏"两种情形进行差异化处罚，且罚款金额区间和上限大幅提升，大大增加了上市公司违规信息披露的成本。

根据《证券法》第197条的规定："信息披露义务人未按照本法规定报送有关报告或者履行信息披露义务的，责令改正，给予警告，并处以五十万元以上五百万元以下的罚款；对直接负责的主管人员和其他直接责任人员给予警告，并处以二十万元以上二百万元以下的罚款。发行人的控股股东、实际控制人组织、指使从事上述违法行为，或者隐瞒相关事项导致发生上述情形的，处以五十万元以上五百万元以下的罚款；对直接负责的主管人员和其他直接责任人员，处以二十万元以上二百万元以下的罚款。

信息披露义务人报送的报告或者披露的信息有虚假记载、误导性陈述或者重

① 参见《通化葡萄酒股份有限公司关于收到吉林证监局警示函的公告》，载巨潮资讯网，http://static.cninfo.com.cn/finalpage/2021-11-10/1211539576.PDF。

大遗漏的,责令改正,给予警告,并处以一百万元以上一千万元以下的罚款;对直接负责的主管人员和其他直接责任人员给予警告,并处以五十万元以上五百万元以下的罚款。发行人的控股股东、实际控制人组织、指使从事上述违法行为,或者隐瞒相关事项导致发生上述情形的,处以一百万元以上一千万元以下的罚款;对直接负责的主管人员和其他直接责任人员,处以五十万元以上五百万元以下的罚款。"

宜华生活科技股份有限公司(以下简称宜华生活)(600978)因信息披露违规被中国证监会立案调查并出具《行政处罚决定书》。经查,宜华生活 2016 ~ 2019 年定期报告存在虚假记载,通过虚构境内销售业务、高报出口货物销售额等方式虚增营业收入,通过财务不记账、虚假记账、伪造银行单据等方式虚增货币资金。同时,宜华生活对其与关联方汕头宏辉及汕头亮光的巨额资金往来均未记账,亦未在相关年度报告中披露上述关联关系及关联交易,其 2016 ~ 2019 年年度报告存在重大遗漏。最终,中国证监会决定对宜华生活作出责令改正,给予警告的处罚,并处以 600 万元的罚款;对实际控制人、时任董事长刘某作出给予警告的处罚,并处以 930 万元的罚款,其中作为直接负责的主管人员被处以罚款 30 万元,作为实际控制人被处以罚款 900 万元;而其他涉及违法行为的董事、监事、高级管理人员也难逃责罚,均被给予警告并处以不等金额的罚款。[①]

(六)承担民事赔偿责任

根据《证券法》第 85 条的规定:"信息披露义务人未按照规定披露信息,或者公告的证券发行文件、定期报告、临时报告及其他信息披露资料存在虚假记载、误导性陈述或者重大遗漏,致使投资者在证券交易中遭受损失的,信息披露义务人应当承担赔偿责任;发行人的控股股东、实际控制人、董事、监事、高级管理人员和其他直接责任人员以及保荐人、承销的证券公司及其直接责任人员,应当与发行人承担连带赔偿责任,但是能够证明自己没有过错的除外。"

康美药业股份有限公司(* ST 康美,600518)因信息披露违规陷入了证券虚假陈

① 参见《中国证监会行政处罚决定书(宜华生活科技股份有限公司及其 19 名责任人员)》,载中国证券监督管理委员会网,http://www.csrc.gov.cn/pub/zjhpublic/G00306212/202111/t20211108_408227.htm。

述纠纷。康美药业股份有限公司等相关被告被判处赔偿投资者损失 24.59 亿元,马某及 5 名直接责任人员、正中珠江会计师事务所及直接责任人员承担全部连带赔偿责任,13 名相关责任人员按过错程度承担部分连带赔偿责任,以涉及的 52,037 名投资者估算,单是康美药业股份有限公司就要平均向每人赔付约 4.7 万元。[①]

(七)承担刑事责任

上市公司信息披露违规后,主要受到行政处罚,最终承担刑事责任的案例则比较少,但随着证券监管机构查处和打击力度增大,上市公司存在违规信息披露,不仅可能被行政处罚,遭受大批投资者的巨额索赔,情节严重的还可能构成刑事犯罪。

《刑法》在第 161 条对违规披露、不披露重要信息罪作出了规定:“依法负有信息披露义务的公司、企业向股东和社会公众提供虚假的或者隐瞒重要事实的财务会计报告,或者对依法应当披露的其他重要信息不按照规定披露,严重损害股东或者其他人利益,或者有其他严重情节的,对其直接负责的主管人员和其他直接责任人员,处五年以下有期徒刑或者拘役,并处或者单处罚金;情节特别严重的,处五年以上十年以下有期徒刑,并处罚金。前款规定的公司、企业的控股股东、实际控制人实施或者组织、指使实施前款行为的,或者隐瞒相关事项导致前款规定的情形发生的,依照前款的规定处罚。犯前款罪的控股股东、实际控制人是单位的,对单位判处罚金,并对其直接负责的主管人员和其他直接责任人员,依照第一款的规定处罚”。

华锐风电科技(集团)股份有限公司(以下简称华锐风电)(400082)案是北京市首例违规披露、不披露重要信息罪案,在华锐风电及其相关责任人因信息披露违法被中国证监会行政处罚后,相关责任人又被移送刑事处理。该案经历一审、二审阶段,北京市第一中级人民法院一审判决华锐风电原董事长韩某犯违规披露重要信息罪,判处有期徒刑 11 个月,并处罚金 10 万元,原副总裁、财务总监陶某犯违规

---

① 参见 DZZQ:《赔付 24.59 亿元! 新〈证券法〉后首单特别代表人诉讼案件重锤落地》,载微信公众号“大众证券报”2021 年 11 月 19 日,https://mp.weixin.qq.com/s/3Lozn7yZzg4eE4sYhmsAdA。

披露重要信息罪,判处拘役4个月,缓刑6个月,并处罚金5万元。后北京市高级人民法院最终判决维持被告人韩某犯违规披露重要信息罪,判处有期徒刑11个月,并处罚金人民币10万元。撤销被告人陶某犯违规披露重要信息罪,判处拘役4个月,缓刑6个月,并处罚金人民币5万元的决定。改判上诉人陶某犯违规披露重要信息罪,免予刑事处罚。[①]

信息披露的质量从某种意义上来看,是一种能标识上市公司质量好坏的鉴证类信息。因为资本市场的信息不对称,上市公司披露信息越是准确、越是透明,融资成本就越低,上市公司质量也会得到提升。反之,违规进行信息披露不仅会降低上市公司的信誉,对公司业绩造成直接影响,还需要承担相应的法律责任。信息披露义务人应当严谨、认真和细心地对待信息披露工作,以维护上市公司的整体利益及全体股东的合法权益。

问 103 上市公司违规经营的民事责任有哪些?

提到上市公司的法律责任,公司往往关注的是来自监管机构的行政处罚,公司董事、监事、高级管理人员则重点关注刑事责任,而事实上,上市公司的民事责任也不可被忽略,高额的债务和诉讼风险同样会对公司造成负面影响。

一、公司治理常见的民事法律风险

(一)母子公司间的财产混同

上市公司是否应对子公司债务承担连带责任,以《公司法》第20条第3款的规

① 参见《韩某、陶某违规披露、不披露重要信息二审刑事判决书》,载威科先行网2017年6月16日,https://law.wkinfo.com.cn/judgment-documents/detail/MjAyMDU0MDQzMzM%3D?searchId=267fabf3851242cea57192e6b593e049&index=1&q=韩俊良、陶刚&module=。

定为主要判断依据，即“公司股东滥用公司法人独立地位和股东有限责任，逃避债务，严重损害公司债权人利益的，应当对公司债务承担连带责任”。因此，上市公司应当严格恪守人员独立、经营场所独立、财务会计制度独立、财产独立的原则，切不可出现与下属子公司之间存在大量非经营性资金往来、人员身份混同等情形。

尤其是对全资子公司来讲，根据《公司法》第 63 条的规定：“一人有限责任公司的股东不能证明公司财产独立于股东自己的财产的，应当对公司债务承担连带责任。”即就全资子公司而言，证明财产独立的举证责任在上市公司（股东）一方，且证明难度极大，如上市公司不能证明子公司财产与其财产独立，则当子公司对外负有债务时，可能会导致上市公司对子公司债务承担连带清偿责任，增加上市公司经营风险。

（二）会议召集、召开程序瑕疵

根据《公司法》第 22 条第 2 款的规定：“股东会或者股东大会、董事会的会议召集程序、表决方式违反法律、行政法规或者公司章程，或者决议内容违反公司章程的，股东可以自决议作出之日起六十日内，请求人民法院撤销。”

对上市公司来讲，董事会、股东大会的召集和召开需要严格履行《公司法》等法律法规及《公司章程》《股东大会议事规则》《董事会议事规则》等规定的程序，否则一旦陷入公司决议撤销纠纷，就可能因会议召集、召开程序违法而被法院判决撤销相关决议。

（三）财务造假所致的证券虚假陈述纠纷

最高人民法院《关于审理证券市场因虚假陈述引发的民事赔偿案件的若干规定》第 1 条规定：“本规定所称证券市场因虚假陈述引发的民事赔偿案件（以下简称虚假陈述证券民事赔偿案件），是指证券市场投资人以信息披露义务人违反法律规定，进行虚假陈述并致使其遭受损失为由，而向人民法院提起诉讼的民事赔偿案件。”

根据《全国法院民商事审判工作会议纪要》第85条的规定，虚假陈述被监管部门行政处罚的，将会被法院认定为具有重大性的违法行为。因此对上市公司来讲，信息披露的真实性及完整性是重中之重。如果因为信息披露存在虚假事实、重大遗漏等被处以行政处罚，且上市公司因虚假陈述导致投资者受到损失，其则可能陷入证券虚假陈述的集体诉讼中，除了上市公司本身外，涉事董事、监事、高级管理人员，甚至中介机构都难辞其咎。

2020年5月13日，因康美药业(600518)在年度报告和半年度报告中存在虚假记载和重大遗漏，中国证监会对该公司和21名责任人作出罚款和市场禁入的行政处罚决定。2021年2月18日，中国证监会又对负责康美药业财务审计的正中珠江会计所和相关责任人员进行了行政处罚。2021年4月8日，中证中小投资者服务中心有限责任公司受部分证券投资者的特别授权，向广州市中级人民法院(以下简称广州中院)申请作为代表人参加诉讼。经最高人民法院指定管辖，广州中院适用特别代表人诉讼程序，对这起全国首例证券集体诉讼案进行了公开开庭审理。2021年11月12日，广州中院就对全国首例证券集体诉讼案作出一审判决，责令康美药业因年报等虚假陈述侵权赔偿证券投资者损失24.59亿元，原董事长、总经理马某及5名直接责任人员、正中珠江会计师事务所及直接责任人员承担全部连带赔偿责任，13名相关责任人员按过错程度承担部分连带赔偿责任。[①]

二、公司对外经营常见的民事法律风险

(一)违约责任

公司对外经营过程中会签署大量的合同，公司需要严格防范违约风险。《民法典》第577条规定："当事人一方不履行合同义务或者履行合同义务不符合约定的，应当承担继续履行、采取补救措施或者赔偿损失等违约责任。"上市公司对外签署业务合同、借款合同、对外担保合同等，所涉金额较大，一旦出现违约，则可能面临

① 参见DZZQ:《赔付24.59亿元！新〈证券法〉后首单特别代表人诉讼案件重锤落地》，载微信公众号"大众证券报"2021年11月19日，https://mp.weixin.qq.com/s/3Lozn7yZzg4eE4sYhmsAdA。

巨额债务，将对上市公司造成重大负面影响。

对上市公司来讲，应当从合同签订前的审查、合同签订后的履行两个方面进行风险规避。合同签订前，应当对交易对手方的主体资格、信用状况进行审查，对拟签订的合同中可能存在的风险进行梳理规避，防止对手方"挖坑"，保证最终签订的合同无潜在法律风险。合同签订后，企业应当持续关注合同的履行情况，避免违约的情形发生，如果发生违约情形，则应当积极采取措施，防止损失进一步扩大。

（二）侵权责任

北交所的上市公司作为"专精特新"小巨人，通常手握大量商标权和专利权，因此对于知识产权的保护是重中之重。一方面，是防止第三方侵害公司自有知识产权；另一方面，也要保证经营过程中使用的知识产权均有所有权或授权，避免出现侵犯第三方知识产权的情形。

同时，自科创板推出以来，从 2019 年下半年起，就有多家科创板企业，遭遇过来自已上市竞争对手的"专利诉讼"，如 2020 年 5 月新申报科创板的"投影一哥"成都极米科技股份有限公司（688696），就遭遇了来自科创板同行深圳光峰科技股份有限公司（688007）的"专利狙击"。[①] 对在北交所上市的"专精特新"小巨人来说，由于企业普遍科技属性较强，且有诸多企业位于同类赛道，这一点与科创板类似，因此要特别关注来自竞争对手的"专利诉讼"。专利侵权一般使用的抗辩理由包括不侵权抗辩、先用权抗辩、现有技术抗辩、合法来源抗辩以及专利有效性抗辩等，企业如遇到该等情况，应当积极应诉，避免来自竞争对手的"恶意诉讼"。专利技术往往是北交所上市公司的命脉，一旦败诉，对公司生产经营、股价等都会产生重大影响，需要公司特别重视。

上市公司在进行公司治理及业务经营时，应当时刻谨记"合规"的重要性，防范经营过程中的民事风险，防止各类民事诉讼给公司造成的不良影响。

---

① 参见《深圳光峰科技股份有限公司关于对成都极米科技股份有限公司发明专利提出无效宣告请求的公告》，载巨潮资讯网，http://static.cninfo.com.cn/finalpage/2020-07-21/1208051192.PDF。

问 104 上市公司违规经营的行政责任有哪些？

公司在北交所上市后，将会面临中国证监会、公司所在地证监局和北交所的持续监管，前两者属于行政监管，而北交所则属于行业自律监管。实践中监管的重点在于公司治理，包含信息披露和内部控制，其中信息披露违规、非经营性资金占用、违规担保是重灾区，这些违规行为，一经查实，公司都将受到行政处罚，承担行政责任。

一、中国证监会、地方证监局行政处罚

根据《行政处罚法》第9条的规定，行政处罚的种类包括：(1)警告、通报批评；(2)罚款、没收违法所得、没收非法财物；(3)暂扣许可证件、降低资质等级、吊销许可证件；(4)限制开展生产经营活动、责令停产停业、责令关闭、限制从业；(5)行政拘留；(6)法律、行政法规规定的其他行政处罚。

实践中，上市公司证券违规行为的行政处罚由中国证监会依据《行政处罚法》《证券法》《证券市场禁入规定》决定并出具《行政处罚决定书》《市场禁入决定书》。中国证监会下设有行政处罚委员会，其职责是制定证券期货违法违规认定规则、审理稽查部门移交的案件，依照法定程序主持听证，拟定行政处罚意见。中国证监会常见行政处罚类别主要包含警告、罚款、没收违法所得、采取证券市场禁入措施等；部分处罚文书上还经常出现"责令整改"和"公开通报批评"，以及出具《警示函》等，从行政法学的角度来看，它们属于申诫罚的范围。

二、北交所自律监管

北交所既是证券交易的场所，也是上市公司的一线监管者，其进行自律监管的

依据主要包括《证券法》《上市规则》《持续监管办法》《自律监管措施和纪律处分实施细则》及中国证监会、北交所的其他规定。北交所在履行监管义务的过程中可以对上市公司采取工作措施、实施自律监管措施以及给予纪律处分。

(一)采取工作措施

根据《上市规则》第 11.1 条的规定,北交所可以对上市公司采取的工作措施包括:(1)要求作出解释和说明;(2)要求提供相关备查文件或者材料;(3)要求聘请保荐机构、相关证券服务机构进行核查并发表意见;(4)对相关人员进行监管工作谈话;(5)调阅、查看工作底稿、证券业务活动记录及相关资料;(6)发出监管工作提示;(7)向中国证监会报告有关情况;(8)向有关单位通报相关情况;(9)其他措施。

(二)实施纪律监管措施

根据《上市规则》第 11.3 条及《自律监管措施和纪律处分实施细则》第 16 条的规定,北交所上市公司违反北交所业务规则或者其所作出的承诺的,北交所可对其实施以下自律监管措施:(1)口头警示,即以口头形式将有关违规事实或风险状况告知监管对象,要求其采取措施及时防范、补救或者改正;(2)监管关注,即对存在违规行为的监管对象予以关注,告知其有关违规事实或风险状况,并要求其采取措施及时防范、补救或者改正;(3)约见谈话,即要求监管对象在指定的时间和地点就有关违规行为接受质询和训诫,并要求其作出解释说明,采取措施及时防范、补救或者改正;(4)要求提交书面承诺,即要求监管对象提交在规定时间内为或不为一定行为的书面承诺;(5)出具警示函,即以书面形式将有关违规事实或风险状况告知监管对象,并要求其采取措施及时防范、补救或者改正;(6)限期改正,即要求监管对象停止违规行为或者限期改正;(7)要求公开更正、澄清或说明,即要求监管对象对信息披露中的错漏事项进行公开更正,或者对有关事项或风险情况予以公开澄清或说明;(8)要求公开致歉,即要求监管对象对违规事项以公告形式向投资者公开致歉；(9)要求限期参加培训或考试，即要求监管对象限期参加指定机构组织的专业培训或考试，督促其提升守法意识、职业操守和执业能力；(10)要求限期召开投资者说明会，即要求监管对象限期召开说明会，就特定事项公开向投资者作出解释或者说明；(11)要求上市公司董事会追偿损失，即对于他人给上市公司造成损失，且相关损失已由司法机关、行政机关或损失造成者予以明确确认，但上市公司董事会未进行追偿的，要求上市公司董事会主动进行追偿；(12)暂停解除上市公司控股股东、实际控制人的股票限售，即在一定期限内不办理相关人员所持上市公司股份的解除限售申请；(13)建议更换相关任职人员，即建议上市公司等更换董事、监事或高级管理人员，并及时选聘符合资格的董事、监事或高级管理人员；(14)向相关主管部门出具监管建议函，即对违规行为同时涉嫌违反中国证监会之外的其他主管部门监管规定的监管对象，以书面函件等形式将监管对象的有关行为或者风险状况告知相关主管部门，建议其予以关注；(15)北交所规定的其他自律监管措施。

(三)给予纪律处分

根据《上市规则》第11.5条、第11.6条以及《自律监管措施和纪律处分实施细则》第39条的规定，北交所的纪律处分包括：(1)通报批评，即北交所在一定范围内或以公开方式对监管对象进行批评；(2)公开谴责，即北交所以公开方式对监管对象进行谴责；(3)认定不适合担任相关职务，即北交所以公开方式认定监管对象3年及以上不适合担任上市公司董事、监事、高级管理人员；(4)暂不接受证券发行人提交的发行上市申请文件，即在一定期间内不接受有关发行人或上市申请人提交的发行上市申请文件；(5)暂不接受证券发行人控股股东、实际控制人及其控制的其他发行人提交的发行上市申请文件，即在一定期间内不接受有关控股股东、实际控制人及其控制的其他发行人提交的发行上市申请文件；(6)暂不受理机构或者其从业人员出具的相关业务文件，即北交所在一定期限内不受理保荐承销机构、财务顾问、资信评级机构、受托管理人或者履行同等职责的机构、会计师事务所、资产评估机构、律师事务所等机构或者其相关人员提交或签字的相关业务文件；

(7)收取惩罚性违约金,即北交所对出现违规行为的发行人、上市公司及相关市场主体、会员等,按照协议以及北交所业务规则的规定,收取一定金额的违约金;(8)暂停或者限制交易权限,即北交所对存在违规的会员或者其他交易参与人,暂停或者限制部分或者全部交易单元的交易品种、方式、规模等交易权限;(9)取消交易权限,即北交所对存在违规的会员或者其他交易参与人,关闭其相关交易单元的交易品种、方式、规模等交易权限;(10)取消交易参与人资格,即对存在违规的交易参与人,取消其交易参与人资格;(11)取消会员资格,即对存在违规的会员,取消其会员资格;(12)北交所规定的其他纪律处分。

三、上市公司常见的违规经营行为

参考近年来中国证监会及地方证监局出具的《行政处罚决定书》,以及上交所和深交所出具的《纪律处分决定书》,除信息披露违规外,上市公司因违规经营而承担行政责任的行为集中在以下几个方面:

(一)权益变动违规

如持股5%以上股东等通过证券交易所集中竞价交易减持股份,未按照相关规定的要求在15个交易日前预先披露减持计划;窗口期减持股份;持股5%以上股东、董事、监事、高级管理人员短线交易;增持承诺未履行完毕等。

(二)非经营性资金占用

控股股东、实际控制人及其关联方非经营性资金占用是监管的“红线”和纪律处分“重灾区”,常见的违规行为如通过公司与第三方签订合同、银行资金划转、上市公司垫付各类支出或代偿债务等。

(三)业绩“变脸”

即上市公司业绩预告或业绩快报与定期报告中披露的数据差异过大,且未更正或更正不及时事宜的“业绩变脸”行为。业绩预告是投资者关注的重大事项,如预告的业绩与实际业绩状况出现巨大偏差,差异金额巨大,归属于上市公司股东的净利润差额过大,可能对公司股票价格及投资者决策产生重大影响,则容易引起中国证监会及北交所的关注。

(四)违规担保

如公司违规为控股股东、实际控制人等提供关联担保,未就上述担保事项履行决策程序及未及时履行信息披露义务;或者对于公司、子公司对外担保的事项,公司未按规定履行董事会、股东大会决策程序,也未及时披露等。此外,重大资产重组事项披露不准确、会计差错更正等事项也是企业被处罚的高频原因。

资本市场不仅是资金市场,也是信息市场,信息披露是生命线,而内部控制是公司合规经营的基础。2019年《证券法》修订后,多家上市公司因各种原因被中国证监会处罚,被交易所给予纪律处分,这是市场监管力度加强的重要表现。就上市公司自身而言,做好公司治理是发展的基础,只有不断推动上市公司树立合规尽责、规范发展的经营理念,才能在瞬息万变的资本市场屹立不倒。

问 105 违规经营的刑事责任有哪些?

近年来,上市公司及相关责任人员因违规经营被追究刑事责任的案件频发,有因骗取发行核准或违规披露被追究刑事责任,有因滥用信息优势操纵市场、内幕交易被追究刑事责任，还有因高级管理人员违背对公司的忠实义务、背信损害上市公司利益被追究刑事责任。种种刑事犯罪不一而足，值得上市公司重点关注并防范。

除违规披露、不披露重要信息罪外，上市公司经营过程中常见的相关罪名还包括：

一、背信损害上市公司利益罪

背信损害上市公司利益罪，是指上市公司的董事、监事、高级管理人员违背对公司的忠实义务，利用职务便利，操纵上市公司，致使上市公司利益遭受重大损失的行为。根据《刑法》第169条之一第1款的规定，操纵上市公司损害上市公司利益的行为包括：(1)无偿向其他单位或者个人提供资金、商品、服务或者其他资产的；(2)以明显不公平的条件，提供或者接受资金、商品、服务或者其他资产的；(3)向明显不具有清偿能力的单位或者个人提供资金、商品、服务或者其他资产的；(4)为明显不具有清偿能力的单位或者个人提供担保，或者无正当理由为其他单位或者个人提供担保的；(5)无正当理由放弃债权、承担债务的；(6)采用其他方式损害上市公司利益的。

上市公司的董事、监事、高级管理人员实施前述行为，或者上市公司的控股股东、实际控制人指使上市公司董事、监事、高级管理人员实施前述行为的，将被处3年以下有期徒刑或者拘役，并处或者单处罚金；致使上市公司利益遭受特别重大损失的，处3年以上7年以下有期徒刑，并处罚金；犯罪的上市公司的控股股东或者实际控制人是单位的，对单位判处罚金，并对其直接负责的主管人员和其他直接责任人员进行如上处罚。

"鲜某案"曾轰动整个资本市场，"资本玩家"鲜某在担任上市公司上海多伦实业股份有限公司(600696)实际控制人、董事长兼董秘期间，采用多种手段侵占上市公司资产、操纵股价、信披违法等。一审鲜某被判犯背信损害上市公司利益罪，判处有期徒刑1年8个月，并处罚金180万元，犯操纵证券市场罪判处有期徒刑3年4个月，并处罚金1000万元。二审期间，鲜某具有自愿认罪认罚并主动缴纳全部罚金等情况，二审法院依法对鲜言减轻处罚，最终决定执行有期徒刑4年3个月，并处罚金 1180 万元。[①]

二、职务侵占罪

职务侵占罪，是指公司、企业或者其他单位的工作人员，利用职务上的便利，将本单位财物非法占为己有的行为。

根据《刑法》第 271 条的规定，职务侵占数额较大的，处 3 年以下有期徒刑或者拘役，并处罚金；数额巨大的，处 3 年以上 10 年以下有期徒刑，并处罚金；数额特别巨大的，处 10 年以上有期徒刑或者无期徒刑，并处罚金。根据最高人民法院、最高人民检察院《关于办理贪污贿赂刑事案件适用法律若干问题的解释》第 11 条的相关规定，6 万元以上即构成数额较大，而 40 万元以上即构成数额巨大，600 万元以上则是数额特别巨大。

时任徐州燃控科技股份有限公司（以下简称燃控科技）（300152）的董事长与总经理、副董事长就曾利用职务之便，商议以借款的名义从燃控科技财务账上支出 350 万元用于私发年终奖金，采用从他人处虚开票据的方式做平账处理，并商定了参与私分的人员范围和金额。后总经理安排财务总监以其个人名义从燃控科技财务借款，并使用虚开的票据进行平账，上述四名上市公司高级管理人员非法获利 40 万～60 万元不等。[②] 上述四人最终被判职务侵占罪，且系共同犯罪，并被处以 2～4 年不等的有期徒刑，违法所得也全部归还上市公司。

三、挪用资金罪

挪用资金罪，是指公司、企业或者其他单位的工作人员，利用职务上的便利，挪用本单位资金归个人使用或者借贷给他人，数额较大、超过 3 个月未还的，或者虽

---

① 参见《判了 5 年！“资本玩家”鲜言彻底栽了》，载百家号网 2019 年 9 月 17 日，https://baijiahao.baidu.com/s?id=1644925552227672731&wfr=spider&for=pc。

② 参见《贾某、华某、裴某、彭某犯职务侵占罪刑事判决书》，载威科先行网 2021 年 12 月 20 日，https://law.wkinfo.com.cn/judgment-documents/detail/MjAyMjgyOTk2OTY%3D?searchId=41e288e0fd684fa19f8eebdaca81d353&index=2&q=贾红生、华立新&module=。

未超过3个月，但数额较大、进行盈利活动的，或者进行非法活动的行为。商业银行、证券交易所、期货交易所、证券公司、期货经纪公司、保险公司或者其他金融机构的工作人员利用职务上的便利，挪用本单位或者客户资金的，也以挪用资金罪论处。

根据《刑法》第272条的规定，犯挪用资金罪将被处3年以下有期徒刑或者拘役；挪用本单位资金数额巨大的，处3年以上7年以下有期徒刑；数额特别巨大的，处7年以上有期徒刑。

时任福建青松股份有限公司（以下简称青松股份）（300132）副总经理的童某，利用内控漏洞多次以青松股份子公司名义对外借款，然后偿还个人债务。后青松股份以童某涉嫌背信损害上市公司利益罪向公安机关报案，不过法院在审判时并未以该项罪名给童某定罪，法院最终判童某犯合同诈骗罪、挪用资金罪，判处有期徒刑17年，并处罚金50万元。[①]

四、内幕交易、泄露内幕信息罪

内幕交易、泄露内幕信息罪，是指证券、期货交易内幕信息的知情人员或者非法获取证券、期货交易内幕信息的人员，在涉及证券的发行，证券、期货交易或者其他对证券、期货交易价格有重大影响的信息尚未公开前，买入或者卖出该证券，或者从事与该内幕信息有关的期货交易，或者泄露该信息，或者明示、暗示他人从事上述交易活动的行为。

根据《刑法》第180条的规定，犯内幕交易、泄露内幕信息罪，情节严重的，处5年以下有期徒刑或者拘役，并处或者单处违法所得1倍以上5倍以下罚金；情节特别严重的，处5年以上10年以下有期徒刑，并处违法所得1倍以上5倍以下罚金。单位犯前款罪的，对单位判处罚金，并对其直接负责的主管人员和其他直接责任人员，处5年以下有期徒刑或者拘役。

---

① 参见《媒体曝光：青松股份上市后　违规不断》，载百家号网2019年12月16日，https://baijiahao.baidu.com/s?id=1653044377968595908&wfr=spider&for=pc。

曾被中国证监会作为经典案例公示的重组方内幕交易案——黄某案,[①]即是内幕交易的典型案例。2006年7月,黄某以旗下的北京鹏泰投资有限公司入股北京中关村科技发展(控股)股份有限公司,持有29.58%的股份。收购完成之后,又进行了一系列债务重组和资产重组,北京中关村科技发展(控股)股份有限公司股票出现大幅波动。2007年4月27日至6月27日,黄某作为北京中关村科技发展(控股)股份有限公司实际控制人、董事,在北京中关村科技发展(控股)股份有限公司与北京鹏泰投资有限公司进行资产置换过程中,决定并指令他人使用其实际控制的龙某等6人的股票账户,累计买入北京中关村科技发展(控股)股份有限公司股票976万余股,成交额9310万余元。至6月28日,6个股票账户的账面收益额为384万余元。2007年8月13日至9月28日,在北京中关村科技发展(控股)股份有限公司收购北京鹏润房地产开发有限公司全部股权的过程中,黄某决定并指令他人使用其实际控制的曹某等79人的股票账户,累计买入北京中关村科技发展(控股)股份有限公司股票1.04亿余股,成交额13.22亿余元。至2008年5月7日公告日时,79个股票账户的账面收益额为人民币3.06亿余元。2008年10月,中国证监会将该案移送公安部,11月北京市公安局立案侦查。2010年5月,北京市第二中级人民法院一审宣判:黄某因内幕交易罪获刑9年,并处罚金6亿元,与非法经营罪和单位行贿罪合并执行有期徒刑14年,并处罚金6亿元,没收个人部分财产2亿元。2010年8月,北京市高级人民法院维持一审判决。

五、单位行贿罪

《刑法》第393条规定了单位行贿罪,是指单位为谋取不正当利益而行贿,或者违反国家规定,给予国家工作人员以回扣、手续费的行为。单位犯单位行贿罪,将被判处罚金,并对其直接负责的主管人员和其他直接责任人员,处5年以下有期徒刑或者拘役,并处罚金。因行贿取得的违法所得归个人所有的以行贿罪处罚,处5年以下有期徒刑或者拘役,并处罚金;因行贿谋取不正当利益,情节严重的,或者使

---

① 详见威科先行网2010年5月18日,https://law.wkinfo.com.cn/judgment-documents/detail/MjAxMDAwMDQ2MTM%3D?searchId=9966080f38614b0d9f99611efdb4e72d&index=1&q=内幕交易、泄露内幕信息罪&module=。

国家利益遭受重大损失的,处 5 年以上 10 年以下有期徒刑,并处罚金;情节特别严重的,或者使国家利益遭受特别重大损失的,处 10 年以上有期徒刑或者无期徒刑,并处罚金或者没收财产。

2020 年 4 月,上市不到 3 年的天圣制药集团股份有限公司(以下简称天圣制药)(002872)实际控制人因行贿、挪用资金等罪,被判处 19 年有期徒刑,个人罚金 200 万元、没收财产 800 万元,公司因单位行贿罪、对单位行贿罪被处罚金 380 万元。天圣制药 IPO 审核时,中国证监会发审委曾询问是否存在商业贿赂或变相商业贿赂情形,得到的回复是不存在商业贿赂情形。但天圣制药上市仅 1 年就东窗事发,且大部分违法犯罪事实发生于公司上市之前。据检察机关起诉书显示,2003 年至 2018 年年初,时任天圣制药的实际控制人为天圣制药及其关联公司谋取不正当利益,给予多名国家工作人员财物共计人民币 1474.80 万元,其中代表天圣制药给予财物共计人民币 970.074 万元。从登陆 A 股到退市警示,天圣制药只用了不到 3 年时间,大起大落令人唏嘘。①

六、操纵证券、期货市场罪

构成操纵证券、期货市场罪的情形复杂多样,包括:(1)单独或者合谋,集中资金优势、持股或者持仓优势或者利用信息优势联合或者连续买卖的;(2)与他人串通,以事先约定的时间、价格和方式相互进行证券、期货交易的;(3)在自己实际控制的账户之间进行证券交易,或者以自己为交易对象,自买自卖期货合约的;(4)不以成交为目的,频繁或者大量申报买入、卖出证券、期货合约并撤销申报的;(5)利用虚假或者不确定的重大信息,诱导投资者进行证券、期货交易的;(6)对证券、证券发行人、期货交易标的公开作出评价、预测或者投资建议,同时进行反向证券交易或者相关期货交易的;(7)以其他方法操纵证券、期货市场的。

根据《刑法》第 182 条的规定,犯操纵证券、期货市场罪,操纵证券、期货市场,影响证券、期货交易价格或者证券、期货交易量,情节严重的,处 5 年以下有期徒刑

---

① 参见《天圣制药涉嫌单位行贿超 1400 万,实控人及原总经理因多起罪名被起诉》,载百家号网 2019 年 5 月 29 日,https://baijiahao.baidu.com/s?id=1634750450409240603&wfr=spider&for=pc。

或者拘役,并处或者单处罚金;情节特别严重的,处5年以上10年以下有期徒刑,并处罚金。单位犯前款罪的,对单位判处罚金,并对其直接负责的主管人员和其他直接责任人员,依照前款的规定处罚。

曾收到“中国证监会史上最大罚单”的厦门北八道集团(以下简称北八道)操纵市场案就非常具有典型性。2016年下半年起,北八道的实际控制人为在证券市场取得资金优势、持股优势,指使林某等人对外联络被告人张某等配资中介人员,以1∶3至1∶10的配资比例,获取巨额资金及大量证券账户。2017年2月14日至3月30日,北八道使用333个证券账户,持有“江阴银行”的流通股份数量达到该证券的同期实际流通股份总量30%以上,连续33个交易日使“江阴银行”的累计成交量达到同期该证券总成交量的30%以上。至同年5月9日,北八道控制的账户组非法获利3.01亿余元。2021年10月27日,上海市第一中级人民法院依法公开宣判被告单位北八道犯操纵证券市场罪,判处罚金人民币3亿元;被告人北八道实际控制人犯操纵证券市场罪,判处有期徒刑8年6个月,并处罚金1000万元;被告人林某、李某等7人犯操纵证券市场罪分别判处有期徒刑并处罚金。[①]

上市公司违规经营导致上市公司及实际控制人、董事、高级管理人员承担刑事责任的案例比比皆是,大量案例背后是对资本市场的不尊重,对法律的漠视。但企业家应当明白的是,一切与市场规律和法律法规对抗、不敬畏风险、损害投资者的行为,最终必然会受到市场和法律的惩罚,付出沉重代价,有的甚至是牢狱之灾。因此,上市公司及相关自然人必须敬畏市场、敬畏法律、敬畏风险,只有这样,公司方能长久、持续地经营下去。

---

① 参见吴晓璐:《北八道操纵证券市场案一审落锤　罚金3亿元　8人获刑》,载百家号网2021年10月28日,https://baijiahao.baidu.com/s?id=1714832074262742898&wfr=spider&for=pc。

北交所 IPO 上市法规参考目录

一、法律

1.《中华人民共和国民法典》(主席令第 45 号)
2.《中华人民共和国刑法》(2020 年修正)
3.《中华人民共和国公司法》(2018 年修正)
4.《中华人民共和国证券法》(2019 年修订)
5.《中华人民共和国行政处罚法》(2021 年修订)
6.《中华人民共和国保守国家秘密法》(2010 年修订)

二、部门规章

7.《证券发行上市保荐业务管理办法(2020)》(中国证券监督管理委员会令第 170 号)

8.《首次公开发行股票并上市管理办法(2020)》(中国证券监督管理委员会令第 173 号)

9.《上市公司信息披露管理办法(2021)》(中国证券监督管理委员会令第 182 号)

10.《北京证券交易所向不特定合格投资者公开发行股票注册管理办法(试行)》(中国证券监督管理委员会令第 187 号)

11.《北京证券交易所上市公司证券发行注册管理办法(试行)》(中国证券监督管理委员会令第 188 号)

12.《北京证券交易所上市公司持续监管办法(试行)》(中国证券监督管理委员会令第 189 号)

13.《证券交易所管理办法(2021)》(中国证券监督管理委员会令第 192 号)

三、业务规则

14.《北京证券交易所投资者适当性管理办法(试行)》(北证公告〔2021〕3 号)

15.《北京证券交易所投资者适当性管理业务指南》(北证公告〔2021〕4 号)

16.《北京证券交易所向不特定合格投资者公开发行股票并上市审核规则(试行)》(北证公告〔2021〕5 号)

17.《北京证券交易所上市委员会管理细则》(北证公告〔2021〕6 号)

18.《北京证券交易所证券发行上市保荐业务管理细则》(北证公告〔2021〕7 号)

19.《北京证券交易所证券发行与承销管理细则》(北证公告〔2021〕8 号)

20.《北京证券交易所上市公司证券发行上市审核规则(试行)》(北证公告〔2021〕9 号)

21.《北京证券交易所上市公司向特定对象发行优先股业务细则》(北证公告〔2021〕10 号)

22.《北京证券交易所上市公司向特定对象发行可转换公司债券业务细则》(北证公告〔2021〕11 号)

23.《北京证券交易所上市公司重大资产重组审核规则(试行)》(北证公告〔2021〕12 号)

24.《北京证券交易所股票上市规则(试行)》(北证公告〔2021〕13 号)

25.《北京证券交易所上市公司持续监管指引第 1 号——独立董事》(北证公

告〔2021〕14 号）

26.《北京证券交易所交易规则（试行）》（北证公告〔2021〕15 号）

27.《北京证券交易所 全国中小企业股份转让系统交易单元管理细则》（北证公告〔2021〕16 号）

28.《北京证券交易所 全国中小企业股份转让系统交易单元业务办理指南》（北证公告〔2021〕17 号）

29.《北京证券交易所上市公司股份协议转让细则》（北证公告〔2021〕18 号）

30.《北京证券交易所上市公司股份协议转让业务办理指引》（北证公告〔2021〕19 号）

31.《北京证券交易所上市公司股份协议转让业务办理指南》（北证公告〔2021〕20 号）

32.《北京证券交易所交易异常情况处理细则》（北证公告〔2021〕21 号）

33.《北京证券交易所会员管理规则（试行）》（北证公告〔2021〕22 号）

34.《北京证券交易所复核实施细则》（北证公告〔2021〕24 号）

35.《北京证券交易所自律管理听证实施细则》（北证公告〔2021〕25 号）

36.《北京证券交易所向不特定合格投资者公开发行股票并上市业务办理指南第 1 号——申报与审核》（北证公告〔2021〕26 号）

37.《北京证券交易所向不特定合格投资者公开发行股票并上市业务办理指南第 2 号——发行与上市》（北证公告〔2021〕27 号）

38.《北京证券交易所上市公司证券发行与承销业务指引》（北证公告〔2021〕28 号）

39.《北京证券交易所上市公司证券发行业务办理指南第 1 号——向不特定合格投资者公开发行股票》（北证公告〔2021〕29 号）

40.《北京证券交易所上市公司证券发行业务办理指南第 2 号——向特定对象发行股票》（北证公告〔2021〕30 号）

41.《北京证券交易所上市公司证券发行业务办理指南第 3 号——向原股东配售股份》（北证公告〔2021〕31 号）

42.《北京证券交易所上市公司向特定对象发行可转换公司债券业务办理指南

第1号——发行与挂牌》(北证公告〔2021〕32号)

43.《北京证券交易所上市公司向特定对象发行可转换公司债券业务办理指南第2号——存续期业务办理》(北证公告〔2021〕33号)

44.《北京证券交易所上市公司重大资产重组业务指引》(北证公告〔2021〕34号)

45.《北京证券交易所上市公司持续监管指引第2号——季度报告》(北证公告〔2021〕35号)

46.《北京证券交易所上市公司持续监管指引第3号——股权激励和员工持股计划》(北证公告〔2021〕36号)

47.《北京证券交易所上市公司持续监管指引第4号——股份回购》(北证公告〔2021〕37号)

48.《北京证券交易所上市公司持续监管指引第5号——要约收购》(北证公告〔2021〕38号)

49.《北京证券交易所上市公司持续监管指引第6号——内幕信息知情人管理及报送》(北证公告〔2021〕39号)

50.《北京证券交易所上市公司业务办理指南第1号——股票停复牌》(北证公告〔2021〕40号)

51.《北京证券交易所上市公司业务办理指南第2号——股票限售及解除限售》(北证公告〔2021〕41号)

52.《北京证券交易所上市公司业务办理指南第3号——权益分派》(北证公告〔2021〕42号)

53.《北京证券交易所上市公司业务办理指南第4号——证券简称或公司全称变更》(北证公告〔2021〕43号)

54.《北京证券交易所上市公司业务办理指南第5号——表决权差异安排》(北证公告〔2021〕44号)

55.《北京证券交易所上市公司业务办理指南第6号——定期报告相关事项》(北证公告〔2021〕45号)

56.《北京证券交易所上市公司业务办理指南第7号——信息披露业务办理》

(北证公告〔2021〕46 号)

57.《北京证券交易所自律监管措施和纪律处分实施细则》(北证公告〔2021〕47 号)

58.《北京证券交易所业务收费管理办法》(北证公告〔2021〕49 号)

59.《北京证券交易所合格境外机构投资者和人民币合格境外机构投资者证券交易实施细则》(北证公告〔2021〕52 号)

60.《北京证券交易所合格境外机构投资者和人民币合格境外机构投资者信息报备指南》(北证公告〔2021〕53 号)

61.《北京证券交易所 全国中小企业股份转让系统证券代码、证券简称编制指引》(北证公告〔2021〕54 号)

62.《北京证券交易所 全国中小企业股份转让系统证券公司执业质量评价细则》(北证公告〔2021〕57 号)

63.《北京证券交易所股票向不特定合格投资者公开发行与承销业务实施细则》

64.《北京证券交易所向不特定合格投资者公开发行股票并上市业务规则适用指引第 1 号》(北证公告〔2021〕60 号)

65.《关于北京证券交易所会员资格申请有关事宜的通知》(北证办发〔2021〕7 号)

四、格式准则

66.《公开发行证券的公司信息披露内容与格式准则第 46 号——北京证券交易所公司招股说明书》(中国证券监督管理委员会公告〔2021〕26 号)

67.《公开发行证券的公司信息披露内容与格式准则第 47 号——向不特定合格投资者公开发行股票并在北京证券交易所上市申请文件》(中国证券监督管理委员会公告〔2021〕27 号)

68.《公开发行证券的公司信息披露内容与格式准则第 48 号——北京证券交易所上市公司向不特定合格投资者公开发行股票募集说明书》(中国证券监督管

理委员会公告〔2021〕28号)

69.《公开发行证券的公司信息披露内容与格式准则第49号——北京证券交易所上市公司向特定对象发行股票募集说明书和发行情况报告书》(中国证券监督管理委员会公告〔2021〕29号)

70.《公开发行证券的公司信息披露内容与格式准则第50号——北京证券交易所上市公司向特定对象发行可转换公司债券募集说明书和发行情况报告书》(中国证券监督管理委员会公告〔2021〕30号)

71.《公开发行证券的公司信息披露内容与格式准则第51号——北京证券交易所上市公司向特定对象发行优先股募集说明书和发行情况报告书》(中国证券监督管理委员会公告〔2021〕31号)

72.《公开发行证券的公司信息披露内容与格式准则第52号——北京证券交易所上市公司发行证券申请文件》(中国证券监督管理委员会公告〔2021〕32号)

73.《公开发行证券的公司信息披露内容与格式准则第53号——北京证券交易所上市公司年度报告》(中国证券监督管理委员会公告〔2021〕33号)

74.《公开发行证券的公司信息披露内容与格式准则第54号——北京证券交易所上市公司中期报告》(中国证券监督管理委员会公告〔2021〕34号)

75.《公开发行证券的公司信息披露内容与格式准则第55号——北京证券交易所上市公司权益变动报告书、上市公司收购报告书、要约收购报告书、被收购公司董事会报告书》(中国证券监督管理委员会公告〔2021〕35号)

76.《公开发行证券的公司信息披露内容与格式准则第56号——北京证券交易所上市公司重大资产重组》(中国证券监督管理委员会公告〔2021〕36号)

五、业务问答

77.《首发业务若干问题解答》(2020年修订)(中国证监会发行、监管部发布)

后　记

2021 年 9 月 3 日的清晨，当我看到各家媒体争相报道北京拟设立证券交易所的新闻，内心振奋久久不能平静。

作为一名经历了老三板、新三板、全国股转系统的资本市场“老人”，我深知北交所的成立绝不仅仅是在华北地区多了一处证券交易的场所。我相信它更深远的意义是为全国股转系统近 7000 家挂牌公司①，以及未来更多的创新型中小企业，开辟了一条崭新的赛道。这条赛道将一改以往的清冷和暗淡，它将有更科学的比赛规则、更先进的装备和更充足的补给，赛道上的每位选手都充满生机和活力，有机会奔向更精彩、广阔的竞技舞台。于是，我决定助力打算踏上这条赛道的选手们，以二十多年的所学所用出版一本“武功秘籍”，这就是《北交所 IPO 上市 100 问》出书立著之初心。

本书起笔于“优资法商”微信公众号，从大家一起讨论北交所的设立意义、北交所的战略定位开始，共同持续关注中国证监会、北交所陆续颁布的部门规章、规范性文件、业务规则，延展到 10 月 30 日《北京证券交易所向不特定合格投资者公开发行股票注册管理办法（试行）》（第 187 号令）颁布，以及第 188 号、第 189 号、

---

① 截至 2021 年 10 月，全国股转系统共有 7238 家挂牌公司，截至 2021 年 12 月则减少至 6932 家。详见《全国中小企业股份转让系统 2021 年市场统计快报》，载全国股转系统网 2021 年 12 月 31 日，http://www.neeq.com.cn/static/statisticdata.html。

第190号、第191号令的同时出台，该等业务规则从“征求意见”阶段进入“试行”阶段，并决定于2021年11月15日起施行，这标志着北交所开市运行所需要的庞大规则体系基本建成，也标志着北交所于11月15日揭牌开市。这期间，本书的作者白天从事着精神高度集中的律师本职工作，夜晚学习研究北交所新规、执笔写作。经历数次的合并、拆分和修整，经历过专注的研讨论证、大量资料查阅，甚至拍案的争论，作者秉持着打造出能够“呈现新规、萃取经验、明晰理论、专业考究”的北交所上市指导书籍的信念和满腔的热情，在经历了近百个不眠不休的日夜后，精雕细琢出本书的“105问”，最终向法律出版社交付成稿。

展现在读者眼前的这“105问”，是为奔赴北交所的创新型中小企业而来，它是本书作者提供给准备踏上资本市场之路的选手们的第一部“武功秘籍”。我们相信，公司在北交所IPO上市不是终点，也不是最终目标，公司的发展将因此掀开崭新篇章，未来的征途又会充满新机遇和挑战。虽然本书始于中小企业，但是创作的愿景绝不止于此，作者还将围绕公司上市以后的上市融资、并购重组，陆续推出第二部、第三部“武功秘籍”，希望能够助力上市公司通过上市融资、并购重组的资本实践，在一场场精彩纷呈的智慧与力量的较量中登上俯瞰群雄的巅峰。

在本书写作过程中，首先，要感谢岳春燕律师、彭畅律师和苏同星律师的支持。岳春燕律师做了大量的整理工作，我们一起查阅资料、论证研讨；彭畅律师、苏同星律师的加盟，给予本书宝贵的专业建议，并协助完成本书的统稿工作。还要感谢崔佳宁、王悠、薛会闯、潘俊雅、张楠、李娜娜、赛庆威、刘智乾等小伙伴的工作，正是大家的齐心协力、共同努力，才会有本书的顺利完稿。

其次，要感谢北京市观远律师事务所这个专业平台。已满十二年一旬的北京市观远律师事务所致力于为“想上市的公司和已经上市的公司”提供综合的、专业的法律服务，与全国股转系统、北交所一样，对中国资本市场的未来充满希冀。潜心耕耘十二载，北京市观远律师事务所聚集了一批名校科班毕业，且多在资本证券市场中久经沙场、身经百战的资深律师，愿他们能与年轻的北交所共同成长、共同发展，见证祖国经济腾飞跨越、更加繁荣昌盛。

最后，特别感谢中国中小企业国际合作协会新技术产业投资分会副会长兼秘书长阮汝祥先生，银河证券董事总经理王宪斌先生，亚太（集团）会计师事务所（特殊普通合伙)首席合伙人赵庆军先生,嘉瑞国际资产评估有限公司总经理刘敏女士,以及法律出版社法律应用出版分社冯雨春分社长、蒋橙编辑对本书的肯定和支持,因为他们给本书提供的指导和帮助,方使本书能够顺利问世,在此一并表示衷心的感谢!

撰写本书的过程也是学习和总结的过程,我们在这个过程中也都有收获。不仅系统梳理、学习了公司北交所 IPO 上市涉及的法律、法规、部门规章、规范性文件、业务规则等,还学习了写书立著的相关知识。但是,作者深知公司 IPO 上市业务的博大精深,也深知由于时间水平的限制,本书自然无法详尽地将公司上市过程中的全部问题一一阐释,也难免出现一些纰漏甚至错误。为此,真诚地希望各界老师、朋友在参阅本书时,以批判的态度多提宝贵意见,以便日后再版时完善、提高。

姚以林于北京

2021 年 12 月 10 日